高等院校经管类“十三五”规划教材

中小企业管理学

胡川　胡瑞生　编著

WUHAN UNIVERSITY PRESS
武汉大学出版社

图书在版编目(CIP)数据

中小企业管理学/胡川,胡瑞生编著.—武汉:武汉大学出版社,2018.8(2022.7重印)
高等院校经管类“十三五”规划教材
ISBN 978-7-307-20351-8

Ⅰ.中…　Ⅱ.①胡…　②胡…　Ⅲ.中小企业—企业管理—高等学校—教材　Ⅳ.F276.3

中国版本图书馆CIP数据核字(2018)第145583号

责任编辑:胡　荣　　责任校对:汪欣怡　　版式设计:汪冰滢

出版发行:**武汉大学出版社**　(430072　武昌　珞珈山)
(电子邮箱:cbs22@whu.edu.cn　网址:www.wdp.com.cn)
印刷:湖北金海印务有限公司
开本:787×1092　1/16　印张:22.75　字数:539千字　插页:1
版次:2018年8月第1版　　2022年7月第3次印刷
ISBN 978-7-307-20351-8　　定价:48.00元

前　言

进入21世纪，随着世界经济全球化及国内经济体制改革的深入，中小企业的发展被各界人士寄予厚望，并逐渐变为21世纪经济发展的主体。我国中小企业在国民经济中占有重要的地位，中小企业的生存和发展是我国经济高速增长的重要支持力量，对于我国国民经济的发展和稳定运行具有重要的意义。根据资料统计，2016年末，中国企业数已达到7328.1万户，中小企业占全国企业总数的99.8%。① 以工业为例，截至2016年末，全国规模以上中小工业企业37.0万户，比2015年末增加0.5万户企业。其中，中型工业企业5.4万户，占中小工业企业户数的14.6%；小型工业企业31.6万户，占中小工业企业户数的85.4%。中小工业企业实现利润总额4.3万亿元，占工业企业利润总额的62.8%，同比增长6.2%，增速比上年提高2.0个百分点。此外，中小工业企业从业人员6140.6万人，占工业企业从业人员的66.8%。② 此外，中小企业提供了80%以上的城镇就业岗位，成为就业的主渠道。可见，中小企业是推动全国经济发展的重要力量。随着世界经济深度调整及国内外环境变化，我国经济发展进入新常态，经济增速放缓，经济增长方式从规模速度型粗放增长转向质量效率型集约增长，经济增长动力从物质要素投入为主转向创新驱动为主。新常态对我国经济发展带来新挑战，其中，中小企业遇到的困难和问题尤为突出。我国中小企业出现了人才匮乏、资金缺乏、技术落后、过度竞争、产品质量差、产品同质化严重、劳动效率低下、亏损率高和管理落后等问题。为了应对国际国内经济发展新环境、市场竞争和新技术革命的挑战，中小企业在积极推进技术进步的同时，必须大力改善中小企业管理，提高经济效益。

中小企业管理是一门综合运用多种学科的知识和方法、应用性和实践性很强的学科。本书提供的案例也就是对理论的印证，概念加案例的结构形式对于我们学习管理有很大的帮助。本书围绕着中小企业的特点，全面阐述了中小企业管理实践及其发展中存在的诸多问题，反映了中小企业管理现状、管理模式和管理制度等，总结中小企业管理经验，指导中小企业管理者进行科学的管理，促进中小企业整体素质提高，对我国中小企业的成功经营，具有一定的参考价值。

本书以我国中小企业的管理模式为研究对象，对中小企业存在和发展、制度安排以及组织框架、中小企业计划及执行、中小企业经营与营销管理、中小企业运营管理、中小企

① 任兴磊、李献平、杲传勇主编：《分析与展望：中国中小微企业生存发展报告(2017—2018)》，中国经济出版社2018年版，第23页。

② 资料来源：《2016年中国中小企业运行报告》，载国家统计联网直报门户：http://www.lwzb.gov.cn/，访问时间：2018年6月6日。

业物流及供应链管理、中小企业竞争优势及创新管理、中小企业财务管理、中小企业人力资源管理、中小企业经营风险与危机管理及控制等问题进行深入系统的研究。我们希望这本书对新常态下我国中小企业管理模式优化和管理水平提高以及发展壮大有一定理论指导意义和实践应用价值。

本书的主要特点：

实效性：本书基于理论服务于实践的宗旨，将企业的实际问题与本书案例结合，使读者运用科学的中小企业管理理论和方法，解决中小企业在实际管理中遇到的问题，并提升企业管理者分析问题和解决问题的能力。

可行性：本书对介绍的各种管理方法大部分列出了具体的操作步骤，使本书介绍的方法具有很强的可操作性。本书从战略性、整体的视角来审视中小企业管理，结合实际案例分析，剖析中小企业管理的具体问题。

可靠性：本书介绍的许多管理方法是被国内外许多企业的经历证明了的行之有效的方法，采用这些方法能使企业获得竞争优势。

内容新颖充实：本书涵盖了中小企业在管理上遇到的各种问题，可以让读者从本书当中体会到身处中小企业管理者职位所面临的各种挑战，学习到中小企业管理者应当具备的综合知识和本领。

适用对象广泛：本书既可以作为国内 MBA、硕士研究生和本科生学习中小企业的管理教材，也可以作为企业管理者或者企业管理爱好者的入门级读物，因为读者会发现读懂本书的大部分内容并不需要具备太多的专业知识，同时本书也非常适合中小企业管理咨询者阅读，因为书中总结了大量的理论、实践以及案例分析的知识。

由于水平有限和时间仓促，对我国中小企业管理的认识和研究还不够深入，因此，在本书叙述中难免出现疏忽和纰漏，真心希望各位专家、读者批评指正，并将意见反馈给我们。

编者

2017 年 10 月

目　录

第一章　中小企业存在和发展概要

【学习目的】

首先要了解中小企业界限的划定、社会地位和作用；掌握其生存、发展的理论和发展的内外环境及趋势；熟悉有关中小企业的法律法规，依法纳税，运用税收筹划，合法合理省税；明确中小企业的管理道德和社会责任。通过本章的学习可对参与或创办中小企业提供一定的理论知识基础。

【案例导入】

中小企业变革中要注重风险控制

广州酷漫居动漫科技有限公司于2008年12月成立，是中国儿童动漫家具细分市场的首创者。2011年11月参加天猫“双十一”销售，日销量突破100万元，但由于对电商模式不熟悉，客户给予差评，被天猫强制关店。后来其通过跨界和交互学习，在进行能力转变的过程中快速捕捉消费者的需求变化，降低由认知偏差而导致的风险；同时，通过高频率、小范围的迭代试错，快速提升互联网环境下的产品和服务能力，降低由能力脱节而导致的风险。经过一年多的整体变革后，2012年和2013年“双十一”分别销售1000万元和2800万元，成为中国互联网儿童动漫家具行业领军企业。2014年入选美国商业杂志 *Fast Company* 中国最佳创新公司50强，是唯一入选的互联网儿童家居企业。

资料来源：谢康、吴瑶、肖静华、廖雪华：《组织变革中的战略风险控制——基于企业互联网转型的多案例研究》，载《管理世界》2016年第2期；引用时有修改。

第一节　中小企业的内涵与作用

【知识阅读】

中国中小企业中的明星供应商——浙江苍南仪表厂的作用

浙江苍南仪表厂是生产流量仪表的专业厂家，浙江省高新技术企业，位于浙江省温州市苍南县，现有职工近320人，各类专职研发人员150人。苍南仪表厂专注于对气体流量计、皮膜表、水表等系列产品的技术研发，拥有计算机应用开发中心、音速喷嘴气体流量标准装置、加工中心等各种先进设施，已形成年产15万台中高档流量仪表的生产能力，在全国已设立40多个销售服务网点，建立了强大的服务网络体系。该厂专注于细分市场的性质使之成为其领域的佼佼者，并凭着精湛的加工技艺、强大的配套能力，不仅在国内市场独辟一片天地，同时，随着企业市场的逐步全球化，为了更好地服务国际用户，企业已与巴西、荷兰和印尼等国外公司及我国台湾地区建立了长期的技术和销售合作关系，发挥出该中小企业在生产制造环节中的重要作用。

资料来源：马山水著：《中小企业品牌化运作案例研究》，经济科学出版社 2012 年版，第 99~103 页；引用时有修改。

中小企业是相较于大企业而论的。它们的界限是不同国家根据本国企业整体条件的不同来划分的，因而各国划分中小企业的标准也各异，从而对中小企业的经济地位、作用和特征的界定也各不相同。给中小企业制定一个统一的、具有权威性的界定标准，对于政府确定中小企业政策、把握中小企业的本质特征和发展规律乃至调整经济结构都是很重要的。本节在介绍一些发达国家划定中小企业标准的基础上，对我国中小企业的划定进行了考察和评价；分析了中小企业的特征、经济地位和作用。

一、中小企业的概念

企业是国民经济中提供产品/服务的基本的微观组织形式，是社会经济生活中的主体。依据企业已拥有的劳动力、资本额或产品/服务交易额的多少，可将其归纳为大、中、小三种基本类型。

根据上述，中小企业是指企业中生产/服务和交易数量规模较小，或者其劳动力、劳动手段和劳动产品/服务的集中度较低的那部分企业。

在世界各国或地区中，一般把企业归纳或划分为大型、中型和小型三种，这种自然形成的共识源于经济结构和社会经济生活的需要，也反映了经济发展的一种规律。在该规律作用下，各国和地区对其具体划分的标准又各有差异，即为个性和共性的统一。

二、中小企业界限的划定

（一）划定中小企业界限的必要性

划定中小企业的界限并确认其在国民经济中的地位和作用，对于国家政策资源有效配置以及对国家经济发展状况，特别是经济结构的安排是非常重要的。但要对中小企业作出一个规范统一并适应所有行业的划定是十分困难的。主要原因在于：

（1）不同国家和地区的经济发展水平不一样，中小企业所处的经济发展环境有差异，因此，在中小企业的划定标准上难以达成一致。

（2）在同一国家和地区，有关中小企业的划定标准也会因经济发展水平及其变化而相异。

（3）企业本身的发展是复杂的、动态的，其中包括多方面的因素和条件，很难确定完整、统一的标准来涵盖这些因素。

（二）发达国家的中小企业界限的划定

世界各国和地区由于各自经济发展阶段、水平和状况不同，对中小企业的划定都不一样，即使在同一个国家（地区）也会随着经济发展的进程而不断调整对中小企业的界定标准。但从各国的实践看，一般都是从定量和定性两个方面来划定中小企业。其中定量标准主要从企业雇佣人数、资本额（或资产总额）、营业额这三个方面来确定。其中，企业雇佣人数是各国普遍采用的标准。

1975 年，美国的几位学者曾对世界上 75 个国家的中小企业定义进行了调查，其中大多数国家采用的是定量标准，只有极少数国家同时采取定量与定性相结合的方式来确定。大多数国家还针对不同行业分门别类确定不同的规模标准，如美国、日本、加拿大、英国等。

1. 美国中小企业的划定

美国对中小企业的划定是通过定量标准和定性标准两者结合的方式提出的。美国 1953 年《中小企业法》规定："凡是独立所有和经营，并在某事业领域不占支配地位的企业，均属于中小企业。"这是对中小企业按定性标准来划定的。美国还在此基础上规定了更为具体的定量标准（见表 1-1）。

表 1-1　**美国中小企业不同行业的定量标准**

企业类型	最大销售收入或员工数量	企业类型	最大销售收入或员工数量
制造业	1500 人	普通承包商	1700 万美元
批发业	500 万美元	五金批发商	100 人
零售业和服务业	雇员 50 人以下， 年销售额 100 万美元下	保险代理、经纪人和服务机构	350 万美元
建筑业	近 3 年营业额 100 万美元以下	肉联厂	500 人
广告代理	350 万美元	罐装食品厂	1000 人
采铜业	500 人	活动房屋销售商	650 万美元
职业代理	350 万美元	收音机和电视修理店	350 万美元
家具店	350 万美元	广播电台	350 万美元

资料来源：刘伟东等著：《中小企业现代经营》，东北财经大学出版社 2002 年版，第 7~8 页。

2. 日本中小企业的划定

日本的中小企业十分发达，在组织开展专业化协作方面有一定的特点。日本对其中小企业的划定，随着日本经济实力不断增强而持续调整。日本在 1963 年颁布的《中小企业基本法》中，对不同行业的中小企业设置了不同的定量标准。从 20 世纪 60—90 年代，日本的中小企业随着日本经济实力的不断增强而迅速发展。其中大多数企业已远远超过了 20 世纪 60 年代法定标准的界限，因而也超过了日本政府的政策扶持范围。但是，随着 90 年代初日本经济泡沫的破灭，特别是1997年的金融危机爆发后，这些企业实际上要么停留在原有的水平上，要么倒退几十年，甚至还有相当一部分破产倒闭，继续生存的企业举步维艰。在这种情况下，日本政府为了进一步扶持中小企业的发展，于1999年对1963年《中小企业基本法》进行了修改，重新确定了中小企业的划定标准。其修正前后的划定标准如表1-2所示。

表1-2　　日本中小企业的划定标准

行业	1963年颁布的《中小企业基本法》	1999年修改的《中小企业基本法》
制造业及其他	资本额或出资额在1亿日元以下，正常时职员工人数在300人以下	资本额或出资额在1亿日元以下，正常时职员工人数在300人以下
批发业	资本额或出资额在3000万日元以下，正常时职员工人数在100人以下	资本额或出资额在1亿日元以下，正常时职员工人数在300人以下
零售业	资本额或出资额在1000万日元以下，正常时职员工人数在50人以下	资本额或出资额在5000万日元以下，正常时职员工人数在50人以下
服务业	资本额或出资额在1000万日元以下，正常时职员工人数在50人以下	资本额或出资额在5000万日元以下，正常时职员工人数在50人以下

资料来源：日本经济产业省：《中小企业白皮书》，日本商会2000年版，第426页。

3. 英国中小企业的划定

英国从定量和定性两个角度确定了中小企业的标准。英国波尔顿委员会以“三分法”的方式从定性的角度比较科学地揭示了中小企业的实质。

(1)它规定只要是不受母公司控制能自主经营、没有任何定型的管理机构、市场占有率不高的企业都是中小企业。

(2)波尔顿委员会同时还规定了中小企业的定量标准：制造业200人以下，建筑业、矿业25人以下，公路运输业拥有汽车5辆以下，零售业、服务业年销售额在18.5万英镑以下，批发业年销售额在73万英镑以下者为中小企业。

(3)英国的经济学界提出，一个企业如果符合以下三个条件中的两个就可以划定为中小企业：其一，营业额不超过100万英镑；其二，资产总负债不超过7000英镑；其三，平均每周雇员不超过50人。

4. 其他发达国家的中小企业划定

(1)加拿大以企业雇佣人数和年销售额为标准划定中小企业。①制造业年销售额低于200万加元、雇佣人数少于50人的为中小企业；②零售业净销售额低于100万加元，雇佣人数少于50人的为中小企业。

(2)法国和意大利都规定企业雇员在500人以下的为中小企业。

(三)我国中小企业的划定与评价

我国最新出台的《中小企业促进法》对中小企业定义为：在中华人民共和国境内依法

设立有利于满足社会需要，增加就业，符合国家产业政策，生产经营规模属于中小型的各种所有制和各种形式的企业。

1. 我国中小企业划定的过程

中华人民共和国成立以来，经历了计划经济体制和市场经济体制两种不同的经济体制阶段，同时又经过了不同的经济发展时期，这种经历在中小企业的划定上体现为八次变化。

(1)在中华人民共和国成立初期，为了迅速恢复经济和便于统筹管理，按照企业拥有的职工人数对企业规模进行了界定。规定企业职工在500~3000人的为中型企业，500人以下的为小型企业。

(2)在1962年，把企业规模指标改为按固定资产价值数量划分。

(3)在1978年，国家颁布了《大中小型工业划分标准》，对企业规模的划定改为以年综合生产能力为标准。

(4)1984年，国务院发布《国营企业第二步利改税试行办法》，对非工业企业规模划分标准确定为企业的固定资产原值和生产经营能力，主要行业有零售、公共交通、物资回收等小型企业。具体还按照不同地区分别确定了不同的界定规模，如规定北京、天津和上海三市固定资产原值不超过400万元且年利润不超过40万元的为小型企业，三市以外相应标准为固定资产原值300万元以下和年利润30万元以下。

(5)1988年对1978年的标准进行修改和补充，针对不同行业的不同特点分别规定了划分标准。将企业规模分为特大型、大型(分为大一、大二两类)、中型(分为中一、中二两类)和小型四类六档。其中中小企业指中二类和小型企业。具体划分如下：①凡产品比较单一的企业，如钢铁厂、水泥厂等按生产能力为标准划分；对于产品和设备都比较复杂的企业，以固定资产原值数量为划分标准；②对设备投资比例高且设备较单一的企业，如发电厂、棉纺厂以生产设备数量为标准。

(6)1992年由国家经贸委重新颁布《大中小型工业企业划分标准》，对1988年的划分标准作了补充，增加了对市政公用工业、轻工业、电子工业、医药工业和机械工业中的轿车制造企业的规模划分标准。

(7)在1999年，将销售收入和资产总额均在5亿元以下、5000万元以上的划定为中型企业，年销售收入和资产总额均在5000万元以下的划定为小型企业。同时还针对不同行业的企业分别规定了不同的划分标准(见表1-3)。

表1-3 **1999年我国部分行业中小企业划分标准**

行业名称	中小企业标准	行业名称	中小企业标准
钢铁联合企业	年产60万吨以下	独立铁矿	年产200万吨以下
煤炭开采企业	年产300万吨以下	合成纤维企业	年产4万吨以下
合成氨企业	年产15万吨以下	磷肥企业	年产50万吨以下
炼焦化学企业	年产90万吨以下	锅炉企业	年产3000蒸吨以下

续表

行业名称	中小企业标准	行业名称	中小企业标准
工程机械企业	年产 1.5 万吨以下	汽车专业制造企业	年产 3 万辆以下
水泥企业	年产 60 万吨以下	电机企业	年产 100 万千瓦以下
发电企业	装机容量 30 万千瓦以下	通用设备制造企业	固定资产 5000 万元以下
家具及配件企业	固定资产 3000 万元以下	仪器仪表制造企业	固定资产 3000 万元以下
船舶修造企业	固定资产 1 亿元以下	通讯广播电视制造企业	固定资产 4000 万元以下
计算机制造企业	固定资产 4000 万元以下	半导体器件制造企业	固定资产 5000 万元以下
汽车零件企业	固定资产 4000 万元以下	平板玻璃企业	年产 130 万箱以下
造纸企业	年产 3 万吨以下	卷烟企业	年产 50 万箱以下
手表企业	年产 150 万只以下	自行车企业	年产 100 万辆以下
啤酒企业	年产 8 万吨以下	电冰箱企业	年产 30 万台以下
洗衣机企业	年产 60 万台以下	棉纺织企业	8 万枚绵纺锭以下
化学药制剂企业	固定资产 3000 万元以下	制糖企业	年处理甘蔗 4000 吨或甜菜 3000 吨以下
自来水企业	日产 45 万立方米以下	煤气企业	年供气 20 万户以下
零售业	年销售额 1.2 亿元以下	餐饮企业	年销售额 1000 万元以下

资料来源：刘伟东、陈凤杰著：《中小企业现代经营》，东北财经大学出版社 2002 年版。

(8)在 2011 年 6 月 18 日，我国工业和信息化部、国家统计局、国家发展和改革委员会、财政部联合印发了《关于印发中小企业划分标准规定的通知》。该标准修订的一个重要原因是原来的标准已不适应经济和企业的发展，也不能准确反映中小企业真实状况和对经济的贡献。修订后的中小企业划分标准，涵盖行业范围广并且对中小微型企业收入上下限作出更严格的要求。

(9)2017 年 6 月 30 日，《国民经济行业分类》(GB/T 4754—2017)正式颁布。8 月 29 日，国家统计局印发《关于执行新国民经济行业分类国家标准的通知》(国统字〔2017〕142 号)，2017 年 12 月 28 日，工业和信息化部、国家统计局、国家发展和改革委员会、财政部联合印发了《统计上大中小微型企业划分办法(2017)》(详见表 1-4)。本次修订是在 2011 年《统计上大中小微型企业划分办法》基础上进行的，修订延续原有的分类原则、方法和结构框架，在保持适用范围不变的情况下，依据标准由《国民经济行业分类》(GB/T 4754—2011)修改为《国民经济行业分类》(GB/T 4754—2017)，并根据新旧国民经济行业的对应关系，进行了行业所包含类别的对应调整：将交通运输业中包括的“装卸搬运和运输代理业”修改为“多式联运和运输代理业、装卸搬运”；仓储业所包括的行业种类，调整为“通用仓储，低温仓储，危险品仓储，谷物、棉花等农产品仓储，中药材仓储和其他仓储业”。

表 1-4　　**统计上大中小微型企业划分标准(2017)**

行业名称	指标名称	计量单位	大型	中型	小型	微型
农、林、牧、渔业	营业收入(Y)	万元	Y≥20000	500≤Y<20000	50≤Y<500	Y<50
工业	从业人员(X)	人	X≥1000	300≤X<1000	20≤X<300	X<20
	营业收入(Y)	万元	Y≥40000	2000≤Y<40000	300≤Y<2000	Y<300
建筑业	营业收入(Y)	万元	Y≥80000	6000≤Y<80000	300≤Y<6000	Y<300
	资产总额(Z)	万元	Z≥80000	5000≤Z<80000	300≤Z<5000	Z<300
批发业	从业人员(X)	人	X≥200	20≤X<200	5≤X<20	X<5
	营业收入(Y)	万元	Y≥40000	5000≤Y<40000	1000≤Y<5000	Y<1000
零售业	从业人员(X)	人	X≥300	50≤X<300	10≤X<50	X<10
	营业收入(Y)	万元	Y≥20000	500≤Y<20000	100≤Y<500	Y<100
交通运输业	从业人员(X)	人	X≥1000	300≤X<1000	20≤X<300	X<20
	营业收入(Y)	万元	Y≥30000	3000≤Y<30000	200≤Y<3000	Y<200
仓储业	从业人员(X)	人	X≥200	100≤X<200	20≤X<100	X<20
	营业收入(Y)	万元	Y≥30000	1000≤Y<30000	100≤Y<1000	Y<100
邮政业	从业人员(X)	人	X≥1000	300≤X<1000	20≤X<300	X<20
	营业收入(Y)	万元	Y≥30000	2000≤Y<30000	100≤Y<2000	Y<100
住宿业	从业人员(X)	人	X≥300	100≤X<300	10≤X<100	X<10
	营业收入(Y)	万元	Y≥10000	2000≤Y<10000	100≤Y<2000	Y<100
餐饮业	从业人员(X)	人	X≥300	100≤X<300	10≤X<100	X<10
	营业收入(Y)	万元	Y≥10000	2000≤Y<10000	100≤Y<2000	Y<100
信息传输业	从业人员(X)	人	X≥2000	100≤X<2000	10≤X<100	X<10
	营业收入(Y)	万元	Y≥100000	1000≤Y<100000	100≤Y<1000	Y<100
软件和信息技术服务业	从业人员(X)	人	X≥300	100≤X<300	10≤X<100	X<10
	营业收入(Y)	万元	Y≥10000	1000≤Y<10000	50≤Y<1000	Y<50
房地产开发经营	营业收入(Y)	万元	Y≥200000	1000≤Y<200000	100≤Y<1000	Y<100
	资产总额(Z)	万元	Z≥10000	5000≤Z<10000	2000≤Z<5000	Z<2000
物业管理	从业人员(X)	人	X≥1000	300≤X<1000	100≤X<300	X<100
	营业收入(Y)	万元	Y≥5000	1000≤Y<5000	500≤Y<1000	Y<500
租赁和商务服务业	从业人员(X)	人	X≥300	100≤X<300	10≤X<100	X<10
	资产总额(Z)	万元	Z≥120000	8000≤Z<120000	100≤Z<8000	Z<100
其他未列明行业	从业人员(X)	人	X≥300	100≤X<300	10≤X<100	X<10

资料来源：国家统计局关于印发《统计上大中小微型企业划分办法(2017)》的通知。

2. 对我国中小企业划定的评价

(1)1999 年之前的中小企业划定标准的评价。从以上我国中小企业发展过程的介绍可以发现 1999 年之前的六次划定、修改或补充标准有以下四个特点：

①中小企业的标准变动快。自中华人民共和国成立初期到 1992 年总共先后变动六次，平均每 7 年变动一次。这表现出划定的标准随着经济发展水平和经济发展阶段变化而变动的特征，但变动太快易使人感到政策不稳定。

②适用范围窄。具体表现为：第一，基本上只规定了国有和集体企业的划分标准，而没有包括非公制企业；第二，除了在 1984 年《国营企业第二步利改税试行办法》中对公交、零售、物资回收等国营小企业进行划定外，几次规定的企业规模划定标准一般只适用于工业，而不适用于商业、交通运输业、建筑业和其他服务业。

③企业规模档次越分越细。对中型企业还细分为“中一”和“中二”两档。当然对中小企业划定的范围窄、档次细是由当时中国特定的生产力和生产关系(特别是经济体制)决定的：一方面是因为当时生产力水平落后，除工业外，商业、交通运输业、服务业都不太发达，而且工业内部各行业生产产品比较单一、设备较为简单，因而只对工业企业划型；另一方面，由于受当时的计划经济体制及其后来的惯性影响，政府只重视公有企业特别是国有企业的细化，而忽视了非公有制企业的分类。

④划定标准取值不断提高。从这一点来看，是符合一国经济整体水平不断增强，相应的企业规模也不断增长这一经济发展规律的；同时这也符合国际通行做法。

(2)1999 年之后至 2011 年的中小企业划定标准的评价。

①划分标准与以前划分标准相比有了质的进步。主要表现在两个方面：一是采用销售收入、资产总额等价值形态标准取代原来的生产能力为主的实物形态标准，适应了计划经济向社会主义市场经济转变的要求；二是包括了各种所用制形式的企业，符合“非公有制经济是社会主义市场经济的有机组成部分”的方针，体现了市场经济的公平原则。

②参照国外中小企业划定，可以看出我国 1999 年界定标准仍需完善：一是该标准没有定性划定标准，从而没能有效拓展政府实施政策的伸缩空间；二是该标准没有企业职工人数标准，脱离了国际常规做法，也未能标示出我国需要大力发展中小企业缓解就业压力的需求形式；三是该标准对非工业领域企业的涵盖面过窄，仅仅考虑了零售业和餐饮业，而没有包括在中小企业中占更大比例的建筑业、交通运输业、文化娱乐业和服务等非工业领域的企业。

③在 2011 年针对 1999 年中小企业划分标准的若干问题作出修订，修订后的中小企业划分标准，涵盖行业范围广并且对中小微型企业收入上下限作出更严格的要求。这有利于中小企业分类管理、政策实施和宏观决策；有利于加大对小型、微型企业的扶持力度；有利于处理好提高劳动生产率和解决就业的问题；便于与国际接轨。

三、中小企业的特点

中小企业相较于大型企业有以下特点：

(一)中小企业数量众多，分布面广

中小企业由于有着广泛的社会经济基础，因此是现代经济的重要组成部分，也是通过大规模的竞争促进经济繁荣的重要力量。现代经济不仅是一种集中化的过程，同时也存在一种分散的过程。例如中小企业主管部门提供的数据显示，截至2005年，我国在工商部门注册登记的中小企业总数约有1000万家，约占全部企业的99%。可见，我国中小企业数量多，这与我国人口众多、农村工业刚刚启动的现实是相一致的。

(二)中小企业经营范围广

中小企业分布于国民经济各个部门和行业，涉及所有的竞争性行业和领域。即中小企业广泛地分布于第一、第二和第三产业之中的各个行业，尤其是集中在一般加工制造业、农业、采掘业、建筑业、运输业、批发和零售贸易业、餐饮和其他服务业等。

(三)中小企业生产经营灵活，适应性强

中小企业能根据市场的需求变化，迅速组织生产，准备期短，适应性快，灵活性强，在经济发展中具有较强的生命力。一方面中小企业具有填补市场空缺的功能，适应若干产品市场销路有限的小规模生产，弥补大中型企业的空隙。一旦市场中有了某种需求，市场的夹缝中出现商机，中小企业就会及时嗅到并予以捕捉。另一方面，中小企业无须较多的资金和技术力量便可开业，并能在经营中推陈出新，令大企业防不胜防。同时，中小企业具有“船小好调头”的应变能力，可根据市场行情的变化随时调整产品结构，改变生产方向，甚至转行。这主要是由于中小企业所提供的商品或服务大多数产量小，加工层次较低、工序少，因而能在较短时间内转产，并以量少样多的生产方式，不断开发新品种、新式样，从而适应变化纷纭的国内外市场的需要。此外，中小企业受宏观经济条件变化影响相对较低，且可以在经济条件变化后较快地进行调整。

(四)中小企业机构简明，效率快捷，易于调动职工积极性

中小企业规模小，企业管理层次少，管理的幅度窄，易于管理，易于决策。机构简明，用工制度灵活，既减少了企业的成本，也便于调动职工的积极性，开发人力资源。机构简明，减少了信息传递的层次，加快了信息流通，经营效率提高。此外，中小企业人数较少，分工有时不那么细致和固定，职工可以根据工作需要变更岗位，每个人都有更多的锻炼、提高和表现才干的机会；管理者比较接近职工，更了解职工的工作情况和能力大小，可以量才使用，人才提拔可以不受条条框框束缚，有利于人尽其才。

(五)中小企业主要面向国内市场

世界各国中小企业的生产/服务，都是以市场需求为导向产生的。

1. 吸纳就业

据有关资料，中小企业有吸纳劳动力、解决就业问题的特点。由于我国人口多，特别是我国经济处于转轨时期，就业压力长期存在，这就要充分发挥中小企业吸纳劳动力的特点。

2. 满足众多人口的需求

由于我国人口众多，需求呈现多样性、不同层次性，这就决定了中小企业的生产/服务必然要面向国内市场，满足其需要。

3. 弥补大企业生产/服务不足

由于资金有限，中小企业主要集中在劳动密集型产业，为客户提供生产/服务，填补大企业不能为或不愿做的产品/服务的市场。

以上三大问题的存在，决定了我国中小企业的发展在过去乃至将来较长的时期，其生产服务的方向主要是国内市场。

(六) 中小企业在地区经济结构和地方工业结构中比重较大

我国多数的中小城镇，基本上是靠中小企业发展起来的，这些中小企业作为地方企业，奠定了地区的经济基础，至今对各地区经济的发展产生着深刻的影响。

上述中小企业的特点，是其他企业所不可替代的，针对其特点发展中小企业，已经成为深化企业改革的当务之急，也已成为加速中小企业现代化、国际化进程的关键。

四、中小企业在社会经济中的作用

中外经济发展的实践表明，不论是发达国家还是发展中国家，中小企业的大量存在和发展是一个国家经济发展的内在要求和必然结果。它对于维护市场稳定运行，保证合理的价格机制的形成，保障充分就业和促进国民经济持续、健康发展，确保社会稳定有重要的作用。就我国而言，自改革开放以来，中小企业的发展始终处于高速成长状态，逐渐成为国民经济中的一支充满活力和生机的主力军。随着社会主义市场经济体制的逐步完善，中小企业也将日益显示出其举足轻重的地位。要加快中小企业的发展，需要全面准确地认识中小企业的地位和作用，只有这样，才能为中小企业创造平等宽松的发展环境，研究出适合中小企业发展的政策和制度。中小企业的地位和作用具体表现在以下几个方面：

(一) 中小企业在国民经济增长中的作用

20 世纪 70 年代以来，世界科学技术的迅速发展、市场开放程度的日益扩大，为中小企业的建立、生存和发展注入了强大的动力，有效地降低了企业的交易成本，逐渐克服了中小企业规模小、资金少、信息量不足的许多劣势，使各国中小企业进入了蓬勃发展阶段。

1. 即使在发达国家，中小企业的数量也占绝对优势

根据欧盟统计局的资料显示，在欧盟的 1800 万户企业中，雇员在 250 人以下的中小企业有 1792.4 万户，占企业总数的 97%以上；法国、意大利、英国、德国等西方主要工业国家，中小企业数量都占本国企业总数的 96%以上；在日本，小微企业总数占日本企业总数的 90%；即使一贯以发展大型企业著称的美国，其中小企业也有 2000 多万家，占全国企业总数的 92%以上。①

① 杨波主编：《小微企业管理》，复旦大学出版社 2016 年版，第 4 页。

2. 中小企业产出对经济增长的贡献占有相当大的份额

(1)美国国民生产总值有40%是中小企业创造的，销售额有54%是中小企业完成的，私营企业产值50%来自中小企业。

(2)其他国家中小企业的贡献。日本工业附加值的55%是由其中小企业创造的；英国中小企业营业额占企业总营业额的42%；德国的中小企业在其出口产值中占60%以上；就连一贯不够重视中小企业发展的韩国，其中小企业产值也占全国总产值的43%以上。

3. 中小企业行业分布较广

一般除了国家的垄断行业，各国中小企业几乎遍及所有的行业，特别是在面向市场、面向消费者的行业中，中小企业的分布是最多的。例如，我国零售商业企业、“三资”企业99%以上都是中小企业。此外，就新兴产业而言，绝大部分新兴产业的诞生都是从中小企业开始的。

(二)中小企业在国民经济与社会发展中的稳定作用

1. 中小企业能够缓解经济的大幅波动，促进宏观经济的动态平衡

从经济的发展过程来看，一方面，在经济繁荣时期，中小企业一般限于资金规模及筹资能力，不可能像大企业那样大肆扩张，产生泡沫经济，因而在一定程度上能缓解宏观经济的过度膨胀；另一方面，在宏观经济紧缩或萧条时期，中小企业的发展有利于抑制经济的衰退，从而促进经济的发展。其原因在于：

(1)中小企业的市场范围相对狭窄，对国际国内大的市场锲入不深，在外部经济环境不景气的情况下，原有企业仍然可能在细分市场中找到有效的需求，新生的企业可以凭一种全新的有效供给实现自身发展。众多中小企业在经济萧条时期所保持的这种旺盛的活力，不仅能够有效地阻止社会经济的进一步滑坡，而且其投资需求和消费需求所产生的巨大“合力”还能够有效地推动社会经济走出低谷，重新步入增长的“快车道”。

(2)在经济萧条时期中小企业能保持旺盛的活力和较强的生命力，它能增强国民经济抵抗意外风险的能力。如果能保持大中小型企业的分工合作，形成合理的比例结构，则可以避免或缓解因突发的经济风波给国民经济造成的灾难性打击。

世界各国和地区的经验也多次证明了这一点，例如在20世纪80年代初期，韩国经济进入萧条时期，国民经济出现了-2.5%的负增长，而此时的中小企业增长则高达2.1%，从而大大降低了经济衰退对经济增长的影响，充分显示了中小企业较强的产业适应能力和对国民经济变化的缓解作用；又如1997年东南亚金融危机中，中国台湾地区的经济与韩国经济的不同表现，在相当程度上是源于企业组织结构的不同。韩国是以大企业集团为基础的企业组织结构，因而受东南亚金融危机的冲击较大；而我国台湾地区是大型企业与中小企业分工协作、优势互补的企业组织结构，从而受东南亚金融危机的影响较小。危机过后，韩国政府公开承认，台湾的中小企业在这次金融危机中发挥了安定力量，稳定了台湾经济，由于韩国以前只注重大企业的发展，忽视了中小企业，因而在这次危机中损失惨重。

2. 中小企业存在和发展可以提高就业率，保持社会的稳定

从世界各国来看，就业问题始终都是经济发展和社会稳定的一大制约因素。由于中小

企业具有投资少、资本有机构成低、劳动密集程度高的特点，因而吸纳劳动力强。与大企业相比，同样数量的资金投入到小企业中去，能够解决更多的就业问题。据资料显示，日本的大企业资本有机构成相当于小企业的 4 倍，同样的资金投入到小企业中，可以增加 3 倍的就业岗位。美国麻省理工学院戴维·伯奇的研究表明：每 10 个新工作岗位中，有 8 个是由雇员不足 100 人的小企业创造的。此外，中小企业的贡献还表现在中小企业数量的净增加额上。据统计，就整个欧洲而言，中小企业创造的就业机会远高于大企业所创造的就业机会。欧盟中小企业(雇员少于 250 人)就业人数占就业总数的 66.5%。法国全国职工的 84%在中小企业里就业。德国在雇员不足 200 人的中小企业中就业人数占总就业人数的 57%。英国有 50%以上职工就业于 100 人以下的小型企业。2015 年，我国中小企业提供了 80%以上的就业岗位，90%以上的城镇新增就业。① 据统计，全国工业部门就业人数为 1.5 亿人左右，其中在中小企业就业的人数就有 1.1 亿人左右，占部门就业总人数的 73%。②

目前，经济发展方式还在转型，传统产业中会有富余人员分流。同时，未来十年我国城镇化比例还会进一步提高。因此解决就业问题是关系我国经济发展的重要问题，是理顺党群关系，确保社会稳定的关键环节。因此要想解决我国的就业问题，减轻社会保障压力，保持社会稳定，大力发展中小企业是一项重大选择。

3. 中小企业的发展有助于缩小贫富差距，保持社会稳定

在经济改革的进程中，出现了社会分配不均衡的现象，这种差距已呈现扩大的态势，引起人们的不满情绪，从长期来看，还将直接威胁着社会的团结稳定。大力发展中小企业，有利于改善这种状况。因为中小企业的发展可以扩大就业，减少社会失业人口，提高人们的收入水平，从而降低社会低收入阶层人口的比例。

(三) 中小企业的发展在经济结构调整中的作用

1. 中小企业的发展有利于促进产业结构的优化和升级

(1) 由于中小企业具有投资少、自主性强、经营方式灵活、组织结构扁平化、转移进退便捷的特点。因此，中小企业对市场变化的适应性强，其对社会的各种现实需求和潜在需求的发现和寻找，比大企业具有更广的视角和更细致的观察力，具备较快的产品更新和转变产品结构的能力，能迅速适应市场供求结构的变化，及时调整投资方向，从而使产品供求结构保持一致性，这有利于整个经济结构的调整，促进产业结构的优化和升级。

(2) 中小企业是实现技术创新，推动技术进步的重要力量。主要原因在于：①中小企业所从事的生产经营一般属于完全竞争行业，市场竞争往往相当激烈。市场竞争的强大压力，迫使中小企业必须主动进行技术创新，大胆采用和尝试新的生产工艺和生产技术，以提高劳动生产率，降低产品生产成本，增加产品附加值，从而抢占更多的市场份额，获取更多的利润。②一些与大企业配套的专业化生产的中小企业，随着大企业产品的升级换代

① 任兴磊、李献平、杲传勇主编：《分析与展望：中国中小微企业生存发展报告(2017—2018)》，中国经济出版社 2018 年版，第 24 页。

② 杨波主编：《小微企业管理》，复旦大学出版社 2016 年版，第 5 页。

及其技术含量的提高，客观上要求其配套产品(零件)进行相应的改进和提高，中小企业为此必须引进和开发相应的新技术。否则，就可能面临着被大企业淘汰的危险。③中小企业比大企业更善于发现和寻找社会中的各种现实需求和潜在需求，一旦找到机会，大多会立即着手组织研究开发，这自然促成大量新技术的产生和应用。例如，在20世纪80年代以前，美国小企业完成的科技发展项目占全国的55%，20世纪80年代以后，上升到70%左右，小企业的人均创新发明是大企业的2.5倍。美国的高新技术企业中有97%是中小企业；日本在1998年发表的《中小企业白皮书》中指出，日本技术革新的55%是由中小企业来完成的；在德国，有67%的专利技术是由中小企业申请的。20世纪的一些重大技术创新成果，如飞机和光纤检测设备、心脏起搏器、光学扫描器、个人计算机、速冻食品等都是中小企业发明的。中小企业的科技创新主要表现在产品、服务、工艺和管理四个方面。特别值得注意的是，20世纪70年代以来兴起的以信息技术和生物技术为核心的新技术革命主要是在中小企业中或是在中小企业的推动下发展起来的。

2. 中小企业的发展促进了产权结构的多元化

中小企业人数少、规模小、经营方式灵活的特点决定了中小企业在企业制度形式选择上的空间广、自由度大、可变性强。我国自改革开放以来，国家安排了多种经济成分并存的产权制度，形成了多种所有制形式并存的格局，使中小企业获得了极好的发展机遇。其中，乡镇企业是改革开放以来在农村地区兴起的一种以中小企业为主体的集体经济群体；“三资”企业也多为中小企业；民营科技企业在政府政策的扶持下，也进入了一个发展时期，在国民经济中的比例将会不断上升；而国有企业在中小型企业中的比重持续下降，并呈进一步下降的趋势。实践表明，那些所有制结构多元化发展较快的地区，也都往往是中小企业发展较快的地区，这在经济较为发达的省份和地区特别是沿海省区表现得尤为明显。

(四)中小企业的发展在我国经济改革中的作用

1. 中小企业的发展促进了一系列经济制度改革的顺利推行，加快了中国经济体制改革的步伐

(1)有利于国有企业改革的深入进行。主要原因有：①中小企业的发展能够有效地吸纳国有企业的分流职工，为国有企业减员增效解除了后顾之忧。②非国有中小企业的迅速大量发展，带来了市场化的运作模式，在人才、资本和市场上与国有经济展开了激烈的竞争，从而打破了计划经济遗留下来的“大锅饭”，给国有企业带来了一系列生存与发展的压力，这种压力转化为国有企业改革的内在动力，促进了国有企业的改革。③一部分非国有中小企业在市场经济优胜劣汰的激烈竞争中迅猛发展，具有相当的规模和实力。这些企业通过收购、兼并、参股等多种手段，可以有效地改善国有企业产权结构，进而促进国有企业的机制转换，极大地增强了国有企业的活力，不断地推动国有企业改革向纵深化发展。

(2)有利于农村经济改革。在经济落后的广大农村，特别适合以乡镇企业和私有企业为代表的中小企业的发展。主要原因有：①中小企业能够通过其社会化的服务体系，把分散的农户集中起来，实现大规模集约化生产，促进农村工业化、城镇化的发展；②中小企

业能吸纳大量的农村剩余劳动力，有利于加强社会稳定。

2. 中小企业是经济改革的“试验园”

经济改革是有风险的，并且风险相当大，特别是对大型或特大型企业来说，即使是少数几家企业改革失误，也会对一个行业乃至整个国民经济造成巨大的损失。

(1)中小企业具有数量多、规模小的特点，有利于分散改革成本，降低改革风险，即使出现改革失误，也不会对一个行业乃至整个国民经济造成重大影响。因此，以中小企业作为改革的试验园区，可以减轻改革中造成的社会震荡，降低改革成本。

(2)中小企业还是推动整个国有企业改革取得实质性突破的先行经济组织。因为中小企业具有产权流动和重组的震荡小、易操作、见效快等特点，有利于短期内实现改革难点的突破，可以为大型国有企业改革积累经验、创造更好的条件。这符合我国先易后难，以小促大，外围突破和循序渐进的改革战略。

总之，中小企业是推动国民经济发展，构成市场经济主体，促进经济发展和社会稳定的基础力量。因此，正确认识中小企业在世界各国和地区经济与社会发展中的地位及作用，具有十分重要的战略意义。然而，受传统计划经济体制的影响，我国对中小企业的地位和作用认识还不清楚，因而对发展中小企业还存在许多偏见，如仍片面将中小企业定位为解决就业或只是为大企业配套等。以至于没有将中小企业的发展与大企业同等对待。特别是一些地方政府仍然对于组建大企业集团感兴趣，而置中小企业的发展于不顾，或者只对出售中小企业感兴趣。这种思想是相当偏颇的。

第二节　中小企业生存和发展的环境及趋势

【知识阅读】

森鹰窗业在不利环境中的逆向生长

森鹰窗业股份有限公司成立于1998年，是一家专注于木制门窗产品研发与生产的企业。成立之初，森鹰引进全套德国生产设备，专注于德式木窗产品的本土化改进，使之更适合中国市场。2000年，森鹰首推铝包木窗，迅速获得国内外市场青睐。但是2011年，房地产行业不景气，铝包木窗行业受到较大冲击，经过痛苦抉择，森鹰作出一项重大决定：放弃销售额占一半以上的木铝复合窗生产线，专注于生产单一、节能、环保产品——“木窗”，要在具有前景的单一产品线上做大做强。放弃“假木窗”，专做“真木窗”，森鹰的销售额不但没有下降，2012年较2011年还有明显增长，到2013年，实现了近50%的增长。目前，森鹰年产能达50万平方米，国内产品市场份额超过25%，产品出口亚、欧、澳、美等十几个国家和地区。森鹰的实践经验表明，企业的生存和发展要与市场环境相适应，同时只有坚持长期专注于单一领域，掌握行业内最优质的核心技术与核心产品，企业才能在瞬息万变的市场竞争中赢得优势。

资料来源：赵杰、丁云龙、许鑫：《制造业中小企业内生优势生成路径分析》，载《管理世界》2013年第4期；引用时有修改。

一、中小企业生存和发展的理论

当资本主义进入垄断阶段后，中小企业似乎没有存在的必要，没有生存的空间，然而与此同时社会经济发生了一系列变化：由于科技进步，人类社会进入信息时代，创新日益重要和活跃；产业结构向以尖端技术为先导的知识密集型产业和轻薄短小型的软产业转移；消费需求转向对多品种、高质多功能的需求，消费结构逐渐多样化、高级化、专业化和个性化。

随着社会分工进一步发展，大企业和小企业的关系由生死竞争转向优势互补和互相利用。同时也促进了经济全球化和世界市场的发展。以高速增长为目标的大规模集中的经济使人类生存环境更加恶化，人类与自然的协调越来越受到重视。正是由于上述变化，中小企业较之大企业的优势，得到了重视和发挥，对国民经济的贡献越来越大，成为发达的社会经济的不可缺少的重要组成部分。特别是在 1973 年的世界性经济危机中，中小企业在社会经济结构变化中体现的高度适应性，引起人们广泛的关注。因此如何从理论上解释现代社会经济中，中小企业长盛不衰的现象，成为经济学界关注的世界性经济课题，很多学者力图科学地论证中小企业适应现代经济的发展，在社会经济结构中发挥重大作用的规律。下面简要地介绍几种有代表性的理论：

(一)中小企业的马歇尔的“树木成长”理论

英国经济学家阿尔弗雷德·马歇尔(1842—1924)是剑桥学派的中小企业理论三个流派之一的代表。他认为，中小企业的生命力主要来源于三个方面：

(1)中小企业管理费用低。

(2)随着生产方法的变革，管理人员少，可节省许多开支。

(3)随着生产方法的变革，中小企业依靠科学原理进行生产和经营管理活动的倾向在增强，中小企业几乎可以和大企业同时从外部获得等量的知识、技能和市场信息。

(二)中小企业社会分工理论

随着社会经济的迅速发展，中小企业的生命力及经济中的地位和作用都有了极大的提高，大企业与中小企业的关系发生了变化，由过去弱肉强食的外部竞争关系变为内部协调合作关系，从直接竞争变为协调竞争，从而出现了社会分工的深化。分工理论有：

(1)施太莱(Staley)和莫斯(Morse)提出的产业(或行业、部门)分工论。

(2)R. T. 艾夫里特(R. T. Averitt)提出的中心——外围论。

(3)E. D. 霍兰德(E. D. Hollander)提出的缝隙论。他在《中小企业的未来》一书中指出，中小企业可充分发挥“产品异化”形成的专业技术和经营管理能力寻找市场的“缝隙”。由于技术革新与市场的动态结合导致的服务经济化和科技创新的发展，为中小企业带来新的缝隙市场。因此，大企业越来越大，小企业越来越多。

(三)中小企业新制度学派的二元结构体系理论

美国新制度经济学家加尔布雷斯在《经济学和公共目标》(1973 年)中指出：现代美国

资本主义经济并非单一的模式，而是由计划体系和市场体系组成的二元结构体系。计划体系由当时的1000家大企业组成，按计划进行生产和销售，并依靠特权控制了价格和市场。市场体系由1200万个分散的中小企业所组成，受市场规律的支配。这种经济运行方式，造成了社会资源配置失调，贫富悬殊，经济发展不平衡和环境污染严重。政府有责任采取行动，通过制度改革，实现两大体系之间的均衡。

(四)中小企业大规模时代终结理论

20世纪70年代初期，日本随着以大型重化工业为核心的“黄金增长阶段”结束，多元化产业结构应运而生。对此中村秀一郎教授在《大规模时代的终结——多元化产业组织》一书中批判了在大企业支配和控制下，中小企业永远处于不稳定和“无力化”状态的这一近代经济学中的中小企业论的错误观点，认为大企业大规模生产经营时代已经终结；相反，中小企业有出现结构性大发展的可能性，因为促使中小企业存在和发展的客观基础正在形成。

英国学者E. F. 舒马赫(E. F. Schumacher)在《小的是美好的》(1973年)中主要从社会的角度指出专业化、大型化的生产模式，看上去是解决了生产问题，但实际上是一种假象。要使社会“持久发展”，必须要走小型化、中间化的发展道路，特别是要发展小企业和“中间技术”。

(五)中小企业竞争簇群理论

哈佛商学院教授M. E. 波特(M. E. Porter)在《簇群与新经济学》一文中认为，“簇群”是位于某个地方，在特定领域获得不同寻常优势的公司和机构的集合。簇群既促进竞争又促进合作，竞争是为取胜保留客户，合作则大多是垂直地介于相关产业中的公司和本地机构中。波特进一步指出：现代竞争取决于生产力，而非取决于单个企业的规模。如果公司运用熟练的方法和先进的技术，提供独特的产品和服务，那么都能产生较高的生产力。

(六)中小企业风险企业理论

风险企业理论产生于美国，“风险企业论”就是在风险企业中特别把从事知识密集型经营的尖端企业群分离出来的理论，日本经济学者清成忠男认为：“所谓风险企业是指充分研究开发集约能力或设计开发集约能力，富有创造性的新企业。”风险企业和风险企业群是新技术革命的产物。中小企业经营的灵活性、组织的多元化及科技创新能力较好地适应了这一变化。

(七)中小企业技术创新理论

从20世纪60年代起，许多学者研究了中小企业在技术创新进程中的作用。E. 曼斯菲尔德(E. Mansfeld)通过对一些产业的实证分析，发现技术创新与垄断的关系因产业的不同而不同。F. 谢勒尔(F. Scherer)的结论是专利发明(创新)并不与企业规模的增长成正比，且认为，伴随企业规模的扩大，常常会出现活力衰退。B. 卡尔松(B. Carlsson)认为技术的进步降低了生产的最小有效规模。M. 卡米恩(M. Kamien)和N. 施瓦茨(N. Schwoutz)

则指出：一个介于垄断和完全竞争的市场结构将促进最高速度的发明创新活动，而各具特色的中小型企业组成的新企业可随时进入的行业，最适合技术的进步。R. 罗斯韦尔(R. Rothwell)则根据大企业和管理结构的不同特点，论证了中小企业在技术创新上的优势等。上述研究表明，与大企业相比，中小企业在技术创新上有其优势，是其生存和发展之源。

(八)中小企业的预算约束理论

匈牙利著名经济学家亚诺什·科尔奈在《短缺经济学》一书中指出：传统计划经济下的预算约束软化，导致盲目扩张和低效，对大企业集团，特别是在政府保护下的大企业，造成了诸多的问题，特别是金融问题，当问题相当严重时，又不准予破产，一切由政府包揽下来。当问题积压过多而政府又不能及时解决时，所有问题就会一次暴露出来而爆发金融危机。对于中小企业，因其亏损经营乃至破产倒闭的社会影响小，政府一般不包揽一切，其预算是硬约束，优胜劣汰的机制可发挥作用，能生存下来的企业都是有较强生命力和竞争力的企业。这一观点在东南亚金融危机中的韩国和中国台湾企业之间得到了较充分的验证。

上述理论以及未列出的理论，无疑为中小企业的存在提出了理论根据，为其向前发展提出了理论指导，为当局发展国民经济制定中小企业相关法规和政策提供理论依据。这些学者为社会经济发展作出了重大贡献。

二、中小企业生存和发展的环境

(一)中小企业的外部环境

中小企业外部环境指存在于企业界限之外，并可能对企业行为和经营活动产生直接或间接影响的所有因素的总和。这些因素可以划分为外部一般环境和外部特殊环境两类(见表1-5)。一般环境就是在一定时空内，存在于社会中的各类企业均会面对的环境，主要包括政治、经济、社会、技术、自然环境。特殊环境是指对特定企业构成影响的外部环境因素，是与某一具体的决策活动和处理转换过程直接相关的各种特殊力量的总和。特殊环境又称具体环境，主要包括竞争对手、资源供应者、顾客、政府、公众等。

表1-5　**外部环境**

一般环境	特殊环境
政治法律环境	竞争对手
经济环境	资源供应者
社会文化环境	顾客
技术环境	政府
自然资源环境	公众

1. 中小企业与外部环境的关系

(1)中小企业与外部环境的关系可以概括为：①外部环境因素作用于中小企业，对其管理活动及生产经营活动产生影响，也就是说，中小企业必须适应外部环境；②中小企业又反作用于外部环境，能够通过自身的努力影响和改变外部环境，甚至创造适应中小企业发展所需要的新环境(见图1-1)。

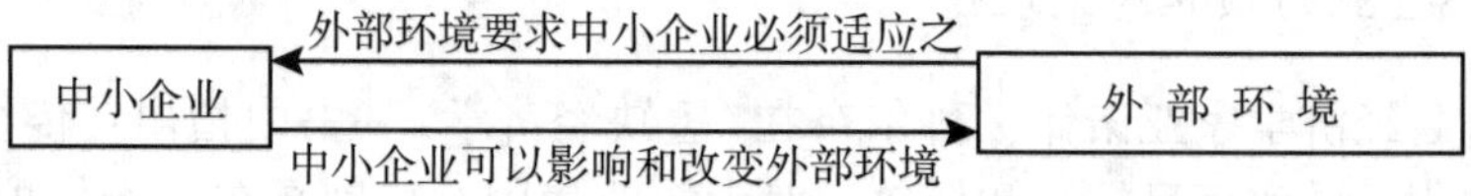

图1-1　中小企业与外部环境的关系

(2)中小企业必须适应已经形成的外部环境。中小企业必须根据外部环境能提供的要素以及外部环境需要中小企业提供什么，来决定自己的经营目标。中小企业只有适应并设法满足外部环境的要求，才能生存和发展。那些产品和服务有销路，或资源有充分保障的中小企业，是可能得以生存和发展的。任何中小企业要想求得长期生存和发展，就必须主动了解、认识、掌握环境，找准适合自己的位置，并根据环境的变化，不断调整经营领域和内部结构，寻求和把握中小企业生存和发展的机会。

中小企业适应外部环境的具体策略包括：合理选择经营领域；聘任合适的管理人员；密切关注环境变化，加强计划和预算；采取缓冲压力的保护性措施(如保持一定数量的原材料库存、建立内部人才交流中心、进行员工培训等)；调整职位和部门，提高内部结构合理化程度，保持中小企业与外部环境的动态平衡。

(3)中小企业可以影响和改变外部环境。中小企业不仅要适应外部环境，而且还要反过来影响外部环境，甚至改变外部环境，为自身创造一个良好的外部环境。

从中小企业对外部环境的影响来看，中小企业对特殊环境的反作用程度比较高，而对一般环境的反作用程度则会比较低。也就是说，①从短期的观点看，中小企业可以通过自身的活动为自己选择、创造一个良好的特殊环境，却难以为自身选择或创造一个良好的一般环境。②从长远的观点看，中小企业仍然可以通过自身的活动改变其所处的一般环境，使之更有利于中小企业的生存和发展。

中小企业对外部环境发挥能动作用的具体策略包括：广告宣传；签订长期合同；建立战略同盟；影响政府和权力机构的决策。

(4)企业与外部环境关系的实质。中小企业与外部环境的关系实质是揭示了管理的任务所在，即中小企业要通过有效的管理，使其能适应外部环境；同时要通过中小企业的有效管理，为其选择或创造一个良好的外部环境。如果说使中小企业适应外部环境是一种被动式管理，那么，为中小企业选择或创造一个良好的外部环境，则是一种主动式管理。

2. 中小企业与大型企业的关系

我国社会主义经济发展的实践表明：大企业与中小企业并存，合理分工，互相补充，是社会化大生产发展的客观需要。大中小企业的协调发展，不仅仅是整个社会经济繁荣稳定的问题，也是关系到整个经济保持稳步持续发展的事关全局的重大问题。为此，应树立大中小企业共同协调发展观，正确处理大企业与中小企业的关系。

大企业是我国社会主义经济的基石，是国民经济中技术进步的主导力量，是国民经济各部门重要装备的提供者，是国家财政收入的主要来源，是国家的经济命脉。大企业发展可以带动一大批中小企业发展。但创造市场活力的是中小企业，中小企业容易形成市场机制和繁荣。中小企业搞好了，也可以促进大企业的发展。大企业和中小企业之间是相辅相成的，在作用和地位上不能彼此取代。

(1)大型企业产生和发展的基础是中小企业。大型企业是我国国民经济的支柱，但大型企业也离不开中小企业。纵观我国企业体系的建立和发展，现在的许多大型企业最初大多是中小企业，经过几年、几十年的改造建设，不断扩大再生产，才逐步滚动发展成为大型企业。中小企业不是一成不变的，它们会在市场竞争中不断地变化，肯定有一部分会发展和壮大起来，从中小企业发展为大企业，成为市场中的强者。国外也有这方面成功的经验，如日本松下电器公司就是从一个生产电源接头的"小作坊"，发展成为引领世界家用电器潮流的国际性大企业。德国最大的商业资本家魏纳・奥托从一个6000马克的小本经营者，发展成为控制数十家大公司、年营业额超过8000亿马克的庞大企业。

许多新产业的兴起，新产品和技术的出现，最初也是中小企业开创和开发出来的；许多传统技术、传统管理方式与现代技术、先进管理方法的嫁接利用，最先也是在中小企业中完成的；一些新的政策和措施也大多是先由中小企业试行，获得经验后才向大型企业推广的。没有中小企业的兴起和发展做基础，就难以保证大型企业的有效发展。

(2)大企业的稳定要依靠中小企业。中小企业以自身的优势和角色，在一些领域为大企业发展创造了稳定的环境条件。①中小企业和大型企业共同构成合理的关系结构，是稳定国民经济的力量。搞好中小企业，可以使大企业发展更有回旋余地，对整个经济和社会稳定有重要意义。②中小企业是安置大企业富余职工的重要承担者，它大大减轻了大企业安置就业人口的压力，给大企业的改革和发展提供了稳定的环境。③中小企业代替大型企业填补了满足人民生活日用品的一些传统小规模产品的市场，对满足人们多样化需求，保障人民生活和保持社会安定具有极其重要的作用。中小企业发展了，也就有利于大型企业进行合理的产业结构、产品结构调整和优化，更好地发挥优势，专门从事大规模工业品的生产和高新技术的研究和开发。中小企业还通过向大型企业提供原材料、零部件等初级产品，促使大型企业生产稳步发展。

(3)中小企业为大企业发展起着配套和服务的作用。技术革命使生产社会化、专业化程度空前提高，许多"大而全"、"小而全"的企业均缺乏竞争力。因此，大企业发展应按现代化大生产的要求，建立一种规模化、配套化、系列化、专业化的生产格局和大批量生产体制。而小企业发展应以自身所处的地位、劳动力、场地、加工设备等方面的优势，向大企业提供全方位、多层次的配套。在宏观上，中小企业虽然貌不惊人，甚至有的还在修修补补，却为大型企业拾遗补缺，一定程度上弥补了大型企业背后的"空白"，在总体上与大型企业形成配套服务关系，保持和调节产业布局和产品的有效供给。在微观上，中小企业可与大型企业结成利益共同体，直接纳入大型企业或企业集团的发展格局中，与之生产协作、加工配套、提供服务，促进大型企业上规模、上水平、上档次。大型企业如果没有中小企业的配套服务，就难以得到更快的发展。大型企业与中小企业之间是"众星捧月”的关系，中小企业是大型企业的有力补充。

国外一些经济发达国家也非常注意中小企业对大型企业的配套服务问题，它们的实践经验证明，中小企业兴旺发达对大型企业非常有利，中小企业是大型企业发展的支持力量。在这些国家中，大企业纷纷按照专业化、协作化要求将零部件和配件分包给中小企业生产，形成以大企业为中心、中小企业协作配套的系列生产体系，使大企业与中小企业之间从吞并和被吞并关系转化为相互利用、相互配合的合作伙伴关系，极大地促进了经济发展。

最有特色的是日本的分包制，日本经济的一个重要特征是建立了许多大中小企业相结合的利益共同体。在日本制造业中，生产结构是由多层次的分包网络所组成的金字塔式的生产协作关系，其中大公司是塔顶，中坚企业为骨干，广大的中小企业是基础。在这种协作体系中，大多是大企业制造主机和装配，众多的中小企业制造供应零部件，形成了在制造同一产品中，大中小企业专业化分工配套协作的一种方式。大企业与中小企业在相互信任的基础上建立合作关系，小企业从大中企业得到技术、资金和人员培训等方面的支持，大中企业及时获得价廉物美的原材料和零部件。推行分包制可以实现大中小企业之间的优势互补，以节约投资，降低成本，提高劳动生产率，提高经济效益，同时提高了适应市场需求变化的能力。据日本官方的调查资料，日本制造业的 80 多万家中小企业中，2/3 是为大公司提供配套服务的分包企业，在纺织、服装加工、电子、电器和汽车制造业中较为普遍，日本制造业大公司的国际地位，在很大程度上是靠中小企业提供的零部件、元器件支撑的。

(4)中小企业是刺激大企业竞争发展的重要力量。中小企业生存的基础是市场，服务对象也是市场，它是市场竞争的主要推动力量。中小企业长期在“夹缝”中生存，加上其自身的优势，一般都相对具备机制灵活，结构调整迅速，新产品开发快，劳动生产率高等市场竞争优势和发展活力。这向大型企业提出了严峻的挑战，客观上必然刺激和推动大企业为求生存、求发展去转换经营机制，增强活力，展开竞争。从这个意义上说，中小企业是推动大型企业增强竞争意识，强化竞争能力的重要力量。

(5)大企业是装备、改造、提高中小企业经营能力的主要力量。生产力发展到一定高度时，不仅要求扩大企业的规模，而且要求建立起按专业化分工组成的以大型企业为中心，包括中小企业的协作系统。这种现象是社会分工深化的必然结果，是组织现代工业生产协作的一种类型，是工业生产真正社会化的形式之一。通过这种方式，大型企业帮助中小企业购买设备、掌握新设备的操作和调整技术；选派技术人员到中小企业指导，解决产品质量、关键技术问题；为中小企业培训干部和工人；将有经验的退休职工转到中小企业；帮助中小企业扩大生产能力，或解决暂时困难；把自己的闲置设备、二手设备给中小企业使用等，将那些设备陈旧、技术落后、产品质量不稳定的中小企业，改造成为技术先进的企业，促进中小企业发展。

(6)大企业向中小企业不断扩散技术，传授管理经验。大企业多是左右国民经济命脉的主导产业，是产业工人、技术人才、管理人才集中的地方。在中小企业的发展中，大企业不仅起着扩散技术、传授管理经验、培养和造就人才的作用，而且还起着落实各项方针政策和国家法律的示范作用，充当着国民经济建设的排头兵。

(二)中小企业的内部环境

1. 中小企业内部环境的内涵

内部环境由企业内部的物质环境和文化环境构成。内部物质环境研究是要分析企业内部各种资源的拥有状况和利用能力，内部文化环境研究则是考察企业文化的构成要素及其特点(见表1-6)。

表1-6　**内部环境**

内部物质环境	内部文化环境
人力资源 物力资源 财力资源	二要素说：总文化、亚文化 三要素说：器物文化、制度文化、观念文化 四要素说：精神文化、物质文化、管理文化、形象文化 五要素说：企业环境、价值观、英雄人物、典礼和仪式、文化网络

(1)中小企业内部物质环境。任何企业的经营活动都需要借助一定的资源来进行。这些资源的拥有状况和利用情况，甚至决定着企业活动的效率和规模。由于企业的目标、运营活动的内容和特点不同，需要利用的资源也有所区别。对大多数中小企业而言，内部物质环境主要由人力资源、物力资源和财力资源三个基本要素构成。人力资源研究是指根据不同的标准，将人力资源划分成不同类型，并分析这些不同类型的人员的数量、素质和使用状况。物力资源研究是指中小企业活动过程中，分析其需要运用的物质条件的拥有数量和利用程度。财力资源研究是指了解中小企业的资金拥有情况、构成情况、筹措渠道及利用情况，分析其是否有足够的财力去挖掘新业务、改造原有活动的条件和手段。在资金利用上是否还有其他潜力可挖等。

(2)中小企业内部文化环境。中小企业内部文化指能影响或决定其成员行为方式倾向的价值观念和行为准则的总和。它是随着中小企业的产生和发展而逐渐形成的。在中小企业文化的形成过程中，中小企业的创办者以及后来的管理者的价值观念及领导风格都具有重要影响。

这里主要介绍企业内部文化环境，重点就其构成要素、类型、主要功能及对管理的影响等予以具体讨论。

2. 中小企业文化的构成要素与类型划分

(1)企业文化的构成要素。企业文化究竟包含了哪些内容，国内外学者陆续对企业文化的构成要素提出了诸多不同的主张。

①两要素构成主张。这种主张认为，每个企业的文化都存在着多种形式，各种形式之间既有共性，又有差异，共性就形成了总文化，差异则形成了亚文化。

总文化就是企业的各个部门、各个方面，至少是企业的高层管理者所共同拥有的价值观念和经营实践；亚文化就是企业中的一个分部(职能部门、车间、班组等)所特有的风格和习惯。亚文化总是受总文化影响，甚至是由企业总体管理理念、企业机构和政策控制的。但是，一个企业中众多亚文化彼此之间是永远不会完全一致的，并且也不会与企业总文化完全一致，每一种亚文化都有各自的特性。

②三要素构成主张。这种主张认为，企业文化由器物文化、制度文化、观念文化三个不同的层次构成。

器物文化是指企业文化在物质层次上的体现，是群体价值观的物质载体，表现为企业的外形外貌，是人眼可以识别的企业形象；制度文化是外加的行为规范，表现为企业的结构形态、规章制度、奖惩方式以及信息沟通渠道等内容；观念文化是企业文化的核心和灵魂，主要指企业共同价值观和行为准则，表现为企业精神、企业哲学、企业道德和企业风尚等内容。

③四要素构成主张。这种观点认为，企业文化是由精神、物质、管理、形象四个亚文化构成的一个群体。

精神文化是核心，表现为一系列的价值观和行为规范、道德准则以及清晰的信念；当人们把精神文化中的价值观、道德观等与企业活动中的物质条件有机结合在一起时，便形成了企业的物质文化；精神要素和管理中的领导机制、领导风格、企业风格、企业结构、规章制度等要素相结合，就形成了企业的管理文化。形象文化包括两方面的含义：就内部而言，它是指把企业视为一个整体，全体员工认同它、归属它，并注入真诚的感情，愉快地生活在带有崇高精神的企业之中。就外部而言，它是指企业给外界可以依赖的印象，社会承认其贡献。

④五要素构成主张。美国学者特雷斯·迪尔和阿伦·肯尼迪在其合著《企业文化——现代企业的精神支柱》一书中提出，构成企业文化的要素有五个：企业环境、价值观、英雄人物、典礼和仪式、文化网络。

企业环境是形成其文化的最重要的因素；价值观是其基本观念及信念，它们构成企业文化的核心和灵魂；英雄人物是指那些体现企业文化的人物，这些人将企业的价值观人格化，他们是企业价值观的化身和企业力量的体现，因而成为企业成员效法的楷模；典礼和仪式是企业日常生活中的惯例和常规，企业通过仪式告诉成员应有的行为，通过典礼提供为企业所赞赏的范例；文化网络是企业内部的主要但非正式的交际手段，是企业价值观和有关英雄人物的神话、传说的传递渠道。

(2)企业文化的类型。企业文化按照不同的标准可划分为不同的类型。以下介绍两种常见的划分方法(见表1-7)。

表1-7　**企业文化类型**

划分标准	类　型
按照企业经营活动的风险程度和工作绩效的反馈速度划分	硬汉型文化、尽力型文化、赌博型文化、过程型文化
按照企业文化对员工的影响程度划分	强文化、弱文化

①按照企业经营活动的风险程度和工作绩效的反馈速度的标准划分，企业文化可以划分为硬汉型文化、尽力型文化、赌博型文化、过程型文化四种类型。

硬汉型文化又称明星文化，鼓励个人“冒尖”，争当“明星”，“寻找山峰并征服它”是这种文化教育的信念。硬汉型文化的管理者及员工是那些敢想敢干的硬汉，他们态度坚决，个性坚强，保持强烈的进取心，能够承受孤注一掷的风险。这种文化适合于处在高风险、快反馈的环境中的中小企业，如建筑业、风险投资业、娱乐业等。

尽力型文化又称行动文化，主张压倒一切的是行动，鼓励依靠集体的力量去获得成功，“发现需要并满足它”是这种文化的信念。行动文化的先进人物是那些极其优秀的推销员，他们态度友善，善于交际，是人际关系的能手。这种文化适合于处在低风险、快反馈的环境中的中小企业，如房地产经纪公司、计算机公司、汽车批发商等。

赌博型文化拿企业的未来作赌注，主张深思熟虑的决策，给美好的想法一个合适的成功机会是这种文化的信念。赌博型文化的先进人物是那些具有足够的个性和信心，能控制自己度过等待期的打赌者，他们有才干，特别尊重权威，在做决定前，总是仔细权衡，反复思索，一旦下定决心，决不轻易改变初衷。这种文化适合于处在高风险、慢反馈的环境中的中小企业，如火箭与卫星的配套企业。

过程型文化重视程序和过程，强调用科学的方法解决所意识到的风险，做到过程和具体细节绝对正确是这种文化信念。过程型文化的先进人物是那些谨慎者，他们处理事务认真细致，守时遵纪，拘于小节，循规蹈矩。这种文化适合于处在低风险、慢反馈中的中小企业，如饰品企业。

②按照企业文化对员工的影响程度标准化分。按照这种标准，企业文化可分为强文化和弱文化两种类型。一个拥有并广泛共同享有基本价值观的企业具有强文化；反之当一个企业分不清什么对企业是重要的，什么是不重要的时候，则该企业具有弱文化的特征。强文化比弱文化对员工的影响更大。员工对企业的基本价值观的接受程度和承诺越大，文化就越强。

一个企业文化教育的强弱，取决于企业的规模、历史、员工的流动性以及文化起源的强烈程度。不过，当今大多数企业已有一种向强文化转变的趋势。强文化一般总是与仪式、表征、故事、企业人物和口号等形式或因素联系在一起的。这些因素增强了企业成员对企业价值观和战略的认同；他们关于是什么推动了企业的发展和进步达成了共识。

然而，当企业文化处于强势时，它对企业施加的强影响力并不一定总是正面的。大量研究表明，除非文化能促使企业有效地适应外部环境，否则，一种强文化也并不能保证企业获得成功，反而较之弱文化更容易对企业的成功造成伤害。这就要求企业的领导团队对企业文化氛围的强弱控制有度。

三、中小企业发展趋势

（一）我国中小企业发展规律

中小企业的发展有自己的规律性。我国中小企业经过多年的发展，概括起来有如下几个方面的规律值得深入研究。

1. 中小企业发展状态与我国经济波动相一致

（1）经济增长时，投资大幅度增长，社会需要急剧增加，生产高速增长，生产规模迅速扩大，从而带动了中小企业的发展。当经济调整时，首先受到冲击的是中小企业，中小企业常常是关停并转的对象。

(2)中小企业素质与经济调整的波动相关。经济高涨时，中小企业数量盲目性的扩张，因而企业素质较差。经济调整时，大批素质较差的企业关停并转，保留下来的中小企业在困境中素质得到了提高，增强了适应性和竞争力。

2. 中小企业的发展与国家产业组织政策导向密切相关

中小企业的发展，除了受经济波动和经济体制变革的制约之外，还受着产业组织政策控制。20 世纪 60 年代初，经济调整时，国家政策限制其发展，并对其实行大规模的关停并转。20 世纪 70 年代开始，国家动用财政、信贷和税收政策，鼓励地方发展“五小”工业，发展城镇集体企业和社队企业，从而促进了中小企业的发展。

再如，进入 20 世纪 80 年代，国家对乡镇企业的发展采取了一系列鼓励扶持政策，有力地推动了乡镇企业的发展。

3. 中小企业的发展与就业形势密切相关

我国中小企业发展，与就业形势紧密相关，即什么时候就业形势严峻，需要解决就业问题，什么时候就想到要发展中小企业；而就业问题一旦缓解，中小企业的发展就又会受到限制。在我国，就城镇失业人口而言，1949 年以来，曾经出现过多次高峰，而每一次都是通过采取大力发展中小企业的措施，在解决失业问题的同时，中小企业的发展出现一次高潮。

(1)中华人民共和国成立初期 1949 年到 1950 年底，当时全国大约有 400 万失业人口。新成立的中华人民共和国政府采取了一系列有利于中小企业发展的措施，经济很快得到恢复，失业人口得到妥善安排。

(2)20 世纪 70 年代初，为了安排一部分城镇知识青年和解决农村难以承受的下放青年的就业，政府出台政策兴办了各种各类的中小企业，缓解就业压力。

(3)从 1996 年开始，国有企业下岗分流形成了失业高峰，政府为了解决这一次城镇失业人口的就业问题，鼓励失业人员自主创业，不仅无偿地开展择业技能和管理培训，而且还对自主创业者给予税收、利息、借款等方面的优惠。借此有利时机，一大批中小企业已经发展起来。

(4)根据财政部、国家发改委《关于免征小型微企业部分行政事业收费的通知》(财综[2011]104 号)，对符合工业和信息化部、国家统计局、国家发展和改革委员会、财政部《关于印发中小企业规划型标准规定的通知》(工信部联企业[2011]300 号)中的小型和微型企业，自 2012 年 1 月 1 日至 2014 年 12 月 31 日，免征 3 年企业注册登记费、税务发票工本费、海关监管手续费、装船证费、手工制品证书费、纺织品原产地证明书费等 22 项管理类、登记类、证照类行政事业性收费①。这一项举措的推出，促进了一大批中小企业的产生，截至 2013 年底，中小企业在工商登记注册的市场主体中所占比重达到 94.5%，解决了 1.5 亿人口的就业问题，新增就业和再就业的 70%以上集中在小微企业。

(5)国务院总理李克强 2014 年 4 月 16 日主持召开国务院常务会议，在此次会议中，

① 段永军编著：《中小微企业创业创立指南》，大连出版社 2013 年版，第 23 页。

国务院继续为中小企业释放利好。不仅要将2013年底到期的税收政策延长至2016年2月31日，而且将进一步取消范围限制、提高征税扣除额上限、增加扣减税费种类和简化程序。至此，将会有更多的中小企业逐渐发展起来。

(二)我国中小企业发展趋势

中小企业是我国经济的重要组成部分。随着我国经济体制改革的不断深入，工业化和城市化的发展，国际合作的进一步加强，我国的中小企业呈现出如下趋势：

1. 非国有企业发展加快

(1)我国经过多年的改革和发展，中小企业产权主体多元化格局已经形成。今后的趋势是集体所有制和民营经济比重越来越大，国有经济的比重则会进一步缩小。

(2)一些中小企业特别是民营企业为了适应激烈的市场竞争和社会化大生产的客观要求，将自愿联合起来，开始上规模、上档次、上水平，非国有企业将迎来新的发展时期。

2. 农村中小企业将逐步向小城镇集中

我国中小企业中，乡镇企业约占80%以上。由于过去多种原因，这些企业分布过于分散，我国提出了要“加强规划，引导乡镇企业适当集中”，以“形成合理的企业布局”。农村中小企业的相对集中，将有力地推动我国小城镇的发展，这对于改变我国农村的落后面貌，促进农村劳动力的转移，提高人口城市化水平，促进乡镇企业跃上新台阶等具有重大意义。

3. 中西部中小企业将加速发展

我国按地理位置，从东到西分为东部、中部和西部地区。这样的地理位置，也是经济发达程度的顺序。实际上，经济发达与否，是与中小企业是否发达相一致的。目前东部地区的中小企业得到较好的发展，而中部地区特别是西部地区的中小企业的发展较之东部地区有很大的差异，将给国民经济发展带来不利后果，为此，我国政府对中西部地区中小企业给予了并将继续给予优惠条件，继续推进东西合作工程，加大资金支持力度。相信，中西部中小企业将会得到更大发展。

4. 企业之间的专业化协作将进一步加强

我国以市场经济取向的经济体制改革不断深化，将打破地区和行业之间的分割，这有利于改变企业生产经营的“大而全”、“小而全”的格局。从而，将会促使企业间开展专业化协作。

(1)近几年来，我国大、中、小企业之间的专业化协作已经起步，显现了良好的开端，对实现中国经济的集约化经营有重要意义。

(2)中小企业之间也开始了一定程度的专业化协作。在我国市场经济比较发达的地方，有些中小企业也实行了专业化生产。开展专业化协作生产，有利于节约投资成本，有利于实现技术改革，实现生产的机械化和自动化，有利于提高产品质量。

为了深入开展工业生产领域里的专业化协作，就要发挥市场和政府两方面的作用。因为只有市场竞争才能规范专业化协作中各方的交易行为，使价值规律在专业化协作中起作用。政府的作用就是利用经济的、法律的、行政的等各种方法，去促进专业化协作的发展。

5. 以科研和新技术开发为主的新兴产业将进一步发展。

目前，我国中小企业的产品，主要是劳动密集型产品和传统产品，属于高科技和新兴产业的产品还不多。随着改革开放的发展和整个经济水平的提高，后者的比重会逐步提高。各种各类科技人员，以各种形式兴办了一批以科学研究、实用技术开发、技术咨询等为主要内容的小型企业；在电子计算机控制设备及其软件等领域也出现了一批中小型企业。这样的企业将来还会进一步发展，特别是民间开办的以技术交易为主要内容的小型企业，其实力会更强。

6. 国际合作空间将进一步拓展

随着我国经济体制改革的逐步深化和对外开放程度的不断扩大，中小企业将会进一步拓展国际合作空间。

(1)外商将继续向中国投资，合作对象中绝大多数还是中小企业，中小企业出口产品还会随着我国对外贸易的发展不断增加。

(2)中小企业的各项管理将在改革中逐步实现和国际惯例接轨。

(3)为中小企业提供各种服务的机构不断发展，并逐步形成体系，从而为中小企业开拓国际空间服务，帮助中小企业寻求国际合作伙伴、开通国际合作渠道等。国际上，如欧共体、东欧、南美、加拿大、澳大利亚、日本等国家或地区的中小企业，也都急于进入我国市场，并计划在我国寻求合作伙伴。中小企业不断拓展国际合作空间，将有利于我国走向世界。

(三)美国中小企业的发展趋势

同大企业一样，美国中小企业正经历着劳动雇用和企业经营方法方面巨大的变化。具体的发展趋势如下：

1. 中小企业员工结构更加多元化

不同种族、不同性别及不同年龄的员工将充斥员工队伍，未来的企业家们将对多元化员工结构的需求和供给变得特别敏感。中小企业的经理和所有者想成功处理员工结构不断发展的多元化问题，就必须学习有效地处理人际关系的技巧。

2. 中小企业的团队管理

中小企业所有者和经理们越来越多地使用工作团队，让员工独立地、更有效地选择岗位，实现对员工的充分授权。小企业以及大企业都在组织越来越多的工作团队，这些工作团队的主要任务是研究问题和指导变革，以便更好地做好工作。这些团队组成是为了取得优良的绩效，其绩效优于团队成员各自为政的绩效。因此，所有者和经理变成了领导，他们在团队的环境中提出意见，并组织不同类型的会议，有意识地、自愿地、自由地提高技能，这使领导实现了使工作顺利进行的职能分工，也使得员工能作出以前必须由所有者作出的决策。经理通过让下属自己作出决策，可以使他们学到更多的东西，而经理仅在需要时进行必要的控制。

3. 中小企业的信息化

在中小企业中，几乎所有工作都受到通信和计算机技术进步的影响。随着自动机器人在生产部门、计算机在会计部门和计算机辅助销售程序在销售部门应用的不断加强，中小企业的管理正在发生着巨大的变化。信息技术给中小企业带来的挑战，主要是要改进培训员工的方法，以及消除他们对变革的抵制情绪。因此，为了更有效地培训员工使用新技术，包括通信技术，所有者和经理们必须不断学习最新的技术。

由上述可见，我国中小企业的发展趋势，一定程度地反映了发展中国家中小企业的发展趋势，而美国中小企业的发展趋势，代表着发达国家中小企业的发展趋势，两者虽然不同，但其求生存图发展的需求是一致的。

第三节　中小企业发展的法律适应及社会责任

【知识阅读】

丹姿集团的社会责任

丹姿集团成立于1998年，是一家集科研、生产、销售和服务为一体的化妆品企业。以“品质就是人格”作为公司的质量理念，用人格做产品保证产品质量，公司以ISO14001管理体系为标准，通过周、月、季、年度质量活动进行宣传教育，强化员工的质量意识。在端正经营理念的同时，关心善待员工，并在2007年成立了丹姿集团内部基金会，致力于内部贫困员工的救助。此外，还积极投身扶贫开发项目，2011—2016年，丹姿捐款10万元参与共青团广州市委员会发起的“爱心加柚”活动，支持广东省梅州市大埔县茶阳镇安乐村村民脱贫致富项目；先后在广东清远、云南丽江山区发起“关注山区儿童健康，培养学生卫生习惯”项目，为10所小学捐赠儿童洗涤用品；多次赞助特殊儿童运动会。丹姿“母亲水窖”项目是丹姿公益慈善的另一个亮丽的名片，不仅自己筹备，而且还吸引了22个省市的个体私营企业会员踊跃参与，短短一个月内捐助500多万元，为甘肃、宁夏、陕西、四川等地筹建了近5000个“母亲水窖”。这些个体私营企业拿出的不仅是金钱，更是企业的社会责任。这种企业社会责任的践行不仅教育员工认知企业，提升企业内聚力，更重要的是给社会交出了一份优秀答卷。在现代社会，公众形象、企业公信力是企业的一种资源，可提高企业的竞争力。在这方面，中小企业需要深入挖掘，通过参与公益慈善、彰显企业社会责任的同时，促进社会和谐、企业发展。

资料来源：陈婕：《从丹姿社会责任实践　论构建中小企业社会责任体系》，载《大社会》2016年第4期；引用时有修改。

一、中小企业的法律适应

中小企业经理必须具备一些法律知识和适应法律，以便运用法律法规来保住市场地位和作出正确的决策。这是其生存和发展必备条件之一。

(一) 中小企业的法律环境

由于市场经济的不断发展，中小企业经营也逐渐从国家强令干预向自主经营转变，我国的立法手段也从强调经济立法向全方位立法转变。中小企业经营不仅靠经济法律手段，还要靠民商法、行政法、刑法、诉讼法的综合调整。这就要求中小企业经营者不但要学会遵守和运用经济法，还要学会综合运用其他法律系列规定的各种法律手段来经营企业，真正做到依法经营，维护企业的合法权益。从我国整个法律的体系来看，由国家宪法和民商法系列、经济法系列、行政法系列、诉讼法系列、刑法系列等体系构成。

(二) 中小企业经营中应综合运用各种法律

许多立法都与企业经营息息相关，只有综合运用才能取得最佳经营效果。

1. 中小企业应将各类法律进行分解掌握运用

企业根据业务需要设定了不同的管理部门，管理者可以指定各个职能部门负责与该部门有直接关系的法律的掌握和运用。

(1) 公司的行政办公室应掌握运用《公司法》，私营企业厂办应掌握《私营企业条例》，个人合伙企业的行政部门应掌握运用《合伙企业法》。

(2) 人事劳资管理部门主要负责企业人事劳资关系管理，所以应由它来掌握运用《劳动合同法》。

(3) 企业的财务部门主要负责企业会计核算和会计监督，它必须遵循《会计法》的规定来完成本职任务。同时，财务部门要学会掌握运用《会计法》、《价格法》、《审计法》、《统计法》、《票据法》、《证券法》等相关经济法，使国家对企业的经济监督得到具体贯彻落实。

(4) 供销部门主要负责企业的采购和销售业务，所以要掌握和运用《民法通则》、《合同法》、《担保法》、《广告法》等。

2. 中小企业要较好地运用法律法规还应注意的事项

(1) 设置专门的企业法律顾问及部门。法律顾问是企业内部专门从事法律事务的工作人员，其地位与总工程师相同，为其重要参谋人员。

法律顾问要懂得企业经营，更要熟悉与各部门相联系的法律和诉讼的程序法，便于企业同司法机关、行政机关相配合，解决企业纠纷，维护企业的权益。

(2) 加强企业职工综合法律知识教育，提高职工综合运用法律的能力。让职工了解相关法律知识，学会随时将法律知识运用到企业经营中。

(3) 各系列法律文件的收集和运用。企业应购买一套最新出版的法律、法规、规章、司法解释大全，作为企业法律常备用书，遇到法律问题可参考阅读。除此，企业还应当订购《国务院公报》、《最高人民法院公报》、《全国人民代表大会常务委员会公报》，这些公报会及时公布国家最新出台的法律、法规、规章和司法解释，企业可以及时了解和掌握新增的内容，并将与各部门有关的内容进行复印，供各部门使用。

二、中小企业依法纳税和税收筹划

(一) 依法征税和纳税的概念

一个国家为了取得财政收入或调节社会经济活动，必须设置一定数量的税种。同时，还要规定每种税的征税办法，包括征税对象、税率及征税时间、征税地点、按一定手续征税、不纳税的处理等，这些就构成了税收制度的内容。

税种的设置及每种税的征税办法，一般是以法律、法规的形式确定的。这些法律、法规就是税法，包括如下内容：

(1)税法通则，规定了国家的税种设置及每种税的立法精神。

(2)各种税法(条例)，分别规定每种税的征税办法。

(3)实施细则，是对各税税法(条例)的详细说明和解释。

(4)具体规定，是根据不同地区、不同时期的具体情况所制定的补充性法规。

目前，世界上只有少数国家单独制定税法通则，大多数国家则把税法通则的有关内容包含在各税税法(条例)中。我国属于后一种情况。由于各国税收制度是根据本国的基本政治经济条件确立，其税收制度也不尽相同，具体征税办法也是千差万别的。就一个国家而言，各个时期的政治经济条件不同，税收制度也有所差异。我国的现行税制就是中华人民共和国成立后经过几次大的改革逐步演变而来的。可见，因地因时而异，是税收制度的重要特点。

税收作为国家强制采取财政收入的一种手段，与每个企业都息息相关，依法纳税是每个企业应尽的义务。企业必须按照税法的规定办理税务登记，设置账簿，根据合法凭证记账、算账，编制财务报表，依法申报纳税，及时缴纳税款，接受税务机关的检查。同时企业在税法规定的范围内，也享有相应的权利。诸如非违法的避税权，合法的节税规划权，税负转嫁权及合法减税、免税，进行税务诉讼和检举的权利。义务和权利是一个问题的两个方面。在强调企业纳税义务的同时，也不应忽视纳税企业所享有的权利。

(二)税收筹划的内涵

1. 税收筹划含义

税收筹划又称节税，是指纳税人通过合法的手段，以纳税最优化为目的，在纳税决策中所做的决策。

2. 税收筹划狭义和广义之分

在税法规定的范围内，当存在着许多纳税方案选择时，纳税人应以税收负担最低的方式来处理财务、经营、交易事项。税收筹划有狭义和广义之分。

(1)狭义的税收筹划是指积极性的税收筹划策略的运用，即一个经济主体在做经济上的决策时，如有两种或两种以上的合法的途径可以达到目的，在仅考虑税收影响因素情况下，选择其中最有利的途径，借以少缴或免缴税收的行为。积极性的税收筹划具有事先策划的性质。

(2)广义的税收筹划除了积极性的税收筹划策略运用之外，还包括消极性的税收筹划及一般税收优惠政策的适用。所谓消极性税收筹划，是指纳税人尽量减少疏忽或错误，以避免因行为不合税法的规定而遭受处罚或缴纳原本可不必缴纳的税收。可见，两者在性质上似同实异。一般税收优惠政策适用，是指纳税人无须经过选用的过程，即可得到税收优惠好处的税收筹划行为。在税收优惠政策中，有些优惠政策需经过纳税人的选择，才适用。纳税人通过选择或调整自身的行为，从而使自己适用于税收优惠政策，这种情况属于积极性的税收筹划策略的运用。

(三)税收筹划与避税、逃税的区别

税收筹划是以纳税最优化、税收负担最轻化为目的，纳税人或其代理人通过经营、财务、交易活动的合理安排，可以使纳税人税收负担最轻或者税后利益最大。因此，税收筹划往往容易与避税和逃税相混淆。因此，要正确理解税收筹划，必须划清它与避税和逃税的界限。

1. 就道德和法律来分析

逃税是采用伪造、涂改、销毁账簿、会计凭证，虚列或多列成本费用，隐瞒、少报营业收入等欺诈、隐匿、虚报的手段来实现；避税是利用税法所存在的漏洞，通过钻税法的空子来实现的；而税收筹划对多种纳税方案进行精心比较后，采用税收负担最低的方案，从而达到减轻税收负担的目的，是生产经营最优决策在税收方面的具体表现。

2. 就宏观经济管理来分析

逃税或避税都直接导致国家财政收入的减少，削弱了国家财力和宏观调控能力。而税收筹划是国家税收政策予以鼓励和引导的。就近期来看可能使国家减少收入，但最终会使税源更加充足，财力更加雄厚。

3. 就税务机关应采取的政策和处理方式分析

对于逃税者，税务机关应依据税法规定予以严惩，情节严重构成犯罪的，还会追究刑事责任。对于避税要采取反避税措施，即通过修改完善税法，堵塞漏洞；通过提高征管水平，减少避税者的可乘之机。对于税收筹划，因其符合税收政策导向，税务机关则会予以保护。

(四)中小企业税收筹划的原则

1. 纳税人应熟悉税法的规定

税收筹划不是避税，更不是逃税，它是纳税义务人在合理、合法的范围内所作的一种明智选择，因此应以了解税法为前提。纳税人若不了解税法，要么不可能进行税收筹划，合理合法减轻税负，要么会将税收筹划引入逃税避税的歧途。同时，由于税法内容相当复杂且经常修改，纳税义务人的情况也会随之发生变动，故而纳税人要了解并深入研究税法，才能对其加以利用。

2. 纳税人应因人、因地、因时制宜选择税收筹划

税收筹划是一种最优纳税方案的选择，因此任何人在税收筹划时，必须要因人、因地、因时制宜。纳税人所选择的税收筹划策略，亦非一成不变，应据实情选择税收筹划。

3. 纳税人必须注意应具备的特殊条件

在税收筹划中，纳税人要享受某些合法有利的机会，还必须具备某些特殊条件。规定的特殊条件如不具备，纳税人将失去选择合法有利途径的机会。如选择加速折旧法须报税务部门批准；改变存货计价方法须先报批准。

(五)中小企业税收筹划要合理合法

1. 中小企业生产经营中的税收筹划

按税收筹划法的生产经营环节来划分，税收筹划可分为企业组建、企业筹资、企业财务会计核算、企业利润分配、研究开发、销售收入等税收筹划。在这些税收筹划中，一定要根据相关法律、法规和自己的条件，充分进行合理合法的节税，争得企业应得的收益。

2. 中小企业就税种的税收筹划

(1)中小企业增值税的税收筹划。增值税是我国现代税制的主体税种之一，可以利用增值税纳税人的身份进行税收筹划，增值税纳税人分为一般纳税人和小规模纳税人，一般纳税人可以实行税款抵扣制，即购进货物的进项税额可以与销售货物的销项税额相抵减，其应纳税额占销售收入的比例一般比较低。而小规模纳税人不能实行税款抵扣制，应按照销售额与规定的征收率计算应纳税额。因此，作为中小企业来说，可以利用纳税人的身份进行相应的筹划，以达到减少税款的目的。除此之外，还可以利用固定资产投资进行纳税筹划；利用不同销售方式进行纳税筹划；巧妙处理兼营和混合销售进行纳税筹划；改变购货方式进行纳税筹划，达到少缴税款的目的。

(2)中小企业消费税合理税收筹划。消费税税收筹划策略包括：①纳税期限税收筹划策略；②纳税环节税收筹划策略；③纳税义务发生时间税收筹划策略；④纳税地点税收筹划策略；⑤利用消费计算公式税收筹划策略等。

中小企业要熟悉消费税纳税的环节，结合自己相关的实际条件，进行税收筹划，以避免多缴税。

(3)中小企业所得税的税收筹划。企业所得税是我国的主体税种，对企业来说，它具有很大的税收筹划空间。它包括：①固定资产折旧的税收筹划；②存货计价方法的税收筹划。

三、中小企业管理道德和社会责任

(一)中小企业管理道德的概念

管理与道德的结合是管理理论的新发展。对管理道德的关注和研究，不仅大大丰富和深化了管理理论，而且对管理实践将产生重大而深刻的影响。

管理道德(或称管理伦理)，是指企业和其他社会组织在经营管理活动中，所必须遵循的各种道德准则和规范。从管理道德的主体看，它既包括企业等营利性组织，也包括非营利性组织，但主要是指以企业为主的社会组织，在其生产经营的实践过程中形成的道德意识、道德原则和道德规范的总和。

1. 管理道德是关于企业及其成员行为的规范

现代社会的发展，要求企业有明确的价值观，并且在确立自己的目标、利益和行为方式的过程中承担“道德角色”，把自己看成是一个道德企业。另外，企业也是由单个个体所组成的，在讨论企业应该遵守的行为规范时，也对企业成员的行为提出了道德规范。

2. 管理道德是正确处理企业与利益相关者关系的规范

企业的利益相关者包括政府、社区、竞争对手、资源供应者、顾客、特殊利益集团等诸多方面。在处理企业自身权益与利益相关者的各种关系中，必然隐含着各种道德关系及问题，管理道德就是调节企业与其利益相关者关系的规范。

3. 管理道德既有外在性又有内在性

管理道德的外在性是指社会对企业及其成员行为提出的善恶规范，如社会舆论、传统习俗等，这种规范来自于企业外部。管理道德的内在性是指企业及其成员对道德规范的内心感悟，是企业内在的、自觉的认识和要求。

(二) 中小企业管理道德的影响因素

管理道德的影响因素，主要包括管理者的道德发展阶段、个人行为特征、自信心强度、自我控制能力和管理机构的设计、企业文化的建设以及道德问题的重要性程度等几个方面。这些决定了管理者面对道德困境时，到底是选择道德行为还是非道德行为。

1. 中小企业管理者的道德发展阶段的影响

中小企业的管理者道德发展是有阶段性的，西方道德心理学家对此通过实验发现，人们的道德发展可归纳为三个阶段：前惯例阶段、惯例阶段、规范与原则阶段。处于前惯例阶段的人们，其道德选择仅受个人利益的影响，其行为特征是为避免物质惩罚，谨遵规则，或只在符合直接利益时才遵守规则；处于惯例阶段的人们，其道德选择接受他人期望的影响，其行为特征是做自己周围的人所期望做的事，或通过履行他人所认同的准则、义务来维护传统的秩序；处于原则与规范阶段的人们，其道德选择具有自主性，受自己认为是正确的个人行为准则的影响，其行为特征表现为，遵循自己长期所形成的道德准则，而不受外界影响。

2. 中小企业管理者的个人行为特征的影响

一个成熟的中小企业管理者，一般都有相对稳定的个人价值准则和道德规范，即关于正确与错误、善与恶、公平与偏倚、诚信与虚假等基本信条的认识。这些认识是个人在长期生活实践中发展起来的，也是教育与训练的结果。中小企业的管理者通常也有不同的个人准则，这些个人准则很可能转化为企业的道德理念及准则。

3. 中小企业管理者的自信心强度的影响

中小企业在管理过程中，一般要求其管理者的谋与断、胆与识是统一的。但管理者作为一个个体，能否把自己的价值认识转化为行动，以及在多大程度上转化为行动，其个性品质中的自信心的强度是极为重要的决定因素。实验表明，自信心高的中小企业管理者，比自信心低的中小企业管理者更能克制冲动，更能遵循自己的判断，去做自己认为正确的事，从而在道德判断与道德行为之间表现出更大的一致性。

4. 中小企业管理者的自我控制能力的影响

斯蒂芬·罗宾斯在《管理学》中提出了“控制中心”的概念。“控制中心”即是“衡量人们相信自己掌握自己命运的个性特征”，它实际上是管理者自我判断、自我控制、自我决策的能力。具有内在控制中心的人，自信能控制自己的命运；而具有外在控制中心的人，则常常是听天由命，认为人的一生中会发生什么事全凭运气。从道德的观点看，具有外在控制中心的中小企业管理者，一般不大可能对他们的行为后果负个人责任，更可能依赖外部力量；相反，具有内在控制中心的中小企业的管理者，则更可能对其行为后果负责任，并依据自己的内在是非标准指导自己的行为。

5. 中小企业管理机构的设计的影响

中小企业合理的管理机构，可以对企业中个体道德行为起到明确的指导、评价、奖惩的作用，因而也就对中小企业管理者的道德行为有约束作用。有些机构提供了强有力的指导，而另一些却只是给中小企业管理者制造困惑。模糊性最小的设计有助于约束中小企业管理者的道德行为。

正式的规则和制度可以减少模糊性。职务说明和明文规定的道德准则可以促进行为的一致性。研究表明，管理者的行为对企业成员道德或不道德行为具有最强有力的影响。员工注视着管理者们在做什么，并以此作为什么是可接受的和期望于他们达到的行为标准。有些绩效评价系统仅集中于成果，但也有些评价系统既评价结果，也评价手段。在仅以成果评价中小企业管理者的地方，会使其在指标的压力面前“不择手段”，从而加大违反道德的可能性。与评价系统紧密相关的是报酬的分配方式。奖赏和惩罚越依赖于具体的目标成果，中小企业管理者实现那些目标和在道德标准上妥协的压力就越大。此外，时间、竞争、成本和工作的压力越大，中小企业管理者就越有可能降低或者放弃他们的道德标准。

6. 中小企业管理组织文化的建设的影响

企业文化的内容和性质不同，对管理道德的影响也不同。一种可能形成较高道德标准的文化，是一种高风险承受能力、高度控制，以及对冲突高度宽容的文化。处在这种文化中的中小企业管理者，将被鼓励进取和革新，对不道德行为的敏感度更强，并能大胆公开地挑战他们认为不现实或不喜欢的一切观点与行为。

中小企业文化的力度对管理道德也有着很大的影响，强文化比弱文化对中小企业管理者的影响更大。如果企业文化的力量很强并且支持高道德标准，那么，它会对中小企业管理者的道德行为产生强烈的和积极的影响；相反，在一个较弱的企业文化中，即使中小企业管理者具有正确的道德标准，在遇到矛盾和冲突时也难以坚持，中小企业管理者更可能以亚文化规范作为行为的指南，工作群体和部门准则将强烈影响弱文化企业中的道德行为。

7. 中小企业管理者对道德认识的重要程度的影响

道德对于中小企业管理者的重要程度和对中小企业管理者的道德选择具有重要意义。中小企业管理者如果比较注重道德评价，认为道德问题很重要，他就会自觉遵循道德规范和道德原则，并且会不断提高自身的道德水平；否则，他就会按自己的习惯进行管理。

(三) 中小企业管理道德的提高途径

根据上述影响管理道德的各种因素，可以通过以下途径提高管理道德，尽量减少企业中的不道德行为：

1. 提高中小企业管理人员的素质

由前面的分析可知，管理者的道德发展阶段、自信心、自控能力等都是影响管理道德的重要因素，而这些因素影响程度实际上体现了管理人员素质高低。因此，要提高中小企业的管理道德，首要的是要提高中小企业管理人员的素质，尤其是要提高其道德方面的素质。

2. 制定中小企业的道德准则

道德准则是阐明企业的基本价值观和道德规则的，用以指导中小企业成员的工作行为和日常生活行为的正式文件。中小企业制定道德准则可以减少决策的模糊性，促进企业成员行为的一致性。道德准则可以起到为中小企业成员提供判断是非标准和指导实际行为的作用。

3. 发挥中小企业的管理者的表率作用

管理者的言行是企业其他成员的表率。例如，如果管理者私自占用企业的资源，那等于向中小企业成员暗示这种行为是可以接受的。提拔谁、重用谁、奖赏谁，会向中小企业成员传递明确和有力的信息，并由此判断、行事。如果有人作出了不道德的事情，管理者不仅要惩罚当事人，而且还要公布事实，宣布处理结果。这样做等于告诉大家："做错事是要付出代价的，行为不道德并不符合你的利益。"

4. 中小企业应确立明确和现实的目标

中小企业经理和员工应该有明确和现实的目标。如果目标对员工的要求不现实，明确的目标也能引起道德问题。在不现实的目标压力下，员工可能会采取"不择手段"的态度和行为。清晰和现实的目标会减少中小企业员工的道德困惑。

5. 中小企业应进行全面的绩效评价

中小企业绩效评价时，仅以经济成果为依据，就会出现结果掩护过程的情况。中小企业管理者要想坚持高道德标准，必须在绩效评价过程中，增加对道德准则的评价。这就是说，对于一个中小企业的管理者的评价，不仅包括对他完成经济成果的评价，也应包括对他遵守道德准则的评价。

6. 中小企业应开展独立的社会审计和监察

在制止中小企业的非道德行为时，可以利用害怕被抓住的心理。按照中小企业的道德准则，评价决策和管理行为的独立审计和监察，可以提高发现非道德行为的可能性。

中小企业审计监察必须是"独立"的，是指审计与监察必须不受同级管理层的制约，否则很容易造成"共同舞弊"；审计监察必须是"社会"的，是指审计监察必须面向社会，接受社会大众的监督。进行社会监督的主体应该是消费者、新闻媒体及行为协会等社会团体。审计监察还必须是制度化的，但又不能是程式化的，要将例行审计与不预先通知的随机抽查结合起来进行。

(四) 中小企业社会责任的基本内容及其本质

中小企业社会责任的概念，是由企业社会责任扩展而来的，对社会责任的研究也主要集中于对企业社会责任的研究。

1. 中小企业社会责任的具体内容

社会责任的内涵是逐步扩展和丰富的。20 世纪 60 年代以前，企业被理解为单纯追求经济效益最大化的经济组织，只要能赚钱，即使污染了环境，影响了周围居民的生活和健康，也在所不惜，无人无制度去管理，更不需要企业去处理，因为这被认为是政府和社会的事。换言之，社会责任的内涵与最大利润这个经济目标混沌不清，企业实现了它的经济目标就被认为满足了社会的需求。进入 20 世纪 70 年代以后，人们对这一状态提出了质疑，认为企业在从事生产经营活动过程中，在追求经济效益的同时，还应尽量兼顾员工、消费者、社会公众和国家等相关利益主体的利益，承担起相应的社会责任。中小企业社会责任的具体内容包括：

(1)对员工的责任。对员工的责任包括改善员工工作生活条件、关心员工身体健康与尊严、开展教育与培训活动、提供民主管理的机会和合理的报酬等。

(2)对消费者的责任。对消费者的责任包括不断向社会提供优质的产品与服务、努力提高消费者对产品和服务的满意度、坚守诚信原则等。

(3)对资源供应者的责任。在严格履行合同、切实保障资源供应者权益的基础上，视资源供应者为合作伙伴，提供尽可能多的帮助。例如，上海光明乳业有限公司帮助内蒙古、黑龙江等地的奶牛场和牧业户解决资金不足的困难，向他们提供先进的设备、技术，以及改善经营管理等。

(4)对竞争者的责任。处理与竞争者关系的最主要道德规范是公平竞争，以质量和服务取胜。竞争双方要互相尊重，互相承担相应的道德义务。

(5)对社区的责任。对社区的责任指企业应与所在社区及周围居民保持良好关系，尽社区一员的义务，积极支持社区的重大活动和公益事业。

(6)环保责任。克服环境危机是全人类的共同利益所在。随着社会经济的发展，环保越来越成为企业的重要社会责任。

(7)对政府的责任。对政府的责任指企业的发展计划与实践活动要与政府的规划、产业政策和法律法规保持一致。同时，要在可能的条件下积极协助政府解决一些社会问题，如增加就业机会、帮助失学儿童、救济社会贫困人员等。

2. 中小企业社会责任的本质

社会责任的本质是在经济全球化背景下，企业对其自身行为的道德约束，它既是企业的宗旨和经营理念，又是企业用来约束自身行为的一整套管理和评估体系。

3. 中小企业社会责任的三个层次

(1)社会责任的最低层次是对企业成员的诚信，包括公平的报酬、良好的工作环境等。

(2)中间层次是对社会的诚信，包括不生产假冒伪劣产品、不欺骗消费者、遵守法律法规等。

(3)最高层次是奉献社会，对社区、环境保护、社会公益事业提供支持和帮助。最高层次是社会责任的高标准表现。最低层次和中间层次是社会责任的基本体现。

企业的社会责任是一个整体概念。一个企业做到了遵纪守法，保证了员工的生产安全、身体健康，向社会提供了合格的产品或服务，就可以说履行了基本的社会责任，但还不能说已经达到了高层次的社会责任水平。相反，如果一个企业为社会公益事业做了大量的捐赠，然而，它在基本的社会责任方面受到了谴责或投诉，例如，使用了童工或者出了安全事故，那么就不能说它很好地履行了社会责任。

【练习题】

案例分析题

纺织业因承担社会责任而迎来的春天

海城奥源纺织印染服装有限公司(以下简称“奥源公司”)，始建于1992年，是一家集面料织造、染整、刺绣加工和服装制作为一体，具有自营进出口权的综合型民营企业。公司下设织布厂、染整厂、服装厂和刺绣厂，形成了一座总占地面积为40000平方米，其中建筑面积达25000平方米的现代化大型纺织服装生产基地。公司现有员工1000余名，各种专业技术及管理人员60余名，拥有国内外最先进的生产设备600余台/套，固定资产近亿元。现公司年产各类针、机织面料5000吨，出口服装150万件，成布绣花10万米，年产值超过1.2亿元人民币。产品销往国内各大市场及日本、美国、韩国、俄罗斯，波兰、匈牙利以及我国香港等10多个国家和地区。公司本着“创新、求实、诚信、卓越”的经营理念，凭借公司近20年的出口制衣经验，力邀数名海内外青年优秀设计师，在发展出口业务的同时积极致力于自有服装品牌的建设。产品倡导时尚、舒适、独特的设计理念，选用高档面料，辅以精良的制作工艺，迎合了当今女性崇尚唯美、个性的潮流，用每一个细节去用心展示都市时尚女性的生活新主张。

奥源公司成立初期，外部环境更加有利于企业的形成和发展，奥源公司也在这样的环境条件下发展起来。在90年代初期，物资供不应求，人们对物资、物品的需求也很大，但是所能选择的企业却是有限的，人们对产品的要求仅仅是符合要求即可，对产品安全、面料成分是否达标、是否对人体健康有伤害等并没有深刻的认识。这时企业的社会责任认识非常淡薄，对其基本的理论概念都非常缺乏。然而随着时代的发展，大中小型企业全部发展起来，经济利润的驱使使得更多企业形成，这也就对面料市场形成了一定的竞争形势。这时也是企业社会责任形成的萌芽阶段，国内企业竞争环境逐步加剧，企业为了生存和发展更加放大追求经济利润，把经济利润作为企业发展的唯一目标。但是此时奥源公司已十分注重企业的产品质量，奥源公司致力于生产较好的产品，承担起企业对消费者的社会责任，这样给顾客留下了良好的企业形象，良好的产品印象有利于企业的持续发展。此时奥源公司的领导已认识到产品是企业生存发展的核心问题，只有好的产品，才能留住顾客，吸引新的客户，企业发展不能离开对产品质量的把关，以及对消费者负责的概念。奥源公司企业社会责任理念这个时候已经初步形成，随着中国进入WTO，奥源公司面临更多的国外企业的竞争，激烈的竞争使很多企业对社会责任认识的态度非常淡薄，对其执行力更加减弱，很多企业为了生存把产品、环境都放在了经济利益之后，并且经常是牺牲环境、产品质量以达到企业利润最大化的目标。这时企业社会责任认识虽然已经有所发展，但是可以执行的企业却是少之又少，特别是中小企业，在面对如此激烈的竞争环境，生存和发展都是问题，更加无法顾及企业精神层面的问题，这时环境问题、产品质量问题频频出现，人们对产品质量、环境保护也更加关注。奥源公司此时已将企业社会责任与企业发展目标有机结合起来，在进入新世纪后，奥源公司致力于研究发展环保型产品，它对人体更加健康安全，而不是用一些有毒物质超标的染料去生产加工面料，产品质量得到保证，顾客自然更加放心地继续购买。

在奥源公司积极投入环保型材料后订单也有所提高，企业有了更多的顾客源，保证了企业更好的发展。并且，随着近几年频频出现的环境问题，奥源公司不以污染环境为竞争优势，做好排污问题，树立良好的企业形象，给潜在顾客和现有顾客留下良好的印象。奥源公司在秉持着承担企业社会责任，做良心企业的理念下不断地成长和发展，逐步地将对社会承担的责任融入到企业的生产、制度中去，这样既提升了企业形象也有利于企业发展，企业社会责任在不知不觉当中就有机地结合到企业的发展当中去，奥源公司成为行业内口碑良好的优秀企业之一。

奥源公司充分认识到社会责任对企业文化、发展、形象的重要作用，在2000年开始公司充分利用企业社会责任所起到的积极作用，解决它所带来的成本增高等问题，公司通过提高员工福利来鼓舞员工；公司不断地提高产品质量吸引顾客，留住顾客，奥源公司认识到企业社会责任的重要性以后，不断地利用先进科学的方法生产产品，并且努力地投入环保设备，实现企业社会责任与企业利益的有机统一，增强人们的环保意识，提高员工对产品质量的追求。以良好的社会责任理念、良好的道德准则引领企业发展，使之成为立企之魂和发展之源，减低对环境的污染，塑造良好的企业形象，使企业更好地发展。

问题：

1. 识别这一事件涉及的主要利益相关者。每个利益相关者可能关心哪些问题？这些利益相关者关心的事情是否存在冲突？试讨论之。

2. 影响奥源公司管理者对社会责任承担的主要因素是什么？如果奥源公司未承担这些责任，可能会产生怎样的影响？

3. 奥源公司实现其社会义务、对社会作出响应并承担了哪些社会责任？该种社会责任感对该公司以后有什么深层影响？

资料来源：任婷：《海城奥源服装有限公司企业社会责任的案例研究》，辽宁科技大学2014年硕士学位论文；引用时对标题和问题略作了修改。

第二章　中小企业创办、制度安排及组织框架

【学习目的】

通过本章学习掌握中小企业创办的四种主要方式，熟知各方式的优缺点、创办条件和有关法律法规；掌握中小企业法定的四种制度形式，熟知各制度形式的概念、法律特征和优缺点，以及形式的选择与变更；熟知中小企业管理团队的重要性、类型，掌握其组建和保持稳定的内容。

【案例导入】

兴柏公司的创办

河北兴柏药业集团有限公司(简称兴柏药业)，始建于1987年，是由作坊式乡办企业——赵县兴柏淀粉厂发展形成的，以玉米为主要原料，精深加工淀粉为基础，运用物理学、化工学、生物技术开发生产葡萄糖、变性淀粉、医药原料药、兽药、生物原料药等具有高附加值系列产品的综合性企业。

1990年企业转制后，以市场为导向，以科技为支撑，不断创新，不断投入，不懈努力，实现了跨越式发展。兴柏药业近些年先后被评为"中国淀粉糖20强企业"、"中国食品工业百强企业"、"中国农药企业100强"、"河北省农业产业化重点龙头企业"、"石家庄市十大农副产品加工龙头企业"等。兴柏药业拥有国内最高水平的生物农药发酵技术，具备对阿维菌素产业链核心资源的全面控制能力，被国家农业部评为2010年农药企业品牌榜的5家企业之一。目前，公司阿维菌素国内市场占有率35%以上，技术水平处于领先地位，其产品远销欧美以及东南亚市场。

资料来源：徐哲普、聂聪超：《依托核心技术占领行业高地——赵县增强企业自主创新能力提升市场竞争力》，载《石家庄日报》2015年9月18日，第5版；引用时略有变动。

第一节　中小企业的创办方式

【知识阅读】

新希望集团家族企业的变迁和发展

新希望集团创立于1982年，其前身是南方希望集团，是刘永言、刘永行、陈育新(刘永美)、刘永好四兄弟创建的大型民营企业——"希望集团"的四个分支之一。目前，新希望集团有农牧与食品、化工与资源、地产与基础设施、金融与投资四大产

业集群，是国内具有一定影响力的民营家族企业。从创业开始，刘氏兄弟根本就没有“股权”这个概念，股权结构上也一直处于模糊的状态。刘氏兄弟四人从1991年开始在集团未来的发展方向上产生了分歧，兄弟四人开始分开朝不同方向发展。刘永好通过大量筹备工作之后，筹建了四川新希望农业股份有限公司(以下简称新希望)。据新希望的各年年报反映，公司的前三大股东均为新希望集团、华西希望集团旗下的成都美好房屋开发有限公司、大陆希望集团旗下的成都希望大陆实业有限公司，而后两者分别为刘永言和陈育新所属的企业。近些年来刘氏三兄弟合计持股一直保持在50%以上。

四川新希望农业股份有限公司目前作为一家大型上市公司，家族文化已经逐渐淡出，其股权治理也透视出规范科学的治理理念。随着公司的发展上市，公司特有的企业文化也在慢慢形成，企业文化逐渐取代了家族文化在公司发展中发挥的作用，实现了不断发展壮大的目标。由此看出，家族企业的发展管理是一个不断成长的实验过程。

资料来源：张杰：《我国家族企业股权结构变化及启示——以新希望集团为例》，载《企业战略》2013年第12期；引用时有修改。

中小企业是现代国民经济体系的重要组成部分。中小企业的创办是指为了满足人类某种特定需求所进行的产品或服务的投资、开发、生产、营销等经济活动以及企业组建的管理过程。它是一种非常复杂且具有创造性的经营开发与管理活动，需要相关行业的专业知识、企业经营管理知识和企业家才能的发挥。中小企业创办作为一种特殊的商业活动，具有经营风险大、投资回报高、行业竞争激烈、市场生命周期短暂等特征。其成功主要取决于创办项目前期开发阶段的科学规划定位和建成投产后的生产管理、经营管理、公司管理、市场份额的维护。创办一家属于自己的中小企业，可以选择诸多途径，例如自主兴办企业、买断开办企业、创办或继承家族企业、购买特许经营权开办企业等。这些不同的途径各有利弊，每一个有志创办者可以根据自身情况选择最适合自己的创业道路。本节就中小企业的创办方式，分别予以讨论。

一、自主兴办中小企业

自主兴办中小企业需要结合自身条件以及意志来实现，充分衡量方可行动。

(一)自主兴办中小企业的必要条件

兴建一家新的中小企业，自己创业当经理，从主观上讲，是要付出一定代价的，要具备一定的创业素质，特别是意志品质。从客观上看，必须具有一些必备的条件。这些条件不需要同时具备，只要满足了以下某一条件，就有了创业成功的可能性。

1. 掌握了新产品/服务或某项专利技术

随着知识经济的到来，人类社会已进入知识社会。在这个社会里，科技工作者具有较强的创业优势。他们利用自己的聪明才智发明新技术、新产品，取得专利权，以此作为条件，赢得资金的投入。例如像王永民凭借王码输入法起家等，这样的例子不胜枚举。

2. 具有丰富的工作经验和大量的客户群体

一些在大公司工作的人，特别是从事销售工作的人，在多年的工作中，积累了丰富经验，也掌握了很多客户资源，但由于一些原因：或许原本就具有远大志向，不甘心屈居人下；或许由于偶发因素，如原公司倒闭停业等，不得不离开原公司。这些人创建新企业，选择与原来企业相同的行业，比较容易成功。例如，台湾的张国安先生，在没有丝毫前兆的情况下，被三阳公司免除了总经理职务。于是，他自行创立了丰群集团。又如，美国有三位工程师，经过苦心钻研，获得了新发明，但是公司不采用。于是他们辞去了职务，创建了自己的公司，以实现新发明的价值。这就是后来世界上知名的英特尔半导体制造厂。

3. 具有融得足量创业资金的渠道

人才、市场、资金是创业所需要的关键要素。如果有了足够的创业资金，其他问题就易于解决。

除上述条件外，创业者还应考虑和利用优越的地理位置、设施、产品/服务、雇员和供应商等条件。这无疑将有助创业者获得成功。

(二) 自主兴办企业的优势与劣势

自主兴办一家企业，既有优势，也有劣势。兴办者必须了解并避劣从优。

1. 自主兴办一家中小企业的优势

(1) 中小企业创业者可以根据实际需要，构建中小企业的组织结构、经营范围、人员设置等。不必受限于已有的条条框框，可根据实际情况和先进的管理理论并予以创新。

(2) 树立自己的产品生产或者提供服务方面的特色。因为是新建企业，消费者对其没有任何成见，有利于企业开创自己的品牌。只要产品质量优良，功能适当，服务优良，宣传得当，就一定能够创出企业的品牌和形象。

(3) 中小企业创业者可以根据企业生产、销售和服务等要求选择适宜的地点。这种选择的主动权的优势，运用得当，会有助于创业的成功。

(4) 产品销售和开辟广阔市场的优势。一般来说，新建企业生产的是新产品，没有现成的市场，有待于生产者去开发。没有现成的市场，表面上看起来处于劣势，但是其中却存在优势的因素，潜伏着很大的商机，推销策略选择和运用恰当，就能够开拓出一片新市场。

2. 自主兴办中小企业的劣势

(1) 创办新企业的经营风险大。新企业、新技术、新产品，一切都是未知数，又没有间接经验可以参考，经营风险较大。

(2) 创办新企业筹资比较困难。由于没有经营业绩，很难从银行获得贷款。

(3) 创办的新企业经济效益不稳定，很难吸引人才。

(4) 创办之初，企业内外各种关系都需要创业者去协调，容易造成创业者精力分散。

二、创办或继承家族中小企业

创办或继承家族中小企业是许多人成为企业家的又一途径。家族中小企业有着其他企业不可能具备的优势，即依靠血缘关系所产生的强大凝聚力，在共同经济利益的驱使下，促使企业迅猛发展。如沃尔玛、福特、杜邦、摩托罗拉、丰田等都是由家族企业发展而来的。据统计，家族企业占各国或地区生产总值的比例为：韩国 48.2%，马来西亚 67%；菲律宾和印尼，最大的十个家族占据本国市值的 50%；泰国和中国香港，五个最大家族占据市价总值的 26%；美国的家族企业创造了 78%的就业机会，占美国生产总值的 50%。目前在我国的非公有制经济中，家族式经营的企业占到了 90%以上。家族式企业为我国乃至世界的经济发展作出了巨大的贡献。①

(一)家族企业及其特点

1. 家族企业的概念

目前，国内外经济学界尚无较为一致的对中小家族企业的定义。包括钱德勒、盖尔西克和艾尔莫等外国学者，国内潘必胜、刘小玄等学者都描述了家族企业。虽然其描述未能得到普遍认同，但可归纳出，认定家族企业主要有两个标志：一是控股权，二是经营权。因此我们可以将其定义为：在中小企业创办和发展过程中，由一个家族拥用企业的控股权并且参与经营的企业，即为家族企业。

一般来说，家族企业是由个人或家族创办的，但是由个人或家族创办的企业不一定都是家族企业。在家族企业里，家庭成员必定占有部分股权且担负部分管理职能。那么，家族成员到底占有多少百分比的股份才称其为家族企业以及多少个家族成员进入企业最高决策层才算家族企业等这些问题，目前，理论界尚无明确的说法，具体到企业界实际情况也各不相同。

考察国内外企业界的实际发展情况可以看出，有些家族企业随着其规模的不断扩大，有的甚至跨入大企业行列，因此仅仅依靠家族成员的智慧和力量是远远不够的，必须面向社会招聘人才，才能使企业进一步发展与壮大。与此同时，家族的控制也被削弱，乃至失去控制，变为产权多元化的社会化企业。

2. 家族中小企业的特征

从一般意义上来说，家庭和企业是两个完全不同的组织。家庭的目标是赡养老人和抚育儿女，尽最大可能使家庭成员幸福快乐。企业的目标是提供产品或服务，赚取利润，促进其发展。它们是两个成员不同、目标也不同的社会微观组织。然而，在家族企业里它们是交织在一起的，参见图 2-1。

家族和企业的交织使得家族企业有别于其他类型的企业。中小型家族企业，有如下主要特征：

(1)家族中小企业的目标与利益的一致性。由于家庭与企业关系的水乳交融，风险共担、利益共享，所以家族和企业的目标与利益是一致的。但是，在企业发展过程中，家族利益与企业利益有时也会发生冲突。为了使企业得到健康发展，必须协调好家族利益与企业利益之间的关系，使之相辅相成、相互支持。

(2)家族中小企业的决策中心是以创始人为核心的。家族中小企业的决策机构通常是以创始人的血缘关系为核心而组成。随着企业规模的扩大，该组织会循着血缘、姻缘、地

① 廖辉军：《家族制企业与家族式管理》，载《西部皮革》2007 年第 7 期。

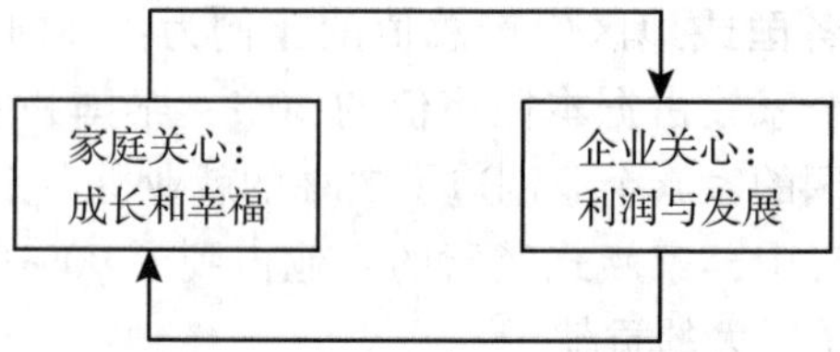

图 2-1　家庭所关心的和企业所关心的内容是相互交织的

缘、学缘等的方向，由近及远、由亲及疏地组成一个团体。企业的最高权力往往集中于家族组织的核心成员手中，并且他们职位的高低与其在家族中的地位成正比例关系。

(3)人文主义色彩贯穿于经营管理过程之中。家族中小企业的多数成员之间，都是由各种各样的关系连接在一起的，人与人之间有着千丝万缕的亲缘联系。基于这一点，家族中小企业在经营管理活动中，较之其他中小企业带有更多的感情色彩。比如在企业内部，这种人情化的管理方法具有一定的主观随意性，对不同人，可能会有不同的要求。在企业外部，可能会通过家族关系的延伸来扩大社交网络，获取社会资源，利用关系网进行交易、筹资、合作等。

3. 家族中小企业的优势与劣势

一位家族中小企业的创始人谈起他所创建并经营多年的企业，颇有感触地说："企业家族化，您说我是该爱还是恨？爱恨交加！爱的是每次我们企业遇到困难，用上的、团结的还是自己的亲戚等家族里的人，让企业平稳渡过难关。这当然是好，是爱。但另一方面，在企业管理的链条中，最容易出问题的也是自己的家族里的人，这就变成了恨！"这是企业家的切身体会。那么，具体来说家族中小企业到底有哪些优势与劣势呢？

(1)家族中小企业的优势：①创业成本较低；②企业内部易于建立较高的信任度；③创业者是企业的主要管理者，对核心技术和核心业务较熟悉；④更加注重企业的长期发展。

(2)家族中小企业的劣势：①很难吸纳并且留住家族之外的优秀人才；②在人事安排方面常常因人设事。其劣势随着家族中小企业规模的扩大越来越明显，优势也可能消失。

(二)家族中小企业的生命周期与管理特征

1. 家族中小企业的生命周期

西方学者对家族中小企业的生命过程作过深入的研究，有多种理论体系。其中以美国的艾迪思学者的"企业生命周期理论"影响较大并被广泛接受(如图 2-2)。

该理论主要从企业生命周期的各个阶段，分析了企业成长与老化的本质及特征。艾迪思把企业生命周期形象地比作人的成长与老化过程，认为企业的生命周期包括三个阶段十个时期：成长阶段，包括孕育期、婴儿期、学步期、青春期；成熟阶段，包括盛年期、稳定期；老化阶段，包括贵族期、内耗期、官僚期和死亡期。每个阶段的特点都非常鲜明，并且都面临着死亡的威胁(图 2-2)。

根据艾迪思的理论，以世界上著名的百年以上家族企业为例，如瑞士的劳力士公司和

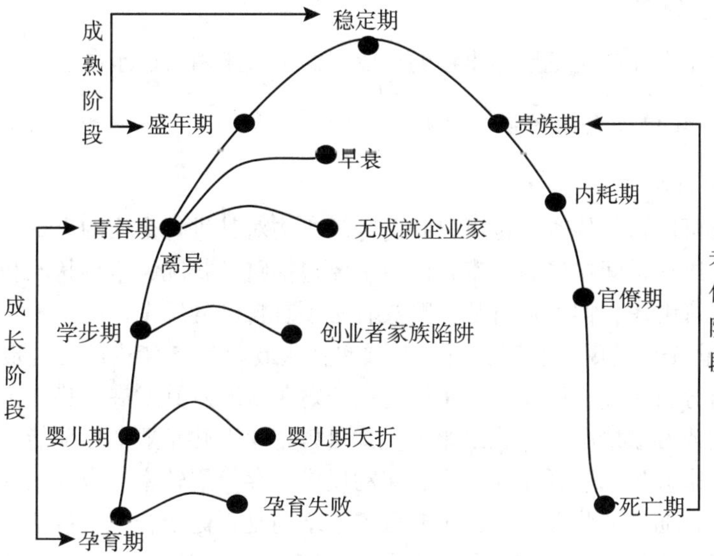

图 2-2　艾迪思企业生命周期理论示意图

美国的杜邦公司(成立都超过 200 年)、美国的通用汽车公司和西方电气公司(成立也都超过 100 多年)，已发展成大企业。而未能发展成大企业的中小家族企业比比皆是，大多是中途夭折或寿命周期较短，也有长期无发展的企业。我国相对比较长寿的家族企业只能算刚刚度过学步期进入青春期，而绝大多数还处在婴儿期和学步期的初级阶段，但是中途夭折的数量很多。

2. 家族中小企业管理的特征

目前尚处于婴儿期和学步期的我国家族中小企业，其管理权限仍集中于创业者及其少数家族成员手中，采用的是家长式的管理。主要表现在三个方面：(1)集权式的组织模式；(2)恩与威并用的管理方法；(3)“家长”的示范效应。

这种家长式的管理特点，在创业初期，生产品种单一、生产关系比较简单的情况下，是行之有效的。但是它有悖于强调专业分工和社会化生产的现代企业发展原则，逐渐成为制约家族中心企业发展壮大的瓶颈。家族中小企业要发展，实现规模化经营，必须摒弃这种落后的管理方式。

3. 家族中小企业的管理原则

美国著名的管理学家、现代管理学理论的奠基人杜拉克，对家族企业管理有其独到的见解。他认为，就企业的所有功能性工作来讲，一般企业与家族企业之间没有任何不同，但在管理方面家族企业却要严格遵守特别的原则：(1)家族成员一般不宜在本企业工作；(2)非家族企业成员出任高级职位；(3)非家族专业人士身居要职；(4)让外聘管理者享有“主人感”；(5)找好仲裁者。中小企业管理要遵循上述原则，从而避免“集权”、“恩威并行”、“家长”式的管理弊端。

三、买断开办中小企业

买断开办中小企业就是把别人出售的企业，购买过来由自己承办。

(一) 买断出售中小企业的操作过程

1. 审查出售企业

企业的审查可以自己检查，也可以聘请专门机构对其进行全面的审查，或向有购买经验的人士咨询，以获得间接经验。审查内容主要包括财务状况、市场状况和出售原因。对专家的意见要认真考虑，但不可盲从，购买者必须有自己的思考。

(1) 预购出售企业的财务状况分析。对预购企业最近 3~5 年内的会计报表以及相关的资产明细账进行分析研究，以便从中了解企业的财务状况及其发展趋势。包括：①出售企业近几年的盈利或亏损情况，并找出原因。②出售企业近几年短期偿债能力的分析。通常运用比率分析法来分析，包括流动比率、速动比率、存货周转率、应收账款周转率等。③出售企业近几年长期债务状况分析，主要看资本结构是否健全合理，包括负债比率、权益比率等。④出售企业的各项支出与同规模同类型企业的统计平均数持平程度，并分析原因，为经营提供参考。⑤找出出售企业账面反映的内容与实际发生之间的差距，并分析原因，为买断后的经营吸取经验或教训。

(2) 预购出售企业的市场状况分析。①该地区的市场需求情况有无潜力？出售企业所处的竞争地位，竞争的激烈程度以及产品的市场占有率。②出售企业在同行业中的形象，在社会公众及消费者中的形象。③出售企业在该行业的发展前景。④出售产品价格的合理性，包括出厂价、零售价格和批发价格的比较，确保报表中反映的价格公平合理。

(3) 出售该企业的原因。①出售企业的业主出售的原因，企业运作的管理、产品、资金及其他潜在的问题。比如说，政策的原因，国家要收回地皮，或者修路、修桥等。这些问题都需要考虑到，以免上当受骗。②出售企业以后原业主的打算，从他的答案中也可以得到一些可以参考的信息。

2. 评估出售企业

评估出售企业的方法有很多，这里主要介绍四种：市场价值评估法、资产价值评估法、盈利能力评估法、现金流量折现法。

(1) 市场价值评估法。采用这种方法，可以先对近期已出售的企业推测一个价格收益比，公式如下：

价格收益比 = 市场价值 ÷ 税后收益

如果预购现存企业与近期已出售的某企业相近，且又有同样的价格收益比，那么，就可以用这个比值来评价其价值。

【例 2.1】 某人打算收购年净收入 15 万元的创达公司。为确定收购价格，寻找了两家刚刚出售的可与之比较的公司，它们的平均售价是税后收益的 8 倍，即：

价格收益比 = 市场价值 ÷ 税后收益 = 8

那么，创达公司的市场价值为：8×15 万元 = 120 万元

(2) 资产价值评估法。它是以预购出售企业的基础财产为基准，对其进行评估，来确

定其购买价格。这种方法测算的是企业资产的重置成本，它不同于我国传统的每股净资产以账面数值为依据的计算方法，反映的是企业资产的市场价值。具体有三种方法：

①调整账面价值法。它是对资产负债表账面所显示的历史数据，结合现实情况进行有根据的调整，以此确定其市场价值。

②重置价值法。假定重新购置该企业的财产，所花费的成本就是其市场价值。

③清算价值法。假设结束该公司的运作并清理所有财产，可获得的收入即是其市场价值。

(3)盈利能力评估法。这种方法是以公司未来的盈利水平为基础，对预出售中小企业进行价值评估。公式如下：

公司市场价值=净利润÷期望回报率

【例 2.2】 拉得公司的年盈利是 120 万美元，其中包括所有者薪水 40 万美元，如果按 25%的期望回报率，那么，该公司的市场价值是 320 万美元。计算过程如下：

市场价值=(120−40)÷25%=320 万美元

不同的行业，期望回报率的高低是不相同的。企业经营风险越大，期望回报率越高，企业的市场价值越低；反之则相反。

(4)现金流量折现技术的价值评估方法(DCF Model)。很多学者一致认为：在企业兼并与收购过程中，目标公司对于投资者(收购方)的价值在于其在被收购后所能创造的“自由现金流量(Free Cash Flow)”的折现价值。所谓的“自由现金流量(Free Cash Flow)”是指公司经营活动的现金流入减去公司所有的支出，包括经营成本开支、资本性支出增量、营运资本的增量、利息、税收支出等所形成的净现金流量，这种净现金流量是可以被投资者(即收购方)自由支配的资金。这部分资金可用于投资者消费与再投资。“自由现金流量”在资本市场被认为是收购公司股东所能获得的真正利益。

经济学家经过研究认为公司的价值基础是现金流量。当现金流量的变动与利润的变动不一致时，公司的价值变化与现金流量的变化也不一致，事实上，现金流量折现技术的方法在国外的公司价值评估中被广泛采用。这一方法的核心技术在于：将公司的寿命期分成两个阶段，第一个阶段是公司快速发展阶段，可以按年为基础逐年做出公司详细的现金流量预测(通常预测期为 10 年)；第二阶段，公司被认为达到了一种均衡的状态，此种均衡状态之下，现金流量将具有充分的稳定和可预测性，根据简单的方法就可以测算出这一阶段现金流量的终值。运用现金流量折现技术评估公司的价值，较大程度上依赖于对目标公司在收购后现金流量的预测，其中如：销售收入增长率、营业利润率、固定资产投资和资金成本的预测，对最终公司价值总量影响很大。因此，该方法在运用中通常要进行敏感性分析，测算出上述某一指标预测值变动(如增减一个百分点)，在其他指标稳定的情况下，对总价值的变动程度(增减百分数)。

(二)买断开办中小企业的优点和缺点

购买一家出售的企业，可以省去新建企业所需要做的繁琐事情，不失为一种可供选择的创业途径。作为购买者应该熟悉和比较被购企业的优缺点，便于讨价还价。

1. 买断开办中小企业的优点

(1)不必进行创建前的市场调查与可行性研究，也免去了注册登记的繁琐，创业成本较低。

(2)如果所购买的出售企业具有良好的企业形象和经营业绩，就为企业的继续运营奠定了坚实的基础。

(3)减少了很多不确定问题的发生。如产品适销对路、消费者的反馈信息、成本的高低、公司的地理位置等。购买者可以预先掌握。

(4)一些现成的资源可以利用。如原有的顾客关系、原材料供应渠道和产品销售渠道、原有的筹资渠道，以及原有的物资设备，更重要的是原有的丰富经验的人力资源等。

(5)如果收购的出售企业已经破产或濒临破产，还可以享受国家相应的优惠政策。

2. 买断开办中小企业的缺点

(1)如果出售企业在消费者中的形象较差，那么，短时间内很难扭转这种不利的局面。

(2)出售企业的库存产品需要处理，还可能有负债、逾收款或呆账，厂房设备老化等问题。

(3)出售企业已形成的企业文化很难改变，原有职工的安置也较麻烦。

(4)如果出售企业效益较低、资信度较差，会增加贷款的难度。

购买一家出售企业，有利又有弊。因此，在正式收购之前，必须综合考虑各种因素，权衡利弊，再做决策。

四、购买特许经营权开办中小企业

特许经营被称为第三次商业革命，《大趋势》的作者奈斯比特称之为人类有史以来最成功的营销理念。它已成为当今世界上最具活力、发展最快的一种经营方式，有志者创办中小企业可选择加盟特许经营。这种方式起源于美国。1865 年，美国辛格缝纫机公司首创特许经营式分销网络，开创了特许经营模式之先河。第二次世界大战后，这种模式在各个行业迅速发展，尤以快餐业最为典型和迅速。20 世纪 50 年代，麦当劳、肯德基引入特许经营模式，公司业务得到迅速发展，同时特许经营业态也越来越完善。20 世纪 60、70 年代，特许经营模式从美国向世界各地蔓延。加拿大和欧洲等地率先成为美国授权企业的市场。1963 年，日本成立了第一家特许经营性质的连锁店——不二家西式糕点咖啡店，并由此形成了以零售业和饮食业为中心的特许经营体系。从 20 世纪 80 年代开始，全球特许经营飞速发展。在美国，几乎每 6.5 分钟就有一家加盟店开业。据统计，美国现已有 35 万多家零售特许加盟店，英国也有近 2 万家。

在我国，特许经营只有十多年的时间，真正发展起来是近几年的事情。随着国际化大企业闯入中国市场，这种经营方式猛烈地冲击着传统的流通体系。目前，特许经营模式几乎已遍布整个第三产业的所有行业，它正迅速成为我国最具获利能力的投资方式和创业途径。

(一)开办特许经营中小企业概述

1. 特许经营中小企业的概念

特许经营开办中小企业是指特许人将自己所拥有的商标、名称、产品、专利和专有技术、经营模式等以合同的形式授予受许人开办中小企业的方式。受许人按合同规定，在特许人统一的业务模式下从事经营活动，并向特许人支付相应的费用。

拥有特许经营权的一方称作特许人；被授予特许经营权的一方称作受许人。特许人与受许人之间签署的合同就是特许经营协议。

2. 特许经营中小企业的基本特征

与其他创办中小企业的途径相比，特许经营具有以下基本特征：

(1)特许经营是一种特许人与受许人之间的合同关系。在特许经营中特许人和受许人的权利和义务完全依照合同明确规定。

(2)特许经营中特许人与受许人之间不存在有形资产关系，而是相互独立的法律主体，由各自独立承担对外的法律责任。

(3)特许人对双方合同涉及的授权事项拥有所有权及(或)专用权，而受许人通过合同获得使用权(或利用权)以及基于该使用权的收益权。

(4)特许经营中的授权是指包括知识产权在内的无形资产使用权(或利用权)，而非有形资产及其使用权。

(5)受许人有义务根据双方合同向特许人交纳费用。

(6)受许人应维护特许人在合同中所要求的统一性。

3. 特许经营中小企业模式的类型

特许经营中小企业的类型以不同的标准划分有多种，简要介绍如下。

(1)以特许经营权的内容为标准，可分为两种基本类型：

①商品销售特许经营。加盟者在一定区域内以自己名义买入及转销由特许者生产或销售的产品，加盟者可以使用特许人的产品商标，并按照特许者的经营理念进行经营。商品销售特许经营类似于供货商和经销商的关系，但比这种关系更加紧密，加盟者可能是专营或半专营特许者的产品，相应地也从特许者处得到更多的服务与支持。二者之间紧密地长期合作，构成了特许者稳固的产品营销网络。②经营模式特许经营。特许者许可加盟商有权在一定区域使用按特许者的专有技术及技术指导，以特许者之企业形象生产、销售一定产品或服务。加盟者不仅使用特许者的商标和经营理念，并按照特许者营销商品的营业系统进行经营，保持与特许者营销商品和服务的一致性。通常特许者制定的机密营业手册会提供从创建加盟店开始的几乎所有的经营细节计划，包括店铺设计、订购设备、招聘员工、竖立标牌，甚至包括如何倾倒垃圾。形象化的比喻，就是特许者店铺的“克隆”。

(2)以特许双方的构成为标准可分为：制造商和批发商、制造商和零售商、批发商和零售商、零售商和零售商。

①制造商和批发商。饮料制造商建立的装瓶厂特许体系属于这种类型。具体方式是，制造商授权受许人在指定地区使用特许人所提供的配料并装瓶出售，装瓶厂的工作就是使用制造商的配料生产饮料并装瓶，再按照制造商的要求分销产品。可口可乐就是最典型的例子。②制造商和零售商。汽车行业首先采用这种特许方式建立了特许经销网。在石油公司和加油站之间也有同样的特许关系。它的许多特征同经营模式特许有相似之处，并且越来越接近这种方式，汽车制造商指定分销商的方式已经是经营模式特许。③批发商和零售商。这种类型的业务主要包括计算机商店、药店、超级市场和汽车维修。④零售商和零售

商。这种类型是典型的经营模式特许，快餐店是代表性的企业。

(3)以授权特许权的方式为标准可分为四种类型：①单体特许是指特许人赋予受许人在某个地点开设一家加盟店的权利。特许人与加盟者直接签订特许合同，受许人亲自参与店铺的运营。目前，在该类受许人中，相当一部分是在原有网点基础上加盟。单体特许适用于在较小的空间区域内发展特许网点。②区域开发特许是指特许人赋予受许人在规定区域、规定时间开设规定数量加盟网点的权利。由区域开发商投资、建立、拥有和经营加盟网点；该加盟者不得再行转让特许权；开发商要为获得区域开发权交纳费用并遵守开发计划。该种方式运用得最为普遍。该方式适用于在一定的区域(如一个地区、一个省乃至一个国家)发展特许网络。③二级特许是指特许人赋予受许人在指定区域销售特许权的权利，在该区域内，二级特许人扮演着特许人的角色并对特许人有相当的影响力；二级特许人要支付数目可观的特许费；特许人与二级特许人签订授权合同；二级特许人与加盟者签订特许合同。它是开展跨国特许的主要方式之一。④代理特许是指特许代理商经特许人授权为特许人招募加盟者。特许代理商作为特许人的一个服务机构，代表特许人招募加盟者，为加盟者提供指导、培训、咨询、监督和支持。特许人与特许代理商签订代理合同，特许人与加盟者签订特许合同，合同往往是跨国合同，必须了解和遵守所在国的法律；代理商不构成特许合同的主体。它是开展跨国特许的主要方式之一。

(二)特许经营中小企业模式的优缺点

特许经营模式的优缺点对于特许人和受许人来说是完全不同的，应分别进行研究。

1. 从受许人的角度来研究特许经营的优缺点

(1)从受许人的角度来研究，特许经营模式有以下一些优点：

①加盟一家实力雄厚和信誉高的特许经营企业，投资风险小，并且可以得到特许人金融方面的帮助；②受许人可以得到特许经营企业系统的管理培训和指导；③可以享受特许经营企业大规模的广告宣传等各种促销活动，使用公众所熟悉的特许经营企业的服务商标、产品商标、所有权、专利与外观设计，有利于提高竞争力；④特许经营企业集中进货，降低成本，保证货源。

(2)从受许人的角度来看，特许经营模式也有以下缺点：

①经营方式上没有自主权，受制于特许人，使其增长受限制；②必须支付昂贵的特许经营费，利润要按协议与特许人共享；③必须接受特许经营企业统一的供货价格；④个别特许经营加盟企业出现问题，会连累所有企业。

2. 从特许人的角度来研究特许经营的优缺点

(1)从特许人的角度来研究特许经营模式有以下优点：

①每开设一家特许经营分店都可收取特许经营费，而且还可收取管理费，增加了特许人的收入；②有利于提高特许经营企业在当地的知名度；③特许经营可以降低经营费用，集中精力提高企业管理水平；④特许经营能以较快的速度、以较少的资金实现规模扩张，且有最终回购成功的特许加盟分店的机会。

(2)从特许人的角度来研究特许经营模式有以下缺点：

①对加盟企业没有所有权，控制力度减弱；②一个加盟店的企业形象受损，会影响总

店的声誉；③运作支持费用增加。为维持特许经营关系、进行核算及一些通常的服务，在授权特许经营中的花费要比集权的组织花费更多。

(三)特许经营项目的选择

面对众多的国内外特许加盟品牌，该怎么选择？是投资热门行业，还是投资冷门行业？是投资大品牌、老品牌，还是投资新兴品牌、小品牌？选什么项目才能营利呢？据权威部门调查显示，上海、北京和广州三地，热点投资趋向餐饮和零售业。热点行业表明此行业市场范围广阔、市场容量大、可施展的空间大、机会和项目多，但不意味着就是赚钱的行业。有时候，往往冷门行业由于处于发展阶段，潜在需求大、竞争少，反而具有投资价值和营利空间。选择项目，加盟者要考虑自己对于所从事行业的兴趣和了解程度，以及自身经济实力和才能。

第二节　中小企业法定制度的形式

【知识阅读】

马里奥·瓦伦汀汽车经销商店的制度选择

马里奥·瓦伦汀拥有一家经营十分成功的汽车经销商店。25年来，瓦伦汀一直坚持独资经营，身兼所有者和管理者两职。现在准备退休的瓦伦汀在考虑是否应该将他的商店转为公司制经营。如果他将商店改组为股份公司，那么他就可以给自己的每一位儿孙留下数目合适的股份。另外，他还可以将商店整个留给儿孙们，让他们进行合伙经营。为了能够选择正确的企业组织形式，瓦伦汀制定了下列目标：①所有权，瓦伦汀希望他的两个儿子各拥有25%的股份，5个孙子各拥有10%的股份；②存续能力，瓦伦汀希望即使发生儿孙死亡或放弃所有权的情况也不会影响经营的存续性；③管理，当瓦伦汀死后，他希望将产业交给一位长期服务于商店的雇员——乔·汉兹来管理；④所得税，瓦伦汀希望企业的组织形式尽可能规范他的儿孙应交纳的所得税并且他希望每年的经营所得都可以尽可能多地分配给商店的所有人；⑤所有者的债务，瓦伦汀知道经营汽车会出现诸如对顾客汽车修理不当而发生车祸之类的意外事故，虽已投保但瓦伦汀还是希望确保在商店发生损失时他儿孙的个人财产不受任何影响。

从瓦伦汀的要求来看，公司制比较适合，因为从所有者的债务来看，瓦伦汀还是希望确保在商店发生损失时他儿孙的个人财产不受任何影响，说明股东承担有限责任，这是公司制的特点之一，而合伙企业的合伙人对合伙企业债务承担无限连带责任。企业应根据自身的具体情况和环境条件，选择适合的组织形式，从而更好地实现财务管理目标。

资料来源：杨冬云：《财务管理案例教程》，科学出版社2012年版，第7~8页；引用时有修改。

根据不同的分类标准，适合中小企业的制度形式具有多种类型，比较普遍的分类标准是从企业资产所有者形式角度来考虑。根据企业资产所有者形式的不同，适合中小企业的制度形式一般可分为：个人独资中小企业、合伙制中小企业、股份合作制中小企业和公司制中小企业四种基本类型。投资者要根据主客观情况确定企业制度的形式。

一、个人独资中小企业

(一)个人独资中小企业的概念

个人独资中小企业，是指依法在境内设立，由一个自然人投资，财产投资归个人所有，投资人以其个人财产对企业债务承担无限责任的中小经济实体。这里的“无限责任”，是指个人独资企业的财产不足以清偿企业债务的，投资人应当以其个人的其他财产予以清偿；如果投资人在申请企业设立登记时，明确以其家庭共有财产作为个人出资的，应当依法以家庭共有财产对企业债务承担无限责任。两者都以清偿全部债务为最后界限。这样的责任形式有利于维护债权人的合法权益。

(二)设立个人独资中小企业的条件

(1)投资人为一个自然人；
(2)有合法的企业名称；
(3)有投资人申报的出资；
(4)有固定的生产经营场所和必要的生产经营条件；
(5)有必要的从业人员。

(三)个人独资中小企业设立的程序

个人独资中小企业的设立程序比较简便，由投资人或者其委托的代理人，向个人独资企业所在地的登记机关提交设立申请书、投资人身份证明、生产经营场所使用证明等文件。按法律、行政法规规定须报有关部门审批的业务，应当在申请设立时，提交有关部门的批准文件。

(四)个人独资中小企业的合法权益和义务

个人投资中小企业的财产和其他合法权益，如自主经营权、申请贷款权、土地使用权等受法律保护。任何单位和个人不得违反法律、行政法规的规定，以任何方式强制个人独资中小企业提供财力、物力、人力，违法行事的要受到法律追究。另外，个人独资中小企业也必须依法经营，遵守诚实信用原则，恪守商业道德不得损害社会公共利益。同时还应当依法纳税。

(五)个人独资中小企业的管理方式

个人独资企业规模较小，经营管理灵活，投资人既可以自行管理企业事务，也可以通过订立书面合同的形式委托或者聘用其他具有民事行为能力的人负责企业的运营管理。受托人或者被聘用的人员应当履行诚信、勤勉义务，按照与投资人签订的合同负责个人独资企业的经营管理。这样才有利于提高经营管理水平，从而使企业在竞争中获得发展。

（六）个人独资中小企业的优缺点

1. 个人独资中小企业的优点

（1）个人独资中小企业创立的手续简便，准入“门槛”较低；其转让和关闭手续也很简单，仅须向政府有关部门登记即可。

（2）个人独资中小企业责权利明确。个人独资中小企业由于只有一个出资人，其产权非常明晰，责任和利益分配非常明确。而建立有限责任公司必须有两个以上的投资主体，股东之间的利益冲突不可避免，现实生活中导致管理混乱的并不少见。

（3）个人独资中小企业有利于发挥经营者的积极性。由于个人独资中小企业的经营者往往就是企业的出资者，企业的税后利润完全归他个人所有，企业的所有债务完全由他来偿还，故个人独资中小企业的经营者会尽全力来改善企业的生产经营，企业的经营者的积极性得到最大发挥。

2. 个人独资中小企业的缺点

（1）投资者需承担无限责任。《个人独资企业法》第 2 条规定：“本法所称个人独资企业，是指依照本法在中国境内设立，由一个自然人投资，财产为投资人个人所有，投资人以其个人财产对企业债务承担无限责任的经营实体。”由此可知，投资人对独资中小企业债务承担无限责任，是独资企业与公司制企业显著的不同点。所谓无限责任，是指投资者以其全部财产对独资企业债务承担责任，即当企业负债超过投资人投入的资本额时，除了原投入的资本承担债务外，还要以自己的其他财产继续承担债务。投资人一旦经营不善，就会有倾家荡产的危险。这与有限责任公司相比，投资者承担的风险责任较大。有限责任公司的投资者，以其出资额为限对公司承担责任，不涉及其个人其他财产。

（2）不健全的信用制度。根据《个人独资企业法》的规定，个人独资中小企业是指依照该法在中国境内设立，由一个自然人投资，财产为投资人个人所有，投资人以其个人财产对企业债务承担无限责任的经营实体。因此，个人独资中小企业的企业信用建立在业主的个人信用的基础上。但是，我国目前正处于市场经济的发展初期，人们对个人信用缺乏认识；个人信用体系很不完善，基本上没有建立个人信用的信用记录机制，也没有对个人信用进行评价的机构，更没有个人信用的运用机制。相反，我国目前的某些制度，制约着个人信用制度的健全。

（3）筹资制度尚待建立完善。个人独资中小企业难以获得必要的筹资。出现这种筹资状况，有金融机构方面的原因，也有私营中小企业的问题，还有筹资制度上的问题，这些无疑制约着中小企业的生存和发展。

（七）采用个人独资中小企业制度形式的分析

1. 个人独资中小企业投资未设下限的分析

依据前述的设立个人独资中小企业应当具备的条件，可见对投资者成立个人独资中小企业的“门槛”较低，尤其是对资金方面没有具体的下限规定，只要求有出资，似乎“一元钱创业”将成为现实，但在实际经营过程中，企业要维持正常的经营活动，也要投入大量的资金。

2. 规模限制的分析

个人独资中小企业在发展规模上受到两个方面的限制：一是个人资金有限，信用有限，资本的扩大完全依靠利润的再投资，筹措较多的资金以求扩展受到制约；二是个人管理能力的限制，也决定了企业的规模有限，如果超出了这个限度，企业的经营则变得难以控制。

3. 中小独资企业改制为股份企业的分析

在个人创业的初期，个人独资企业仍然不啻为一种很好的制度选择。在企业创业的初期，由于企业的规模有限，企业主完全可以凭借个人的能力经营管理好企业；并且由于个人独资企业中责权利非常明确，经营者有最大的经营积极性，企业中推诿扯皮的现象少，这些都有利于企业的快速发展。随着企业规模的扩大，企业的所有者可再考虑将个人独资企业改变为股份企业。

二、合伙制中小企业

(一)合伙中小企业的定义

《合伙企业法》第2条明确规定，本法所称合伙企业，是指自然人、法人和其他组织依照本法在中国境内设立的普通合伙企业和有限合伙企业。普通合伙企业由普通合伙人组成，合伙人对合伙企业债务承担无限连带责任。本法对普通合伙人承担责任的形式有特别规定的，从其规定。有限合伙企业由普通合伙人和有限合伙人组成，普通合伙人对合伙企业债务承担无限连带责任，有限合伙人以其认缴的出资额为限对合伙企业债务承担责任。

(二)合资制中小企业设立登记时需提交的资料

(1)全体合伙人签署的设立登记申请书；

(2)全体合伙人的身份证明；

(3)全体合伙人指定的代表或者共同委托的代理人的委托书；

(4)合伙协议；

(5)出资权属证明；

(6)经营场所证明；

(7)企业名称预先核准通知书；

(8)合伙协议约定或者全体合伙人决定，委托一名或者数名合伙人执行合伙企业事务的，还应当提交全体合伙人的委托书；

(9)经营范围中有法律、行政法规规定必须报经审批的，应提交有关批准文件；

(10)国务院工商行政管理部门规定提交的其他文件。

(三)合伙制中小企业的特征

1. 合伙制中小企业的根本目的是营利

合伙企业作为一种由各合伙人共同出资组成的经济组织，其根本目的是为了营利。它通过利用合伙人的共同财产进行合法的生产经营活动，来获得资本和劳动所带来的收益。合伙人享有对收益的分配权，分配办法由合伙人协商订立的《合伙协议》共同约定。

2. 合伙制中小企业承担无限连带责任

《合伙企业法》的第38、39条对此作出了明确的规定，即“合伙企业对其债务，应先以其全部财产进行清偿。合伙企业不能清偿到期债务的，合伙人承担无限连带责任”。以合伙企业财产清偿合伙企业债务时，其不足部分由各合伙人按照合伙协议的约定，用其在合伙企业出资以外的财产承担清偿责任。合伙人由于承担连带责任，所清偿数额超过应当承担的数额时，有权向其他合伙人追偿。从这一点上讲，合伙中小企业要比其他类型的企业组织形式所承担的责任要大一些。

(四)合伙制中小企业的合同及合伙人类型

1. 合伙经营合同

成立合伙经营企业必须首先经合伙人协商同意，然后采用书面协议的形式，把每个合伙人的权利与义务都明确于合约之中，这个书面合约即为合伙经营合同。在合伙经营合约中至少要包括以下内容：

(1)利润或亏损的分配办法；

(2)合伙人的责任，包括出资多少，承担哪些责任，以及主要业务分担等；

(3)合伙人的退出和新合伙人的加入办法；

(4)停业关闭后，资产的分配办法；

(5)对未规定事宜出现争端时的解决办法。

2. 中小合伙企业合伙人的类型

合伙中小企业中的合伙人是拥有这个企业并在合伙经营合同上签字的人。合伙人根据其是否参加企业经营及负有限责任还是负无限责任，可以划分为以下类型：

(1)普通合伙人。在合伙中小企业中，实际从事企业的经营管理，并对企业的债务负无限责任的合伙人称为普通合伙人。普通合伙人有权代表企业对外签约，并对企业债务承担最后责任。如果企业中的所有人都是普通合伙人，这个企业就称为普通合伙企业。

(2)有限合伙人。合伙中小企业中对企业债务仅负有限责任的合伙人，称为有限合伙人。有限合伙人对企业不起重要作用，仅以所投入的资本承担有限责任。

(3)其他合伙人。除最常见的普通合伙人和有限合伙人之外，有些企业还有不参加具体管理的合伙人、秘密合伙人、匿名合伙人和名义合伙人等。不参加管理的合伙人是指没有经营权力的、在企业决策上不起多大作用的合伙人；秘密合伙人是指在企业经营管理中地位重要，但不为人所知的合伙人；匿名合伙人是指出资而不出名，只参加利润分红而不参加管理的合伙人；名义合伙人是指在名义上参加合伙，既不出资也不参加管理的挂名合伙人。

（五）合伙制中小企业优缺点

1. 合伙制中小企业的优点

（1）扩大了资金来源渠道和信用能力。与个人业主制企业相比，每个合伙人能从多方面为企业提供资金，同时，因为有更多的人为企业承担有限和无限责任，其信用能力也扩大了，容易向外筹措资金。

（2）集中合伙人的才智与经验，提高了合伙企业的竞争力。特别是当合伙人具有不同方面的特长时，此优点更加突出。

（3）增加了企业扩大和发展的可能性。由于上述资金筹措能力和管理能力的增强，给企业带来了进一步扩大和发展的可能性。

2. 合伙制中小企业的缺点

（1）产权转让困难。产权转让须经所有合伙人同意方可进行。

（2）承担无限责任。普通合伙人对企业债务承担无限责任，这一点和独资企业相似。但是，普通合伙人不止一个，它们之间还存在一种连带的责任关系。所谓连带责任，就是要求有清偿债务能力的合伙人，对没有清偿债务能力的合伙人应负债务的连带责任。

（3）企业的寿命仍不容易延续很久。因为一个关键的合伙人的离世或退出，企业往往难以维持下去。

（4）合伙人都能代表公司，因此对内对外均易产生意见分歧，从而影响决策。

（5）企业规模仍受局限。和公司比较起来，筹集资金的能力仍很有限，不能满足企业大规模扩展的要求。

三、股份合作制中小企业

（一）股份合作制中小企业的创立

1. 股份合作制中小企业创立的方式

股份合作制中小企业创立可采取原有企业改组和新创建两种方式。

原有企业改组为股份合作制中小企业，应征得企业资产所有者和职工（代表）大会的同意，由企业提出申请，报当地政府或有关部门批准；新创建股份合作制中小企业，应由发起人向当地政府有关部门提出申请，经审查后予以批准。发起人应为自然人，法人不宜充当发起人。

2. 原有企业改为股份合作制企业的过程

（1）原有企业改组为股份合作制时，应在有关部门指导下，由企业出资者参加，组成清产核资组，界定原企业的净资产产权。原企业有国有资产的，应由国有资产管理部门核定其价值，对产权界定有分歧时，可请市场中介机构或司法机构裁决。

（2）核实企业法人财产实际占有量时，要保证国家财产和集体财产的完整性，要包括有形资产和无形资产。必要时，可按重购法对资产进行评估。

3. 报政府有关部门批准

申办两类型企业都要向政府有关部门提供申请报告、实施方案、企业章程、职工（代表)大会决议或发起人协议书、企业财产验资报告和其他有关文件，经审核部门审核批准，工商行政管理部门应予登记。

(二)股份合作制中小企业的管理体制

股份合作制中小企业实行股东大会和职工大会合一的制度，该会议是企业的权力机构。

股份合作制中小企业一般应设理事会，作为其常设机构，负责股东(职工)大会闭会期间的工作。理事会的人员组成、产生方式等由股东(职工)大会确定，并直接向全体股东(职工)负责。条件较好的股份合作制企业可设监事会，对理事会及其成员以及企业经理等管理人员进行监督，向股东(职工)大会报告工作。

企业若不需设理事会或监事会的，其有关职责可由股东(职工)大会确定的人员负责。

企业经理由理事会聘任或由股东(职工)大会选举产生。

(三)股份合作制中小企业的收益分配

1. 股份合作制中小企业税后利润应按顺序分配

一是弥补企业上年度亏损；二是提取法定盈余公积金；三是提取公积金；四是支付优先股股利；五是提取任意盈余公积金；六是支付普通股股利。企业上年度应分未分的利润，可以并入本年度向出资者分配。

2. 股份合作制中小企业不能发放股票或股权证等

股份合作制中小企业的出资证明不能转让，不能上市，但遇到企业章程规定的特殊情况，可由企业负责收购。

(四)股份合作制中小企业机构设置

1. 股份合作制企业的职工股东大会

股份合作制企业职工股东大会由全体职工、股东组成，为企业的最高权力机构。职工股东大会实行一人一票的表决制度。

2. 股份合作制企业的理事会

理事会是股份合作制企业的常设权力机构，设理事长 1 人，理事数人，任期由企业章程决定(理事人数应由不少于 3 人的奇数人员组成，其中农村股份合作制企业理事人数不少于 5 人)。理事会成员由股份合作制企业职工股东大会选举和罢免。

3. 股份合作制企业的监事会

监事会为企业经营活动的监督机构，设监事数人，监事会成员由职工股东大会选举和罢免。企业的理事、经理、副经理及其他高级管理人员不能兼任监事会成员。

4. 股份合作制企业的经营管理机构

经理在理事会领导下负责企业日常经营管理活动，行使以下职权：

(1)组织实施股东会和理事会决议，并向股东会和理事会报告决议实施情况；

(2)全面组织企业日常经营活动；

(3)决定企业内部机构设置，机构负责人的任免及其奖罚；

(4)提出公司年度财务预、决算方案，利润分配方案和弥补亏损方案；

(5)提出公司规章制度草案；

(6)理事会授予的其他职权(企业依自身情况制定)。

四、公司制中小企业

(一)公司制中小企业的含义

公司制中小企业的特征是由许多人集资创办并且组成一个法人的企业。公司是法人，在法律上具有独立人格，这是公司制中小企业与独资中小企业、合伙中小企业的重要区别。独资中小企业和合伙中小企业都是自然人企业。

(二)公司制中小企业的优缺点

1. 公司制中小企业的优点

公司制中小企业与独资中小企业和合伙中小企业比较起来，具有明显的优点，主要有以下几点：

(1)股份有限公司的股东对债务只负有限责任，公司股东的风险要比个人独资中小企业业主、合伙制中小企业合伙人小很多。

(2)公司可以发行股票和债券来筹资，且股票易于转让，较适合投资人转移风险的要求。

(3)发行股票和有限责任制度，使得公司具有很强的吸引游资转变为资本的能力，从而能够筹措大额资本，使企业有可能发展到相当大的规模。

(4)公司的存在不受高级职员变故的影响。公司作为法人，股东和高级职员的死亡均不影响公司的存在，除非公司破产、歇业，公司将一直会生存下去，若经营有方还可得到发展。

(5)管理效率高，公司制企业的所有权与管理权易于分离，使得公司的经营管理职能均有各方面的专家担任，所以能够比股东更有效地管理企业，更能适应市场的多变、竞争激烈的经营环境。

2. 公司制中小企业的缺点

(1)创办公司的手续复杂，组建费用较高。

(2)政府对公司制企业有较多的限制。这是由于公司的资本由多数股东享有，政府必须以严格的管制来保障股东的利益。

(3)不能严格保密。一般来说，公司不仅要向政府报告经营状况，而且要定期将公司的财务状况公布于众，公开自己的财务数据。

(4)双重纳税。首先，公司的利润要交纳法人所得税；其次，企业的税后利润给股东分配股利时，股东还要交纳一次个人所得税。这使得公司的税负比合伙企业更重。尽管公司制企业存在这些缺点，但从现代经济发展的角度看，公司制企业所显示出的优点是其他企业形式所无法比拟的。

(三)公司制中小企业的类型及其法律特征

公司制中小企业按公司承担债务的不同可分为：有限责任公司、无限责任公司、两合公司、股份有限公司、股份两合公司等五种基本类型。

1. 无限责任公司的法律特征及优缺点

(1)无限责任公司的法律特征：

①公司股东对公司的债务负无限清偿责任。无限责任是指股东要以自己的全部动产和不动产对公司所欠债务负责，抵偿公司资产不足以清偿公司债务时，股东要以自己的个人财产来抵偿。②无限责任公司的全体股东对公司债务负连带责任。③无限责任公司股东有权直接参加管理公司事务，公司所有权和行政管理权基本融为一体，这是由于公司经营的好坏和成败与公司股东的利益休戚相关所致。④无限责任公司股本可以任意地增加和减少，无须得到当地政府有关机构的批准。股东如果不经其他股东的同意，不得把自己持有的股份全部或部分转让给他人。⑤无限责任公司无须公开其任何经济账目。

(2)无限责任公司的优缺点：

①无限责任公司的优点：组建简便；有助于才智合作；经营积极性和信用程度高。②无限责任公司的缺点：股东的责任太大；资本筹措困难；股本转让困难。

2. 有限责任公司的法律特征及优缺点

(1)有限责任公司的法律特征：

①公司股东就其出资额为限，对公司债务负有限清偿责任，公司以其全部资产对公司所有债务承担全部责任。②公司不得发行股票。股东各自的出资额，一般由他们协商确定。在他们各自交付了其应付的股金之后，由公司出具书面的股份证书，作为其在公司享有权益的凭证。公司内部细则禁止公司邀请公众公开认购其股份，也不允许股份在证券交易所公开出售。③公司的股份一般不得任意转让，万一发生特殊情况需要转让，必须经全体股东一致同意。如有股东欲转让其股份，其他股东有优先购买权。④公司的股东人数较少，公司法对有限责任公司股东人数都有最高限额的规定。⑤股东可以作为公司的雇员直接参加公司的管理，法律允许公司所有权和行政管理权合而为一。公司的大部分股东积极地参与管理公司的业务活动，它们的股份不仅仅是单纯的投资，在许多情况下还是他们生计的主要来源。

(2)有限责任公司的优缺点：

①有限责任公司的优点：设立简便，只有发起设立，而无募集设立，股东出资额在公司成立时缴足即可；公司组织机构比较简单，一般采取董事单轨制进行管理，即董事和经理由同一人担任；公司股东只对债务负有限清偿责任，因而风险较小；公司股东人数较少，便于沟通和协调。②有限责任公司的缺点：由于股东只对公司债务负有限清偿责任，因而公司信用程度不高；股本转让受到严格限制；助长了股东投机心理，以较少的资本冒较大的风险。

有限责任公司适合于这种类型的中小企业：经营风险较大的公司；市场供求关系变化剧烈的公司；信用程度要求不高的公司；股东之间比较亲密和熟悉的公司。

3. 有限责任与无限责任两合公司的法律特征及优缺点

(1)有限责任与无限责任两合公司的法律特征：

①两合公司的股东必须有一名有限责任股东和一名无限责任股东，如果缺一就不是两合公司，则两合公司宣布解散或变更成另一种公司。②两合公司的无限责任股东对公司债务负有无限清偿责任，有限责任股东以其出资额为限对公司债务负责。公司的无限责任股东代表公司从事经营活动，有限责任股东提供资本，分享红利，对公司的业务一般不加过问。有限责任公司股东只对债务负有限清偿责任，因而风险不大。③两合公司组织机构比较简单。一般采取董事单轨制进行管理，即董事和经理由同一人担任。

(2)有限责任与无限责任两合公司的优缺点：

①两合公司的优点：公司能够适合于不同人的客观条件和需要，使有良好信用和经营能力但没有财产的人，与拥有财产但没有经营能力或不愿直接从事经营活动的人相互结合；公司筹措资本比无限责任公司容易，使之具有较大规模；公司的信用程度和股东的经营责任比有限责任公司高。②两合公司的缺点：公司的稳定性不如无限责任公司，有限责任公司股东的权利易受损害，凝聚力较差。

4. 股份有限公司的法律特征与优缺点

股份有限公司是现代企业制度发展的新阶段，是最典型的现代企业制度。但是，由于股份有限公司是公众公司，因此，要求也最严格，不仅要达到法定的条件才可组建，而且在组建后的运行中，也必须符合严格的法定条件和行为规范。

(1)股份有限公司的法律特征：

①公司全部资本划分为等额的股份，股份以股票形式公开发行并可自由转让。一般来说，只要愿意支付股金，任何人都可以获得股票而成为股东，法律对股东一般无特殊限制。②股东个人的财产与公司的财产是分离的。股东对公司债务不负任何责任，一旦公司破产或解散而需要进行清算，公司债权人只能对公司的资产提出要求，而无权起诉股东。③绝大多数公司的所有者和管理者是分离的。由董事会和经理负责股份有限公司的一切经营活动。其中经理通常要以自己的财产对自己给公司造成的行为负责，经理对其因失职而造成的公司经济损失，一般负有连带责任。④公司的账目必须公开。各国公司法一般都规定，股份有限公司必须在每个财政年度终结时公布公司年度报表，其中包括董事会的年度报告、公司损益表和资产负债表以及财务变动表等。⑤股份有限公司的股本较大，资金雄厚，规模庞大，竞争力强，股东人数众多。

(2)股份有限公司的优点：

①股份有限公司是集中资本的一种最有力的组织形式，它有利于吸收小资本，兴办大事业。②股份有限公司实行资本证券化，股东可以将其股票自由转让，资本保持着流动性，有利于公司之间的竞争。③股份有限公司采用所有权与经营权相分离的原则，这种管理的专门化有利于提高公司的管理水平。④股份有限公司有利于刺激公众投资心理，有利于分散投资风险。⑤股份有限公司中，本公司职工可以购买股票入股成为股东，使公司经营的成败与职工的切身利益结合起来，有利于公司的管理。

(3)股份有限公司的缺点：

①股份有限公司实行每股一票行使表决权的原则，公司的决策权容易落到少数大股东的手中，排挤并干涉小股东对公司业务的建议，从而使小股东的权益受到损害。②股份有

限公司的设立程序非常复杂，也比较严格，因而组建时较为困难。同时，它的决策机构、执行机构和管理机构比较庞大，在决策与执行时显得不够迅速和灵活，不易于管理。③股份有限公司公开程度较大，它的损益表及资产负债表必须公开，股东人数较多并且流动性较大，所以公司保密较困难。

④股份有限公司股东对债权人只负有限责任，并且不直接对债权人负责，所以，股份有限公司信誉较无限责任公司要低，股份有限公司适合于投资大而又需要长期经营才能盈利的行业、有较大风险的行业以及市场变化快的行业。

5. 股份两合公司

(1)股份两合公司的法律特征：

①股份两合公司是两合公司形式中的一种，它是指由一个以上的无限责任股东和法定最低人数以上的若干个有限责任股东所组成的公司。其中，有限责任股东的出资以股票的形式出现，而且这种股票可以在市场上自由买卖，对公司债务负有限清偿责任。无限责任股东对其债务负连带无限责任。②股份两合公司由无限责任股东管理公司业务，由有限责任股东组成股东会，但股东会不是最高权力机关，它只代表有限责任股东，其作出的决定对无限责任股东没有约束力。③股份两合公司只设业务执行人而不设董事会。④股份两合公司由有限责任股东组成的股东会选举监察人，对公司事务进行监察，其决定对有限责任股东具有约束力。

(2)股份两合公司集中了股份有限公司和无限公司的优缺点：

①股份两合公司的优点：一方面，公司的无限责任股东对公司债务负连带无限清偿责任；另一方面，公司又对外发行股票，吸收有限责任股东，兼顾了提高公司的信用及集资方面两个优点。②股份两合公司的缺点：公司组织管理复杂，容易产生磨擦；无限责任股东数量不多，出资有限，有时也难以扩大公司的信用；公司大权实际掌握在少数无限责任股东手里。

五、企业制度形式的确定

一个创业的企业家在创业的实质性阶段中，首先要面对的问题就是选择企业的所有制形式。很多业主对这个问题总是欠缺考虑，往往是选择时下最流行的制度形式，至于是否适合自己创办的企业并不加考虑。虽然制度形式确定后不是一成不变的，但是更改形式是非常困难、成本高昂的，而且每种形式在税收、筹资能力、投资者对企业债务所承担的责任、投资的转让等方面都各有特点，每种形式都有其优缺点，适合不同的创业企业。所以，从一开始就选择正确的制度形式非常重要。

(一)中小企业制度形式的选择

1. 中小企业选择制度形式应避免双重税收

不同的企业制度形式所适用的税收政策是不同的，而且税收政策对企业的影响是长期的，也是非常重大的，因此，应比较不同制度形式的税率和征收方法，避免双重征税的问题。

2. 中小企业创业时要选择承担责任较轻的制度形式

有些制度形式能够对业主及投资人提供一定程度的保护，如公司制企业的有限责任规定，就是对其个人财产的有效保护。选择制度形式时要权衡各种形式赋予业主的法律和经济责任，将责任控制在其愿意承担的范围内。个人独资企业的无限责任以及合伙企业的无限连带责任就给投资者的个人和家庭财产带来风险。

3. 中小企业创业要根据初创和未来的资本需求选择企业制度形式

不同企业制度形式在组建时的资本需求是不同的，业主应根据自己的资金情况选择。不同企业制度形式的筹资能力不相同，在需要追加投资时的难易程度也相异。个人独资企业的初创成本要求最低，但未来的筹资能力也最差；公司制企业的初始投资大，但募集资本的能力也强。

4. 中小企业创办时要根据可控性程度选择企业制度形式

不同的企业制度形式，企业主对企业的控制是不一样的，有的权力高度集中，而有的相当分散。在个人独资企业中，业主一人拥有经营决策权；合伙企业的每个合伙人都可以参与企业的管理；而在公司中，每个股东都有权力干预企业的经营。

5. 中小企业创办时要根据自己的管理能力和愿望选择企业制度形式

企业主要评估自己的管理能力，如果自己不擅长管理，就应该选择那些能够将多种人才纳入企业内部的制度形式。个人独资企业基本上全部依赖于业主的个人能力；合伙企业的合伙人就可以实现优势互补；而公司制企业中的所有权和经营权的分离，则可以让专业的管理者来经营企业。

6. 中小企业创业时要根据经营目标选择企业制度形式

企业主为实现企业规模和盈利水平的目标也与企业的制度形式相关，而且随着企业的发展，其制度形式总是向着更为复杂、成本更高的方向转变。

7. 中小企业创业时要考虑延续性和产权变动选择企业制度形式

不同制度形式的企业的延续能力是不同的。在建立企业的时候，业主也应该预想到将来企业的所有权转换、继承、买卖的问题。有的制度形式在发生所有权变动时所受的影响比较小，变动起来也比较容易，而有的形式的制度变动成本很高。个人独资企业可能由于企业主的死亡而宣布结束，而公司制企业则不会这样。而且公司制企业尤其是上市公司，可以通过股份的买卖实现产权的变动，非常简单快捷。

8. 中小企业创业要考虑组建成本选择企业制度形式

不同企业形式的创立成本是不同的，创立时的成本收益有必要考虑在内。个人独资企业的创立几乎不需要什么费用，而组建公司的成本是比较高的。

(二)中小企业制度形式的变更

一家创办的企业，往往从较为简单的制度形式开始，如个人独资企业。当企业经营有成效之后，其业主自然就会有扩大规模的欲望，其企业制度形式也自然会发生变化，由小至大、由简单向复杂、由低级向高级发展。但是，并不是越高级越复杂的形式就越好，这要结合企业和企业主的自身情况，结合行业和产品特点，结合市场的规律和政府的方针政策。在形式变更的时候，仍然需要像新创办企业一样分析各种方案的得失优劣，才能作出正确的决策。特别要考虑的是这些方案变更对现有顾客、员工、投资者的影响，即企业的转换成本。

第三节　中小企业管理团队和管理机构的设置

【知识阅读】

上海大众汽车有限公司优秀的管理团队

上海大众汽车有限公司成立于1985年，是改革开放后中国第一家轿车合资企业，总部位于上海安亭国际汽车城，是国内规模最大的现代化轿车生产基地之一。上海大众汽车有限公司拥有高效的管理团队，团队内部秉持开放的氛围，鼓励团队知识分享与交流。在研发方面，团队领导的团队内外部情感型网络对于研发任务的帮助很大，降低了沟通成本，减少了沟通中的障碍，简化了研发流程，使研发工作更有效率。这样的团队利于获取有用的研发经验和信息，从而促进团队创造力。企业的管理团队会影响团队知识共享，进而影响团队创造力。在有效的团队管理模式下，上海大众汽车有限公司连续八年荣获中国十佳合资企业称号，并连续九年被评为全国质量效益型企业。2012年，企业以综合评分第一的成绩荣获2012年中国“年度最佳雇主”称号。2013年，在北京召开的全国企业管理创新大会上，上海大众汽车有限公司荣获国家级企业管理创新成果一等奖，该奖项也是全国管理创新成果的最高奖项。

资料来源：罗瑾琏、赵佳、薛倩文、钟竞：《团队领导社会网络和领导风格对团队创造力的影响》，载《华东经济管理》2014年第28卷第7期，第162~166页。

中小企业开展经营活动，必须组建管理团队和确立组织形式。为此，企业家首先要选择能够帮助其经营企业的人。

一、中小企业管理团队

当企业的规模使创业者不可能独自领导时，就必须组建管理团队。组建的管理团队中，应该包括管理者和其他的专业人员，或者那些帮助一个新企业建立起总体发展方向的关键人士。

(一)中小企业管理团队的重要性

企业选人和用人是其生存与发展的首要因素，也是企业人事管理的基本内容，这在企业界和一般人的心目中都是不言而喻的。因为充裕的资金和先进的技术设备都是由人去管理和使用的。如果用非其人或用人不当，资金和设备就不会发挥应有的作用产生应有的效益，还有可能造成负面的效应。

人的因素在中小企业中的作用比其在大企业中更为重要，因为中小企业的特征之一就是人与人间的密切联系，其事业的发展，也正是建立在人与人的密切配合基础之上的。(管理团队一方面可以提供满足企业发展的多样化人才资源；另一方面可以使中小企业摆脱对某一灵魂人物的过分依赖，使得企业不致因为一个人的退出而崩溃。)因此，相对于成熟的大型企业，中小企业尤其是处于创业期的中小企业更需要一个团结一致、忠诚于所从事的事业、能抵抗外部各种干扰的团队。

例如，以张欣为负责人的6位留美回国博士组队创立的微芯生物公司，在2002年北京亚太区技术高峰会上，被评为亚洲最有发展潜力的10家生物科技企业之一，承担6个国家研究课题，获得6个国际专利。张欣认为，企业在20人之前是最重要的。开始的架构一定要搭好，架子一定要稳固；即团队要搭好，要稳定。否则，你便没有时间去计划大事。

(二)中小企业创业团队的类型及其比较

1. 创业团队构成的类型

(1)有核心主导的创业团队。这种创业团队一般是有一个人寻思了一个经营门路或有了一个市场机会，他就去开始组建所需要的团队。如太阳微系统公司(Sun Micro System)创业当初就是维诺德·科尔斯勒(Vinod Khmla)确立了多用途开放工作站的概念，接着他找了Joy和Bechtolshem两位分别在软件和硬件方面擅长的专家，以及一位具有实际制造经验和人际技巧的专家麦克尼里(McNeary)，于是，SUN的创业团队诞生了。

(2)群体性的创业团队。这种创业团队的建立主要是由有经验、有友谊和有共同兴趣的伙伴结成，合伙在一起发现市场机会，如Yahoo的杨致远和斯坦福电机研究所博士班的同学大卫费罗，微软的比尔·盖茨和童年玩伴保罗·艾伦，HP的戴维·帕卡德和他在斯坦福大学的同学比尔·体利特等，这些伙伴创建了多家知名企业，他们多是先由于相关关系而结识，彼此之间产生一些互动，激发出创业点子，然后合伙创业，这种例子比比皆是。

2. 核心主导和群体性创业团队的比较

(1)从创业团队形成的先后来看，有核心主导的创业团队是先有创业点子再有创业团队，而群体性的创业团队则恰好相反，先有核心主导的创业团队的结识才有创业点子的提出；群体性的创业团队比有核心主导的创业团队更强调人际关系在创业团队构成中所扮演的角色。从我国的创业团队类型来看，由于我国特有的文化特征和数千年来形成的行为方式，群体性的创业团队数量远远超过了有核心主导的创业团队。北大纵横管理咨询公司曾经对所服务的70多家民营企业客户做过分析，发现80%以上的民营企业创业团队属于群体性的创业团队。

(2)从团队的稳定性来看，群体性的创业团队不如有核心主导的创业团队。主要原因在于有核心主导的创业团队是由一个核心主导来组成所需要的团队，他在挑选成员的时候就已经考虑到成员的性格、个性、能力、技术以及未来的价值分配模式，这保证了团队成员的能力适应公司规模扩张的要求，同时也保证了创业成员性格的融合，使得创业团队稳定。而群体性创业团队，先结成团队，而后谋事，不可能像核心主导创业团队那样思虑周全，因此创业团队不如前者稳定。

(三)中小企业管理团队的选配和组建

中小企业组建管理团队时，选择团队成员应考虑以下问题：

(1)所选配的人才一定要具有一定的专业知识或基本素质，在技术性问题上应能充分胜任其工作。中小企业的创业队伍的规划即使再小，也应当有以下专长的成员，如：生产技术人员、财务管理和会计人员、公关外联人员、流通控制和销售人员等。

(2)选配人员一定要考虑到公司的创意特点，考虑到自己的整体策略。由于企业所处行业类型和运营特点的不同，对员工的能力和经验的要求也就不同，如一家软件开发公司和一家餐馆自然需要不同类型的合作者。另外，对公司发展前景和使命的认同也是选择团队成员的重要因素。

(3)选用人员时应注意整体的协调一致，即“团队精神”。中小企业的风险大、不稳定，就更需要团结一致的团队，把团队个人的利益与企业的命运紧密的结合在一起。

(4)对于创业队伍的组建，所选用的人才还需要具有创新精神，尤其在关键岗位上，能够在总体策略的指导下，开创出一套工作方法和工作程序。

事实上，中小企业管理团队的组建最重要的就是各类人才的互补性和平衡性。很多企业家都喜欢选择与自己个性及管理风格相同的人合作。但是任何一个团队要真正有效率，必须具有各种类型的成员，类型结构的不平衡将会产生一系列问题。贝尔宾博士通过研究分辨出九种主导团队行为类型，如表 2-1 所示。

表 2-1　**贝尔宾团队成员角色**

成员角色	特　征
协调者（coordinator）	成熟稳重，条理性强，自信并信任他人；清楚团队成员的优劣势，适当的协调安排，能够发现工作中的错漏或偏差，并及时采取纠正措施；目标意识强，激发团队成员的忠诚和热情；积极思考且能够作出决策；有信服力，能够领导团队；民主，可客观听取各种意见及建议；但创造力较为一般。
推进者（shaper）	性格开朗，精力充沛，好交际，具有煽动性，喜欢推动别人去行动；能够抵抗压力并产生动力，推进团队行动；将团队工作具体化，作出行动计划和方案并实施；有好胜心，对赢有强烈的渴望；但容易冲动，自负，容易造成矛盾和冲突。
创新者（innovator）	知识渊博，智力超群，想象力丰富，富有创造性；提出建议和新观点，为团队带来突破性思想和见解；但人际沟通欠佳，忽略细节和礼节。
信息者（resource investigator）	性格外向，善于与各类人沟通交流；好奇心重，求知欲强，喜欢了解周围发生的事；喜欢探索新事物，善于发现新机会，具有创新精神；但新鲜感过后容易失去兴趣，不加鉴别。
监督评价者（monitor evaluator）	冷静，谨慎，善于思维和分析；理智，公平客观，善于解释、评价并分析复杂问题和情况，善于分析方案的利弊；稳重、可靠，善于判断且很少失误；但缺乏热情，不善参与。

续表

成员角色	特 征
凝聚者（team worker）	温和，喜欢社交，具有灵活性；敏感，善解人意，保证团队内部信息的积极沟通，减少阻滞，是团队的粘合剂；活跃气氛，促进团队协作；但缺乏果断决策，易受他人影响。
实干家（implementer）	守纪律、有责任感；勤勤恳恳，将各种想法和决策变成明确具体的任务，并转变为实际具体的执行步骤；组织能力强，有较强的自我约束和自我控制能力；忠于团队，把工作放在第一位；但保守，缺乏灵活性，墨守成规。
完成者（completer-finisher）	勤恳，有条理，尽职尽责；坚持不懈，严格遵守程序行事，善于制订计划，保证所有工作按照计划完成，维护工作秩序；坚持高标准，注重细节；但缺乏耐心，不喜放权。
专家（specialist）	做事投入且专一；精通某项技术知识，提出专业意见，解决技术问题；但知识领域具有局限性。

资料来源：李朝波：《国外团队角色理论相关研究述评》，载《经济研究导刊》2011 年第 31 期。

在选择管理团队成员的同时，中小企业也应尽快设计出自己的组织架构，进行工作职位的设置和划分，对每一个职位进行工作分析，规范其各自的权利、责任和任职条件。与此相配套的人力资源管理的其他内容，如薪酬制度、晋升路径、培训等方面，也应尽快地建立健全，以保证企业的管理规范化，从而为企业的顺利发展打下基础。

（四）中小企业要保持创业团队的稳定

1. 保持创业团队的稳定就要使团队成员优势互补

从人力资源的角度来看，建立优势互补的创业团队，是保持创业团队稳定的关键。在创建一个团队的时候，不仅仅要考虑相互之间的关系，最重要的是考虑成员之间的能力或技术上的互补性。太阳微系统公司就是一个非常值得借鉴的例子，创业初期维诺德·科尔斯勒找来了软件、管理方面的专家，因此，创业团队非常稳定，这为太阳微系统公司带来了稳定的发展。

创业团队是任何一个公司人力资源的核心，在建立创业团队的时候，要注重把"主内"与"主外"的不同人才都尽可能地考虑进来，保证团队成员的不同专长的合理搭配。创业团队的组织还要注意个人的性格与看问题的角度。如果一个团队里有总能提出建议的和能不断地发现问题的异议性成员，对于创业过程将大有裨益。作为创业企业核心成员的领导者还有一点需要特别注意，那就是一定要选择对团队项目有热情的人加入团队，并且要使所有人在企业初创时就有每天长时间工作的准备。任何人才，不管他(她)的专业水平多么高，如果对创业事业的信心不足，将无法适应创业的需求。

2. 创业团队组建后保持稳定的举措

在团队已经组建以后，无论是有核心主导的创业团队还是群体性的创业团队，要保持创业团队的稳定性，必须做到以下几点：

(1)创业团队一定要有交流沟通后形成的一致的创业思路，成员要有共同的目标远景，认同团队将要努力的目标和方向，同时还要有自己的行动纲领和行为准则。这些其实就涉及团队文化的建设问题。

(2)以协议、合同的形式确定一个清晰的利润分配方案。把最基本的责权利界定清楚，尤其是股权、期权和分红权，此外还包括增资、扩股、筹资、撤资、人事安排、解散等与团队成员利益紧密相关的事宜。

(3)要保证团队成员间通畅的沟通渠道，进行持续不断的沟通。团队开始工作时，遇到问题和解决问题时都要沟通，有矛盾时更要沟通，沟通的时候要多考虑团队的远景目标和未来的远大理想，多想有利于团队发展的事情。

(五)外部专家支持

对于一家中小企业来说，为了克服本身资源的限制，可以从外部获得管理和技术上的支持。

1. 中小企业应积极争得外部人力资源

(1)中小企业应同有关科研部门或大专院校建立技术协作关系，聘请一些专业技术或管理人员来厂指导，帮助攻克技术难关，提高管理水平。这也是一种技术转移，使先进的科学技术转化为生产力。实际上国内外许多中小企业因为得到了先进的技术，从而获取了较高的经济效益。

(2)邀请企业所在地区内外，甚至国内外专家、学者为企业生产、技术、管理提供指导，这是中小企业在一种特定条件下，解决人才短缺的方法。这种方法往往不用花很大的代价，但却能获得显著的效果。

(3)同有关大企业合作，联合开发技术和产品，联合经营，或者是依靠大企业组织配套生产。大企业一般把技术专利作为一种投资形式，中小企业可以与其合作，同时在工程技术、生产管理、产品质量控制等方面由大企业派人专门指导协助，所得利益由双方分成。这种形式既可有效利用大企业技术力量，又能在联营的过程中培养自己的专业人才，从而解决企业缺乏技术、资金的问题。

(4)运用“余热”的策略。离退休专业人员也是一项宝贵的人才资源，他们有丰富的工作经验，同时又拥有丰富的专业理论知识、技能，在人际关系和晋升、薪酬待遇等方面也比在职人员易于处理。因此，吸引和聘用离退休专业人员中的能工巧匠和专门人才到企业中来发挥“余热”，是中小企业使用外部人才的途径之一。当然同样的理由也适用于我国的有专长的下岗职工。

(5)聘用兼职专业人员，或是有余力、有兴趣的人才到企业来工作，既节省成本，又能达到目的。

2. 外部机构的帮助

一些外部机构和管理部门也可以为中小企业的经营管理提供帮助，如商业银行、律师事务所、会计事务所、管理咨询机构、工商管理部门等。投资者也可以是中小企业的智囊团，参与企业的经营管理。

二、中小企业管理机构设置

(一)中小企业管理机构设置应遵循的原则

1. 统一指挥原则

统一指挥原则是指在企业厂长(经理)负责制下，企业里的每个岗位都要有人指挥并对其负责，企业里的每个人都应该知道自己向谁负责和有哪些人应该对自己负责，每一个人都只能接受一个上级的指挥并对其负责。这样，上下级之间层次清楚，上传下达路线明确，指挥和执行不易发生混乱。

2. 以工作为中心的原则

以工作为中心的原则要求企业内部组织机构的设置，应根据工作的实际需要尽可能少地设立机构和配备人员，以保证企业的机构精简、人员精炼。这样可以减少企业不必要的开支，降低经营成本，增强企业在市场上的竞争能力。

3. 适当的管理层次原则

企业以工作为中心设置管理机构，必然会联系到企业的管理层次设置问题。适当的管理层次原则要求企业管理层次的设置应尽可能少。否则，企业管理层次过多，不利于上下级之间的沟通。

4. 合理的管理幅度原则

合理管理幅度的原则是指在企业内部的各级管理层次上，一个指挥、监督或管理人员能够领导人员的最多数。如果管理的人员过多，就会降低领导质量和降低被管理人员的工作效率，还会造成人才浪费。一个管理人员的管理幅度受管理机构的层次、面对问题的种类、管理人员的才能和上级领导授权程度等因素的影响。

5. 专业化原则

专业化原则是企业为了使内部管理的有效协调，从纵的方面划分若干职能部门，相应地成立管理机构，去负责管理企业中具有重要性且专业性较强的工作。

(二)中小企业组织机构的基本形式

企业的组织机构是企业组织的基本框架，是企业管理的平台。由于企业的类型各式各样，特点不尽相同，其组织机构的设置也应有所区别。结合绝大多数中小企业的实际情况，企业组织机构的基本形式主要有直线型、职能型、事业部型、矩阵型组织结构等。

1. 直线型组织结构

直线型组织形式是早期企业常用的组织形式。其特点是不设职能管理部门，企业的指挥和管理统一由领导人执行。这种组织形式的优点是形式简单，统一指挥，指令传达及时，职责明确；缺点是行政领导人必须有较全面的业务知识，凡事必须亲自处理，从而影响到企业领导人进行高层的决策。因此，直线型组织形式一般适合于产品单一、工艺简单的中小型企业。

2. 职能型组织结构

职能型组织形式是为企业的各级行政领导设置职能部门或人员的一种组织形式。其特点是各级职能机构和人员从属各级行政领导，并在各自分工管理的范围内有权指挥下属。这种组织形式的优点是能够减轻各级行政领导人的负担，特别是让企业的高层领导有较多的时间和精力去考虑企业的全局性决策，发挥专门管理部门的业务专长，其缺点是多头领导，有碍统一指挥，易于造成管理混乱，无助于职责和职权的明确划分。各职能机构常常从本单位的业务出发考虑工作，不能很好地配合和考虑周全。

3. 事业部型组织结构

它是一种分权式结构，其管理原则是“集中决策，分散经营”。也就是集中领导，下级进行分权管理。它是按产品、地区或经营部门分别成立若干个事业部，即部门或分公司。事业部负责产品或地区的全部业务。它适于大型或跨国公司。

其优点是权力下放，独立核算，内部竞争有利于提高公司整体效率，便于培训管理人才；其不足是上下职能机构容易重叠，易于忽视公司整体利益。

4. 矩阵型组织结构

它在组织结构上，既有职能划分的垂直领导系统，又有按项目划分的横向领导系统结构。它按职能划分的部门和按产品(或项目)划分小组结合起来组成一个矩阵，一名管理人员既在原职能部门保持组织与业务上的联系，又参加项目组的工作。职能部门是固定的组织，产品(或项目)小组是临时性组织，完成任务以后自动解散，其成员回原部门工作。这种结构的优点是：灵活性、适应性强。其缺点是：稳定性较差，容易使有关人员产生短期行为，双重领导造成工作的矛盾和权力斗争。这种结构适用于生产经营中需要集中各方面专业人员参加的项目企业，如航天航空企业。

除上述外，还有企业集团(股份制)型组织结构、学习型组织结构、网络型组织结构、无边界型组织结构等现代组织结构，由于在其他课程里讲述，中小企业用之较少，这里不作介绍。

【练习题】

一、思考题

1. 中小企业创办有哪四种方式？各有什么优缺点？
2. 自我兴办企业必备的条件有哪些？
3. 试述买断出售企业的操作过程。
4. 试述特许经营方式的含义、特征和类型。
5. 特许经营合同的主要内容有哪些？
6. 试述家族企业的生命周期与管理特征。
7. 中小企业法定制度的形式有哪些？
8. 个人独资企业有哪些优缺点？
9. 合伙制企业有哪些特征？
10. 公司制企业有哪几种？各有什么法律特征？
11. 试述股份合作制企业管理体制和收益分配。
12. 比较股份合作制与股份制及合作制的联系以及它们的共同处和不同之处。
13. 试述中小企业管理团队的重要性及类型。

14. 怎样组建中小企业管理团队？

15. 如何保持中小企业创业团队的稳定？

16. 试述中小企业机构的设置。

二、案例分析题

时达嘉特公司在组织文化建设中的成功

时达嘉特公司是信息化传统模式的中小企业，主要从事信息系统集成工程、安全技术防范工程、安全反恐软件研发，注册资金为1050万元，公司目前在岗员工近百人。公司的技术研发能力先进、扎实，营业团队敬业、专业以及客户服务中心阵容强大，主要服务于公检法、卫生、教育、水利等行政事业单位，还有医院、石油等企业，形成设计—采购—安装调试—维护为一体的综合服务。

在公司刚成立的时候，发展中存在许多问题。企业建立初期，本公司并没有重视对企业文化的发展，主要是通过制度和领导者以身作则的榜样精神来管理员工，企业缺少文化建设，企业缺少凝聚力。管理架构也虽已成熟，管理人员充足，但是管理人员能力不足，缺乏经验。没有完善的培训体系和绩效管理体系，企业没有为员工建立职业生涯规划体系，员工缺乏积极向上的动力和目标，企业技术人员的离职率高。

随着公司业务的拓展，员工数量的增加，企业文化也越来越被关注，企业明确公司的核心价值观，以此作为全体员工参照的“标准”，然后对其进一步扩展。时达嘉特公司在近几年的发展中，已经很重视培养员工的文化素养，坚定文化理念，以《弟子规》作为员工培训的基本手册。

在价值观上，时达嘉特公司以传统文化为核心，公司以《弟子规》作为员工培训的基本手册，“入则孝”、“出则悌”、“亲仁”、“谨”、“信”、“泛爱众”、“余力学文”作为一个完整的道德系统，“道”和“德”是其做人的核心，即“道德”。公司的员工需要把“待人诚恳，尊老爱幼，知恩图报”这些日常生活中的优良传统来作为出发点和评判是非的标准。

文化仪式方面，时达嘉特公司有比较明显的表现，公司目前正处于快速发展期，业务处在快速拓展阶段，为了能使公司更好地发展，员工承受的压力比较大，所以公司很注重员工荣誉激励和娱乐聚会。公司每周都会对优秀员工进行表彰和激励，在公司和部门内部会定期举行一些聚会和娱乐活动，有利于缓解员工紧张的工作氛围和减轻员工的工作压力，对组织内部的凝聚力起到很好的增强作用，同时企业的文化内涵也潜移默化到这些文娱活动中。

文化网络方面，时达嘉特公司各部门内部自发成立非正式员工小组织，例如“销售经营组织”、“体育爱好者协会”、“基础业务管理委员会”等这样的非正式组织，员工经常以这样的组织举办一些活动和聚会，员工的各种诉求也可以通过组织的小团队的交流反映给高层领导者。这使得企业保持着较好的文化氛围和文化传统。

时达嘉特公司还一直致力于探索人力资源体系的建设。从初创公司的十几人到今天的近百人，公司的人力资源部也经历了从无到有，从有到精一步一个脚印的艰苦历程，为了提高“人力资源”转化为“人力资本”的效率，企业还会制定一些战略，建立完善的员工培训体系。坚持做了半年的“微课程”已经有了不错的成绩，不但使员工的培训强化了，而且使“内训师”的培训授课能力也在不断提升。

自时达嘉特公司成立以来，已服务过近千家的客户，而且近年来，呈现不断增长的趋势，在新疆市场的客户基数非常庞大。公司从事的相关电子产品和网络产品，自己的产权比较少，但凭借专业的技术实力和高品质的产品输出，已赢得了很好的口碑。公司对员工进行信息技术、文化各方面的培训，建立成熟的管理体系，整合业内资源，分享专家经验，努力为客户服务，与行业许多提供商密切合作，自身迅速发展的同时也推动了信息技术行业发展。公司还不断在信息技术的其他领域开辟市场，整合资源，迅速在业内创造了高知名度、高口碑，并立志在不久的未来成为新疆信息技术领域的领军企业之一。

时达嘉特公司计划在接下来的五年时间实现“集团化”目标，在规模和实力上达到质的飞跃。时达嘉特公司在政府的支持和市场发展需要的大前提下，不断开拓市场，培养全面的优秀人才，提供更多就业机会，为推动新疆信息技术发展和经济腾飞贡献力量。

问题：

1. 时达嘉特公司在发展初期遇到的主要问题是什么？采用了哪种处理方式？
2. 时达嘉特公司是如何进行员工之间的沟通管理的？
3. 从时达嘉特公司良好的经营发展中能得到哪些启示？请举例说明。

资料来源：董国菲：《新疆时达嘉特技术有限公司发展战略研究》，西安理工大学2017年硕士论文；引用时有修改。

第三章　中小企业计划及其执行

【学习目的】

通过本章的学习，要掌握中小企业计划制订和计划执行的基本理论，熟悉其内容、特点和作用，能够运用定性和定量的方法编制管理计划。了解中小企业计划执行的要义，掌握提高中小企业计划执行能力的措施。

【案例导入】

LJSM 发展滞后：缺少计划

淮安市 LJSM 是淮安地区规模最大的专业性礼品公司。公司专业设计、生产、代理各类会议、庆典、公关、福利、促销礼品，是淮安市政府出国招商礼品指定采购单位、中国电信、中国移动淮安分公司促销礼品采购单位，也是淮安市清河区政府成立十周年等大型庆典礼品指定设计供应单位。

但公司在发展的现阶段，出现了许多问题，其中最关键的问题是公司管理层经营理念比较落后，“重经营、轻管理”，没有作出相应的管理计划，目前关注点仍在如何开阔市场、扩大销售量上，只关注生产环节和销售环节，没有制定针对公司实际情况的管理制度，更没有进行管理创新的欲望。

人力资源管理不规范，公司生产、销售等部门建立相对完善，但是缺乏独立的人力资源部门，对雇佣员工的考评不够，不重视员工的后续教育和培训，缺少挽留人才的高薪机制，人员变动和人才流失较为严重。

部分控制活动也存在问题。首先，销售环节缺乏对客户信用审核，在收款过程中就出现很多应收账款收不回来，产生坏账；其次，采购环节没有独立的验收部门，只是由客服部人员或发货部人员负责采购和验收；最后，在人员分工上，没有做到不相容职务彻底分离。

内部监督执行力不强，由于公司较小，账务都是由会计一人完成，而且各部门工作缺乏定期检查，公司没有单独设立内部审计部门，虽然公司有指派专门人员去监督检查公司各项业务，但是在执行上并未切实履行。

由于企业没有完善的管理计划，内部经营管理混乱，其发展受到了较大的影响。

资料来源：孙卫卫、徐波、王倩云：《中小企业内部控制体系构建》，载《中国乡镇企业会计》2018 年第 2 期；引用时有修改。

第一节　中小企业计划的制订

【知识阅读】

壳牌集团：计划就是管理?

壳牌集团的发展在石油领域一直走在行业的前沿，该公司有着优良的经营管理经验，企业的管理理念是“所谓管理，就是执行计划”。该公司编制的投资规划主要从经营环境、自身经营状况入手，分析经营与财务基准指标以及投资机会，提出切实可行的业务和投资计划。此外，壳牌集团还根据中长期规划制定了公司不同业务部门的经营目标并将这些目标作为硬约束。壳牌集团在发展目标和约束条件研究的基础上，利用投资组合理论和优化技术，对所有备选项目按效益进行分类排队、优化筛选出能满足公司发展目标的最优项目组合和投资结构。在上游投资安排中，壳牌集团将在充分发挥现有业务的基础上积极开拓或加强新业务，主要在深水区、尼日利亚、里海地区以及独联体国家开展油气勘探与生产业务；在下游业务中，主要通过资本运营手段优化下游资产结构，提高资本效率。降低运营成本，提高投资回报率。在化工业务中，由于投资组合的调整已基本完成，因此，壳牌集团化工业务的投资重点主要是填补在亚太以及中东地区的业务空白，优化产品结构，降低单位生产成本。壳牌集团投资规划与计划的执行，大大加强了企业从投入到产出经营活动的可控性，指明了全公司为实现经营目标而协调努力的方向。

资料来源：杨凤鸣主编：《工商企业经营与管理概论》，对外经济贸易大学出版社 2014 年版，第 146~147 页；引用时有修改。

一、中小企业计划的要义

(一)中小企业计划的概念与特点

1. 中小企业计划的概念

中小企业计划具有两重含义：其一是指规划、预算等具体的计划形式；其二是指计划管理工作。我们这里仅仅从计划管理的视角来讨论中小企业计划职能，所以中小企业计划管理职能就包含两项具体的职能：计划制订和计划执行。

2. 中小企业计划的特点

(1)未来性。中小企业计划是为未来经营作谋划。无论是规划、预算，还是政策、程序，都是为了中小企业的未来行动目标和具体方案做指导。当然，未来的一切谋划必须建立在过去和现在的基础上，只有这样，谋划未来的方案才可能科学、合理和可行。

(2)效率性。中小企业计划的本质是要节约使用企业内的各种资源。中小企业计划不仅要保证企业未来的行动有条不紊地进行，并且还必须使之在投入产出效益最高的状态下有序进行。

(3)非正式性。与大企业相比，中小企业的计划较为非正式。这一点在小型企业里面表现得更明显，很多小企业的计划停留在经营管理者心中，并没有写成书面文件。随着企业的发展，计划形式也就逐步正式化。

(二)中小企业计划的作用

中小企业是一个人为经济系统，它有别于自然系统就在于它是一群有意识、有目的人们在一定目标支配下形成的。有意识、有目的的活动是中小企业活动的基本特征。有意识的活动首先表现为在活动之前，人们会自觉地进行设想、规划、安排。无论这种设想、规划是简单还是十分复杂，都属于计划职能。正如马克思在论述人的意识时所认为的，最蹩脚的建筑师从一开始就比最灵巧的蜜蜂高明的地方，是他在用材料建筑房屋以前，已经在他自己的头脑中把它建成了。建筑师在头脑中建筑房屋的过程就是一个计划过程。我国古代的思想家所说的“预则立，不预则废”说的也就是计划工作的重要作用。计划首先从明确目标着手，为实现中小企业目标提供了保障。中小企业目标有长远目标与近期目标、主要目标与次要目标等。中小企业必须把各种目标协调统一于总目标，并制定出实施这些目标的方法、措施，使企业的各项活动为实现总目标服务。

二、中小企业计划的形式、编制与评价

(一)中小企业计划形式

现代管理学认为，计划的形式就是管理工作的形式化的结果。常见的中小企业计划形式有以下八种：

1. 中小企业计划的宗旨

中小企业计划的宗旨是根据企业的基本职能去完成规定的使命。它是企业的最高原则。具体来讲，它是指一个企业是做什么的和应该做什么。每个企业都必须有明确的宗旨，并将企业宗旨灌输到每一位成员的脑子里，贯彻到计划的制订、执行过程中。

2. 中小企业计划的目标

中小企业计划的目标是其宗旨的具体化，是企业未来发展的方向和追求的最终结果。企业的目标通常是由以总目标为纲的目标体系组成。为保证企业总目标的实现，企业计划中的目标是分等级和层次的网络体系。由于目标的层次性和网络性，将各部门目标及各层次目标协调统一于总目标既重要又必要。

3. 中小企业计划的策略

中小企业计划的策略形式是其计划的指导方针和行动方针。它为计划提供基本原则，明确重点、程序，为决策、行动指明统一的方向和必要的框架。策略并不是孤立存在的而是为实现企业的宗旨和目标服务的，同时也为重大政策和各种规划提供原则。

4. 中小企业计划的行动方针

中小企业计划的行动方针形式的主要作用是保证企业的沟通，规定行动的方向和范围，明确解决问题的原则。企业中的方针是多种多样的，涉及企业的各个方面。之所以将企业制定的方针也作为计划的一种形式，是因为方针的目的是面向未来的。企业需要制定

一项方针的起因是为了解决当前出现的问题，但其主要作用则是为了应付未来再发生类似的问题。如果只是解决当前问题而不作用于未来方案，就不能称之为方针了。

5. 中小企业计划的程序

中小企业计划的程序形式也是计划的一种形式，它规定在企业的营运中，人们必须准确地按照既定的方式和时间顺序去完成经营。程序是指导人们如何采取行动，并非指人们如何去思考问题。一般来讲，越是基层，所规定的程序也就越详细，数量也就越多。

6. 中小企业计划的规则

中小企业计划的规则形式同其他许多计划一样，是从各个决策方案中选定的要采取行动的方案，是一种最简单的计划。

在一般情况下，规则、方针和程序三者是难以区分的，因为他们共同组成企业的制度。管理学家认为，规则与指导行动的程序有关，实际上也可将程序看作一系列的规则，但规则并不说明时间顺序。同样有些规则却是程序所不能包含的，如“禁止吸烟”、“不要大声喧哗”、“衣冠不整禁止入内”等，这些规则就与任何程序无关。规则的本质在于它反映了是否采取某种行动的管理决策权限。大致来讲，规则可称为划分权限的计划。规则与方针的区分在于，方针的主要作用是指导人们在决策时如何考虑问题，而规则是在执行决策时起主导作用，人们在遵守规则时是没有自由度可言的，而方针则给人们较大的发挥空间。

7. 中小企业计划的规划

中小企业计划的规划形式是其最常见、最典型的计划形式。在企业的规划中，其宗旨、计划所要实现的目标、实现目标应该采取的策略、执行策略时所需遵守的方针、程序、规则等都将得到体现。但是，规划并不等同于计划，它只是一种综合性的企业计划形式。

企业规划的具体形式和内容的弹性比较大。有的规划仅仅是一个轮廓，或只是定性的基本原则体系；有的则十分详细，许多目标都以量化的形式体现。通常人们将那些只是为未来发展勾画轮廓的设想称为规划，而将那些量化的、详尽的规划称为计划。

8. 中小企业计划的预算

中小企业计划的预算是对企业活动从经济核算角度开展的计划工作，预算通常是用数字表示出来的。经济性是人们对工作进行计划的客观原因之一，尽可能地节约支出，求得最大的投入产出和最佳的效益是每一个管理者努力的目标。所以说，预算是企业中最重要的计划之一。

要接受上述有关计划的观点，对我国的中小企业的管理者来说还有一个观念转变的要求。因为长期以来，我们一直都只将预算式的计划看作唯一形式，而将程序、规则、策略等不视作计划。如果这一观念不转变，是不利于做好计划管理工作的。如一些企业将完不成计划当作一件重要的事情来对待，但把违反程序、不遵守程序当作很平常的事情。显然，这是与科学的计划管理要求不相符的。

(二)中小企业计划编制工作的程序

1. 中小企业机会预测

中小企业对未来的经营存在不确定性，但又不是不可以认识的。认识未来的办法就是要在现实的基础上对未来进行科学的预测。机会预测包括定性和定量两种。定性预测主要是对未来趋势的基本估计，如企业所面临的市场是供大于求，供小于求，还是供求平衡，竞争是会进一步加剧还是趋于缓和等。定量预测是对定性的趋势预测作出确定性的判断。

机会预测是确立目标的前提，是一项十分重要的工作。需要掌握科学的预测方法，需要占有全面、准确的信息。

2. 中小企业目标确立和目标分解

中小企业的目标是未来行动的方向和努力的标准。在预测基础上，结合中小企业的内部条件，经过努力后可以达到的目标。

中小企业在未来的一个计划时期中的目标不止一个，而是一个目标体系。因此，中小企业的总目标确定之后，还要分解目标。例如，中小企业在未来一年的利润目标是实现税后利润1000万元，那么这个总目标就必须分为主营业务收入和营业外收入各自要完成的税后利润两大目标，主营业务收入还必须分解到各个产品。目标分解也是确定目标的工作内容。

3. 中小企业实施方案制定

中小企业的目标确定之后，就必须制定实施方案，将实施目标的条件、路线、方法和可能出现的困难及其克服方法、解决措施具体化。制定方案的过程不能闭门造车。方案的制定人员一定要深入基层，与计划执行人员讨论实施计划的步骤、方法和措施。

为保证目标的实现，就应制定多个方案，并比较挑选最适宜的方案。

4. 中小企业计划评价与选择方案

中小企业的计划方案未交决策者选择之前，应对各方案进行评估，包括程序性评价和经济效益评价。对评价的结果必须作出书面说明，供决策者参考。决策者在接到计划评价书之后，就可以着手方案的选择。

值得注意的是，在实际工作中，计划编制工作不是单一层次的。往往在战略性计划、总体计划制订好之后，先对这类计划进行评价与选择。在已经作出选择后，再编制下一步的执行计划，或者说备选的执行性计划。编制计划的步骤见图3-1。

(三)中小企业计划编制工作方法

中小企业计划编制工作方法很多，这里仅介绍滚动计划法和网络计划法。

1. 滚动计划法在中小企业计划编制中的应用

(1)滚动计划法及其适用性。

①滚动计划法的概念。滚动计划法就是按照“近细远粗”的原则，制订一定时期内的计划，然后根据计划的执行情况和客观环境的变化，调整和修订未来的计划，并逐期向前滚动，把近期计划和长远计划结合起来的一种计划方法。

②滚动计划法的产生。在竞争激烈的市场环境中，中小企业的外部环境十分复杂，且

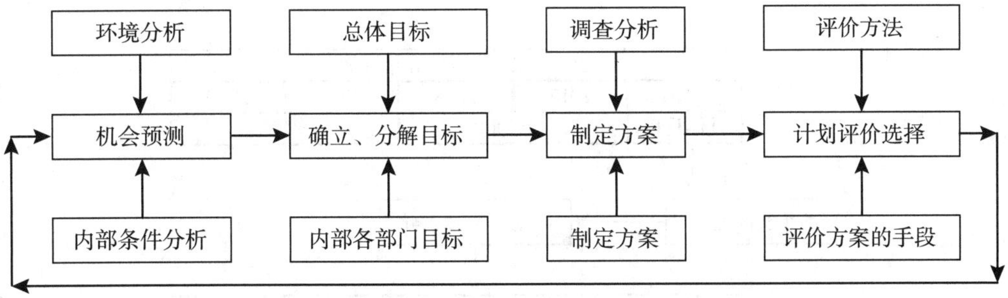

图 3-1　计划编制步骤示意图

变化快速，因此中小企业的任务很难长期稳定和一成不变。为了使中小企业更能适应外界环境和市场需求的变化，尽可能保持工作的长期稳定和均衡，就急需一种灵活反映中小企业外部条件变化的计划方法，滚动计划就是为适应这种需要而产生的。

③滚动计划法适用性。滚动计划法从时期上看，主要适用于长期计划的编制。因为时期越长，各种影响经济发展的因素就越难以准确地预测出来，只能采用“近细远粗”的办法，把近期的计划定得细致具体，而远期的计划则只做粗略的制定，然后逐期进行调整。滚动计划法从内容上看，主要适用于具有一定的连续性，可以按期进行不断滚动的管理工作，如生产计划、物资供应计划等。

(2)滚动计划法的编制程序，一般按下列步骤进行：

①中小企业通过调查和预测，掌握各种有关情况，然后按照“近细远粗”的原则，制订一定时期的计划。例如，五年的分年计划、一年的分季计划等。

②中小企业在一个计划期终结时，摸清计划的执行结果，找出差距，了解存在的问题。

③分析中小企业内外条件的变化，对原有计划尚未执行的部分进行必要的调整和修订。调整时应考虑各种对计划有影响的因素，我们称之为计划修正因素，主要有：

A. 中小企业计划与其执行结果的差异分析。即将计划的执行情况与原定计划进行对比分析，以了解两者的差异，总结经验，找出问题，以此作为调整下期计划的依据之一。

B. 中小企业内外客观条件的变化。一般来说，中小企业内部条件的变化是相对稳定的，易于掌握；而中小企业外部条件的变化则是经常变动的，不易掌握。因此，对客观条件变化的分析主要体现在分析中小企业外部条件的变化。

C. 中小企业经营方针的调整。中小企业在一定时期内的经营方针如果发生了变化，其计划内容也就有所不同。如某一中小企业的经营方针从“以质量取胜”转向“以多品种取胜”时，其计划内容就要进行较大的调整。因此，中小企业在编制滚动计划时，一定要把经营方针的变化作为计划的修正因素加以考虑。

D. 中小企业应根据修改和调整的结果，又按“近细远粗”的原则，将计划期向前滚动一个时期，制订出第二个时期的计划。

如此重复以上步骤，就是我们要编制的滚动计划。例如五年计划的编制，按滚动计划法的要求，其步骤如图 3-2 所示。

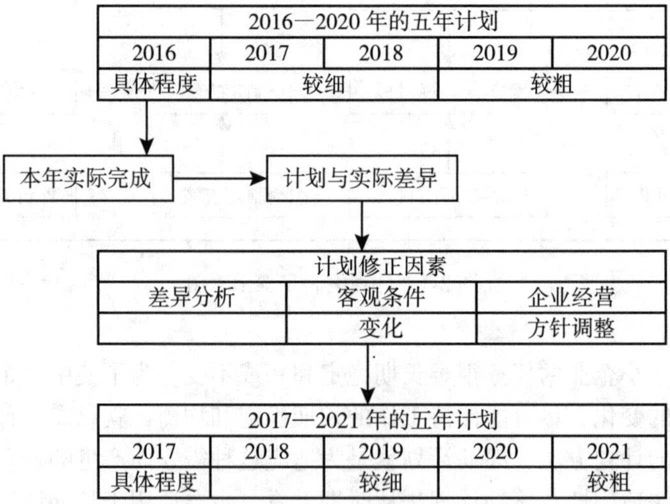

图 3-2　滚动计划编制程序

(3)滚动计划法的优点。滚动计划法与传统的计划方法比较，其编制要复杂和频繁一些，但是它能较好地适应现代生产技术复杂化和市场需要多样化的需要，为中小企业活动提供明确而又适用的目标。它具有以下优点：

①由于按照“近细远粗”的原则编制计划，并逐期滚动，使近期计划与远期计划结合起来，因而既能使计划具有严肃性和灵活性，又能保证计划的相互衔接。

②由于每次制订计划都要对中小企业内外条件的变化和计划的执行情况进行对比分析，因而能够把不断发展变化的主客观条件有效地反映到计划之中，使计划更切合实际，避免盲目性。

③滚动计划法能充分发挥长期计划对短期计划的指导作用，把生产和准备工作有机地结合起来，既能为未来的发展做好各种准备，又有利于更好地完成当前各项任务。

④由于调整计划时需要不断地了解外界条件的变化，因而能够不断促使中小企业搞好环境预测工作，使长期计划在不断调整和修改过程中逐步完善。

2. 网络计划法在中小企业编制计划中的应用

(1)网络计划法的含义和适用范围。

①网络计划法的概念。网络计划法是指以网络图的形式反映和表达计划的安排，控制和协调生产或工作的进度和资源消耗，选择最优方案的一种科学有效的计划方法。

②网络计划法的适用性。网络计划方法最主要的适用范围是一次性的大规模工程项目，此外还有着十分广泛的适用领域，如企业、行政事业单位的很多工作安排均可以用网络计划法进行，甚至个人或家庭的生活也可用网络计划法进行规划。在工业企业管理中，诸如设备维修、新产品试制及单件小批生产计划的安排较合于运用网络计划法。

(2)网络图的构成。网络计划法的基础是网络图，掌握网络图的结构是正确绘制网络图的首要条件。一个完整的网络图，应由以下要素构成：

①活动。它是指在工艺技术和企业管理上相对独立的工作、任务或作业等，因此活动也称工作、任务或作业。在网络图中，活动用一条箭线(→)表示，箭尾代表活动的开工，箭头则代表活动的完工，箭线之长短与活动大小无关。在箭线的上下方可标明一些符号或数据，以表示活动的代号或活动对某种资源的消耗量。

②事件。它是指相邻活动在时间上的分界点，也叫结点。在网络图中，结点用圆圈(○)表示，并可以进行编号。一个网络图只能有一个起点结点和一个终点结点，起点结点代表整个计划的开始，而终点结点则代表整个计划的完工。除起点结点和终点结点以外，中间的任何一个结点都具有双重含义，它既代表前面活动的完工，又代表后续活动的开始。

③路线。它是指从网络图的起结点开始，顺着箭线的方向，连续不断地达到终点的一条通路。一个网络图往往有多条路线，其中周期最长的路线称为关键路线，关键路线的周期也即整个计划的周期。在网络图中，关键路线用粗线、双线或有色线表示。

(3)网络图的绘制规则。作为网络计划之基础的网络图，如果绘制出错，则整个计划的安排就出现失误。为此，绘制网络图时需遵循以下规则：

①任意相邻的两结点之间只能连一条箭线，用以表达一项活动，即同一活动在网络图中不能重复表达。

②网络图中不能出现封闭的循环路线。所谓封闭循环路线是指从某结点出发，顺箭线方向经过若干活动后又回到原点所形成的路线，如此情况的出现说明计划项目总是循环的，始终难以到达终点，计划任务永远无法最终完成。

③网络图中不能出现缺口。所谓缺口是指出现了无法到达终点的活动。网络图中任何一项活动都应能顺箭线方向到达终点，否则，就无法完成计划任务。

④网络图中平行活动必须用虚箭线进行连接。所谓平行活动是指两个以上的活动，其先行活动和后继活动相同且必须同时进行的活动；虚箭线则代表作业时间为零的箭线，用“——→”表示，它不占用时间，也不消耗资源，主要作用是用来衔接活动之间的相互关系。

【例 3.1】 汉东机械厂机修车间大修一台铣床，要经过 4 项活动：先进行设备解体(a)，之后同时进行电气修理(b)和机械修理(c)，最后组装(d)。绘成的网络图如图 3-3 所示。

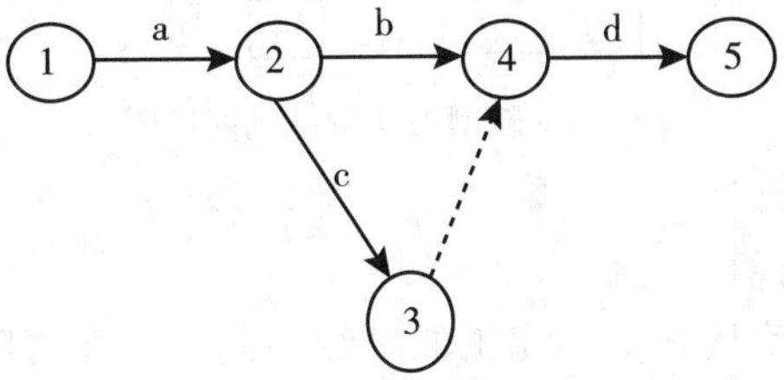

图 3-3　铣床大修网络图

⑤网络图中结点必须编号，且箭尾结点编号应小于箭头结点的编号。

(4)网络图的绘制步骤。

①调查研究工程项目有关情况。凡计划项目涉及的所有资料都必须进行收集、调查和分析。其中最主要的内容有两项：一是项目的工艺流程；二是整个计划及计划内各活动的资源消耗。否则就无法进行网络计划安排。

②进行工程项目的分解。这里主要指将整个计划项目分解成若干独立的活动。分解时要掌握每个活动的紧前活动、紧后活动，了解有多少平行活动。在此基础上，可绘制出一张活动逻辑关系表。

【例 3.2】 汉西厂进行一种新型微波炉试制，共经过 10 项活动，各项活动的逻辑关系及所需时间如表 3-1 所示：

表 3-1　　**活动逻辑关系表**

活动	紧后活动	T(天)	活动	紧后活动	T(天)
A	B、C	5	F	G、I	3
B	D、E	3	G	H	4
C	F	2	H	J	5
D	H	4	I	J	5
E	G、I	6	J	—	5

③按规则绘图。绘图时，必须遵循网络图的绘制规则。如上例，绘制的网络如图 3-4 所示。

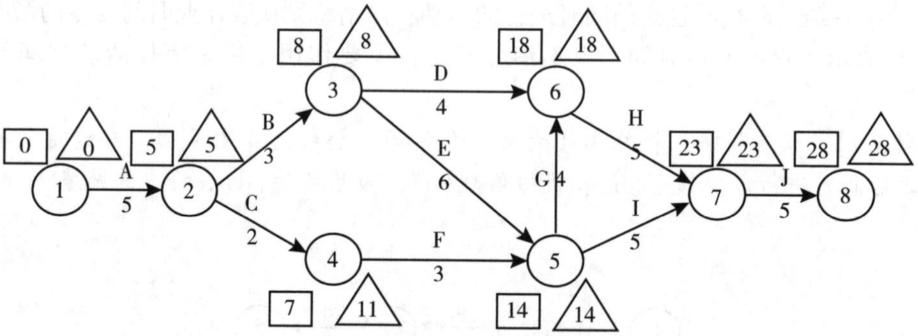

图 3-4　新型微波炉试制网络图

(5)网络时间参数的计算。

①作业时间。即某活动从开工到完工的延续时间。作业时间分肯定型和非肯定型两类。肯定型作业时间是指以前进行过的活动，其时间长短有资料可以借鉴，经过整理后可直接求出时间；非肯定型作业时间是指以前没进行过的活动，其所需时间无资料可借鉴，此时用三点估计法进行估算，然后求其加权平均值得出的时间，即对各项活动先估计出最

乐观时间(a)、最悲观时间(b)和最可能时间(m)三个值，然后求其加权平均值，以此作为该活动的估计作业时间(T)：

$$T=\frac{a+4m+b}{6}$$

②结点时间。结点时间有两个：

A. 结点最早开工时间(ES_i)，指从某结点出发的活动最早可能的开工时刻，在这之前不具备开工条件。结点最早开工时间在图上用(□)表示，计算时顺箭线方向按结点编号逐一进行。

先令 $ES_i=0$，其他结点最早开工时间按下式计划：

$$ES_j=\max\{ES_i+T\}$$

即箭头结点最早开工时刻，等于箭尾结点最早开工时间加该箭线的作业时间，如果有多条箭线指向该结点，则取其相加后的最大值。

B. 结点最迟完工时间 (LF_i)，指所有指向该结点的活动最迟必须完工的时刻，否则，就会影响后续活动的开工甚至整个计划的完工。结点最迟完工时间在图上用(△)表示，计算时逆箭线方向进行。

令 $ES_{终}=LF_{终}$，其他结点最迟完工时间按下式计算：

$$LF_i=\min\{LF_i-T\}$$

即箭尾结点最迟完工时间，等于箭头结点最迟完工时间减该箭线的作业时间，如果有多条箭线从该点出发，则取其相减后的最小值。上述计算结果如图 3-4 所示。

③活动时间。活动有四个时间：

A. 活动最早开工时间 (ES_{ij}) $ES_{ij}=ES_i$

B. 活动最早完工时间 (EF_{ij}) $EF_{ij}=ES_{ij}+T$

C. 活动最迟完工时间 (LF_{ij}) $LF_{ij}=LF_j$

D. 活动最迟开工时间 (LS_{ij}) $LS_{ij}=LF_{ij}-T$

即活动的最早开工与最迟完工时间直接利用结点的最早开工与完工时间进行转换。

E. 总时差(S)，它是指某活动的开工与完工时间可以提前或推迟的机动时间。若某活动从最早开工时间开工，到最迟完工时间完工，则从最早开工到最迟完工为该活动最大允许的活动范围，该范围如果超过了活动的作业时间，就会产生时差。如图 3-5 所示。

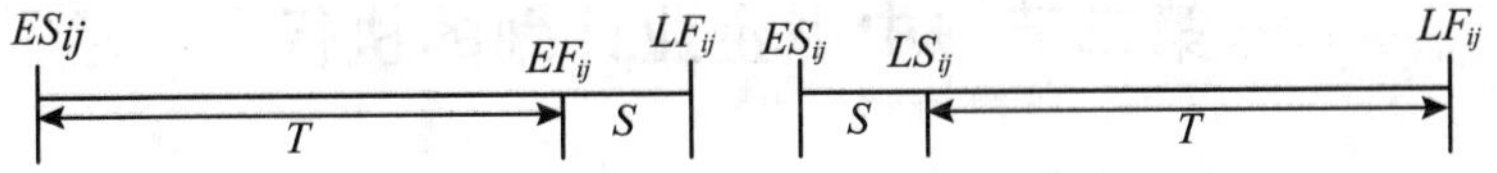

图 3-5

可见，$S=LF_{ij}-EF_{ij}$ 或 $S=LS_{ij}-ES_{ij}$

F. 关键路线和计划周期的确定

总时差为零的活动称为关键活动，由关键活动连接起来的路线即为关键路线。关键路线的周期就是网络计划的周期。

上述网络计划的内容只是对网络计划的最初安排，网络计划还有个优化问题，包括时间优化、成本优化、资源优化等，运筹学中对此有深入分析和介绍，限于篇幅，本处不再深入探讨。

(四)中小企业计划的评价

1. 中小企业计划的程序性评价

中小企业计划的程序评价，指依照分析和评审制定计划的步骤，以及计划的结构等标准对计划进行评价。对计划进行程序性评价，具体又可分为如下三个方面内容的评价：

(1)评价中小企业计划的客观程度。计划的客观性程度是指计划制定时所依据的资料是否属实、考虑是否周到、分析是否合乎规律等，这是保证计划的科学性所要求的。计划的客观程度越高，计划的结果越容易为人们所接受，自然也就越容易执行和实现。

(2)评价中小企业计划的结构完整程度。计划的结构是指计划覆盖面、涉及的时间跨度、责任的明确性和控制特性等。评价计划完整程度的第一个指标是其全面性，这里的全面性包括两层含义：一是计划对组织活动所涉及的重大方面是否都纳入了计划；二是计划对所涉及的问题是否都提出了解决方案。评价计划结构完整程度的第二个指标是计划的时间幅度，即完成计划的确切时间。评价计划完整程度的第三个指标是分工的明晰程度，计划必须落实到组织中各个成员头上，完整的计划必须明确每一个部门、每一个员工的职责。评价计划完整程度的第四个指标是计划的控制操作程度，如提出的指标是否适用，是否可操作。

(3)评价中小企业计划的灵活性程度。计划要保持一定的稳定性，但由于外界环境的变动和内部条件的变化，计划不可避免地要进行修改，制订计划应考虑到这一点。所以，计划的机动性程度是对计划进行程序性评价的重要指标。评价计划的机动性主要看不同计划的衔接协调程度。

2. 中小企业计划的经济效果评价

计划的经济效果评价指对计划实施后的效果的评价。它包括两个方面：一是计划执行前对计划方案实施结果的估计，即通过各种分析手段进行预先分析；二是在计划实际执行后，将结果与计划相比较。对计划进行效果评价是基于两个方面的假设：中小企业都是以效用最大化为行为准则，都必须获得最大的投入产出比。

第二节　中小企业计划的执行

【知识阅读】

企业不切实执行管理计划——走向衰败

江龙控股集团是一家发展迅速的企业，在绍兴以印染业为主。原本在南方控股集团负责外贸的陶寿龙接管了滨海新厂，将其发展成了具有八家子公司的江龙控股集团，它旗下的江龙纺织印染业在不久之后在新加坡上市。公司虽然制定了一系列的内部控制制度，但由于体系不健全，计划执行不透彻，在华尔街爆发金融危机后，加上公司内部各项管理出现严重的问题，江龙也逐渐走向了衰败直至破产。导致江龙失败的主要原因是受到内部制度和计划执行问题的制约。

江龙控股存在着复合型的治理结构，陶寿龙在接管了南方控股的子公司滨海新厂后，将其发展成了具有八家子公司的江龙控股集团，这八家子公司相互之间的关系是复杂的，这种杂乱的关系使得内部控制存在非常严重的问题，企业内部的岗位设置不明确，不同的岗位被同一个人兼任，员工对自己的职责没有清晰的认识。控制管理活动执行不透彻，江龙控股企业内部的岗位设置不明确，控制过于形式化，普遍发生一人多职的现象。企业内部绩效考评控制自如，没有严格的评估标准，领导独自掌控重大事项，导致企业纪律形同虚设。

企业制度没有得到有效的实施和执行，导致制度本身的威信荡然无存，企业也逐渐走向衰败。

资料来源：张茜：《浅析民营企业内部控制制度建设及执行效果问题》，载《管理视窗》2015年第4期；引用时有修改。

一、中小企业计划执行的要义

（一）中小企业计划执行的概念

中小企业计划执行就是要保证中小企业计划能够得以实施。中小企业计划执行的程度与其执行力密切相关。执行力一直客观地存在着，但直到近年来才引起人们的高度重视，在一定的程度上对中小企业的生存与发展起着重要的作用。中小企业执行力就是一个中小企业所具备的保证其计划得以实现的能力。中小企业的执行力是由其成员个体执行力有机融合而成的，是整体力量的体现。它具有明确的方向性和目标性，主要表现为实实在在的行动。在现实中，中小企业执行力对其实施计划的效率有非常重要的影响。

（二）中小企业执行力高低的决定因素

1. 成员的基本素质

中小企业由具有思想和能力的个体构成。这些个体不仅是中小企业构成要素中最具活力的要素，而且是中小企业能力的源泉。成员个体的素质高低、能力大小基本上就决定了中小企业目前能够挖掘的潜力有多大，成员个体素质与能力经过培养提高的程度也就基本上决定了中小企业执行力改善的程度。所以，中小企业要想提高执行力，首先要获得高素质的个体成员。

对于成员来说，中小企业执行力既是一种能力表现，更是一种精神与意识的体现。能力是执行力的基础，但并不是执行力的全部。如果成员有能力可是主观上不愿意发挥出来（就是平常所说的能干但是不肯干），中小企业的执行力也就没有体现；如果有能力的个体不是为实现中小企业的目标贡献自己的力量，而是作用于相反的方向，结果就是削弱企业的能力。成员个体的素质首先表现在成员的团队意识、责任意识、集体荣誉意识等方面。只有这个问题解决了，具体的执行能力问题才可能得到很好的解决。

如美国最为著名的军校——西点军校，培养学员的一个重要目标就是使学员形成这样一个基本的信念："没有任何借口"。这个信念的实质就是要求学员形成这样一种价值观，对于上级下达的指令，必须无条件执行，克服一切困难去完成组织的任务是自己的天职，不要为完不成寻找借口。这就是在培养学员的执行力素质——接受任务之后，坚决保证完成。更具体地看，就是培养学员的责任意识、进取精神、集体荣誉感以及工作的积极性与创造力。也正是这样一种培养机制，使得该校的毕业生中涌现出大批世界级的优秀人才。

2. 中小企业的凝聚力

中小企业的执行力以其成员个人的能力为基础，以中小企业的整体协作能力和完成计划任务的效率为标准。所以，中小企业的执行力最终要求将其个体执行力有机地组合，形成整体能力。因为中小企业的目标要进行分解，任务要落实到每一个成员，每个成员完成自己任务的好坏和效率高低，对于这个任务的完成构成直接的影响。但是，如果成员个体都各自为战，总体的效率就可能受到影响。中小企业的执行力就是要求将其成员的执行力整合成一个整体。

中小企业在整合成员个体能力方面，决定因素很多，其中凝聚力就起着重要作用。凝聚力在相当的程度上决定着成员潜力发挥的程度；决定着成员之间合作的主动性、合作的范围和深度；决定着成员之间相互学习、相互促进、共同提高的愿望大小。所以，中小企业的凝聚力是其执行力的重要影响因素。

3. 中小企业制度的完善与保障程度

中小企业执行力既靠调动人的积极性，也要靠完善的制度保障。中小企业执行力的确取决于成员的主观能动性的发挥，因此，对于一个管理者来说，要提高中小企业的执行力，必须充分调动中小企业成员的主观能动性、工作的积极性和创造性。但是相关制度的完善与保障也同样重要。

中小企业计划的执行永远要有制度保障，制度是中小企业计划得以实施的保证。因为只有按照规定的制度办事，人们才可能感到公平，才可能受到公平的待遇，才可能具有统一行动的准则。只有在一定的制度规范下，人们行动的步调才可能一致，目标才可能统一，人工才可能协调，组织才可能成为一个整体。

二、中小企业计划的执行意识及强化

(一)中小企业计划执行意识的作用与构成

在我国的中小企业中要大力提倡执行，强化计划的执行意识，提高计划的执行效率。

1. 中小企业计划执行意识的作用

人的行为总是受一定的意识支配的，一种认识如果成为一种自觉的意识，一种稳定的意识，就会在日常的工作和生活中自觉支配人的行为，成为个人基本素质的一个重要的组成部分。人的意识形成，有时是通过学习、教育和实践来树立、强化和稳定的。没有系统的教育学习，人们验证于形成清晰的认识，没有反复地强化，一种认识就不可能固定下来，就不可能成为一种意识，也不可能形成价值观。我们认为，我国目前绝大多数中小企业的执行力不强，一个重要原因就是相当一部分员工，甚至包括部分管理者思想上缺乏执行意识。在提高执行力的工作中，首先要培养一种执行意识，简单地说就是成员执行企业计划和上级命令的自觉性。

2. 中小企业计划执行意识的构成

员工和中小企业计划执行意识的构成相当复杂，简单地说由纪律意识、责任意识、团队意识、服从意识和创新意识五种意识构成。如果这五个方面的意识得到强化，中小企业计划的执行意识就树立起来了。

（二）中小企业应强化纪律意识

1. 严格的纪律意识是形成服从意识的关键因素，也是执行的保障和基础

纪律严明才能作风过硬。才可能召之即来，来之能战。纪律在这里是广义纪律，包括政治纪律、组织纪律和行动纪律。一个中小企业只有具有严明的纪律，才可能有统一的指挥，才可能有统一的步调，才可能将中小企业成员的全体力量凝集起来。如果每个人按照自己的意志行事，视纪律如同儿戏，中小企业必然四分五裂。

2. 强化纪律意识，重要的就是个人服从组织，下级服从上级

一个人只要在一个中小企业中工作，就应当服从中小企业的整体利益。一个中小企业在拟订计划之初，应当允许并给予执行者充分发表意见、看法和建议的机会，并且尽可能地吸收有价值的建议和意见，完善计划。但是，一旦形成计划，就应当执行。特别是管理人员，绝不允许在执行计划的过程中违背原则，擅自另搞一套。

3. 强化纪律意识，就是要求职工必须处理好个人自由与遵守组织纪律的关系

在一个中小企业中，处理个人自由和遵守纪律关系的基本原则是：个人自由不允许与中小企业的纪律相矛盾。强化纪律意识，一是要加强纪律教育；二是要严明纪律；三是要坚决维护纪律的严肃性和权威性，对破坏纪律的行为必须作出严厉的批评和教育。

（三）中小企业应强化责任意识

1. 责任就是成员对自己的严格要求

一个成员如果具有高度的责任感，就会在工作中全身心投入，主动克服工作中遇到的困难，认真负责地做好自己的工作。没有责任感，就不可能具备整体的荣誉感，就不可能全身心地投入到工作中去，就不可能从工作中找到乐趣，更谈不上创造性地工作。

2. 责任就是要求成员尽职尽责

在工作中，如果每一个人都能够尽职尽责，圆满完成自己的任务，计划就一定能够很好地完成。在工作中不推诿，不逃避责任，能够想方设法地完成任务，就肯定可以保证计划的执行。树立牢固的责任意识，就是要求企业的成员能够主动地积极地去工作，去接受任务、完成任务。

强烈的责任意识就是不打折扣，认真地做好自己应当做的事情。管理人员履行好自己的管理职责，作业人员履行好自己的工作职责，企业的任务就必然能够很好地完成。所以，对于提高计划的执行效率而言，强化责任意识是应该抓好的一项基础工作。

3. 强化成员责任意识

责任意识的强化，一是要明确每个人的责任，并要以书面的形式予以明确；二是要对

每个人履行职责的情况进行制度化的认真考核评价；三是结合责任目标进行奖惩，奖勤罚懒，奖优罚劣。

（四）中小企业应强化团队意识

1. 强化团队意识应提高凝聚力

提高中小企业凝聚力是提高中小企业执行力的重要途径。只有中小企业具有高度的凝聚力，中小企业的计划才能够得到大家的认可，计划才能够真正为全体成员接受，才能够在执行中达到高的效率。

2. 强化团队意识应以制度安排和主动协作为基础

中小企业的协作是具有制度安排的协作与自愿主动的协作的结合。在中小企业中，制度化的协作通过一些规定来实现，如相互的信息交流制度、相互支持的制度，制度化的协作是中小企业协作的基础，是组织计划执行效率的基本保证。一个执行效率高的中小企业，还应当培养员工之间的自愿主动协作意识。日本中小企业中的协作关系就是以自愿主动的协作为特征的，因此，日本中小企业的执行力相当强。自主自愿的合作，以强烈的团队精神、团队意识为前提。培养员工的团队精神和意识，是管理者在培养提高中小企业执行效率的重要手段。

3. 强化团队意识的要点

培养团队精神和意识，要求在中小企业中经常开展集体活动；鼓励员工之间相互关心，相互支持；协调员工的个人发展目标与中小企业目标；搞好员工的职业生涯设计；让员工保持对中小企业的忠诚。

（五）中小企业应强化服从意识

服从是遵守纪律的内在要求。在执行过程中，服从具有特别重要的意义。这里仅讨论服从意识的培育。

1. 培养成员的服从意识，才能统一指挥

在一个中小企业中，统一协调是形成一个有机整体的前提，因此必须培养成员的服从意识。只要是中小企业的成员，不折不扣地执行上级的命令是对成员的基本要求。如果一个中小企业中缺乏服从统一指挥的意识和精神，必然无法贯彻上级的指令与意图，就不会有统一的行动，就不可能有效地展开有目的行动，高效地完成计划工作就只能是决策者的一厢情愿。

2. 服从意识形成与创新精神的统一

服从意识的形成并不与创新精神和创造力的发挥相冲突。一个人应当具有自己的意志、自己的主张、自己的看法。但是，在一个有规章的中小企业中，看法、主张都应当在拟订计划之初，在中小企业所提供的公开讨论场合充分地表达，而不是在计划形成之后，另搞一套。例如：会上同意，会下不支持或反对。

3. 服从是员工的美德

服从应当成为员工的一种美德，是一个计划执行效率高的中小企业所必须具备的基本素质。没有服从，就没有中小企业共同行动的文化保障。在现实中，积极的服从被错误看作是软弱，是一种奴隶性的表现。这样一种看法是完全错误和有害的。在一个纪律严明、训练有素、执行力强的中小企业中，员工必须具备高度的服从意识。

4. 培养员工服从意识要作好两点

培养员工的服从意识，一是要加强纪律教育，特别是下级服从上级的纪律教育；二是要坚决处理不执行命令的行为，特别是不执行命令给中小企业带来严重损害的行为。

（六）中小企业应强化创新意识

1. 执行的主观能动性

执行必须发挥主观能动性。不能够发挥主观能动性，就难以克服在计划执行中遇到的困难和问题，就难免将矛盾上交，遇到困难绕道走。只有积极主动地执行决策，才可能在遇到困难和问题时，去想办法克服困难，解决问题，计划才能够得到真正的执行。那些缺乏主动性、积极性的执行，往往是在环境顺利时能够完成任务，一旦遇到困难，就会停滞不前，计划就执行不下去。优秀的执行者就是那些能够克服一切困难，完成任务的执行者。

2. 高水平的执行是创造性地执行

执行不排斥创新，相反，计划执行效率高还表现为执行过程中的创新，这就是执行者真正做到了将计划与本层次工作的实际情况相结合。创新性的执行就更加提高了执行的效率。最有效率的执行者是创新性的执行者，这样的执行者能够发现事物发展的规律，能够按照环境的变化出色地完成任务。

3. 创新性执行是最高境界

创新性地执行是执行的最高境界，它是严格地服从、忠实责任和充分发挥自主能动性的结合，因此是提升中小企业计划执行效率应当追求的目标。

三、中小企业计划执行能力的提高

中小企业仅有执行意识，缺乏执行能力，中小企业计划的执行效率也不会高。所以对于管理者来说，一个重要的工作还必须从多方面提高员工的具体执行能力。

（一）中小企业要坚持不懈地培养下级的执行能力

1. 注重培养提高下级的执行能力

对于中小企业的各级管理者来说，提高中小企业计划的执行效率，要特别注重培养下级的执行能力。因为中小企业内部都是建立在分层基础上的，对于每一个层次的管理者来说，下级的执行能力具有特别重要的意义。在一个中小企业中，提高计划的执行效率首先要做好培养下级管理者的执行能力工作。

2. 提高下级创造性解决问题的执行能力

提高下级的执行能力，并非是将下级培养成唯唯诺诺、教条主义，只会机械执行上级指令的机器人，而是要培养下级能够深刻、全面理解中小企业计划的背景、内容以及能够在执行中创造性地解决所遇到的困难的能力。“有条件要上，没有条件创造条件也要上”就是这样一种执行能力的集中写照，是我们今天应当大力倡导的执行精神。

3. 提高下级的执行能力，首要的是独立作战、独当一面的能力

为了保证决策的执行，充分调动下级工作积极性，应当让下级有职有权，要放手锻炼下级。在工作中，只要出发点是好的，是在积极努力地工作，就应当正确对待下级的失误。因为只有经历挫折才可能提高能力。但是，上级要帮助下级总结工作中的成功秘诀与失败的教训，这样才能提高下级的工作能力。

(二)中小企业要提高员工做好细节工作的能力

1. 细节的重要性

虽然"细节决定成败"的断言有些偏颇，但对"细节"重要性的强调是值得肯定的。在中小企业计划的执行中，一些细节在一定的条件下会成为决定性的环节。若不注重细节，的确可能影响计划的成败。所以，要注意对细节的管理，特别是关键环节的管理。

2. 做好每个细节是精益求精精神的体现

细节上的到位和效率，从本质上讲体现为在工作上精益求精的精神。在一个中小企业中，出色的成就是由各个方面的出色工作保证的。没有做好细节、小事的意识，实现宏伟愿望是不可能的。完成中小企业的战略计划，必须落实到每一个细节，从细节中可以发现其成员的工作素质。一个出色的管理者，既要培养员工高瞻远瞩的能力，同时也要让每一个员工认真对待每一件事情和每个细节，不要忽视每一个细节，必须从细节把握上完成任务。

3. 注重细节防止事故

注重细节的管理并不是说在工作的管理上不分轻重缓急，胡子眉毛一把抓。而是指在计划的执行中，必须按照层级的不同，将计划进行细化，要求执行者必须注意每一个环节，做好每一个环节。实践表明，在计划的执行中，细节容易被忽略，也容易简单化对待。强化细节的管理，就是防止发生忽视细节，进而影响整个计划实现的情况。分析现实工作中所发生的那些重大失误和重大事故，可以清楚地看到都是从忽略某些细节开始的，是在细节上不断地疏忽进而造成严重事故的。

(三)中小企业要不断提高员工的沟通能力

1. 培养员工相互沟通的能力

协作的前提是相互了解和支持。员工之间应当具有良好的沟通。沟通，特别是良好的沟通需要技巧，也需有目的地培养教育。所以，一个中小企业的主管，应当注意培养提高员工的沟通能力。

2. 完善沟通体制和机制

在管理实践中发现，一些中小企业的计划之所以执行不彻底，执行的效率不高，其中的一个重要原因就是中小企业内的沟通不畅。良好的中小企业内部沟通，既取决于中小企业的沟通体制与机制，还受中小企业员工之间的沟通能力的影响。在分工日渐细密，协作愈加紧密的今天，中小企业员工之间的沟通越来越重要。所以，中小企业的管理者应当注重员工之间沟通能力的培养，提高员工沟通协作信息的频率与效率。

3. 注意非正式沟通中的工作协作信息交流

在中小企业中，正式沟通是工作协作信息交流的主要形式，如工作例会、有关问题的研讨会。但是实践证明，仅仅只有正式的协作沟通是不够的。在有条件的中小企业中，还应当充分利用非正式沟通的方式，让人们在工作生活中增强感情，加强交流，其中必然会有及时工作沟通。如在西方国家的企业中，经常举办一些集体性的娱乐活动、集体户外活动、开放免费俱乐部等，为员工之间的沟通提供便利的条件，使得大量的协作信息得到交流，以利于深化协作，提高中小企业的凝聚力和执行力。这些做法值得我国中小企业学习和借鉴。

(四) 中小企业应大力培养员工的创造力

前面已经指出创新执行的重要性，员工要具有创新意识。在创新意识的基础上，要进一步培养员工的创造力。创造性的执行和完成任务是最好的执行力的表现。所以，管理者应当十分注重培养员工的创造力。为此，要鼓励员工在执行任务中的大胆创新，引导员工创新，支持员工创新。要经常开阔员工的视野和思路，主要通过学习，到先进的同行那里参观学习、专家和知识讲座等方式，增强员工的创新能力。

四、中小企业提高计划执行效率的要点

(一) 中小企业的领导者应率先垂范、以身作则

1. 管理者表率的重要性

无论在什么时候，领导的以身作则、率先垂范都是重要的。中小企业计划的执行效率是通过完成任务、实现目标的效率表现出来的。在实现企业目标中，管理者的身先士卒、率先垂范是必要和重要的。认为管理者就是做计划，执行是下级的事，高高在上、颐指气使、脱离下级，就会导致中小企业计划的执行效率下降。

2. 中小企业计划的执行效率折射出管理者的能力

对于一个领导者来说，中小企业计划的执行效率在相当的程度上也折射了领导者的影响力和号召力。而对下级的影响，领导者必须身先士卒，只有这样，下级才可能积极投入。

(二) 中小企业管理者应慎重制订计划，果断执行

计划的科学对于计划的执行有着直接的影响。在计划执行的管理中，我们提出慎重制定计划的观点。意思就是计划，尤其是战略计划，必须经过深思熟虑，必须经过相关利益各方的认真讨论，取得一致意见；即使时间急迫，同样要慎重。当然，慎重绝不是拖泥带水、优柔寡断，而是指在计划拟订过程中，必须将应当考虑的因素处理周全，应当充分听取相关利益主体意见，必须按程序完成。计划一旦作出，就必须坚决执行，执行必须坚决果断，不能够打折扣，不能够走样。

(三) 中小企业应健全与完善有关制度

1. 建立完善有效的奖励制度

每一个企业都不缺少奖励制度，但是仔细分析就会发现，奖励制度大多不够完善。中

小企业目前的奖励制度重点更多是放在个人效率上，对于为中小企业整体效率提高，认真做好本职工作的典型奖励不够，所以目前的奖励能带来一定程度的竞争，从而产生了竞争激励作用，虽然不应当否定，但是我们必须看到存在的不足。对于维护中小企业的荣誉、坚决服从组织、竭尽全力完成自己任务的优秀员工，要进行公开的宣传奖励。

2. 建立完善的学习制度

这里的学习是广义的学习，强调的是员工相互之间的交流和学习，是员工之间的互动。中小企业的学习，不仅仅是请专家讲授专业知识，更多的还应当是让员工自己给大家传授工作经验、工作体会、工作的感受体验，建立这样的学习制度，才能够形成员工之间的相互了解、理解、关照、支持，主动协作，中小企业的凝聚力才能够建立起来，才能够推动中小企业计划执行效率的提高。

3. 建立完善的工作标准

细节是在责任心和工作标准二者的保障下得以体现的。因此，必须注意建立详细的工作标准，对于缺乏科学精神熏陶的大多数人，目前不是标准是否束缚员工手脚的问题，而是我国工作标准意识需要进一步强化的问题。

【练习题】

一、思考题

1. 中小企业计划的形式有哪些？
2. 计划编制一般有哪些程序？
3. 试述在中小企业计划中滚动计划法的运用。
4. 什么是中小企业的执行力？如何提高中小企业计划的执行能力？
5. 如何强化中小企业计划的执行意识？

二、案例分析题

美团外卖构建未来计划及其动态有效执行的启示

美团外卖的崛起之路仅仅用了两年，是行业成功的典范。它是怎么实现成功的呢？其中有效的管理计划扮演了重要角色。

2012年12月底，美团创始人王兴担心在将来某个阶段会出现本地生活服务的新模式，干掉团购。从微信会员卡这些产品里，他感到了威胁，决定成立创新产品部，由王慧文牵头。王慧文拉上前美团外卖全国业务负责人、现水滴互保创始人兼CEO沈鹏，从各个部门选产品经理筹备了10个人的团队，以产品经理为主，加上个别工程师。

他们画了一张消费者从想吃饭到吃晚饭可能产生的各种场景的全图谱，思考哪个节点有商业机会。最开始，他们老想着衔接团购业务做开拓，没有在图谱上找到真正有爆发力的商业机会。从2012年12月底折腾到2013年5、6月份，这个部门不断推翻重来：如果一个商业模式不能快速形成规模效应，就不能形成“721”的市场格局，公司就会活得非常辛苦。

美团曾经探索过外卖这个分支，后重点做到店点餐业务。饿了么的存在让他们重新评估外卖。美团外卖新业务负责人李文卓在做外卖前，全在做餐饮相关的新业务，电子菜单、智能餐厅等，毙掉了不少项目。智能餐厅和淘点点的点餐模式相似，重复了，落地比较难，而外卖是体量能快速增大的模式。过去很多人做过外卖，都没做起来。王兴有一句话："一个行业某个关键要素产生5~10倍变化的时候，行业可能有百倍的爆发。"外卖没做起来的关键要素是智能硬件技术、普及程度不够。这个问题在2013年不再是问题了。

9月美团外卖立项，花了1个星期开发产品，在当时美团总部所在北辰泰岳大厦发传单测试。立项没有一个月，淘点点上线外卖。这更坚定了他们试验外卖的决心。从10月到12月，美团外卖一直在商圈实验，前两个月饿了么没有进来，美团外卖订单一天几十单；第三个月饿了么来了，双方PK，美团外卖做到一天200单，饿了么几十单。

不具备先发优势的美团快速跑马圈地，2014年平均1.5天开拓一个城市。2014年初，美团外卖四五十个员工聚集在一起，开了一个启动会，名叫"抢滩"。在他们看来，外卖市场饿了么一家独大，美团必须强行插进去。"抢滩"略显悲壮，创立4年、完成了C轮2500万美元融资的饿了么已经开拓了12个城市、每日订单10万单。

2013年12月下旬，美团外卖就决定开设20个城市，1个星期招聘了10个城市经理。2014年1月4日，所有城市经理聚集在北京，一边实际操练一边培训一边淘汰。1月，完成了20个城市经理的招聘和培训，2月开设20个城市。王兴提出，2014年实现峰值订单20万单，王慧文即兴发挥，"要不30万单吧"。城市经理顿时兴奋了起来，报出了40万单的目标。

40万单如何实现？沈鹏测算要开设60个核心城市，将40万单的任务拆到60个城市经理身上，于12月初完成，计算每个月订单峰值应该达到多少，以此制定出KPI考核体系。

在KPI的刺激下，城市经理想方设法，有人主动去校园推广，发现获取用户成本很低，订单量起来得快。有位城市经理研发了校园大使体系，设计了校园负责人、校园大使和楼长三级，每栋宿舍楼都有楼长负责，后来演变成每层楼都有人对美团外卖结果负责。在之后的全国电话会议里，这些方法被推广出去，并且做成SOP。

美团外卖发现，白领市场有待开发，校园市场已经被饿了么以及其他外卖网站开发得差不多了，校园市场有限，饿了么也没有独占，干脆先把校园市场给收割了，再调头做白领市场。他们定下策略：稳住现有白领市场，大部分精力放在校园，首先做每个城市的标杆本科院校，这些学校具备当地的影响力，容易引起跟风。这些做团购出身的人，一开始也有惯性思维，以为做校园市场也需要堆积很多商家上去。2014年4月，成都是第一个校园市场做起来的城市，当地城市经理能力强，用十来个商家就把校园做起来了。他们才恍然大悟，原来根本不用上那么多商家。重要的是面向学生多发传单，多做促销。

6月，美团外卖已经有60多个城市站点，组织架构已经支撑不起开拓更多的学校。王慧文立即要求原有城市经理晋升区域经理，大规模招聘、大规模培训。第一，组织架构要正确；第二，目标要正确；第三，执行要快。这是王慧文总结出来的经验。

经过一次又一次计划的迅速制定和实行，2014年12月，美团外卖日均订单150万单，距离产品正式上线刚好一年，来自美团团购的订单占比6%。2015年12月，美团外卖日均订单突破300万单。两年，从0做到日均300万单，美团外卖实现了崛起。

问题：

1. 你认为目标在美团外卖公司中的作用是什么？

2. 美团外卖的例子从哪些方面说明了动态环境中有效的计划工作？

3. 美团外卖遵循的是什么计划方式？

资料来源：李志刚：《两年时间从0做到日均300万单，美团外卖是这样做到的》，载《创业邦》2016年4月。

第四章　中小企业经营与营销管理

【学习目的】

通过本章的学习，首先要熟悉中小企业经营理念，经营管理的性质、制度、任务、内容及特征，熟悉中小企业进入的行业、定位；其次掌握中小企业的营销管理的观念、营销环境因素及营销策略；最后要熟悉中小企业市场销售管理，包括对顾客购买行为与产品的管理，市场定价与销售信用管理，市场细分与促销管理，市场销售渠道与全球市场进入营销管理，中小企业网络销售管理等。

【案例导入】

江小白的情感营销

江小白是重庆江小白酒业有限公司推出的低度高粱酒。该系列白酒产品在传承传统工艺的基础上，面对新生代人群开展白酒利口化与时尚化实践。与产品特性相符，江小白品牌提倡简单、纯粹的生活态度和价值取向，口号为“我是江小白，生活很简单”。自2012年面世至今，江小白系列白酒产品销售额节节攀升，成为国内白酒领域的一匹黑马。

江小白系列白酒产品在市场上的抢眼表现既得益于产品本身的独特定位，更离不开该品牌开展的一系列市场营销活动。效果最明显的当属江小白公司针对青年消费群体、围绕产品年轻化的定位进行的情感营销。

酒瓶“自媒体”：借酒言情

2016年七夕，江小白推出的表达瓶新品迅速成为爆款。所谓表达瓶，指的是消费者可以在江小白发布的H5互动页面上写下想说的话，甚至上传照片，定制专属的江小白表达瓶。事实证明，年轻消费群体对江小白的表达瓶营销策略十分买账。他们积极地实现了从被动接受语录到主动创造语录的转变，并将瓶身打造成超级“自媒体”，尽情抒发情感，同时还将这种有意思的“玩法”广泛传播。在这个过程中，江小白不仅收获了海量创意十足的文案，还轻轻松松实现了市场推广。

约酒与“拾人饮”：有酒共饮

在分析20~38岁新生代都市青年的特征时，陶石泉发现他们身上存在两个具有共性的“痛点”：一是城市孤独症，这种孤独感在下班后尤其明显；二是急于向上的焦虑症。有鉴于此，江小白在开展营销时创新设计了“同城约酒大会”，即邀请同城不同领域的爱酒之人聚集在一起，品酒、娱乐，互相交流，沟通感情，疏解压力。自2012年12月推出第一届同城约酒大会以来，江小白已连续多次成功举办这项活动，并逐渐形成自身的品牌影响力。

同名动漫：发现世界上的另一个我

除围绕酒品本身开展营销活动外，江小白还于2017年11月9日与两点十分动漫联合制作出品了第一季《我是江小白》动画，开展品牌IP营销。在制作动画的过程中，设计者并没有强行植入江小白的品牌和产品广告，而是用动画的整体风格去贴近江小白的品牌理念，通过整体画风和人物角色让观众自然联想到江小白系列白酒产品，达到“润物细无声”的营销效果。

目前，江小白在重庆白沙古镇已经形成占地1300余亩的高粱种植示范农庄、占地730余亩的两家酿酒厂的全产业链布局，预计2018年实现超过10万吨的原酒产能。“酒香也怕巷子深”，在消费升级的新时代，江小白的品牌之路如何越走越宽，仍是需要不断探索的命题。

资料来源：周南：《我是江小白，生活很简单——浅看江小白情感营销》，载《中国工商报》第6版，2018年3月6日。

第一节　中小企业经营管理概要

【知识阅读】

王老吉的经营战略

2014年，在凉茶发明者、凉茶行业第一品牌的品牌地位上，王老吉提出了“时尚、科技、文化”的“品字形”发展战略。以最直观也最核心的广告为例，王老吉在“怕上火”的营销战略定位基础上，进一步强调了“正宗”的核心元素，向消费者传递“传承186年，原创秘方”、“认准正宗王老吉”等信息，进一步厘清消费者的认知。在营销上，王老吉瞄准“90后”核心潜力人群，通过王老吉“超吉杯”高校5人足球赛等大型活动进行大型事件营销，引发年轻群体纷纷参与，进一步拉近与年轻消费者的心理距离。在渠道上，王老吉也是围绕心智，先铺设心智认知最强的华南市场，再进军华东、华中市场，最后是华北市场，后期渠道扩充势如破竹。在产能的建设上，王老吉加快产能布局。目前，王老吉已经在华南、华东、西南等全国7个地区规划自建产能。为了更好地挖掘和推广凉茶文化及王老吉品牌历史，王老吉在广州和北京分别建立王老吉凉茶博物馆。在“品字形”战略指引下，王老吉2014年的销量达到200亿元已经毫无悬念。

事实上，在2012年提出打造世界饮料品牌的目标后，王老吉内心就有一个凉茶中国梦，不仅是做中国的“可口可乐”，更要做世界的王老吉。但要像可口可乐那样进入西方主流社会，王老吉必须要解决好三个问题：产品标准、文化、营销。

事实上，王老吉也正在为此做准备：在标准层面，王老吉已经委托诺贝尔奖得主穆拉德为代表携手瑞士SGS共同启动了“王老吉凉茶植物饮料国际标准研究项目”。在文化层面，王老吉建立了凉茶博物馆，拉开全球文化推广大幕。在今年巴西世界杯期间，王老吉在巴西启动了王老吉正宗凉茶文化全球巡回展，借机推动海外市场的布局。据悉，截至 2014 年，王老吉已在全世界 58 个国家和地区开展王老吉商标注册，为王老吉品牌的国际化打下坚实的基础。

资料来源：程楠：《中欧商学院营销论坛聚焦王老吉案例》，载《中华商标》2014 年第 11 期，第 76~77 页。

一、中小企业经营管理的要义

(一) 中小企业的经营理念

中小企业的经营理念，是一个范围比较广的概念，包括中小企业的经营哲学和企业文化，以及企业精神和企业形象设计(CI 设计)等，经营理念也指经营法则，它是中小企业求生存和谋发展必须要考虑的一些基本原则和思路。新形势下的中小企业，只有理清这些基本思路，才能做到知已知彼，找准市场定位，抓住机会，更好成长。

1. 中小企业树立经营新理念必须认清其劣势

中小企业的劣势主要表现在：第一，人才不足，劳动力素质低；第二，资金筹措能力弱；第三，难以实现规模经济效益；第四，中小企业的经营者具有局限性；第五，企业抗风险能力弱。在市场经济中，中小企业必须要看到自己的劣势，这是找到自己发展之路的前提，依此才能提出适合于自己的经营理念。

2. 中小企业的市场法则理念

市场是商品交换流通的场所，市场法则包括市场机制和市场规则。无论是何种类型的企业，都必须在市场法则下营运。

(1) 市场机制与价格制度。市场是一种物品的买主和卖主相互作用，以决定其价格和数量的过程。在市场机制和制度中，每种商品和每种劳动都有价格。即使不同的劳动也具有价格，即工资。市场上所有商品的价格将随着该商品的供给与需求的规律的变化而变化。

(2) 市场规则与国家干预手段。所谓市场规则，就是国家凭借政权力量而按照市场运行机制的客观要求，所制定的市场活动主体都必须遵守的制度。因此，市场规则实质上就是以法律、法规、契约、公约等形式规定下来的市场运行准则，这些准则成为各种市场主体的市场行为规范。市场规则是市场运行过程的内在要求的法制化和外在化，是不以人的意志为转移的。针对市场失效，政府主要依靠法律手段、行政手段和经济手段对市场进行调节，以保障社会经济的效率、公正、安全和稳定。

3. 中小企业机会均等的理念

这里所说的机会均等是指大企业有大企业的机会，中小企业有中小企业的机会，各自抓住相宜机会发展自己，正是基于大企业和中小企业各自的特点及市场法则的公正性，大企业和中小企业在激烈的市场竞争中各占有优势。中小企业面对竞争激烈的形势，要充分发挥自身优势，努力抓住市场机会。

4. 中小企业的互利合作，共同求得发展的理念

目前，大多数企业家都有一种共识，即企业间不仅仅是你死我活的竞争关系，还有

“共存”才能“共荣”的关系。中小企业家更应该具有这种理念，中小企业本身不具有垄断优势，只有互惠互利，才能寻求共同发展。中小企业走互利联合发展之路主要有两种方式。

(1)中小企业间的横向联合。中小企业间的横向联合，无论是在某一方面进行松散联合，还是建立企业性实体的紧密联合；无论是生产上、技术上的联合，还是在经营上、资金上的联合，都是建立联合体，使企业组织结构发生一定的变化。对中小企业而言，在并不宽松的外部环境条件下，从事生产经营活动，发展横向经济联合是十分必要的，是中小企业保生存、求发展，提高经济效益，增加竞争实力，生产出更多更好、符合社会需求产品的重要选择。

(2)中小企业与大企业“联姻”。随着高科技工业和专业化分工协作的高速发展，中小企业与大企业逐步由对抗走向分工协作，使双方得以取长补短，促进经济的稳定、均衡发展，中小企业日益成为大企业发展的支撑点，而大企业对中小企业发展具有更大影响，成为中小企业生存与发展的一个极为重要的外部环境因素。中小企业与大企业“联姻”可以有两种形式：承包经营和特许经营。

(二)中小企业经营管理的基本制度

中小企业经营管理的基本制度主要有：厂长(经理)负责制和法人治理结构；以岗位责任制为主的经济责任制；民主管理制度和职工代表大会制度；企业职工思想政治工作制度等。

1. 中小企业厂长(经理)负责制和法人治理结构

厂长(经理)负责制和法人治理结构是我国企业的领导体制和管理制度，在没有实行公司制的企业，厂长(经理)在企业经营管理活动中处于决策、指挥的地位。实行厂长(经理)负责制首先要承认厂长(经理)在企业中总负责人的地位，他们对内统一领导，指挥企业经营管理活动，同时对企业经营好坏全权负责；对外代表企业行使法人的权利，履行法人的义务。在公司制企业，建立由股东会、董事会、经理和监事会组成的法人治理结构，董事长一般是公司的法定代表人，总经理根据董事会的具体授权，对公司的日常生产经营管理行使指挥权。

2. 中小企业以岗位责任为主的经济责任制

为了增强企业的活动力，提高广大员工的工作积极性，必须在中小企业内部明确地对每个岗位上每个职工的工作提出要求，建立岗位责任为主的、多种形式的经济责任制。建立这种责任制的基本原则是：责、权、利相结合，职工劳动所得同劳动成果相联系。以岗位责任为主的经济责任制的建立，有利于中小企业切实做到贯彻按劳分配的原则，奖勤罚懒，克服平均主义，不吃“大锅饭”。

3. 中小企业民主管理制度和职工代表大会制度

企业民主管理制度是由职工群众当家作主管理企业的一种基本的制度。在社会主义条件下，实行企业民主管理制度是社会主义社会所决定的。在各种形式的公有制企业中，应该依靠和发挥广大职工主人翁的积极性和创造性。为此，不仅要求中小企业中的各级领导干部和专职管理人员积极发挥应有的作用，而且还要求所有的职工都积极参加企业管理。

职工代表大会制度是企业民主管理的基本形式，因此，应该健全职工代表大会制度，充分发挥工会组织和职工代表在审议企业重大决策，监督行政领导和维护职工合法权益等方面的权利和作用。体现员工的主人翁地位，这也是办好一个现代企业所必不可少的条件之一。

4. 中小企业职工的思想政治工作制度

在企业的一切经济活动中，只有人的积极性、主动性、创造性调动起来了，才能充分发挥物的作用。只有把人管好了，才能把物管好，管理人比管理物更重要。而思想政治工作正是对人实施管理的一种行之有效的传统方式。做好企业职工的思想政治工作，是中小企业经营管理的一个重要组成部分，应该把它作为一种经常性的制度固定下来，把思想政治工作渗透到企业活动的各个环节。这是加强企业经营者管理的坚实基础，是促进企业各项工作发展的必要前提。

(三) 中小企业经营管理的任务

中小企业经营管理的任务是根据市场变化的需要，依据客观经济规律和技术规律，对企业的活动进行计划、组织、指挥、监督、调节和预测，生产出适销的产品。力求以最少的投入获得最大经济效益的产出，保证企业预定目标的实现。具体有以下几个方面的内容：

1. 中小企业应科学合理地组织生产和销售，完成或超额完成企业所承担的任务

按客观经济规律和技术规律，有计划地科学地合理地组织企业的经营管理活动，努力创新产品品种，提高产品质量，增加产品数量，促进企业迅速发展，为国民经济发展作出贡献。中小企业特别要强调为社会提供适销对路、价廉物美的实物产品和劳务产品，满足市场需求，扩大出口。

2. 中小企业应为促进我国科学技术的不断发展服务

中小企业应努力实现我国的科研成果应用于生产，实现企业本身制定的技术发展规划，提高企业的技术水平和劳动生产率，推广科学研究成果和先进技术，这就支持和促进了我国科学技术的进步和发展，为我国科技事业赶超世界先进水平作出贡献。

3. 中小企业努力提高经济效益

通过合理地利用企业的人力、物力、财力等资源，不断提高劳动生产率，使企业中的原材料、燃料、动力的投入减少，降低产品成本，使社会所需要的产出增多，提高企业的经济效益，增加企业的利润，从而能够向国家缴纳更多的税金，为社会主义建设积累资金。

4. 中小企业应培养一支过硬的职工队伍

经常对职工进行前途、理想的教育以及进行文化、科学技术知识的培训，建立起一支思想品质好、业务熟练的管理干部、技术人员队伍和一支作风强、技术硬的工人队伍，这是我国实现四个现代化的最基本的保证。

(四) 中小企业经营管理的基本内容

中小企业经营管理的内容按不同的标准有不同的划分，主要有两种。一种是按照经营

管理的专业性质来划分。这种分类方法比较符合我国企业经营管理的传统习惯和实际，特别是对中小企业较为适宜。另一种是按照现代化经营管理或最新的经营管理的要求来确定。这种方法是中小企业的努力方向。

1. 中小企业按经营管理的专业性质划分

(1)企业管理的组织，包括管理的组织原则和职能机构设置、企业的领导体制、现代企业的组织形式和法人治理、企业管理的规章制度等。

(2)生产过程的管理，包括新建企业地理位置的选择，生产过程结构及其要求、生产过程在空间和时间上的组织、流水生产组织等。

(3)生产管理，包括生产能力的核定、生产计划、产品生产进度计划、在制品管理、产成品管理和日常生产的组织工作等。

(4)质量管理，包括产品质量的种类和技术指标、全面质量管理的内容、ISO9000 标准及其应用等。

(5)劳动工资管理，包括劳动定额和编制定员、劳动组织和劳动保护、企业的工资管理和提高劳动生产率的途径等。

(6)技术管理，包括中小企业的技术进步及其生产技术准备、设备管理、价值工程和提高企业经济效益的技术途径等。

(7)物资管理，包括物资消耗定额和储备定额、物资计划管理、仓库管理、物资的合理利用等。

(8)财务报表分析，包括会计的类别及其要素、财务报表的初步分析、财务报表的高级分析等。

(9)企业外向经营，包括企业的市场经营环境、市场调查与预测、新产品开发、产品定价、企业促销途径、企业的对外贸易、市场营销的组织与控制等。

(10)企业诊断，包括诊断的概念和意义、原则和方法、诊断者的条件与对经营管理者诊断、企业诊断的程序及内容等。

2. 中小企业按现代化经营与管理的要求划分

随着生产力的发展和我国企业经营管理水平的普遍提高，中小企业经营管理的内容也应该相应按照现代化经营和最新经营管理的要求来决定。其主要内容为：

(1)经营管理思想的现代化。作为中小企业经营管理者应该牢固地树立竞争观念、创新观念、经济效益观念、市场观念、服务观念、战略观念，牢固树立企业的市场主体地位，既要搞好生产，又要搞好营销，更要重视市场的信息和变化的动向，全心全意地为用户服务，不断加强企业管理，争取经济效益不断提高。

(2)经营管理组织的高效化。即要求企业经营管理的一切活动都要用较少的投入，获得最大的产出，保证产品质量高、产量多、成本低、利润高，获取最大的经济效益。这是整个企业经营管理工作的目的。为实现这一目的，就要根据生产关系要适合生产力、上层建筑要适合经济基础的原理，根据经营方式的灵活性和企业管理的统一性相结合以及集权和分权相结合的原则，建立中小企业的管理体制。简化管理机构和层次，克服事务主义和官僚主义，尽可能实行企业面对面的、及时有效的管理。

(3)经营管理人员专业化。中小企业的经营管理人员应该掌握管理科学，成为精通经营管理的专家，以实现企业生产高效化的目的。美国管理专家认为，搞好工业生产，三分靠技术，七分靠管理。中华人民共和国成立以来，企业经营管理方面的经验教训也可以证明这一点。据统计，每年停产的工厂，有90%是由于管理不善。因此，实现经营管理人员专业化，对中小企业的巩固和发展，具有极其重要的意义。

(4)经营管理方法的科学化。要在科学管理的基础上，使中小企业的各项经营管理工作做到标准化、系统化、准确化、文明化、最优化。在中小企业经营管理的工作中，正确合理解决问题可以分为定性和定量两个方面，定性解决问题就是要把握客观经济规律的方向；定量解决问题就是要引进数学的方法解决问题。

(5)经营管理技术的自动化。中小企业的经营管理采用计算机进行自动化管理。随着生产社会化的发展，由于各种各样的资料、情报、报告、汇总表、总结等信息量急剧增加，大大增加了经营管理人员的工作量。利用计算机进行处理，不仅可以完善中小企业的生产管理和节约劳力，并且能够自动监督、控制生产过程，实现生产过程最优化管理。

(6)经营管理方式的民主化。中小企业经营管理方式应该充分体现发扬民主的要求。因为当劳动者的主人翁地位在企业的各项制度中得到切实的保障，他们的劳动又与自身的物质利益紧密联系起来的时候，劳动者的积极性、智慧和创造力的发挥，是企业用之不竭的动力源泉。

经营管理组织高效化是现代化经营管理的目标；经营管理人员专业化是现代化经营管理的关键；经营管理思想现代化、方法科学化、技术自动化和方式民主化则是现代化经营管理的手段、基础。

二、中小企业进入的行业及定位

(一)中小企业进入行业的概要

1. 中小企业进入行业的重要性及其选择

任何一个企业都存在进入产业定位的问题，中小企业作为一个企业群体，其发展定位准确与否，将直接关系到企业自身和我国整个经济格局。

美国著名管理学家彼得·德鲁克在《管理·任务·责任·实践》一书中曾经指出：“小企业的成功依赖于它在一个小的生态领域中的优先地位。”这就是说，中小企业应当根据自己的特点，选择一些能发挥自己的特长、适合于自身发展的经营领域，并在这一领域处于优先地位。

2. 产业组织结构合理化的原则

合理化的产业组织结构，必须符合以下几个原则，即资源和生产条件充分而又合理利用原则、分工协作和技术进步原则以及经济效益原则。

3. 产业组织结构合理化受制的因素

在一定的历史时期内，产业组织结构的合理与否，从根本上说，会受制于生产力发展的水平。具体地说，这包括人们对自然资源利用的范围和程度，如人们所能加工和制造的商品种类、数量和性能等；劳动者的知识和技能及其构成的发展程度，尤其是从事生产组织管理的劳动者的数量和水平、科学技术的发明创造和应用水平、生产的技术结构、生产的基础设施和交通条件的发展状况、分工协作发展的深度和广度等。为此，中小企业作为一个企业群体，其定位应以与大企业之间的产业分工为导向，以取得经济效益为目标，形成合理产业组织结构，促进国民经济快速、稳定发展。

综上所述，中小企业定位要根据自己的实际情况，充分发挥自身优势，瞄准和进入新、特、专的产业。中小企业适合发展的产业主要是：多品种、多花色、多规格、小批量产品的产业，手工工艺品、传统产品和民族特色产品的产业，电子、机械零部件和无污染或少污染产品等产业。此外，具有实力的中小企业也可向高新技术方向发展。

(二)宜于中小企业进入的行业

台湾学者官俊荣，参考施太莱和莫斯所做的日本、澳大利亚、巴基斯坦等国家的研究成果，参考了 Samhs 所做的关于台湾地区与韩国 20 世纪 70 年代中小企业的研究成果，对各种小企业比大企业活跃的行业作了分析与归纳(见表 4-1)。此表可供欲创办中小企业的人士参阅。

表 4-1　　小企业比大企业活跃的行业

一、原料来源分散 乳品制造、罐头食品、冷冻食品、脱水食品、浸渍食品、食用动植物油脂、磨粉、碾米、制茶、皮革整制、木材干燥及防腐、大理石制品
二、地区性的产品市场 烘焙面点及糖果、杂项食品、木制家具及装饰品、其他非金属家具与装饰品、玻璃及玻璃制品、水泥制品、建筑用黏土制品、金属农具及装饰品、金属建材、铝制品、制冰及冷冻
三、服务性行业 印刷、制版、金属表面处理
四、制程可分割 机械制造修配、金属及木材加工机械制造修配、纺织机械制造修配、食品及化工机械制造修配、矿业及建筑机械制造修配、杂项工业机械制造修配、办公室及家庭用机械制造修配、其他机械制造修配、科学量度及控制设备、钟表制造、医疗器械设备、其他精密器械、金属手工具、金属模具
五、手工制品 珍宝及贵金属制品、毛皮及其制品
六、简单的装配、混合或润饰制程 调味品制造(不含味精)、饲料配制业、针织成衣、其他针织业(不含成衣)、绳缆网毯制造、其他成衣及服饰品(不含成衣)、皮鞋、其他皮革制品、竹制品、木质容器、其他木制品(不含木质容器)、纸容器、其他纸制品、装订业、涂料及油漆、药物、农药、清洁用品、化妆品、其他化学制品、橡胶鞋、其他胶皮制品(不含工业用)、塑胶袋、塑胶日用品、塑胶鞋、塑胶皮制品、其他塑胶制品、体育用品、文具、玩具、工业用橡胶制品、废船解体
七、异质产品且不具规模 成衣制造、制帽业

续表

八、产品市场小 丝纺品、其他丝纺品(不含棉、毛、丝、针织)、出版业、陶瓷品、研磨材料、杂项非金属矿物制品、非铁金属基本工业(不含钢、铝)、铜制品、其他金属制品、其他运输工具、乐器、杂项工业制品、其他化学材料制造业(不含基本化学、石化原料、人造纤维、合成树脂与塑胶)、其他石油及煤制品、杂项电力及电子机械器材

资料来源：仇保兴著：《小企业集群研究》，复旦大学出版社 1999 年版，第 170 页。

(三)我国中小企业涉足的行业归纳分析及选择

根据我国学术界的研究和中小企业实业界的进入行业状态，下面对我国中小企业可进入的行业予以归纳分析。

1. 特色农业

我国许多地区农林产品原料丰富，但加工深度不够。近几年来，政府采取优惠政策和某些组织措施，推动了农业产业化的发展，但是与需要达到的发展高度相比，还有很大的差距。

2. 小商品加工业

与人民生活息息相关的小商品的市场是恒定的，而且在这一领域中多为劳动密集型产品，非常适合中小企业生产。

3. 中小经销行业

经销型行业是指把生产制造型企业生产出来的产品，传递给顾客的经营组织。经销型企业的基本业务，包括为了把商品送到顾客手中所做的任何必要的业务。承担这些经销业务的企业包括货栈、批发商、代理商及零售企业等。

4. 中小服务行业

服务型企业主要是向顾客提供企业人员的技能，而不是出售实物产品。依据服务的复杂程度、服务技能的需要程度以及服务的对象，可以分为一般服务行业、公众和法人专门行业、为企业服务行业、快递和运输仓储服务等行业。

5. 中小高新技术行业

在某些行业，中小企业尤其是小企业在技术创新方面比大企业效率更高、成本更低。美国学者阿科斯专门对 1982 年创新最多的一些行业进行分析，结果显示，在一些行业(如制药、照相设备)大企业的创新活动占优势，而在另一些行业(如计算机、程序控制仪器)中小企业占优势，在一些新兴产业(如计算机)，中小企业的优势尤其明显。美国的几个世界闻名的高科技企业：微软、康柏等都是由名不见经传的高科技企业发展起来的巨无霸企业。我国的高新企业中的一些“明星”，如联想集团、华微电子等也都是从小企业发展起来的。我国各级政府非常鼓励这类企业的发展，在许多地方建有科技工业园等用于孵化这一类的企业。许多掌握了高新技术又胸怀大志的青年投身其中，甚至一些在校尚未毕业的大学生也受到鼓励而加入这支队伍。其中不乏由小企业发展成大企业者。

对于上述各行业，由于各种原因，有的退出，有的进入，相较之下进入大于退出。欲进入者要根据上述分析，结合主观条件和客观环境作出最终的选择和决定。

第二节 中小企业营销管理

【知识阅读】

花卉公司营销转型的启示

在中国，目前就连花卉绿萝都有品牌了，他就是绿航牌绿萝，企业是广州绿萝花卉有限公司，老板是定位圈大名鼎鼎的“程花匠”——程德成先生。

程花匠的花卉公司原来经营500多种花卉，想的是品种全才能多卖货，同当时众多同类的花卉公司没有差异。爱学习的程老板学习了美国营销学者里斯、特劳特的定位理论后醍醐灌顶，开始运用聚焦经营法则，只保留绿萝这单一产品做精做深做透，统统砍掉其余几百种花卉。为什么选择绿萝？第一，绿萝可能是整个花卉品种中销量最大的单品，尤其是办公室花卉中最受欢迎的；第二，目前这个巨大的蓝海市场中还没有品牌，存在“有品类、无品牌”的巨大商机；第三，办公室购买花卉对价格的敏感度低；第四，可能公司在绿萝栽培方面更有技术优势等。因为只聚焦了绿萝，程花匠的绿萝在市场上就更有竞争力更受欢迎，已成为中国绿萝花卉第一品牌，他甚至专门制作了视频《程花匠绿萝之如何浇水》供顾客免费在线观摩使用，当然公司名字也改成了“广州绿萝花卉有限公司”以匹配。

在程花匠聚焦经营绿萝5年后，企业的销售额由50万元提升至2亿多元，净利润达60%，被调侃为：操种花的心，赚白粉的钱。试想，当时程花匠砍掉500多种正常销售的花卉品种时，得需要多大的勇气和魄力啊！如果不是当时的挥刀断臂抉择，也就没有后面的春暖花开、一马平川。

资料来源：李传玖：《连养花的都聚焦了，你还犹豫什么?》，载中国营销传播网：http://www.emkt.com.cn/article/661/66110.html，访问日期：2018年6月7日。

一、中小企业营销管理观念

（一）中小企业的市场营销观念

1. 现代市场营销观念

倡导通过顾客的满足导致企业获取更大的利润，由过去强调销售商品的数量转为强调销售商品的可获利性，因为利润是公司生存的保证。因此，把服务于顾客的需要同保持良好的获利性结合起来，这是中小企业建立市场营销观念的必由之路。

2. 市场营销观念的核心

(1)以顾客为导向是企业运营和计划的主旨。

(2)企业的目标是可获利的销售量，而不仅仅是销售量，更不是不择手段不顾客户的需要的销售量。

(3)市场营销行为要与企业的其他功能保持整体上的协调。这一营销观念的核心把握了企业存在的经济性和社会性，强调实现消费者的需求，从长远的角度获取利润。

3. 中小企业推行现代市场营销观念

(1)必须把市场营销作为中小企业整体组织结构的组成部分，而且要得到足够的重视，而不是虚有其名。

(2)成功地建立和推行现代市场营销观念的中小企业，必须要把注意力着眼于满足消费者的需求和保持中小企业获利的有机结合上，二者不可偏废。

(3)主要管理人员必须以市场为导向，以便保证市场营销观念能够在中小企业中获得成功。

关于中小企业营销的环境可参阅第一章第二节，这里不再讨论。了解营销环境，适应环境的变化，调整营销的策略，是达到营销目标必须做的工作。

(二)中小企业营销管理及应做到的几点

对于中小企业来讲，所谓营销管理主要是指如何利用自身优势，提供比竞争对手更能满足消费者需求的产品或服务，将中小企业现有的各种要素及其想要达到的目标与市场需求有机地结合起来，采取积极可行的有效的措施。中小企业进行营销管理要注意做好以下几点：

1. 重市场中的消费者

营销是中小企业生存的命脉，对营销管理必须全神贯注，持之以恒。具体说来包括几个方面：一是对市场进行认真调查；二是了解消费者的需求点；三是进行有效的引导，即把中小企业的产品特点、优点介绍给消费者，让消费者熟悉该产品、能使用该产品。

2. 量势而共赢

共赢又叫双赢，是指交易双方没有输家。共赢既是营销的原则，也是营销的理念。实现共赢要求中小企业营销人员：首先，决不从交易者身上获取额外收益，该赚多少钱就赚多少钱，一方赚钱，也让对方赚钱或得到实惠。其次，在不影响自己利益的前提下，为他们(经销商、顾客)做点什么。最后，共赢要确保对方所期待的价值。在与顾客订合同时，不要把话说过头。中小企业提供的样品一定让对方接受，顾客提出的合理建议，尽量完善，交货时，使对方满意高兴。

3. 运用虚拟经营

虚拟是凭着信息所实现的网络式的联盟，用来实现企业经营目标的一种经营方式。中小企业要学会这种方式，开拓异地市场，即输出一个品牌，利用当地闲置的劳动力、闲置的厂房设备，就地生产，就地销售，这就是虚拟。

4. 共生与竞争中求发展

共生是和平共处，一起生存。竞争不完全是在一定市场内置对方于死地，更不是在互相搏斗中的两败俱伤。现代竞争的另一面是一种唤醒，是一种相互促进，其结果是相互都能得到发展，即共生。

5. 善造声势

造声势就是要制造一种气氛，诱发人们的购买欲望。造声势必须要先期投入，特别是挤占一个新市场时，更要舍得投入。和路雪冷饮经营者为了打开市场，给每一位经营商都配一个和路雪冰柜；很快和路雪冷饮便进入北京冷饮市场。造声势要抓住其规律性，首先，要抓住一个事件来造声势。其次，要寻找机会，机会来了就要把它抓住。最后，要精心策划。造声势需要精心策划，才有好的效果。

二、中小企业营销策略

(一)专而精策略

1. 专而精策略的含义

专而精策略是根据中小企业规模小、资源有限等情况而制定的一种策略。中小企业实力较弱，往往无法经营多种产品以分散风险，但是可以集中资源通过选择能使企业发挥自身优势的细分市场来进行专业化的经营。这就是中小企业的专而精策略。

2. 专而精策略的作用

采用这种策略对于中小企业有以下两方面的优点：

(1)中小企业可以通过扩大生产批量、提高专业化程度和产品质量，提高规模经济效益，增加收益，在市场上站稳脚跟。

(2)随着需求多样化和专业化程度的提高，大企业也普遍欢迎这些专业化程度高、产品质量好的中小企业为其提供配套产品。从而使中小企业能够逐渐走上以小补大、以专补缺、以精取胜的良性发展道路。

例如，美国国民罐头公司，就是采用这种策略获得成功的中小企业。该公司在美国罐头制造业的大公司纷纷向其他行业找出路的经营形势下，反其道而行之，走上专业化经营的道路。他们卖掉一些无关企业，成为一个只生产罐头的公司。专业化的经营使他们的技术获得提高。产品的品种和质量也得到发展，获得了空前的成功，10 年内其资产由 1. 8 亿美元增长到 10 亿美元。

3. 预防专而精策略可能产生风险的措施

中小企业采用专而精营销策略使其经营目标集中，管理上也比较方便，有利于提高技术，争取有利地位。但是，采用这种策略也给中小企业带来一定的经营风险，因为它们往往过分依赖于某种产品或技术，一旦市场变化、需求下降，就会给中小企业的生存带来威胁。

因此，为了尽量避免经营风险，运用这种策略的中小企业应采取以下措施：

(1)选准目标市场。对于采用这种营销策略的中小企业来，选择目标市场是至关重要的一个环节。中小企业选择目标市场的正确方法是将某一特定的细分市场对企业的要求同企业自身的能力相比较，通过比较，确定能够发挥自己优势的细分市场。

(2)提高企业的产品开发能力，做好产品更新改造工作。任何产品都有自己的寿命周期，因此，中小企业要在自己立足的目标市场上占据预期的份额，必须不断开发出新产品以满足消费者的需求。中小企业开发新产品的途径，一方面依靠自身力量，另一方面可以依靠社会力量，通过与大专院校、科研机构的联合来开发技术、更新产品。

(3)搞好市场销售。采用这种策略的中小企业，一般来说面临的市场或顾客都比较稳定，所以市场营销的重点是：开拓销售渠道、寻求新的顾客、采用适当的价格策略等。

(二)寻觅空隙策略

1. 寻觅空隙策略的含义及特征

(1)寻觅空隙策略是根据中小企业机动灵活、适应性较强的特点而制定的一种营销策略。中小企业应根据“人无我有、人有我优”的原则，通过寻觅市场上的各种空隙，凭借自己快速灵活的优势，一举进入空隙的市场，努力取得成功，这就是寻觅空隙策略。

(2)采用这种营销策略的中小企业所选择的产品一般具有以下一些特征：①产品寿命周期较短，只能在一段时间内予以生产经营；②加工工艺简单，生产周期短，所耗资金少；③被主要竞争对手所忽略；④中小企业自身有充足能力向空白市场提供这种产品。

2. 为确保策略的有效性，应采取的措施

为了确保这种策略的有效性，采用这种营销策略的中小企业在策略实施过程中，还要做好以下几点：

(1)建立一套高效、灵敏、准确的信息系统，因为这种策略的成功在很大程度上取决于市场信息的准确性和及时性。

(2)在组织上要保证决策在实施过程中的有效性，以便决策能够以尽可能快的速度，转化为企业的生产经营活动。

(3)做好市场销售工作，尤其是要搞好企业的推销工作，因为采取这种策略的中小企业所开发的产品往往不为广大消费者所熟悉。因此，企业必须花大力气利用各种手段将产品的有关信息及时传递给消费者。对于中小企业来说，可供选择的推销手段很多，如运用广告、展销会、网络平台等，企业可以根据自己的实际需要来予以选择。

这种策略一般适合于那些刚刚兴办的中小企业，因为这种策略具有较大的过渡性和可塑性，这对其积累资金逐渐扩大规模具有一定的作用。但必须充分认识到，采用这种策略具有较大的不稳定性。经常变更产品，在管理上带来很多不便，对经营带来较大的风险，企业的发展也会受到很大限制。因此，采用这种策略的中小企业发展到一定的规模，具有一定的实力之后，就应该考虑实施战略转移，以便能够保持长远的经营优势，摆脱那种“打一枪换一个地方”的被动局面。

(三)与众相异的策略

1. 与众相异策略含义

与众相异策略是根据中小企业比较容易接近顾客而制定的一种营销策略。中小企业经营的范围窄，比较容易接近顾客，能够通过使企业的产品或服务具有与众不同的特点来吸引消费者，这就是与众相异的策略。

2. 与众相异策略的优点

这种策略一旦建立起来就具有很强的竞争力，因为它能够博得用户的信任，满足用户需要，所以就能比较长远地树立起优势地位，而不被其他企业所替代。尤其是这些经营特色往往与企业大小没有直接关系，中小企业可以在市场上以此与大企业展开竞争。

3. 正确处理相异策略与成本的关系

对于采用这种营销策略的中小企业来说，处理好营销相异特色与成本之间的关系是其关键，因为强调相异特色，一般要以成本提高为代价，如增加设计和研究的开发费用，用高档的原材料等。成本提高对中小企业无疑是一个沉重的负担。中小企业正确处理相异营销特色与成本的关系，必须以下面三个因素为基础：

(1)企业的营销能力。企业是否能够在激烈的市场竞争中长期保住相异营销特色。

(2)成本差距。在与其他企业相比，成本差距较大时，买主就有可能放弃特色因素而重视价格。

(3)市场的发展状况。一般来说当产品达到成熟阶段，消费者对产品的相异营销特色兴趣降低，而转向低价的标准产品。

(四)联合营销策略

1. 联合营销策略的含义

联合营销策略是针对资金薄弱、生产技术水平较差，难以利用规模取得效益的单个中小企业而制定的一种营销策略。中小企业在平等互利的基础上，结成较为紧密的联系，互相取长补短，共同开发市场，从而有利于自己的生存和发展。这就是中小企业的联合营销策略。

2. 联合营销策略的优点

中小企业采用联合营销策略具有十分明显的优点：(1)每个中小企业都有自身的许多优点，也有其不可克服的弱点，单个中小企业在市场中会遇到种种困难和危机。如果把这些各具特色的中小企业联合起来，就能取长补短，克服困难。(2)有利于中小企业利用规模效益。采用这种策略的中小企业可以更有效地利用有限的资金和技术力量，联合起来可获得规模效益。

3. 中小企业联合的方式

采用联合营销策略的中小企业的联合方式大致有以下两类：

(1)松散型的联合。这是企业之间仅局限于生产协作或专业化分工和营销互助的联合，在资金、技术、人员等方面基本独立。采用这种联合方式的中小企业之间彼此约束力不强，比较自由，但不能成为命运共同体，竞争力也不强。

(2)紧密型的联合。这是指企业之间在生产协作或分工、资金和营销方面的联合，如相互持股、互相调剂余缺、建立统一的营销队伍等。参加联合的企业能成为命运共同体，从而可提高竞争力。中小企业选择哪种联合方式，应该视具体情况而定，不能一概而论。

(五)承包营销策略

1. 承包营销策略的含义

承包营销策略是根据中小企业力量单薄、产品单一的厂情而制定的一种策略。中小企业在决定自己的经营方向时，不是着力于开发新产品，而是依附于大企业的生产系统，接受一个或数个大企业的长期固定的定货，来营销产品，成为它们的一个加工承包单位，这就是承包营销策略。采用这种策略的中小企业通常称为“承包企业”或“委托企业”。

2. 承包营销策略的优点

中小企业采用这种策略的优点，在于中小企业能为其长期生存和发展提供一个可靠的基础，尤其是对于实力较弱、企业创办时间不长、有一定的生产能力但尚未形成自己的销售网络的中小企业来说，采用这种策略可以大大减少经营风险。

3. 采用承包营销策略应注意的问题

一般来说，采用这种策略的中小企业所获得的利润水平较低、对大企业依赖性较强、比较被动，这给企业长远发展带来了一些不利影响。因此，中小企业在实施这种策略的同时，还必须注意解决好以下两方面的问题：

(1)与大企业的承包条件。对于承包企业来说，一个十分关键的问题就是确定与大企业的承包条件。这些条件包括：价格、交货期、质量、支付等条件。承包企业在决定承包条件的过程中要尽量争取保持自己的地位，以一种对等的关系来确定承包条件。这一方面需要承包企业注意谈判策略的选用，另一方面还要求承包企业不断增强自身的实力，以争取主动。

(2)企业的长远发展问题。承包企业受大企业制约较强，独立性较差，利润水平相对也比较低，所以，当企业发展到一定规模、具备一定的实力之后，就应考虑实施行业或产品转移，以谋求企业的长远发展。这要求承包企业在进行日常生产的同时，必须注意积累和增强自己的开发能力，提高产品质量，开发新产品，树立信誉，逐渐摆脱大企业的控制，而独立地面对市场，使企业获得发展。

三、中小企业对顾客购买行为与产品管理

(一)客户信任度源于顾客的满意

据有关研究表明，顾客满意度和顾客信任度之间有明显关系。在一份包装类消费品的研究报告中表明，据称44%满意的顾客后来改变购买其他品牌。而另一项调查则显示，丰田公司顾客中有75%的高度满意度，他们表示打算再购买丰田汽车。这表明，对商品质量与价值高度满意的顾客将形成对品牌的偏爱，并对其产生高度信任感。这些顾客中的大多数绝不会轻易转向其他品牌。一般满意的顾客则会有接近半数转向购买其他公司的品牌，而公司业务也将会因此而大量流失。尽管由于对顾客信任的定义不同，很难对这些研究作出精确的比较，但是不容置疑的事实是企业无论大小，都需要培育顾客的信任度。

1. 顾客信任与顾客满意

顾客信任度的建立过程一般为：优质的产品或优良的服务促使顾客对企业或其产品满意；顾客满意能够建立顾客对企业或其品牌的信任；顾客的信任使中小企业提升了市场效力，从而获得稳定的市场占有率和更多发展机会。

顾客的信任主要表现为持续满意和偏爱某个企业或其品牌，经常购买该企业或该品牌的产品或服务。顾客的持续购买由初次购买和以后的重复构成，初次购买主要取决于顾客购买之前对产品的感觉、认知、判断以及对预期价值的评估，重复购买则取决于顾客的信任度。

所谓顾客满意，是指一个人通过对某一产品价值在使用中的感知效果(或结果)比较与他使用之前的预期价值后，所形成的愉悦或失望的感觉状态。如果实际效果低于期望，

顾客就会不太满意或不满意；如果可感知效果与期望相当或较高，顾客就较满意或很满意。

2. 培育顾客对企业的信任度

顾客的初次购买和顾客满意之间存在一定的矛盾性。要让顾客购买，就要促使提高顾客对产品的预期价值。而要让顾客满意并重复购买，就要使顾客的实际体验与其期望效果一致甚至超出，前者要求较高的预期价值，而后者则要求较低的预期价值。这就是追求顾客满意过程中的矛盾。

提高顾客满意和重复购买的举措，是为了提高顾客总价值和降低顾客总成本。中小企业在解决顾客初次购买和重复购买的矛盾时可采取的举措有：

(1)促成顾客初次购买的举措如下：

①营销人员要努力提高顾客对产品的直观感觉的价值。例如，适宜的包装、优良的外观设计和直观的品质感觉，这些会强烈地刺激顾客购买欲望。

②营销人员对产品和服务价值的许诺以及对顾客成本中非货币成本的分析，都应尽可能实事求是，避免夸大其性能和作用。这对促成顾客初次购买和避免在使用中产生失望或不愉快感都是重要和有效的，有助于回头再购。

③根据顾客需要和企业的资源能力，有选择地提高企业产品或服务价值，实实在在地提升满足顾客需要的有效性，既是增多初次购买，又是有利于重复购买的有效方法。

(2)促使顾客重复购买的举措如下：

①真实可靠程度越高，重复购买就越多，反之相反。企业为顾客提供的总价值和总成本的各个部分的真实性和可靠性程度，这对顾客的重复购买影响程度很大。

②销售人员对于那些购买欲望和期望值很高的顾客给予适当的暗示，让顾客知道产品不像其想像的那么好，这既不会影响当前的购买，又会适当降低顾客的期望值。

③销售人员对缺少使用经验的顾客，应针对顾客在使用中可能遇到的麻烦和不当操作，做一些有效的事前提示或示范操作，以避免在使用中出现不必要的失望和不快。

④企业为顾客提供有效的售后服务，特别是一些意料之外的服务，让其有一个意外的惊喜和满足。

⑤企业建立适当的顾客投诉、建议通道，让顾客的不满能及时发泄和解决等。这些都是减少顾客不满、提高满意度，从而促使重复购买的有效方法。

尽管以顾客为中心的公司在寻求并努力提高顾客满意度，但未必追求顾客满意的最大化。从营销学角度看，顾客满意和获取利润都是现代企业追求的目标。但二者是有区别的，顾客满意既是目标，又是实现利润的有效工具，而获取利润则仅是目标而已。只是因为面对激烈的市场竞争，顾客满意和获取利润几乎总是相伴而生的一对孪生物。这是人们常常把顾客满意视为企业目标的原因，但这并不排除获取利润是企业的根本、更深层的目标。精明的企业管理者会努力使二者协调一致，并且通常会将获取利润的目标隐藏起来，而只把顾客满意的目标公众化、公开化，甚至使其家喻户晓。

(二)中小企业要掌握顾客购买行为的决策过程

熟悉顾客购买行为的决策过程，可以促使企业以相对低的成本获得更高的顾客满意度和信任度，营销管理人员只有真正熟悉顾客购买行为的规律和特征，并迎合、适应顾客的要求，才能更有效地满足顾客需求，同时使公司获利。因此，企业需要熟悉目标市场顾客的购买行为决策过程及其影响因素。

1. 消费者购买行为决策过程

消费者对复杂商品的购买行为决策过程大体可分为五个阶段，如图 4-1 所示：

图 4-1 购买行为过程的五个阶段

(1)认识问题的行为。消费者的购买行为是从对问题或需要的认识开始的。需要可以由内部刺激强化，也可由外部刺激引发。强烈的需要会产生强烈的欲望，并引导或迫使人们去寻求解决问题的满足物品或方法。

(2)收集信息的行为。消费者在寻找满足物品时，可能仅凭自己过去的经验，但多数情况下，会通过收集更多相关信息，以便寻找合适的和有效的满足物品或解决途径。

(3)评估可供选择的方案的行为。该阶段是消费者依据自己的需要和经验，综合收集到的有关信息，对各种不同的满足物品或解决方案进行评价的过程。

(4)决策购买的行为。对可选方案进行评估之后，消费者还需要作出进一步的购买决策，即具体购买行为，包括购买地点和供应商的选择的确定；付款方式、购物方式的选择确定；购买时机的选择确定；购买数量的确定等。

(5)购后行为。消费者在购买并消费产品过程中或之后会产生一定程度的购后行为。对所购产品满意以及满意度较高，一般在需要时会继续购买同一品牌产品或从同一供应商那里购买，常常还会推荐亲朋好友购买。如果不满意，在需要时会拒绝购买同一品牌或拒绝从原供应商处购买，甚至会诋毁该品牌。

2. 影响消费者购买行为的主要因素

影响消费者购买行为的主要因素包括社会、文化、个人和心理因素。

(1)社会影响因素。它主要包括参考群体、家庭和社会角色及其地位。其中，一个人的参考群体是指那些直接或间接影响人的看法和行为的群体，主要分为成员群体和理想群体等。参考群体对一个人的行为、生活方式、态度和自我概念有更多的影响，甚至会产生趋同性压力，限制人们对产品和品牌的选择。家庭对购买行为的影响可分为三种——丈夫支配型、妻子支配型和共同支配型。角色与地位对购买行为也有着较为严格或约束性的影响。

(2)文化影响因素。文化因素影响最广泛和最潜移默化。其中包括三个层次，即文化、亚文化和社会阶层，其对购买行为影响的排列由广泛到具体，由远及近。

(3)个人影响因素。消费者购买行为的个人影响因素有：

①年龄和生命周期影响因素，主要可以分为以下阶段：单身阶段、新婚阶段、满巢阶段(有儿女)、空巢(儿女不在身边)阶段和鳏寡(二老缺一)阶段。人们在不同的年龄和生命周期阶段对许多商品的需求和购买行为都有明显差别，如服装和食品等。

②职业影响因素，不同职业的人具有不同的职业需求和相应的购买行为及生活方式。

③经济条件影响因素，主要包括：个人可支配收入(高低、稳定性等)、储蓄与资产、借款能力、对消费与储蓄的个人态度等。

④生活方式影响因素，是一个人在世界观上表现出来的生活兴趣、看法和行为方式。相同的社会阶层甚至相同职业的人们也可能具有不相同的生活方式。

⑤个性自我概念影响因素，个性指一个人所特有的心理特征。个性常常使一个人对其所处环境作出相对一致和持续不断的反应。人们通常用自信、支配、自主、顺从、交际、保守和适应等来描述个性。自我概念是一个人在内心的关于自我评价或认识，他的购买行为或多或少要受到自我概念的影响。

(4)心理影响因素。消费者购买行为的心理影响因素主要有以下过程或阶段：

①动机阶段，人的行为模式通常表现为“需要—动机—行为”。人的需要发展到一定程度会产生动机，动机则驱使人们去寻求某种满足物品或解决方案。动机主要有生理性动机和心理性动机两大类。例如，解渴是生理性动机，而求美则属心理性动机。

②知觉阶段，是人脑对直接作用于感觉器官的当前客观事物整体属性的认知。知觉不但取决于物质刺激物的特征和方式，而且还依赖于知觉的环境背景及知觉人个人的状况，进而影响消费行为。聪明的营销人员会在适当的场合和时机，通过商品、环境及顾客的特征、状态等的组合，使顾客获得一个所期望的知觉。

③学习阶段，人的行为大多是学习的结果。学习和模仿影响其需求行为。

④信念和态度阶段，其中，信念是人们经过较长时间积累形成的对某些事物所特有的思想观念；态度则是一个人对某些事物或观念长期持有的评价、感受和行动倾向。信念和态度会在较长时间内持续影响消费者的购买行为。

四、中小企业市场细分与促销管理

(一)中小企业市场细分的管理

在现实生活中，人们的需求往往各不相同。这种差异性决定了市场存在异类性。市场细分化就是要把一种产品的整个异类性市场，划分为都趋于同类性的细分市场。市场内部既包含了差异性或异类性，也包括了共同性或同类性。市场细分化就是将市场划分为几个需求相同的购买者“次要集团”，使得任何一个“次要集团”都可成为企业所想针对的目标市场。凡在市场细分中，每一次被划分出来的“次要集团”都称为“细分市场”。

1. 市场细分的标准及其分法

根据市场的异类性和同类性的特点，对消费者需求进行细分，就需要一系列的细分标准，运用一定的标准把消费者的需求归纳为若干不同的消费者群体，这个方法称为市场细分的方法。市场细分的标准有很多，下面介绍若干常用标准的细分：

(1)以地理位置为标准的市场细分。地理概念非常宽泛，包括国家或地区、城市或乡村、山区或平原、人口多或少、气候好或坏。这是市场细分的第一种，也是最常见的细分标准。如在化妆品需求方面，城市居民与农村农民、沿海居民与内地居民有明显的不同。

由于气候的差异，我国南方比北方空气湿度高、夏季较长，电扇、电冰箱、冰柜、凉席之类夏季商品的销售量明显高于北方，可见以地理位置为标准，市场可以细分为多种多样，细分出的市场体现了市场的异类性与同类性。

(2)以人文要素为标准的市场细分。人文标准也是细分市场的重要标准之一。人文标准涉及面广，包括顾客的性别、年龄、家庭大小、收入水平、教育程度、民族差异、宗教信仰、职业特点、生活习惯等。其中，按性别细分市场显得突出。如汽车市场，过去是针对家中全体成员设计，没有男用车和女用车之分。但随着妇女就业的增加，妇女拥有汽车的人数愈来愈多。据统计，在新汽车销售总额中，妇女购买占了1/4，因而丰田、通用等汽车公司已小批量推出了妇女专用车，颇受青睐。

(3)以顾客心理状态为标准的市场细分。人们的心理状态直接影响他们的购买趋向和选择。特别是现在，顾客购买商品已经不限于满足基本生活需要，心理因素左右购买行为更显突出。心理因素可以把市场细分的标准体现得很充分。如现今社会由于商品极大丰富，人们对纯天然的物品情有独钟。江苏“芭蕾”珍珠化妆品就是抓住人们这种心理，推出了“太湖珍珠，天下第一”的广告，让人们联想到纯天然太湖珍珠的滋养可人，于是产品销路一直顺畅，竟抢占了“香港第一把交椅”的位置。

(4)以顾客的行为因素为标准的市场细分。行为因素标准是有效地建立细分市场的重要标准之一。企业根据消费者对产品或产品属性的认识、态度、使用或反应等为依据，将消费者划分为不同的群体。一般说来，行为性因素包括购买动机、追求利益、产品使用频率、用户状况、品牌信誉和消费者对营销组合敏感度等。因为这类分法中消费者与产品直接挂钩，故更为直接易行。例如，美国米勒公司通过调查发现，若按使用率对啤酒市场进行细分，啤酒饮用者可细分为轻度饮用者和重度饮用者，而前者人数虽然多，饮用量却只有后者的1/8。他们还发现，重度饮用者有着以下特征：多是蓝领阶层；每天看电视3个小时以上；爱好体育运动。米勒公司决定把目标市场定在重度使用者身上，并果断决定对米勒的“海雷夫”啤酒进行重新定位，重新定位从广告开始。他们首先在电视台特约了一个“米勒天地”的栏目，广告主题变成了“你有多少时间，我们就有多少啤酒”，以吸引那些“啤酒坛子”。广告画面中出现的尽是些激动人心的场面：船员们神情专注地在迷雾中驾驶轮船，年轻人骑着摩托车冲下陡坡，钻井工人奋力止住井喷等。结果“海雷夫”的重新定位战略取得了很大的成功，销量仅次于AB公司的百威啤酒，在美名列第二名。

(5)以顾客所追求的利益为标准的市场细分。它是依照购买者从特定产品/服务中可能得到的利益来细分市场，这是现代营销中取得最大进展的一种市场细分法。如美国一项钟表市场的调查结果发现：大约32%买表人追求的是表价低廉，46%的买主则重视品质一般而经久耐用，只有31%的买主是当做炫耀身份的象征。当时各大钟表公司都倾向于“炫耀地位”的细分市场，他们生产昂贵的手表，宣传其产品所代表的声望，通过珠宝店出售。美国计时公司却决定把它的产品利益放在低价耐用这两个细分市场，推出了它的“Times”手表，通过各类大众化商店出售，销售前景看好，通过这种新的市场细分，没过几年它就成了世界上最大的钟表公司。另外，用户状况、使用频率、品牌信用度都是进行市场细分的重要依据。

2. 市场细分的程序

据研究，市场细分有一定的程度，一般分为三个阶段。

(1)市场细分调查阶段。调研人员与消费者进行非正式的交谈，并将消费者分成若干个专题小组，以便了解他们的动机、态度和行为。在这些项目调查基础上。调研人员将正式的调查表分发给样本消费者，以搜集下列资料：属性及其重要性的等级；品牌知名度和品牌等级；产品使用方式；对产品类别的态度；被调查对象的人文变量、心理变量和宣传媒体变量。

(2)市场细分分析阶段。研究人员用因子分析法分析资料，剔除相关性很大的变量，然后用集群分析法划分出一些差异最大的细分市场。

(3)市场细分阶段。根据消费者不同的态度、行为、人文变量、心理变量和一般消费习惯划分出每个群体。根据主要的不同特征给每个细分市场片命名。例如，根据人们生活方式的划分，快餐业通常有两个潜在的细分市场：方便型和休闲型。在这两个方面，麦当劳都做得很好。针对方便型市场，麦当劳提出"59 秒快速服务"，即从顾客开始点餐到拿着食品离开柜台的标准时间为 59 秒，不得超过 1 分钟。针对休闲型市场，麦当劳对餐厅店堂布置非常讲究，尽量做到让顾客觉得舒适自由。麦当劳努力使顾客把麦当劳作为一个具有独特文化的休闲好去处，以吸引休闲型市场的消费者群体。

3. 有效市场细分的要求

市场细分有许多方法，然而，并不是所有的细分都是有效的。例如，可以根据食盐购买者的头发颜色不同，将他们分为黑色和淡黄色头发的顾客等，但是购买食盐与头发的颜色无关。

(1)市场细分的可衡量性。即用来划分细分市场大小和购买力的特性程度，应该是能够加以测定的。

(2)市场细分的足量性。即细分市场的规模大到足够获利的程度，一个细分市场应该是足够大的同质群体。

(3)市场细分的可接近性。即能有效地到达细分市场并为之服务的程度。

(4)市场细分的差异性。细分市场在观念上能有区别，并且对不同的营销组合因素和方案有不同的反应。

(5)市场细分的可行性。即为服务细分市场，而系统地提出有效计划的可行程度。

只有满足了以上的条件，经过细分所得的细分市场，才能够真正对营销人员具有实际意义，供其进行评估、选择。

4. 确定细分市场的一个分析例证

营销策划者应对感兴趣的细分市场详细地说明其状况。为完成这一工作就需要掌握更多的用于细分的资料，诸如人口统计、心理特征、媒体描述、态度和行为等方面资料。例如，美国营销专家史密斯曾进行过咖啡饮用者利益细分的研究，对产品的 25 种属性的重要性划分等级。然后将这些资料进行要素分析，根据顾客对咖啡的不同需要，划分为不含咖啡因的、含咖啡因的和精研加工的 3 个细分市场，表 4-2 中列出了这 3 个细分市场的一部分特征。

表 4-2　**咖啡细分市场**

项目	细分内容		
市场名称	不含咖啡因	含咖啡因	精研加工
规模	35%	33%	32%
希望获得的不同	不含咖啡因	含咖啡因	冲煮时间较长
利益	勿使我兴奋	提神	非方便包装
	冲煮时间短	方便的包装	不易冲煮
	不致失眠	著名品牌	特殊设备
	浓缩	易冲煮	非浓缩
使用频率	轻度饮用者	中度饮用者	重度饮用者
使用类型	速溶	两种都有	精研加工
使用品牌	桑卡	麦氏	希尔斯·布罗丝
	布瑞门	福尔格	其他所有品牌
	雀巢		
	高彭		
人口特征	老年	一般年龄	年轻人
	鳏寡	离婚者	已婚
	低收入	中等收入	高收入
	少数民族较多	少数民族较多	少数民族较少

各细分市场的人数大致相同，但其所追求的利益、使用频繁度和人口等因素却各异。营销策划者希望多个细分市场都有其独特性。最好是各细分市场不仅要有不同的心理特征，还要有不同的人口和媒体方面的特征。

（二）中小企业促销管理

中小企业的促销管理，主要是对其促销采用的方式和策略的确定及实施的管理。

1. 中小企业常用的促销方式

所谓促销，就是指营销者将有关本企业及产品的信息，通过各种方式传递给消费者和用户，促进其了解、信赖并购买本企业的产品，以达到扩大销售的目的。因此，促销的实质就是营销者和购买者之间的信息沟通。中小企业常用的促销方式主要有：

(1)广告促销，通过各种媒介传递有关企业和产品的信息。

(2)人员推销，派遣推销员面对面地向客户传递信息和说服购买。

(3)营业推广，通过各种灵活的销售方式加深顾客对产品的了解。

(4)公共关系，通过各种公共宣传和活动，改善企业在公众心目中的形象。

2. 中小企业的促销策略

中小企业常用的促销策略包括促销的总策略和具体的促销组合策略。

(1)促销的总策略。中小企业促销的总策略可分为“推动”和“拉引”两种策略。第一，推动策略，是指以中间商为主要促销对象，把产品推进分销渠道，通过批发商和零售商进而推向最终市场。第二，拉引策略，是指以最终消费者为主要促销对象。首先设法引起潜在购买者对产品的需求和兴趣，若获得成功，消费者就会向中间商询购这种产品，中间商看到这种产品需求量大，就转而向生产商定购，这样企业的产品就会顺利地销售出去。

(2)具体促销组合策略。根据企业产品促销的总策略，不同的企业可以根据自己产品、市场和企业目标的不同，采取不同的促销组合，常见的促销组合策略有以下几种：第一，走访式策略。即以人员推销为主，辅以广告宣传。如推销人员带着商品或精美的商品说明书去走访用户。走访式推销在国外被认为是基本不变的推销法则。第二，激发式策略。主要指运用宣传工具，针对不同顾客，介绍商品的不同特色，以激发顾客的购买欲。即通过种种刺激，将顾客潜在的购买欲挖掘出来。第三，信誉式策略。即以公共关系和营业推广为主，如实行商品质量保证、安全保险、实行“三包”、免费试用等活动，使顾客对企业和产品产生一定的信任感，以促进产品销售。第四，示范式策略。即以人员推销和公共关系相结合，通过举办商品展销和商品博览等形式展示商品，并通过推销人员的各种宣传、介绍和演示，以诱发顾客的购买动机。第五，网络式策略。即以营业推广为主，建立和完善分销网点，如各地设立分公司、销售机构或开展联营经销等，构成系统的销售网络，以促使顾客购买。第六，印象式策略，是指以广告宣传为主，通过新颖、独特、富有魅力的广告宣传，使商品在顾客心目中留下深刻的印象，并进一步转化成对商品的兴趣和购买欲望，以促进产品销售。第七，参谋式策略，是指以营业推广和公共关系为主。即除优惠外，热情、坦诚，认真当好顾客的参谋，使顾客放心地购买。

五、中小企业分销渠道的管理

分销渠道管理是企业重要的营销管理之一。公司的产品、市场定位和定价决定着分销渠道设计和管理的选择，而后者又制约着公司的广告促销和销售队伍安排等。

(一)分销渠道的要义

1. 分销渠道的概念

分销渠道是由若干相互依存的组织或机构组成的系统，目的是为促使产品/服务通过交换被顺利转移给终端用户或顾客。

在现代经济中，许多制造商通过或主要通过中间机构，而不是将产品直接出售给终端用户。这些机构大体分为三类：

(1)经销商，包括批发商和零售商。他们买进商品，然后再加价出售。

(2)代理商，包括经纪人、制造商和销售商代理。他们帮助寻找顾客，推介产品并从促成交易中获取佣金，但并不拥有商品所有权；

(3)辅助商，包括运输、仓储公司、银行、广告代理商等。他们提供交易以外必需的服务，如传递商品信息、帮助货物移交等。

2. 分销渠道的作用

大多数消费品制造商和相当部分的产业用品制造商，都在依赖分销系统。利用外部分销系统的原因在于：

(1)可以节省大量资源(资金、人才等)，享受社会分工带来的好处，提高制造商的专业化、竞争力、收益率和分散风险。

(2)可以利用中间机构接近市场，熟悉和接触顾客，掌握其经销能力，提高分销效率。

(3)可以借助众多的分销机构，将产品/服务推向更广泛的市场等。

3. 渠道级数

人们通常用中间机构的级数来表示分销渠道的长度。多级数和长渠道会使系统变得复杂，时间延长，费用增加。因此，没有人喜欢长渠道。但一些因素会迫使公司选择长渠道，如顾客或用户数量多、分布广、购买批量小等。而另一些因素则会限制选择长渠道，甚至要求公司选择最短的渠道，这些因素包括：经营易变质的商品、价贵体重商品或使用维修技术复杂的商品等。图 4-2 为几种不同长度的分销渠道。

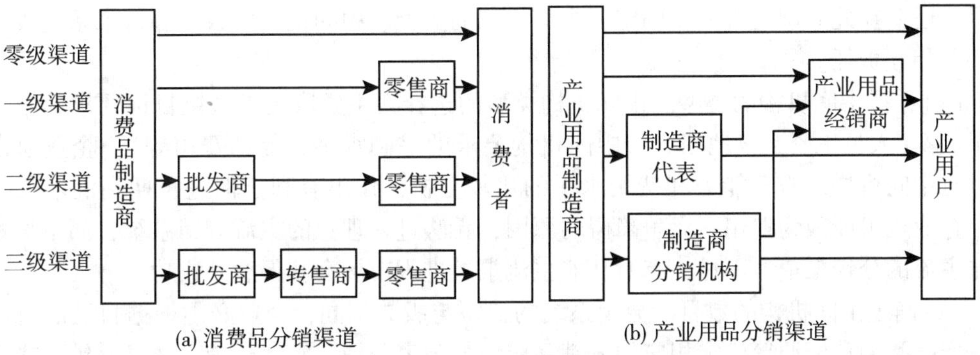

图 4-2　消费品和产业用品分销渠道

如图 4-2 所示，零级渠道，也称直销渠道，是由制造商直接将产品卖给消费者或产业用户。直接销售的方式有上门推销、家庭展示会、邮购、电子营销、电视直销和制造商自设商店等。采用直接销售的产业用品明显多于消费品。

一级渠道，包括一个中间商，如零售商或产业用品经销商。二级渠道，包括两个中间商，如批发商和零售商或类似中间商。其中制造商分销机构主要提供本公司产品，制造商代表则提供多家公司产品。三级渠道，包括三层中间机构，如在大批发商和较小零售商之间加入转售商。

(二)中小企业分销渠道设计决策管理

设计一个分销系统，首先，要确认其目标和功能分配。其次，要识别主要的分销系统，企业还必须对主要的分销系统进行评价。

1. 确认顾客需要和企业分销系统的实用目标

(1)了解目标市场顾客，设计分销系统，首要的是考虑满足顾客需求。理想的分销系统，应当是在其终端(即分销系统与最终用户所有接触点的集合)能够为目标顾客提供合适的分销系统。这个系统可以具体化为顾客需要的适合的产品功能服务(品种、规格、型号等)、适合的销售批量(包装批量、日用品批量变数较大)、适合的供货地点(卖点、店内位置和货架位置等)、适合的销售时间、合适的销售方式(接触、挑选、付款等)和需要的服务支持等。

(2)确定系统的实用目标。最实用的分销系统并不是提供最佳服务的分销系统，而是在提供最大的满足和系统费用最少的分销系统之间作出选择。还应考虑不同细分市场的差异，其实用目标也不尽相同，因此，不同细分市场对分销系统要求的服务水平是不相同的，分销系统实用目标的设计不可能不改变。此外，经济环境对分销系统设计的影响也是需要考虑的，如在市场不景气时，更多倾向于选择较低的系统费用，相反的情况下，则可能选择较高费用的分销系统。

2. 识别和构建主要的分销系统

企业的目标市场或在若干较大的细分市场的各自内部存在一些共性。为此，企业需要设计一种或几种主要的分销系统。一个完整的分销系统在解决系统目标和功能基本分配问题后，还要在此基础上进一步确定：中间机构的类型、中间机构的数目和每个系统成员的条件及相互责任。

(1)选择中间机构的类型。中间机构类型的选择，主要取决于系统目标要求的服务和系统成本(人员工资、场地租金、中间机构要求的毛利水平、促销费用等)。企业通常会通过对中间机构的服务能力和费用水平的比较分析，作出有利于促进长期利润增长的选择。企业也可能因为费用、竞争障碍的原因，无法进入理想的主流分销系统，而不得不选择非主流的分销渠道。不过，有时从非主流渠道进入市场会获得意外成功。

(2)确定中间机构的数目。分销系统的长短与级数不同，企业必须根据自己的目标市场、产品类型和资源等确定相应的分销系统，如独家分销、密集分销、选择分销，或适应自己的分销形式。一般来说，选择分销商数目越多，渠道成本和费用相应较高，控制难度也较大；反之，渠道费用较低，控制难度较小，容易建立较为密切的伙伴关系。

此外，一些新公司，往往从选择分销开始进入市场，随着时间推移，逐渐扩大分销商数目，扩大市场覆盖范围，建立密集分销；或者通过对分销商的考察和筛选，提高对顾客服务的数量和质量，将选择分销过渡到独家分销。

(3)分销渠道成员的条件和责任。关系营销是分销系统管理的重要内容。较为密切的系统成员关系或伙伴关系不单是人员间的感情关系，还存在商人间的利益关系。因此，制造商必须明确每一类系统成员的条件、责任和利益。其中涉及的主要因素包括价格政策、销售条件、地区权利，以及每一方所应提供的具体服务。

①价格政策。要求制造商制定价目表、折扣细目单(价格系统)和促销费用开支的范围、分担的比例及结算方法等，并且确信这些价格和费用分担对分销商、顾客和制造商都是公平的和有一定吸引力的。

②销售条件。是指付款条件和制造商担保。大多数制造商都给予一定的付款期限并对付款较早的分销商给予现金折扣。有的还为分销商提供有关商品质量问题或价格下跌方面的担保。这些条款将减少分销商和顾客的购买风险，有利于刺激购买。

③分销商的地区权利。制造商应该让分销商知道其在哪些地域或行业有销售权，以便其积极销售和避免、减少分销商之间的纠纷。

④双方的服务和责任。制造商还必须与分销商协商确定双方相互提供的服务项目及责任范围，以便减少系统成员之间的摩擦，确保分销系统为顾客提供需要的和满意的服务。

六、中小企业网络销售管理

(一)网络营销的概念

网络营销的概念大多解释为互联网营销(Internet Marketing)或在线营销(Online Marketing)。但问题的关键不在于什么是营销，而在如何理解“网络”营销。网络营销是指通过利用现代信息技术、网络技术和多媒体技术等，使企业在创造和提供顾客价值上，获得在传统营销中所不具有的一些独特优势而开展的电子化营销。

(二)网络营销的管理

1. 网上市场调研的内容

网络营销的前提，在于对网上顾客需求和行为特征的把握，而网上调研则是了解网民的最好方法之一。与传统市场调研相比，网上市场调研具有快速、方便、低费用和准确性较高(网民顾虑少和数据处理优势)等优势。网络调研的另一重要特征，是在多数情况下可以与网上业务同时进行。这使网上调研的作用、效果和时间优势大大加强。

(1)网上调研的主要工具。网上调研的工具主要有：搜索引擎、电子邮件、用户注册、在线监测、销售记录、电子调查问卷、BBS 公告板和网上数据库等。

(2)网上市场调研的方式主要包括：

①了解所需的顾客的信息。互联网的许多工具都可以用来帮助了解企业顾客的分布、特征、需求特点和对企业产品服务的评价等。这主要是从用户注册、来客登记、电子调查问卷和销售记录中获取。

②寻找潜在顾客。一些专用搜索引擎能够在全球、特定区域或行业，帮助公司搜寻到经营企业产品的分销商或需要企业产品/服务的用户。

③测试企业的产品、定价和广告。在互联网上，营销人员可以方便地进行一些测试活动。通过不同的测试项目，营销人员可以判断出哪些是受顾客欢迎或被接受的，哪些应当加强或保留，哪些应当修改或放弃等。

④了解竞争产品和竞争者。在网上收集竞争者信息的途径主要有：访问竞争者网站，跟踪并分析竞争者网上营销策略；利用搜索引擎收集同类产品的有关信息等。例如，微软公司就经常访问 Linux 的网部和 BBS，以获取可能对其构成威胁的有关资料。

⑤网上数据库。营销数据库是网络营销的组成部分，也是网上调研的重要工具。它可以大大减少网上调研的重复劳动，使数据采集规范化，并通过数据处理和挖掘使数据价值被更充分地利用。

(3)网上市场调研主要程序：

①确认调研目的、任务或要解决的问题。如网上客户的购买习惯、主要竞争者的营销

策略动向等。

②确定调查数据来源。如要了解网上客户的购买习惯，可以把公司顾客作为数据来源；可以查询有关的网上数据库；可以利用搜索引擎搜索网上公开发表的相关文献；也可以利用收集到的电子邮件地址对潜在顾客进行问卷调查，或将几种方法结合运用等。

③选择调研工具，进行数据收集查询。

④对获得的数据进行辨认(真伪、准确性和有用性等)、整理和分析处理等。

⑤编制调研报告，提出政策建议等。

2. 网络营销的产品管理

(1)顾客需要是产品设计和提供的出发点。在网络营销中，以顾客为出发点，设计和提供产品，已经成为网络营销的最基本的管理。例如获得巨大成功的戴尔公司，就是通过“客户设计电脑→订单→组装→配送→交付→服务”的模式发展起来的。

(2)网络营销的产品分类。网络营销与传统营销的区别在于是否通过网络发生交易(下订单或签合同)，根据对交易发生的影响方式，可以将网络营销产品大体分为五类。

①信息类产品。

②标准化或质量、品质等容易鉴别的产品。

③价格较低或低价产品。

④高信誉度的供应商提供的定制产品。

⑤技术复杂、价值高昂和某些专用产品。

需要说明的是，上述产品的分类是以顾客初期购买，即顾客对网上的供应商并不熟悉或信任时的分类。随着顾客对供应商信任程度的增加，只有较少的、复杂的、贵重的或专用的产品(设备或系统)，会被排除网上交易(签约)之外。即使这些产品，网上的查询和磋商，也会成网下签约的一部分。

3. 网络营销的定价管理

网络的开放性和信息完全性，使人们对价格的敏感性提高，顾客参与定价和讨价还价的地位有所增强。如某网站提出“网上最低价”承诺，只要顾客查询到更低价格，供应商即按更低价格销售。同时，电子商务和网络营销也为企业降低成本提供了许多有效途径，包括企业内部成本的降低，原材料供应成本的降低，分销渠道和客户关系管理成本的降低等。

低价策略要有效，价格一般应比传统购买渠道低15%左右。经验数据为，网上营销产品价格一般低9%～16%。低几个百分点的价格对顾客的吸引力是极其有限的。此外，定价必须综合考虑顾客的购买成本，如送货费用的支付、等待的时间等。

其他定价策略有：个性化定价策略，如定制营销；需求定价策略，如网上拍卖定价等。

4. 网络营销的广告管理

网络广告，是指在互联网上发布的以数字代码为载体的各种经营性广告。网络广告是最常见的一种网络营销手段，较之传统媒体高额的广告费，网络广告低成本、有效、快捷的优势明显体现出来。在新浪、搜狐等知名门户网站做网络广告已经成为越来越多的中小企业“扬名立万”的一种手段。

网络广告的真实性和可信性将是制约广告效果的最基本的因素，就像网上产品的可信性是制约其销售的关键因素一样。企业应竭尽全力，运用各种技术和方法，促使顾客信任自己的广告，虚假性广告只会损害公司的利益。国家制定和实施适合网络广告特点的广告经营管理法规，包括对虚假和恶意广告的惩处措施等，将有助于净化网络环境，提升网络广告的总体有效性。

5. 网络营销渠道的管理

网络渠道一般指借助互联网技术和信息技术实现由订货、结算到交付和售后服务等一系列相互依存的中间环节组成的系统。

(1)网络渠道的主要功能有订货功能、结算功能和配送功能。其订货功能，通常与上游提供的产品信息和广告连接。一个便利、周到和给顾客更多选择空间的订货系统将有利于增加订货。其结算功能，厂商应更多地从顾客便利安全性要求出发，提供完全的和多种结算方式。主要结算方式有：信用卡、电子货币、网上划款等。其配送功能，可以分为网络配送系统、网络监控的配送系统和传统配送系统。

(2)网络渠道的三种基本模式包括：①企业对企业的模式(B-B，Business to Buiness)。这种模式每次交易量很大，交易次数少，可以同现有的配送系统较好结合。②企业对消费者模式(B-C，Business to Customers)。这种模式的每次交易量小，交易次数多。因网络营销优势尚未充分显现安全、虚假问题，相对发展较为缓慢。③网上拍卖交易(C-C，Customers to Customers)。

企业选择网络渠道应结合顾客特点和产品特性，充分挖掘和利用网络渠道低成本的潜能，尽可能借助渠道(包括传统渠道)来降低顾客购物风险，为顾客提供方便、安全的订货和结算服务。让顾客清楚了解与公司业务流程一致的订货、结算和交付过程，并作出负责任的适度承诺，有助于减少顾客对网上购物的顾虑。

6. 网络营销的服务管理

网络营销中的服务，可分为以服务为主体的服务产品和以产品为主体用于支持产品的服务两大类。后者简称产品支持性服务，其实质是利用现代信息技术提高产品的附加值。通过网络营销，企业有能力向顾客提供成本更低、效率更高和对顾客更为有效的产品支持性服务。

第三节　中小企业的产品/服务定价与信用销售管理

【知识阅读】

法林百货的“自动降价”

美国波士顿市中心的法林联合百货公司，除了大名“法林联合百货公司”外，还挂着另一个响当当的“法林地下自动降价商店”的招牌。不少经营杂货、百货的商贩都会有疑惑，货物品种多、数量多，很容易积压，存货成本高，现金也无法周转，法林联合百货公司也曾经遇到过此类的难题。不过自从这家百货公司发明出一种独特的定价方式之后，这样的难题便迎刃而解了。

走进这家所谓的“自动降价商店”之后，你会发现，货架上的每一件商品除了标明售价以外，还标着该件商品第一次上架的时间，旁边的告示栏里说明，该件商品按上架陈列的时间自动降价。自动降价的商品大多是中档的，品种齐全，花色繁多，而并不是处理品或次品。陈列的时间越长，价格越低。在这家百货公司中，比如，某件商品陈列了13天还没售出，就会自动降价20%，又过6天，降价50%，再过6天，降价75%。如果该件产品标价为500元，到第13天只能卖400元，到第19天只能卖250元，到第25天只能卖125元。到第25天后，再过6天仍无人购买，就把该件商品从货架上取下来送到慈善机构去了。

许多人会认为法林百货的老板一定是疯了。然而，这却恰恰是法林价格决策的高明之处。其实，在如此的定价手段下，绝大部分顾客在看到自己需要或喜欢的商品时，都会在第一时间买下它，而不是等待价格幅度的降低。因为他们会担心在等待的过程中自己的心爱之物被别人买去或再回来看时它已经和第一次看到的不同。这自然正中法林下怀，法林百货想要不顾客盈门都难。

资料来源：冯立新：《自动降价》，载《企业改革与管理》2013年第12期，第32页。

一、中小企业的产品/服务定价

中小企业在产品/服务定价或者需要变动价格时，需要依据必要的定价条件和确定定价目标及方法。定价也是现代企业最重要的营销举措之一。

(一) 中小企业定价的基础工作

中小企业对定价过程的管理主要包括如图4-3所示的内容和步骤：

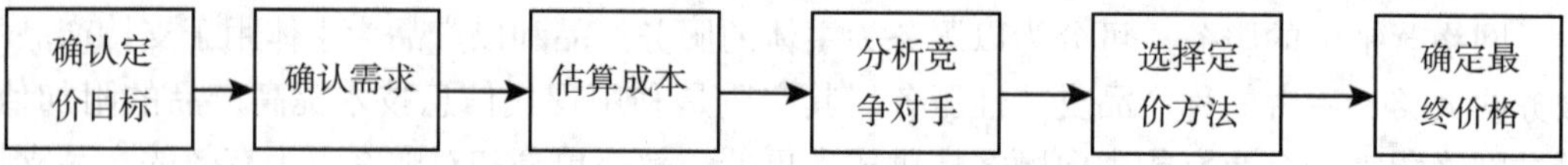

图4-3　管理定价决策

1. 中小企业产品/服务定价必须确认与需求的关系

价格是企业管理需求的重要工具之一，中小企业制定的每一种价格都将引导一个不同的需求量，并由此产生一个不同的销售收益和利润水平。需求对价格的这种响应关系，被称为需求的价格弹性。

一般来说，当某产品属非基本需求、可替代程度高、支出额相对较大或价格认同度较低时，顾客对其价格的敏感程度高。相反，则价格敏感度低。

2. 计算成本对需求变动的响应程度

(1)需求及其特性在很大程度上规定了企业定价的上限。而成本则是定价的底线。产品或服务成本是指产品或服务在生产、流通过程中花费的物质消耗及支付的劳动报酬的总和。产品或服务成本是构成价格的主体部分，相当于用在产品或服务上的全部费用支出。

收回成本，是企业再生产的条件。产品或服务成本一般规定了企业定价的下限。

(2)影响企业定价的主要因素是社会平均成本，而不是个别成本。个别成本是个别企业生产商品所耗费的实际费用。社会平均成本是部门内所有企业生产同种产品所耗费的平均成本(社会必要劳动时间)，又称部门平均成本。个别成本与社会平均成本常常不一致，原因主要在企业资源和经营管理上的差异。个别成本高于社会成本，一般是企业盈利低于同业水平或亏损的主要原因。

(3)固定成本和变动成本。固定成本是总成本中与产销量变动无关的部分，如厂房、设备折旧及一般管理费用等，在短期内它是固定不变的，即不随产销量的变化而变动。变动成本是指总成本中随产销量变动而变动的部分，如用于原材料、动力、计件工资、销售提成等方面支出的费用，它随产销量的变化而变化，也就影响总成本。

(4)产品成本对定价具有制约作用。第一，定价(出厂价)一般不能低于产品成本，否则可能无法盈利。第二，定价主要取决于社会平均成本，因为市场不承认个别成本。因此使企业个别成本不高于社会平均成本，是增加企业盈利和增大定价空间的重要条件。

3. 竞争者成本、价格和提供产品/服务的分析

在由市场需求和成本所决定的可能价格范围内，竞争者的成本、价格和可能的价格反应信息也会帮助企业和营销人员制定一个更有效的价格。价格优势是以成本优势为基础的，为此需要比较企业成本和竞争者的成本。了解竞争者的价格和提供产品或服务的质量，即了解企业是否具有价格优势和非价格竞争优势。为了制定一个有效的价格，企业可能还必须了解顾客对企业和竞争者产品或服务的价格和质量的认知水平，这将直接影响顾客的购买选择。一旦了解了竞争者的成本、价格和产品或服务质量等，企业就能利用它们作为定价的参照物，在定价的上限和下限范围内，为企业产品或服务制定一个更有效的价格。

(二)中小企业产品/服务的定价目标

中小企业在制定价格时，首先要确定定价目标。企业定价目标的确定是指导企业进行价格决策的依据，也是企业进行价格决策的首要过程。

1. 中小企业以利润导向为定价目标

定价决策取决于企业的目标。价格在决定销量和利润决策方面起着重要的作用。有些企业把利润最大化作为主要目标，其定价就会不同于那些把增长作为主要目标的企业。利润是销量和单位产品销售毛利的组合，提高毛利既可以通过提高价格，也可以通过削减成本来实现。推行低价的企业，可以通过严格的成本控制来创造利润，获得竞争优势。对于一个处在产品生命周期投入阶段的产品来说，其价格可以定得高些，当市场供给增多时，可考虑降价。产品生命周期短的产品，如时尚商品，相对来说价格可以定低些，以便在这短暂的销售期中取得大的销售量，或者将价格定得高些，从少量销售中获取利润。重要的是在产品生命周期的中期阶段，收益要大于成本，投资回报要足够多。

(1)中小企业以争取最大利润为目标。不断地获取更大的利润是企业生存及发展的前提条件。因此，获取最大利润也是企业最主要的定价目标之一。企业追求并获得最大利润，通常与较高的价格相关联，但与最高价格并没有必然关联，也就是说，追求最大利润

并不等于追求最高价格，企业利润来自于全部收入扣除全部成本以后的余额，它往往更多地取决于合理价格及由此推动的市场需求量。

(2) 中小企业以确保目标利润为目标。所谓目标利润就是企业在不能实现最大利润目标的时候，经过修改自己的利润目标所规定的具体的利润额或利润率。确保目标利润与争取最大利润的主要区别是，前者的利润目标是具体的，后者没有具体要求。如果企业希望避免与其他企业发生激烈的竞争，或者企业仅希望在市场中求得一席之地，还是放弃利润最大化目标为好。所以，确保目标利润是以企业生存和维持企业稳定为目标的。

(3) 中小企业以投资报酬率为目标。投资报酬率反映着企业的投资效益，一般是指企业投资平均收益的百分比。任何企业对于其投资的资金，都希望获得预期水平的报酬，所以，企业为保证在一定时期内获得预期的报酬，在定价时就要以能达到一定目标为标准，在成本的基础上加上预期的利润。

2. 中小企业以销售导向为定价目标

(1) 中小企业以促进销售额的增长为定价目标。销售量增长与利润变化有一定的关系。一般情况下，销售额的增长会带来一定的规模效益，使成本下降，利润提高。但是，这种情况也不总是存在，当一个企业的成本增加速度超过销售额增长速度时，会引起利润的减少。所以企业在采用销售导向定价目标时，一定要考虑到销售额与利润的辩证关系，在保证总利润增长的情况下，合理确定能促进销售增长的价格。

(2) 中小企业以市场占有率的保持或增加为目标。市场占有率反映着企业在市场竞争中的地位，对企业的生存和发展意义重大。一个企业只有在产品市场逐渐扩大占有率和销售额逐渐增加的情况下，才可能有发展。所以，保持或增加市场占有率，无论是大型企业，还是中小型企业，都是十分重要的目标。一些着眼于未来的企业经理为保持和提高市场占有率，有时不惜降低价格，牺牲眼前的利润，以达到预期的目的。如美国可口可乐公司董事长德拉夫在第二次世界大战时，许诺让每个战区的美国士兵只花 5 美分就可以得到 1 瓶可口可乐，而不考虑最初的销售成本。这一决定使该公司向全世界发售 50 亿瓶可口可乐，极大地占领了市场。

通过低价策略，吸引消费者，扩大销售量，提高市场占有率，企业必须具备一定的前提条件：总成本的增长速度低于总量的增长速度；能够找到产生最大销售量收入的价格与销售量的最佳组合方案，单个商品的生产成本低于同类商品的生产成本等。

3. 中小企业以稳定价格为定价目标

中小企业在市场营销活动中，为了防止价格竞争带来的两败俱伤，或者当企业拥有一个稳定的发展市场，或者是市场供求与价格发生波动的行业，需要有一个稳定的价格来稳定市场时，往往由行业中的大企业或领导企业先制定一个价格，其他企业的价格与之保持一定的比例关系。

企业采取这种目标定价，对大企业来说，是一种比较稳妥的保护政策，可以保证大企业在长期的经营中获得稳定的利润。对于中小企业来说，由于大企业不随意降价，其利润也可以得到保障。而对于那些其市场占有率和利润水平均感到满意的企业来说更容易采用，特别是在市场扩张阶段结束后，由于市场饱和，价格竞争往往得不偿失，为了避免价格竞争的风险，企业一般倾向于采用这种定价目标。

(三) 中小企业产品/服务定价方法

中小企业所定的价格，必定是介于两个极端(一端为低到没有利润的价格，另一端为高到无人问津的价格)之间。图 4-4 综合说明定价的主要考虑因素：产品/服务成本、竞争者价格与替代品价格和消费者感受的产品/服务价值。产品/服务成本是定价的下限，消费者对产品/服务价值的感受是定价的上限。企业必须考虑竞争者的价格及其他内在和外在因素，在两个极端间找到最适当的价格。

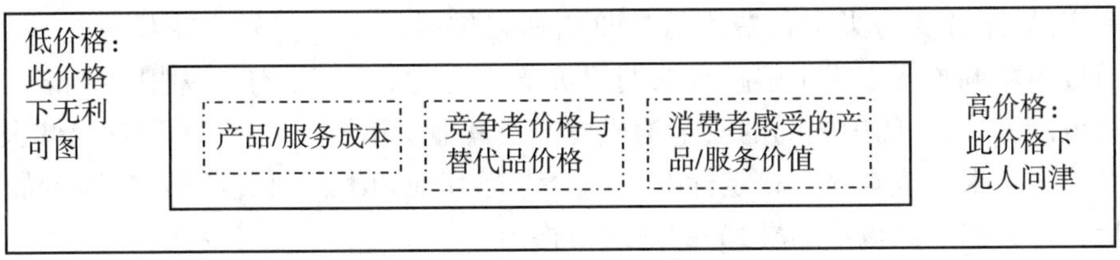

图 4-4　定价主要考虑的三个因素

中小企业选择的定价方法应包含三个考虑因素的一个或几个。一般而言，企业应先选择定价方法，再决定一个最终的价格。这些定价方法包括：

1. 成本导向定价法

(1)成本加利润定价法。它是在单位产品的全部成本上加预期的利润而制定的售价，售价与成本之间的差额，就是利润。例如，某电子企业生产一部小型录放机的单位成本为 100 元，利润为 40%，则这一小型录放机的售价是：100×(1+40%)= 140 元。

这种定价方法，体现了以产品/服务价值为基础来定价的原理，是基本的、普遍的，也是最简单的定价方法，并且计算准确性较高，对买者和卖者来说易于理解和操作。

这种方法的主要缺点是忽视了竞争与市场需求弹性的影响，没有很好考虑市场供求情况的变化对价格的影响，也没有考虑产品经济寿命周期的不同阶段对价格的影响。

(2)损益平衡定价法，也称保本点定价法。它是运用盈亏平衡的原理确定价格的一种方法。即在假定企业生产的产品全部可销的条件下，决定保证企业既不亏损也不盈利的产品最低价格水平。

其计算公式如下：

$$P = \frac{F}{No} + C_v$$

如果考虑税率，则公式为：

$$P = \frac{F + No \times C_v}{No(1 - i\%)}$$

式中：P 为单位产品售价；F 为固定成本；No 为保本点的销售量；C_v 为单位产品变动成本，i 为利率。

损益平衡定价法的主要优点是企业可以在较大范围内，灵活掌握价格水平，且运用较简便。但运用这种定价法时，企业生产的该产品/服务应以能全部销售出去为前提条件，因此，企业应力求在保本点以上定价或扩大销售来取得盈利。

2. 需求导向定价法

需求导向定价法，又称理解价值定价法，它是根据消费者所理解的某种商品/服务的价值，或者说是根据买主的价值观念来制定的产品/服务价格的一种方法。

企业在利用这一方法定价时，主要是利用市场营销组合中的非价格因素向买主进行示范，使他们对商品形成一种较高的意向观念，然后根据这种价值观念制定价格。这种价值模式的形成对产品/服务的价格水平和加快产品/服务市场接纳速度非常重要。例如，某企业计划推出一种新产品/服务，他们首先通过各种展示会向消费者广泛宣传、展示。因为当一种新产品/服务要为买主花费不低的价格所接纳时，卖主首先应花代价让买主理解。然后，通过市场调查等方式了解顾客的期望价格，这是第一步工作，称拟定价格。第二步了解经销该产品/服务的中间商的成本构成情况及其他费用情况，推算出该产品/服务的出厂价格。第三步根据成本这个核定标准，综合考虑其他因素，研究所拟定的产品/服务价格的可接受性，制定出该产品/服务的最终价格。

采用理解价值定价法制定的价格是较为切实可行的。但采用这种方法的最重要一点是对买主的觉察价值要估测得较准确，估测过高，则造成定价过高不适销；估测过低，则会在参照成本核定时觉得无利可图，从而失去市场机会或影响企业的经济效益。

3. 竞争导向定价法

(1)竞争参照定价法。它是指企业在制定价格时，参照竞争对手的价格，并以其为基础，来考虑本企业产品/服务的定价方法。一般有三种形式：

①本企业产品/服务价格同竞争对手的产品/服务价格相同。

②低于竞争对手的定价。这种定价方式旨在维持或提高本企业产品/服务的市场占有率，迅速扩大产品/服务的销售量。这种定价方法的运用条件是竞争对手不会实施价格报复，或者是自己有能力抵御竞争对手可能实施的价格报复。

③高于竞争对手的定价。在竞争对手价格的基础上，提高本企业产品/服务的价格水平，以高价格谋取高利润。这种定价方式采用前提条件是：该产品/服务相对于竞争对手的产品/服务有较为显著的优势；买主愿意付出高出竞争对手产品/服务的价格来购买该产品/服务。

(2)随行就市定价法，又称为流行水准定价。这是竞争导向定价法中被企业广泛接受的最简单的一种定价方法。企业把自己产品/服务的价格保持在同行业平均价格水平之上，实际上，这是按竞争产品/服务现行价或类似价格来定价。这种定价方法容易与同行业和平相处，保持友好的关系，避免激烈的竞争。如果一企业另行定价，它很难对顾客和竞争者的反应作出准确的估计和判断，这就是随行就市定价法流行的原因。

随行就市定价法，并不是说在任何情况下，产品/服务的价格都和竞争者一致。由于生产同一产品/服务的不同企业，内部诸多因素的差异，产品质量、服务水平等不可能完全相同，因此，在产品/服务定价上还是有差别的。有的可以把价格定得高于竞争者，但要使顾客相信“这种产品/服务虽然价格高，但产品质量好、服务好”。有的产品/服务也可以将价格定得低于竞争对手，目的是薄利多销，在大企业的竞争夹缝中求生存和发展。

有些产品/服务，由于在市场上运行时间较长，在顾客心目中形成一种难以变动的惰性价格，卖主也一般不轻易改变其价格。有些产品/服务的成本难以测算，企业往往比照目前市场上的通行价格水平，若市场上需求增大，价格略高于通行价格水平；若市场上需求降低，价格则略低于通行价格水平。

综上所述，现今市场，企业一般采用随行就市定价，这样企业风险小，和其他企业好相处，容易被顾客接受，便于促销，稳定获利。

（四）中小企业产品/服务定价管理

定价管理，就是指企业在特定情况下，依据确定的定价目标和定价方针、价格竞争方式，正确制定价格，直接实现对企业定价目标的整个过程管理。

1. 中小企业新产品/服务定价管理

（1）创新产品/服务的定价管理。企业推出有专利保护的创新产品/服务，其定价可采用市场榨取定价法或市场渗透定价法。

①市场榨取定价法。许多企业在推出有专利保护的创新产品之初，都制定高价格，先从此市场“榨取”相当的收入。宝丽来公司是采用市场榨取定价法的先驱。该公司在首次推出立即成像照相机时，根据其新产品带给消费者的利益超过消费者可能购买的其他产品的利益，定下了最高的价格。宝丽来公司制定的价格，恰好使某一细分市场认为值得购买这种新型照相机。在销售额下降之初，该公司降低价格以吸引下一层对价格敏感的消费者。宝丽来公司在其新产品 Spectra 照相机上也使用了相同的手法，当 Spectra 最初进入市场时，价格高出以前产品的 1 倍，大约 1 年后，公司逐步推出一些较便宜、简单的机型以吸引新的细分市场，就这样，宝丽来公司从不同的细分市场“榨取”了最大的利润。

②市场渗透定价法。有的企业并不采取一开始就制定高价来榨取虽小但有利润的细分市场的方法，而是一开始就以低价格迅速且深入地渗透市场，以便很快地吸引大量的购买者并且赢得较大的市场占有率。德克萨斯仪器公司（TI）就是采用市场渗透定价法的最好实例。TI 建立了大规模工厂来大量制造产品，将价格尽可能定低，攫取较大的市场占有率，以降低成本，同时由于成本降低，价格也再度随之降低。

（2）模仿性新产品/服务的定价管理。决定生产“模仿性新产品”的企业，将面临产品/服务定位的问题，它必须考虑产品/服务的价格与质量定位在何处。图 4-5 指出 9 种可行的价格/质量管理措施。假设目前市场上的领导者生产高质量和高价格的产品，则企业最好不要采取第一种策略，它可以采用高质量中等价格的第二种策略，或者中等质量中等价格的第五种策略等。新加入的企业必须考虑每一种市场的规模、成长率及可能的竞争者。

2. 中小企业产品组合定价管理

假如产品/服务属于产品/服务组合中的一部分时，定价就应当修正。在这种情况下，产品/服务的价格应该以整个产品/服务组合的利润最大为目标，由于各种产品/服务的需求与成本的关系各有不同，而面临的竞争程度也有差异，因此，这种定价相当不容易。

（1）产品线定价管理。一般企业经营的是产品线而不是一项项单一的产品，如斯纳珀公司有几种不同的割草机，从 295. 95 美元、299. 95 美元和 399. 95 美元的简单型到 1000 美元或更贵的可骑式割草机，每一种新增加的割草机都提供了新的特色。在产品线定价中，管理当局必须决定不同割草机的价格差距。

产品质量 \ 价格	高	中	低
高	1 优势措施	2 高价值措施	3 超价值措施
中	4 高价措施	5 中价值措施	6 货真价实措施
低	7 敲榨措施	8 假经济措施	9 经济措施

图 4-5　价格/质量的 9 种营销组合管理措施

在决定价格差距时，必须考虑割草机各机型的成本差距、顾客对不同功能的评价以及竞争者的价格等。如果两种相近机型的价格差距很小，则顾客会买功能较好的机型。如果两种相近机型的价格差距很大时，顾客则会买功能稍差的机型。

许多行业的销售者为其产品线精心设定几个价格点。例如，男装店的时装制定三个价格点——185 美元、285 美元及 385 美元，顾客会认为不同价格水平的时装其质量也有高低之分。因此，即使分属三种价格水平的时装都略为涨价，顾客仍会购买其原来认定价格点的产品，而销售者必须能使顾客感受到产品质量确实不一样，产品价格的不同是合理的。

(2)备选产品定价管理。许多企业销售主产品时也提供备选产品或附属产品，相应采用所谓的备选产品定价。例如，顾客除了购买手机外，还可以向手机公司购买耳机、音响、手机壳等配件。华为公司生产的荣耀系列的产品是对每台手机不附加任何配件的裸机做广告，吸引大家到华为门店进行体验或在线下的天猫旗舰店进行咨询选购。而实际销售时，推销宣传的却是附加配件的套餐手机，每台手机的定价根据附加配件的不同上涨 50 元到 200 元不等。比如华为刚推出的荣耀 10 手机，天猫旗舰店做的促销活动是：加 50 元可以得到 AM115 耳机；加 100 元可以得到炫彩透明壳、AF11L 自拍杆、指环扣；加 200 元可以得到原声 AM17 耳机等。

(3)附属产品定价管理。某些企业生产与主产品一起使用的附属产品，从而采用附属产品定价，例如剃须刀片、照相胶卷和计算机软件。公司通常将主产品(即剃须刀、照相机、计算机)的价格定低，利用附属产品的高定价来增加利润。因此，宝丽来公司的照相机颇为便宜，因为公司靠出售胶卷赚钱，而那些不生产胶卷的照相机制造商要获得同样的利润，必须提高定价。

在服务业中，这种管理叫做两部分定价。服务费可分成固定费用加上可变的使用费率，因此，电话公司每月索取基本费用，再加上超过最低通话次数的费用；游乐场索取入场费，再加上食物费、中途游乐及超过最低乘车次数的费用。服务公司必须决定基本服务费的金额及可变的使用费率。固定的费用应该要低到足以吸引人来使用其服务，如此一来便能从可变使用费用中获取利润。

(4)副产品定价管理。在生产肉制品、石油制品、化学制品及其他制品时，常会有副产品，如果副产品毫无价值且处理成本甚高，将会影响主产品的定价。采用副产品定价时，制造商会想办法找寻副产品的市场，只要价格高于储存与运输成本，就可以出售。这有助于降低主要产品的价格，加强竞争能力。

(5)产品组合定价管理。采用产品组合定价时，销售者常组合数种他们的产品并制定较低的价格。因此，戏院和球类俱乐部销售一种价格比单张票的成本低的季节票；旅馆销售包括房间费、餐费和娱乐费在内的特别价；汽车公司以诱人的各种价格组合进行销售。组合定价能促使消费者买本来不可能买的产品，但是，组合价格必须低得足以吸引顾客来购买此产品组合。

(五)中小企业价格调整管理

产品的基本价格确定后，企业还必须根据市场变化，随时对基本价格进行调整，以达到营销目标的要求，价格调整管理主要包括折扣定价、差别定价和心理定价。

1. 中小企业折扣定价管理

企业在市场营销活动中，为了促进销售者或顾客更多地销售和购买本企业的产品，往往根据交易数量、交易地点、付款方式等不同，在价格上给销售者或顾客一定的折扣。其主要形式有：

(1)数量折扣。它是指卖方为了刺激顾客大量购买，对达到一定数量的，在价格上给予某种程度的折扣，购买数量越大，折扣越大。数量折扣一般分累积数量折扣和一次性的数量折扣。

(2)提前付款折扣。它是指卖主向那些能够快速付款的客户提供的一种折扣。卖者总希望买者尽快付款，否则欠款时间越长，就有可能变为呆账。鉴于这些原因，多数企业认为，如能得到快速付款，即使付出一定代价也是合算的。

(3)季节折扣。它是生产季节产品的企业为刺激经销商和顾客在淡季购买欲望，实行的季节性价格折扣。生产季节性产品的企业实行季节折扣，可以减少季节差别对企业生产经营活动的不利影响，有利于企业进行均衡生产，充分利用企业的设备、人力等资源，减少资金积压和保管费用，使淡季不淡，提高经济效益。例如生产电风扇、四季时装的企业，就可以在淡季为订货的商业企业提供较大折扣，降低生产企业的储存成本。商业企业如能把生产企业提供的季节折扣再提供给消费者，也会在淡季获得更高的销售额。

(4)交易折扣。它是生产企业根据各类中间商在市场营销中担负的功能不同而给予不同折扣，是生产企业对批发商或零售商给予销售其产品时所付出的劳动报酬，一般给予批发商的折扣大于零售商的折扣。

2. 中小企业心理定价管理

心理定价主要用于零售环节，它是根据心理学研究消费者购买商品的心理规律来制定价格的。在零售环节中，商品的定价主要是面对消费者，因此，要掌握消费者心理特点，要适应消费者购买商品的心理变化要求，进行灵活定价。可供企业选择的心理定价主要有下几种：

(1)奇零定价。奇零定价是指保留价格尾数，采用零头的标价。商业心理学认为，一般人们在发生购买行为时，往往心理上会出现一种错觉，误认为奇数比偶数小或带有小数点的比整数小，以奇数或带有小数点的数定价似乎便宜或更精确。经济学家曾做过调查，价格尾数的微小差别，产生的效果是不同的。商品在 5 元以下，末位数是“98”或“99”定价最畅销。消费者之所以会接受这种价格，是因为奇零价格会给消费者一种经过认真计算且最低价格的心理感觉。如一瓶香水定价不是 1 元，而是 0.97 元，顾客便认为是几毛钱的商品，而不是“元”的概念。如果是 1.07 元，则是 1 元以上的商品了，其实前后两种价格相差无几，但在消费者心理上的差距却相当悬殊。所以，作为价格的制定者，一定要掌握顾客的消费心理，制定出能够刺激消费的微妙价格。

(2)整数定价。它是指企业有意识地把商品的零售价不留有零头，而定为整数。其用意是为了增强价格的明朗性，给消费者一种“好货不便宜”的感觉。如一件首饰定价 100 元，可能比定价 95 元或 98 元好销；一台彩色电视机定价 3500 元，可能比定价 2491.5 元更抢手，因为有能力购买这类商品的消费者，并不在乎多出 5 元、10 元，而在于希望得到心理上的满足。

整数定价一般适用于一些高质量的名牌产品或顾客不太了解的新产品，尤其是一些高级消费品和礼品。这些产品采用这种价格，往往会使消费者感到进入更高级的价目中，可以满足其自尊心理的需要，同时，对于一些新产品或消费者不太熟悉的商品，消费者往往以价格为辨别商品质量的指示器。根据消费者这种心理，采用整数价格有利于增进产品的信任感和知名度，因而便于销售，开拓市场。

(3)声誉定价。它是根据商品在消费者心目中的声誉，为保持或提高商品在消费者心目中的形象，从声誉出发制定的高价格。

在日常生活中，人们往往认为声誉高的商品其质量也高。同样的一种商品，如果在有声誉的商店以高价出售，就会被消费者当作质量高的商品而争相购买；如果在没有声誉的商店以低价出售，就会被消费者看作是质量差的商品而持观望态度。此外，消费者还常常把商品的“高档”、“中档”和“低档”作为衡量商品好坏的一种指示器，因而，在优势前提下，高价往往能形成一个极好的质量形象。由此可见，声誉定价实质上就是以高价比低价更容易出售为依据，通过提高商品价格来提高商品声誉，从而获得更大利润。例如，照相机、高级礼品、家用电器和高级玉雕等高级工艺品，以及文物古玩、字画等购买次数少的商品，采用声誉定价，一般都会产生良好效果。

(4)炫耀定价。炫耀定价首先可以显示商品的档次。例如，某地一家商店橱窗里陈列着一双女式高跟鞋，鞋上共镶了 484 颗圆钻石、50 颗方钻石，共重 32.83 克，分布在鞋面与鞋跟两旁，而且还镶了白金，标价 30 万港元。商店老板陈列这双名贵四脚蛇皮女鞋的动机是想标新立异，抬高商店档次，以招徕顾客。其次，炫耀定价还可以满足高收入阶层消费者炫耀身份、显示地位的心理，对这部分顾客来讲，购买商品只求中意、豪华、档次、时髦、名牌，价格再高也是无所谓的。

二、中小企业信用销售管理

激烈的市场竞争使厂商在销售中，为了维持和扩大市场份额必须经常向顾客提供信用，信用是指买卖双方就买方以延期支付方式购买产品或服务所达成的协议。对企业而言，信用管理和定价关系密切，它不仅会影响企业的收益和现金周转，而且会影响销售数量和市场份额，是企业重要的促销手段。

(一)信用销售的商业价值

在信用销售中，厂商在得到购买者延期付款的承诺后，将商品或服务转让给购买者。对厂商来说向买主提供信用的主要原因是扩大产品销量，即买货后付款来鼓励顾客提前买和多买。事实上，大多数厂商都会积极地向顾客或潜在顾客推荐这种信用买卖。

(二)信用销售的类型

信用销售类型主要有两类：消费者信用和商业信用。消费者信用指由零售商向购买个人或家庭消费品的顾客提供的信用。中小企业有时也利用消费者信用来购买企业使用的设备和用品。商业信用是由非金融性公司，如生产商和批发商提供给买其产品的其他厂商的信用。消费者信用和商业信用的区别在于：信用票据的使用类型、资金来源、销售方式的不同，以及商业信用通常可以得到信用保险。

1. 消费者信用

它的主要类型有未结算账目信用、分期付款信用和信用卡等。其他消费者信用大多为这些主要类型的衍生形式。

(1)未结算账目信用。在使用未结算账目信用或服务以汇票形式付款，而汇票是有一定期限的。如果顾客在汇票的有效期限内付清了所有欠账，企业一般会免收财务费用。顾客一般不需要付定金或者提高抵押的。许多企业单位或个人的“签单”即属未结算账目信用。

(2)分期付款信用。它是顾客长期信用的一种方式。公司在使用分期付款信用时，要求顾客提供定金。付款期限一般为12~36个月，但是汽车经销商经常提供60个月的延期付款期限。在销售汽车、洗衣机和电视机这样的大件商品时，分期付款往往成为有效的促销手段。

(3)信用卡。信用卡有时也被称作“塑料货币”，信用卡主要用于零售信用。信用卡的提供者往往规定一个用户一定的透支(信用)额度。根据信用卡的主办单位不同，可以将信用卡分为3种基本类型：银行信用卡、娱乐信用卡和零售商信用卡。

2. 商业信用

企业可能会根据具体的销售条件来出售商品，例如企业将其信用销售条件规定为：买主在发票日期起的10天内付清货款，将得到2%的折扣；如未能在10天内付清，那么，买主必须在30天内付清全额发票货款，根据这些条件，一个购买者在发票日期10天之内将获得相当于购买金额的商业信用。

商业信用的销售条件依赖于所售商品、购买者和销售者的情况以及所处的竞争环境而有所不同。信用期限经常随着购买者资金周转周期的时间长短而变化，而购买者资金周转周期由所购买商品的类型而定。如购买者的个人条件相同，那么订单越大，购买者信用等级就越高，厂商所提供的销售条件就越优越，厂商的经济实力越强，流动资金流动性越强，其所提供的销售条件就越宽松。信用销售不仅是由厂商提供给购买者的一笔货款，常常也是一种价格优惠。而不提供信用或信用条件较差的厂商，其产品对买主的魅力自然就会减少。

(三)影响信用选择的因素

1. 在许多行业中信用销售已成为商业惯例

信用销售是一种具有风险的商业行为。中小企业可以通过接受顾客携带的信用卡，而不是向顾客提供他们自己的信用卡来转移或者减少风险或避免了对信用管理及为此支出的成本。在多数情况下，即使向信用卡发行者缴纳一定的费用，也会比管理自己独立信用系统的费用，包括坏账、迟付等的成本要小。

2. 影响企业经理选择信用的因素

影响企业经理选择信用的因素主要有：企业类型、竞争对手的信用政策、顾客的收入水平和企业可用的流动资本数量。

(四)信用销售过程的管理

企业对信用销售过程的管理，应当从对信用提供对象的评估开始，包括信用销售的整个过程。

1. 对顾客信用的评估

(1)对大多数零售商来说，信用分析的第一步是让顾客填写信用申请表。该表所包含的信息是分析申请人信贷价值的基础。由于在决定顾客的信用额度时，最关键的因素是其偿还能力，所以对顾客的经济来源、负债情况、收入水平进行评估是十分重要的。对顾客所要求的信用数量也应该进行仔细的考虑。通常药店的顾客需要小额信用，但是，批发商和生产商的顾客就需要大额的信用系列。在分期付款的情况下，信用的数量不能超过卖出商品的收回价值，例如住宅和汽车。

(2)对申请人信用状况的评估，必须包括以下 4 个问题并能作出肯定的回答：顾客支付能力评估、顾客以往评估、顾客信用等级评估，如果该顾客不按时还账，能否强制其偿还欠款。

在对申请人信用状况进行评价时，还必须确定顾客不支付欠账的风险有多大。对偿还能力的评估通常是根据信用的 5C 原则来进行的，即性格(character)、资金(capital)、能力(capacity)、环境(conditions)和抵押品(collateral)。

正确评估顾客信用是信用过程管理的重要内容，在很大程度上依赖于对顾客信用资料的收集和利用，因此对顾客以前信用记录的收集十分重要。顾客信用记录资料可以从企业以往的信用或销售记录、专门的顾客信用资料提供商、顾客的结算银行和商业客户公开发布的公司财政报告等来源获得。中小企业也可以通过和其他的经销商相互交换信用数据来获得。由于这样的信用交换可获得销售和付款经验，这对中小企业如何对待自己的顾客和信用申请很有帮助。此外，企业信用等级评估机构、抵押公司及其公开发布的资料，也是顾客信用资料获得的重要来源。

2. 应收账款账龄分析

应收账款账龄分析表是信用管理的重要工具，对现有顾客信用状况的评估尤其重要。

应收账龄分析表一般包括顾客信用的次数、数额，按时付款的次数、数额，未能按时付款的次数、数额，延付期限以及坏账的数量、次数等数据。运用应收账款账龄分析表，根据欠账时间长短和数额的大小，可对顾客信用状况进行分类，以便对信用过程进行有效管理，减少坏账和其他信用风险。

3. 开账、收账程序及其分析

(1)要想有效地管理信用销售的过程，企业必须建立必要的账单记录和收账程序。账单记录是企业适时执行收账程序的依据。收账程序包括在顾客应付欠款发生后的核实与提示、到期前提醒和超期时的告知以及利弊陈述等，及其在超过期限后决定是否将欠账交给律师或专门的收账公司处理等。在收回超期账款中最有效的措施可能是提醒顾客他的信用等级可能会受到影响。如果将账目移交给一个收账公司，顾客的信用等级当然要受到影响了，拖欠账务的顾客一般都尽量避免使自己的信用等级受到损害，尤其是当这会传遍整个商业圈时。经销商的各种收账努力应以顾客的这种心理为基础。

(2)中小企业在与拖欠账务的顾客打交道时应富有同情心。收账方式太具威胁性不但可能不起作用，而且可能会使你失去这位顾客或者受到法律起诉。中小企业也可以使用不同的比率来控制和信用销量相关的花费，使用最多的花费比是坏账率，即用企业的坏账总额除以总的信用销售额所得出的数值。坏账率反映了公司的信用政策和信用过程的效率。因此，中小企业可以将自己的信用管理的有效性和其他企业特别是同类企业进行对比。坏账率同利润以及企业的规模之间存在着某种关系，利润低的零售商的坏账率要比利润高的零售商的坏账率高得多。

第四节　中小企业进入国际市场的管理实务

【知识阅读】

森泰实现国际化之路

安徽森泰塑木新材料有限公司是一家主要生产“户外用竹塑环保复合型材”系列产品的中小型民营企业。在企业成立之初，森泰人便秉承“品质铸就成功，诚信开创未来”的经营理念，倡导创新环保，坚持求真务实，不断开拓创新。

受美国次贷危机的影响，各国都降低了对木材的需求，反之寻找木材的替代品——塑木。一方面塑木的价格相对木材来说比较便宜，另一方面其寿命长且环保，企业自然顺应市场的需求扩大生产。塑木行业中，日本的同类产品质量不错，但是成本过高，所以很多日本厂商更愿意从中国进口，同时，各国对木材的限制出口也增加了对塑木的需求。森泰意识到这一机遇与挑战并存之点，抓住机遇，险中求胜，走上了打开国际市场的道路。

1. 到各国参加展销会

从森泰公司起步到现在，作为逐步成长的中小企业，到各国参加展销会一直是森泰公司展示其产品和技术、拓展渠道、促进销售、传播品牌而打入国际市场的敲门砖。塑木是近些年才逐渐成熟的行业，很多厂商并不了解塑木的优越性能。通过展销会，森泰公司在推广产品的同时，可结识更多合作厂商，不断挖掘潜在客户。

2. 赞助国际大型活动

让更多的客户了解公司是打开国际市场的关键，通过赞助活动增强了广告的说服力和影响力，以赞助大型活动作为产品宣传的载体，使公众获益，也让更多的客户了解公司。

3. 积极开展电子商务建设

在计算机与网络时代，尤其是电子商务极其繁荣的今天，企业的长远发展离不开高端的网络传输技术。网络营销不仅成本低廉，而且互联网使企业和客户沟通更加容易。森泰公司通过互联网展示自己的产品，介绍其功能，演示产品使用，还可以让消费者参与产品的设计。

目前，森泰公司已成为中国塑木业的领军品牌，出口 86 个国家和地区，并享誉海内外市场。

资料来源：张金华、徐冰倩、徐潇：《中小企业进入国际市场路径的案例研究》，载《当代经济》2013 年第 1 期，第 44~46 页。

一、国际化是中小企业发展的重要路径

（一）国际化有利于中小企业技术转型

每一个国家和地区，从农业社会发展到工业社会的最初过程中，存在着大量的中小企业，并以劳动密集型产业为主，这是客观现象。但是工业化发展到一定阶段之后，随着社会经济水平的提高，产业结构就由劳动密集型为主，发展到以资本与技术密集型为主。我国实行改革开放以来，中小企业得到了迅速发展，但发展到一定程度之后，由于国内经济环境发生了变化，企业面对的是，因原材料紧缺促使其价格上升，劳动力价格和地价也上涨，生产和生活水平的提高要求产品更加优质和多样，对防治环境污染的要求更严格等。这就要求企业包含中小企业生产技术层次更高，经营管理更加科学化、制度化、法制化。为此，中小企业可通过与外商合资经营或技术合作予以应对。这样既增加了资金来源，提高了生产技术，又可获得先进管理经验，这将极大地促进中小企业的技术升级和发展，使其档次和水平得到提高。

（二）中小企业发展的重要路径之一是国际化

中小企业数量众多，不仅在创造就业和吸纳科技成果方面潜力巨大，而且在国际合作方面也如此。新世纪初始，经济全球化、贸易及投资自由化等因素将为中小企业进入国际市场带来新的机遇。当前世界倡导开放，社会生产的专业化程度越来越高，全世界正形成统一的国际市场，任何国家的发展都离不开这个市场。面对世界市场的范围不断扩大和发达国家不断向发展中国家进行经济渗透和扩张，包括中小企业在内的我国企业要在日趋激烈的竞争中求得生存和发展，除了在国内市场上发挥自己的竞争优势外，还要勇于走出国门，积极参与国际市场竞争，并占有自己的一席之地。无论在大型跨国公司云集的欧美，

还是在亚非拉，中小企业拓展国际市场既成为企业自身发展的战略目标，又是政府和非政府组织的政策促进目标。

二、中小企业国际化中可进入的市场

国际市场所需要的我国产品，主要是一些轻工产品、食品及小机电等，中小企业只要认真研究分析国际市场的需要，并抓住时机，就能够进入国际市场，取得满意的经济效益。从中小企业自身情况来看，中小企业在走国际化之路时应抓住以下市场。

(一)中小企业要重视传统手工产品的出口

我国不少传统手工产品，在国际市场上都是十分受欢迎的。如布鞋、贝雕、工艺绣花、藤编等手工产品，在国际市场上早就享有盛名，并取得可观的经济效益。因此，要进一步挖掘其出口创汇的潜力，想方设法发挥其在国际市场上的竞争优势。特别是中小企业和偏远地区的企业，更要从自身的实际情况出发，利用当地的资源、技术优势，把传统手工产品的出口创汇作为自己发展外贸生产经营的一个着力点。

(二)中小企业要强化具有浓郁中华民族特色的工艺美术精品、珍品的出口

长期以来，中华民族的许多工艺美术产品在国际市场上具有较好的销路。近年来，国际手工艺术品市场趋向于精品珍品，而大众化的手工艺术品销路都不太理想。因此，中小企业就应针对市场需求，强化研制出口精品珍品，作为扩大外贸、增加创汇的一条战略措施，使一些精品珍品源源不断地销往国际市场。

(三)中小企业要抓住中档商品市场

当前，在发展外贸生产经营中，总有一些企业把眼光只盯在研制“高、精、尖”新产品上，对一般技术级别的中、低档产品，则认为竞争力不强，往往不予重视。这对于那些技术不高的企业来说，常常是欲成而不成。其实，从我国目前出口产品结构在国际市场所居的位置以及外国消费者的不同需求来看，许多中档产品仍是我国企业出口创汇的一大优势，如我国不少中档机械产品质量稳定，价格合理，比较畅销。由于一些经济发达国家的企业往往生产经营技术含量高的新一代机械产品，而在这些国家的市场上，对中档机械产品仍有一定需求。因此，便从国际市场上进口，而我国机电企业生产的中档产品便占据了比较优势，是它们理想的进口对象。同时，相对于发展中国家，我国生产的中档机械产品比较符合其技术渐次进步的发展要求，比较适宜于他们引进、消化、吸收的要求，更便于其掌握使用。可见，中小企业应抓住这一市场，积极扩大出口。

(四)中小企业要抓住小商品的大市场

有些商品虽小，但在国际市场需求量却很大。为此，中小企业应重视小商品的出口创汇，实现薄利产品而利不薄的经营目标，使大小商品出口同步增长，创汇效益逐年增加，对外贸易持续发展。

三、中小企业进入国际市场的主要途径

中小企业应利用目前国际市场一体化和我国改革开放的有利政策，充分发挥自身优势，想方设法进入国际市场。

(一)中小企业应通过技术创新，生产优质商品进入国际市场

在开拓国际市场中，中小企业必须善于把握市场机会，实施技术创新，生产优质商品。因为国际市场竞争激烈，优质名牌产品居多，高质量的产品是企业进入国际市场的先决条件。中小企业应狠抓技术基础工作，健全质量保证体系，不断提高产品质量，注重产品升级创优和新产品开发，使自己的产品在国际市场上畅销不衰。

(二)我国应积极吸引外资，大力兴办中外合资企业来开拓国际市场

国内企业通过吸收外资，引进国外先进技术和管理经验，创办合资企业，是产品进入国际市场的一条良好途径。中小企业应善于吸引外资，促进产品出口。

(三)中小企业通过联合进入国际市场

中小企业联合是企业为了在规模和销售上获得增长或增加规模经济分担风险，与其他企业实行某种形式的联合，以加强或保护企业的基本业务，防止竞争对手进入企业的经营领域，改变企业的经营组合。主要类型有：纵向联合(与上下游企业的联合)；横向联合(与同一领域的企业联合)；同心型联合(分处不同行业的两个企业在共同经营主线支配下的联合)；非相关多种经营式联合。我国中小企业采取联合策略，能够最大限度地弥补单个企业的劣势，通过优势互补来增强竞争能力。这就可以运用中小企业集群跨国经营理论，由全国性或地区性行业协会组成资源共享的信息平台，组织业务关联的中小企业拓展海外市场。

(四)中小企业借助政府优惠政策把自己推向国际市场

我国政府在产业导向、地区政策、外汇政策、金融政策等方面，先后制定出台了一系列促进政策，将对缺乏跨国投资经验和资金实力的中小企业提供有力的支持。为支持中小企业开拓国际市场，我国政府主管部门正在逐步加大支持中小企业开拓国际市场的力度，包括支持中小企业进行市场考察、出国参展、进行质量认证、注册商标和专利、人才培训等。同时，我国政府还在促进外经贸业务发展的信息服务体系建设方面逐步实现系统化和普遍化，国内所有企业都可以获得国际市场的相关信息。对于经济落后地区的中小企业，我国政府还将予以专项支持。为弥补中小企业普遍存在的技术研发投资的匮乏，我国政府还设立了科技型中小企业技术创新基金，鼓励和支持科技型中小企业的技术研发和创新活动。

(五)中小企业开展边境贸易进入国际市场

边境贸易也是国际贸易的一种。它主要通过易货的形式将产品打入对方市场，再换回

本国市场所需要的产品。目前，在中俄、中蒙、中越等地的边境贸易非常活跃，合作方式日益多元化，如合作生产、技术转让、承包工程、劳务合作、兴办合资企业等。中小企业应抓住这一机会，迅速走向世界。

四、中小企业在国际市场取得竞争优势的管理

市场经济的活力在于竞争，中小企业为获得国际市场竞争优势的管理包括以下方面。

(一)采用国际标准

采用国际标准，生产国际市场需求的产品，是进入和占领国际市场的基本准则。中小企业营运管理中，只有强化采用国际标准生产外贸产品的意识，尽力实现产品标准国际化，才能创造出国际化产品，进入全球市场。

(二)争取质量认证

中小企业应努力争取产品得到国际上权威认证机构的认证，同时得到信誉认可，这既取得了进入国际市场和畅销国际市场的“通行证”，又可在销售中获得优待，享受免检、产品保险、担保服务、商标及专利保护等。中小企业应尽力争取质量认证，迅速拓展国际市场。

(三)保持价格优势

我国产品价格低廉是难得的国际市场竞争优势，然而，由于生产成本上升，我国廉价竞争优势正在弱化，对此，必须予以高度重视。中小企业应立足于内部潜力挖掘，通过科技进步和科学管理，提高劳动生产率。同时，抓好节能降耗，有效地消化原料、辅助材料和劳动力价格上涨等不利因素，使外贸产品保持价格优势。

(四)中小企业对口开发

对口开拓市场，细化并把握国际市场不同层次的需求，制定相应的对口开发策略。这样能在整体上突破，扩大国际市场占有率。随着一些地区市场走向统一，国际贸易中出现了一些地理位置接近、文化传统和消费行为趋向一致的“跨国”消费者群体。在对口开发中，要重视加强对消费者群体的分析和研究，按照民族、宗教、消费水平、文化传统等，将域外消费者分为不同的群体，针对其需求生产相应的产品和提供适当的服务，制定相应的销售策略，可取得事半功倍的效果。

(五)遵守国际惯例

国际商界已将国际惯例作为国际间进行经济贸易交往的公认准则。但我国一些企业对国际惯例却不够重视，如发货不及时、掺假、支付拖欠等问题时有发生。中小企业能否在对外贸易中遵守国际惯例，直接关系到企业的形象，只有树立了良好的经营形象，才能取得国际市场竞争的优势。遵守国际惯例，应作为提高中小企业经营形象、增强海外市场竞争优势的大事来抓。

(六)预先注册商标

各国商标法有一个共同的条款：商标谁先注册谁拥有。为此，中小企业应善于运用商标法保护自己的合法权益，既重视创名牌产品，又重视商标注册，以巩固在国际市场上的竞争优势。

(七)强化市场营销

中小企业要走出国门，并进入和占有国外市场，必须做好市场营销工作。要制定一套行之有效的营销管理制度、战略和策略，采用各种有效方式宣传和推销产品，提高企业知名度。

五、中小企业在产品出口时应做的工作

产品出口是中小企业进出口业务管理的最重要内容，为此要做好以下主要工作。

(一)中小企业出口交易前的准备工作

出口交易前的准备工作除了应妥善安排和落实出口货源外，还必须做好以下具体工作：

1. 对国外市场进行调研

这是指在交易洽商前对交易国别、地区及有关的商品市场进行调研，了解市场需求特点，把握市场变化规律，预测市场供求状况和价格变化趋势等。

2. 对交易对象进行调研

企业在交易前应对客户进行调研，了解客户的政治背景及与政界的关系、资信情况、业务范围以及经营实力等，以做到心中有数，保证产品出口顺利进行。

3. 制定出口产品营销方案

它是指企业对其营销的出口商品所作的一种业务计划安排。主要内容包括：商品的货源情况、国外市场情况、经营状况及该出口商品在国际市场上所占地位、营销计划安排、营销措施具体实施。

(二)中小企业出口交易洽商的形式和程序

1. 交易洽商的内容和形式

(1)交易洽商的内容可分为两部分：一部分是带有变动性的主要交易条件，如货物的品质、规格、标准、数量、包装、价格、支付等；另一部分是相对固定的交易条件，如检验、异议、索赔、仲裁、不可抗力等。在实际洽商中，为节省交易时间和往来函电费用，一般只洽商主要交易条件。

(2)交易洽商的方式主要有两种，一是谈判洽商，即买卖双方面对面的直接进行业务协调或通过电话协商；二是书面形式的洽商，即买卖双方通过信函、电传等方式进行洽商。

2. 交易洽商的程序

买卖双方交易洽商的程序一般包括：

(1)询价，是指交易一方欲出售或购买某种货物，向另一方发出的，探询买卖该项货物有关交易条件的一种口头或书面的表示。询价一般分为买方发出询价和卖方发出询价两种。

(2)发价，是指交易的一方向另一方提出一定的交易条件，愿意按照提出的交易条件，达到该项货物的交易，并签订合同的一种口头或书面的表示。

(3)还价，是指受价人收到发价之后，对发价的内容不同意或不完全同意，并向发价人提出修改建议，或新的限制性条件的口头或书面的表示。

(4)接受，是指受价人在发价有效期之内无条件同意发价的全部内容，并愿意签订合同的一种口头或书面的表示。

(5)签订合同。双方就交易应承担的责任、义务、权力以书面形式确定下来，经过双方签字各执一份，据此执行。

(三)出口合同的履行

出口合同履行的工作环节主要为备货、催证、改证、租船订舱、制单和结汇五大环节。

【练习题】

一、思考题

1. 试述中小企业经营理念和其经营管理的性质、制度、任务、内容及特征。

2. 试述中小企业适于进入的行业及定位。如果有志创办中小企业，设想进入哪种行业？

3. 试述中小企业营销策略，凭借你掌握的理论知识，设想营销策略一二种。

4. 中小企业市场销售管理有哪些？你对哪种最感兴趣？你能予以发挥吗？

5. 试述中小企业顾客购买行为的管理。

6. 试述中小企业市场销售渠道的管理。

7. 试述中小企业市场定价与销售信用的管理。

8. 你对中小企业进入全球市场营销管理还有哪些见解？

二、案例分析题

1号店——用鼠标逛超市

一、跃入视野的“1号店”

1号店是中国领先的B2C电子商务网站，于2008年7月11日正式上线，开创了中国电子商务行业“网上超市”的先河。1号店通过多方调研决定从风险最大的综合性B2C模式入手，以形成差异化的特色，它并没有将目光锁定在某个狭小的特定行业，而是以“家”为经营主题，销售与家息息相关的各类商品。

二、“1号店”的幕后主导

2007年11月，全球500强企业戴尔原全球采购副总裁于刚和原中国区总裁刘峻岭突然宣布离职，此后便从公众视野之中消失。2008 年，他们重回公众视野，由职业经理人转变为创业者，成了 1 号店的掌门人，他们致力于“做一个比超市还便宜的网络超市”。

与一般人创业不同，两个明星职业经理人此番是有备而来，创业可谓“高举高打”，他们聘请了国际猎头公司到处寻人，有丰厚电商经验的林文钦被聘来做市场副总；51job 的前 CTO 被他们聘来开发系统……

三、与众不同的互联网超市

在电子商务企业严重同质化的今天，人们看到当当和卓越，从曾经的专业网上书城发展到日用百货领域，曾经专注于电子产品及家用电器的京东也向综合领域发展，更有国美、苏宁等实体电器城也向电子商务领域进军。1 号店并没有参与到原本就很激烈的此类产品竞争中去，而是选择了很少有人敢尝试的小额、高使用频率的日用品作为突破口，打造“网络超市”。1 号店作为中国网上超市的先行者，其商业模式必须有创新才能突出重围，所以，1 号店从创建之初就认识到市场的特殊性，确定了差异化的经营策略。

1 号店超市所提供的产品包括 13 个大类，产品市场范围很广，潜在顾客很多。从大的方面来说，所有的网民都是潜在顾客，从 CNNIC 最新调研报告可知：中国网民数量达到 5.38 亿，互联网普及率达 39.9%，网购用户规模达到 2.1 亿。根据统计报告分析，网民年龄在 10~49 岁、收入在 5000 元以下，生活在城镇的人占比最大，且有一些共同的特点，比较容易接受新事物，敢想敢做，比较集中。1 号店的现有及整合沃尔玛后的物流体系能够比较容易地把货送给这些人，易于节省成本，这些网民是 1 号店网上超市较为理想的目标顾客。

1 号店的口号是“只为更好生活”，为那些忙碌的人或者乐于享受网购乐趣的人提供便利，依托沃尔玛的全球采购，为上述分析中理想的目标顾客提供更为丰富的商品和服务。这类顾客不仅需要各种商品，更需要这种便捷服务。他们通常居住在人口密集区域，如住宅小区或者写字楼，打开这些市场不仅可以获得一定规模的订单，而且可以提供更快的配送和服务，提高顾客的满意度，更能节省物流成本，获得收益。所以 1 号店的市场定位应该是这些年龄在 10~49 岁、收入在 5000 元以下且生活在城镇的顾客。

再按照这些目标顾客的个人特征(如性别、年龄、职业等)和上网习惯(如经常打开何种网页、经常搜索何种类型的产品)分类提供差异化营销。

四、有针对性的营销策略

对于生活在快节奏的都市白领来说，去超市购物已不再是一种休闲活动，排队结账、物品太重、公交拥挤等使白领们花费较多的时间和精力。1 号店目标群体锁定在大都市的高学历的年轻白领阶层，给他们提供更加方便快捷的新型购物方式。1 号店经营的商品也考虑到年轻白领们的需求，时下流行的小零食、减肥食品、休闲食品等一应俱全，这些收入不高却喜欢网购的年轻人在工作闲暇时只需简单几个步骤，就可以在办公室收到 1 号店的包裹，方便且快捷。

对家庭主妇来说，尽管有更充裕的时间逛超市，但是有些日用品体积较大、重量也不轻，买好以后带回家还是很费力。1 号店经营的日常家居用品、洗护用品、纸品等可以在主妇们轻点鼠标之后就送到家门口，这恰恰也帮助很多人解决了一个难题。

不可回避的问题是，很多日用品价格较低，顾客和商家都会考虑到邮费的问题。为此，1 号店的满百免邮计划消除了人们的顾虑。在上海、北京、长三角等诸多大城市，1 号店已经实行满百免费送货上门服务，在数十万中商品面前，为了能够减免邮费，凑够 100 元的日用品是很轻松的事情。借助这样的方式，1 号店的商品顺利地走进了千家万户。

1 号店优质的售前售后服务，提高了顾客体验。在网站设计上，按照顾客在实体超市购买习惯进行布局，将在实体超市销量最大的食品饮料类放在商品分类的第 1 位，方便顾客选购。1 号店售前会根据顾客的搜索信息和以往的购买习惯进行关联推荐，售后提供良好的退换货服务。1 号店最初选择第三方物流，顾客投诉率很高。为了获得更高的顾客体验，1 号店决定自建物流系统，效果甚好，投诉率大幅度降低。现在，1 号店正在推行当天送服务，早上下单，晚上送到，并且顾客可以根据个人情况选择下午送到公司或者晚上送到家里。所有创新和细节，良好的服务赢得了顾客的口碑。

五、精准定位，收货颇丰

1 号店不仅为自己找到了大量的忠实顾客，在业绩提高之后，更为自己找到了一个好“婆家”。2012 年，全球零售业巨头沃尔玛宣布，他们已经获得中国电子商务网站 1 号店 51%的控股权，成为第一大股东。

问题：

1. 请根据案例正文提供的资料，总结 1 号店根据哪些变量进行了市场细分？在此基础上，选择了哪些目标市场并如何做出了相应的市场定位？

2. 在不同目标市场，1 号店是如何根据其不同的市场定位，推出其竞争策略的？

3. 结合你个人的实际感受，以 1 号店及类似其他电商在不同目标市场的市场定位为例，谈谈网络购物在竞争中如何进一步取长补短。

资料来源：桑红莉、杜洁著：《市场营销学》，浙江工商大学出版社 2016 年版，第 122~126 页。

第五章　中小企业运营管理

【学习目的】

通过本章的学习，掌握中小企业运营管理的主要内容、一般原理和基本方法。理解融通运营战略、设施选址与设施的安排布置、产品与流程设计的作用；掌握设施选址和安排布置的基本方法。

【案例导入】

阿克苏电力公司

阿克苏电力公司生产计划系统是完成生产计划的全过程管理，实现生产计划管理的网络化、数字化闭环管理，保证生产计划数据的完整性、准确性，要达到优化并规范生产计划管理方式，建立人机合一管理模式，提高生产计划的查询、统计和考核管理水平。通过生产计划系统的实施，提高生产计划管理水平，有力指导电力生产业务的进行，合理安排各种资源的调配，降低电力生产中的事故发生率。

计划管理分年计划、季度计划、月计划、周计划、日计划。年计划主要来源于技术监督、检修、技术改造(技改、大修)、缺陷处理等停电工作；季度计划是在年计划基础上细化的计划；月计划、周计划、日计划分别对应不同的计划周期，在不同的计划周期内可以增加新的临时停电计划。

计划管理系统可根据不同计划周期的计划条目自动分解到不同的计划执行阶段，支持工作流技术，可实现临时停电计划的自动审批流程处理。系统可自动检测到计划项目的资源冲突，并以显著的颜色表示冲突的项目，用户可通过"工作量曲线图"、"工作地点曲线图"检查冲突的原因并调整冲突的计划，为工作人员节省大量的时间。

资料来源：朱桂平编著：《生产运营管理》，浙江大学出版社2014年版，第113页。

第一节　中小企业运营管理概要

【知识阅读】

A开关厂是生产开关件的中型厂，有职工1200人，年利润650万元。其产品分13大类，共2000多个规格，为2000多个用户服务。每年签订4000份以上订货合同，每月要生产2000万件左右的零件，临时任务占总任务的20%左右。这种多品种、多规格的生产类型十分复杂，A开关厂如果不建立起一套科学的计划管理系统，将难以形成稳定的生产秩序。A厂面临的问题是，产品零件类型多，零件生产急件多。另外，生产资金占用大，全厂定额流动资金 300 万元，实际占用 460 万～470 万元，生产资金 270 万元，占流动资金的 58.7%。因此，A 厂领导决定进行生产计划方面的咨询，通过生产计划管理的改善来改变生产的被动局面。

资料来源：康祎：《企业生产运营管理咨询案例分析———以 A 开关厂为例》，载《企业物流》2014 年 31 期；引用时稍作修改。

一、中小企业运营管理的要义

(一) 中小企业运营管理的基本含义和基本内容

1. 中小企业运营管理的含义及目的

中小企业运营管理，是指对运营活动或运营系统进行计划、组织、控制等，它是对运营系统的建立、运行所进行的管理。

中小企业运营管理的基本日的，是有效地建立一个高效运营系统，为满足顾客的需要，实现中小企业的战略目标，生产或提供有竞争力的产品或服务。简言之，就是要为中小企业获得强劲而持续的竞争力和长期成功作出贡献。

2. 中小企业运营管理的内容

中小企业运营管理包含三个层次的决策：战略决策、战术决策和作业决策。

(1) 中小企业运营管理的战略决策是确定中小企业如何开发自已的生产资源或能力，以支持和保证中小企业战略的实现。这类决策将关系到中小企业战略的实施效果或顾客需要的满足程度，因此，要以中小企业战略为前提或约束。实现运营管理战略决策的时间较长，一般需用若干年，属于长期决策。其主要决策内容如下：

①决策生产或提供什么产品或服务。

②决策用什么样的方式进行生产或服务。

③决策生产或服务的设施位置。

④决策需要的规模或能力，将在什么时候增加能力。

⑤决策生产或服务场所的布置。

⑥决策作业采用的方法。

(2) 中小企业运营管理的战术决策是在战略决策的规定和约束下，确定如何有效地对物料和人力进行计划或安排。战术决策涉及的时间范围一般是一年左右，属于中期决策。其主要决策内容如下：

①决策需用人力的时间和数量。

②决策每天工作的班次。

③决策加班与否及时间。

④决策交付物料的时间及数量。

⑤决策成品库存与否及数量。

(3) 中小企业运营管理的作业决策是在战术决策的规定和约束下，确定如何有效地进行日常的运营活动。战术决策涉及的时间范围一般是 1 周左右，属于短期决策。其主要决策内容如下：

①某周或某天应做的工作及工作量。

②安排工作由谁完成。

③工作的先后顺序。

(二)中小企业运营管理的发展阶段

中小企业运营管理发展的整个历史过程可大致归纳为以下几个阶段：

1. 手工生产阶段

手工生产是指具有较高和较全面技能的工人，利用简单和通用型的简陋工具，生产单件或少量的特殊产品的生产模式。其最大的优点是能生产各种各样的定制产品，满足顾客的特定需要；其主要缺点是生产效率低、成本高。

2. 机器生产阶段

机器生产是指具有较低和较窄技能的工人，利用机器设备进行生产，其最大的优点是生产效率高、成本低；其主要缺点是生产系统受设备限制，产品较单一，不能满足顾客的特定需要。

3. 精益生产阶段

精益生产是指具有较高和较全面技能的工人利用先进的柔性设备，生产从少量到大量的多种产品的生产模式。它吸取手工生产和机器生产的优点，能以相当高的生产效率生产较多种类的产品。它不是通过增大生产规模的方式，而是通过强调质量、柔性、缩短时间、协同工作、改进生产系统等方式，以更少的制造资源(空间、库存、设施、工人等)生产同样多的产品。

(三)中小企业运营管理的发展趋势

随着社会、经济、技术的发展，运营系统的环境以及自身也在不断变化，因而，中小企业运营管理总是面临着一些新的问题和要求，总带着一些新的特征。特别是自20世纪70年代以来，社会需求、市场条件和科学技术飞速发展，而且它们相互作用，相互促进，使得过去传统的运营方式及管理发生了根本性的变化。这些变化还在进一步地发展，掌握这些变化的未来特征和趋势，对搞好中小企业运营管理至关重要。

1. 运营系统环境的新特点

(1)产品个性化，多品种、小批量的需求成为主导性的需求模式；

(2)市场对产品质量、交货速度、服务水平提出了更高要求；

(3)产品更新换代快，产品生命周期短；

(4)市场竞争更激烈，范围更广，手段更高超；

(5)技术发展更快，技术寿命周期更短；

(6)社会对运营的约束越来越强。

2. 运营管理的新趋势

(1)注重质量、反应时间、柔性、服务等的提升；

(2)注重运营战略的开发和应用；

(3)注重运营系统的开放；
(4)注重不同职能、环节的集成，管理、技术和人员的集成；
(5)注重员工参与和团队工作；
(6)注重在世界范围内配置运营资源；
(7)注重新技术的开发、利用；
(8)注重实现绿色产品、绿色设计、绿色工艺和绿色制造；
(9)注重运营系统的再造或根本性的改进。

二、中小企业的生产率、竞争力与运营战略

生产率、竞争力和运营战略是运营管理中的三个相关问题：提高生产率和竞争力是运营管理重要职责或基本任务，生产率的提高有助于竞争力的提高，而提高生产率和竞争力则是通过制定和实施运营战略来实现的。从目前来看，运营战略是提高生产率和竞争力最重要的途径和方法。

(一)有效运营提高生产率

1. 生产率的概要

运营管理的一项重要的责任就是要有效地利用企业的生产性资源或提高生产率。生产率是对资源有效利用程度的一种度量，通常表示为一个系统的输出与输入的比率，即：

$$生产率=\frac{输出}{输入}$$

其中，输出是产品或服务，而输入是为生产提供产品或服务所用的资源。

生产率反映着一个企业和一个国家创造财富、提高和改善人民生活水平的能力，反映运营的综合实力。因而，它是评价企业或国家运营绩效的一个非常好的综合尺度。同时，生产率是一个相对性的概念，即只有通过比较才有意义：横向比——与同行业中具有相似运营的企业相比较；纵向比——同一运营的过去与现在相比较。由于一个运营系统有多种性质的输入和输出，因而有多种计算生产率的方式，以度量或反映运营系统具体的效果。如度量具体单项输入的劳动生产率、物料生产率、能源生产率，以及度量多项输入的多种综合生产率。

2. 影响生产率的因素

影响生产率的因素有很多，其中有方法、资本、质量、技术和管理。

考虑一个学生，他计划打印出一篇较长的论文。这个学生是一名普通的打字者，每小时可打出3页。他如何能提高生产率(即每小时打出更多页)呢？一个办法是参加大学里开设的短期训练以提高打字技巧(方法)；另一个办法可能是用一台昂贵的计算机和文件处理软件包(资本)替换打字机，以获得诸如拼写检查和错误更改方面的自动化性能(质量)。通过改进实际打字的组织和准备工作(管理)仍可提高生产率。取得好的成绩的激励和做好一项工作的自豪感，也是重要的。关键是所有这些因素都是潜在的生产率，不仅对打印论文，而且对其他任何工作都一样。确保这些因素被充分利用是管理者的职责。

3. 生产率的提高

一个企业或一个部门可利用很多关键性步骤来提高生产率。

(1)测定所有运营设计的生产率，测定是管理和控制一个运营的第一步。

(2)将系统视为一个整体，来决定哪个运营的生产率是最重要的。整体生产率才是最重要的。图 5-1 说明了这一概念。该图表明了几个运营将其产出输入到瓶颈的运营中。由于瓶颈运营的能力小于向其提供投入所有运营的能力之和，所以这些投入量要排队等待才能输入。这里用“瓶颈”一词很形象。提高任何非瓶颈运营的生产率将不影响系统的生产率。瓶颈生产率的提高才会引起整体生产率的提高，直到瓶颈产出率与所有运作向其输入的产出率之和相等为止。

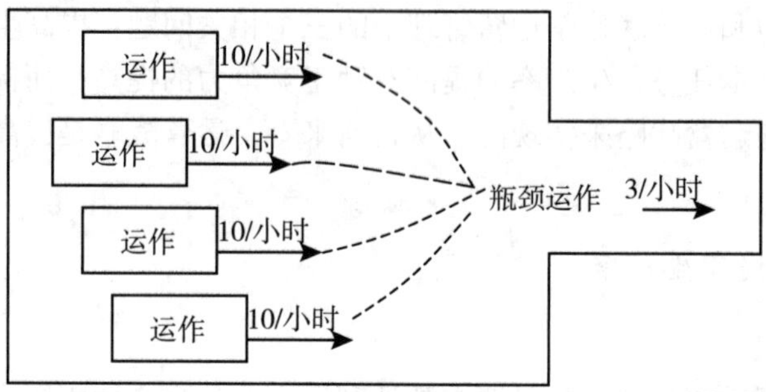

图 5-1　瓶颈运作

(3)设计实现生产率增长的方法，诸如集思广义，学习其他企业提高生产率的经验。

(4)确立合理的目标，以实现生产率增长。

(5)要明确管理应扶持并鼓励生产率的提高，考虑对有贡献的员工进行奖励这一激励措施。

(6)测定生产率增长情况并公布之。

(7)不要将生产率同效率混为一谈。效率是一个较窄的概念，是指在给定的资源下实现产出最大；生产率是一个较宽的概念，是指做到对全部资源的有效利用。例如。追求效率意味着在限定用人力刈草机的情况下，做到以最好的方式利用这一工具；而从提高生产率的角度看，将不排除利用电动刈草机的可能性。

(二)有效运营提高竞争力

中小企业在市场上销售产品和劳务必定要面临着竞争。竞争力是决定一家企业能否生存与发展的一个重要因素。企业之间在很多方面存在竞争，而其中主要是在价格、质量、产品或服务差异、柔性和完成期上竞争。

1. 价格是顾客必须以产品或劳务支付的金额

在其他所有因素相同的情况下，顾客将选择价格较低的产品或服务。价格竞争的结果可能会降低企业利润率，但大多数情况下会促使企业降低产品或服务的成本。

2. 质量与用料、做工及设计密切相关

总的来说，质量是关系到购买者对产品或服务满足其目的程度的感觉和认同。

3. 产品差异

包括使自己的产品或服务，较之竞争者有更为合适的特质(如设计、成本、质量、使用简便性、易安放、有保证)，更好地满足顾客需求。

4. 柔性是指对变化的反应能力

一家企业或部门的柔性越强，其相对于不具有如此柔性的企业来说，就越具有竞争优势。变化包括需求量的增减、商品或劳务设计的改变等。

5. 时间涉及企业运营的许多不同方面

一是产品或服务交付给客户的及时与否；二是新的产品或服务被研制出及投放市场的快慢；三是对产品或工艺改进的速度。

(三)中小企业运营战略

1. 中小企业运营战略的提出

中小企业运营战略，是确定中小企业开发利用生产资源或能力的广泛性政策和计划，以支持和保证中小企业战略的实现。它关系到中小企业战略的实施效果或顾客需要的满足程度，也影响其他职能的战略。因此，它必须以中小企业战略为依据或约束，并与市场营销战略(如何开发营销资源能力)、财务战略(如何最佳利用财务资源)等相互协调、相互配合。中小企业运营战略是使中小企业获得长期成功的一个重要竞争举措。中小企业运营战略的制定和实施是一个长期的过程，必须充分考虑到各种可能发生的变化，并有所准备。

2. 中小企业运营战略的重点及其选择

中小企业运营战略的根本目的是提高中小企业的竞争力。在各类运营领域中，那些有助于提高中小企业竞争力的因素都可成为运营战略的重点。目前，已经分辨和确认出的一些战略重点有：成本、质量、交货、柔性等。

当市场需求严格建立在低价格的基础上时，可考虑以低成本为重点。这时，产品是典型的大众化商品，其市场很大，顾客也以价格作为购买的决定因素。随着越来越多的企业降低产品成本，中小企业的战略重点就会从成本转移到质量上来，以高质量的产品来获取竞争优势。在顾客特别强调产品质量的情形下，质量自然就是战略的重点。随着社会生产和生活节奏的加快，交货速度和交货可靠性日益成为顾客购买决策的一个重要考虑因素，因而快速和准时交货成为企业获得竞争优势的另一种手段。现在，单件小批量的、多品种的、变化多端的需求逐步成为主导性的需求模式，于是中小企业开始将运营战略的重点放在柔性上，以取得快速开发新产品、快速转换生产、提供生产顾客高度满意产品的能力。

在实际中，中小企业必须根据市场的特点和自身的条件，适当地选择自己的运营战略重点。由于国家有不同、所处环境不同、自身条件不同，中小企业在不同时期可选择不同的运营战略重点。其理由是，中小企业的资源或能力是有限的，不可能同时在所有的方面都做到最好。

战略重点应随着中小企业外部环境和内部条件的变化而有所转移。从历史和未来发展的一般的情形来看，战略重点也随时空的推移而转移。前面列出的一些战略重点：成本、质量、交货、柔性等，基本上是按历史的逻辑的顺序，从低级到高级排列的。

第二节　中小企业选址与设施安排

【知识阅读】

东风悦达起亚新厂选址存争议

在东风悦达起亚新车K2上市时，公司总经理苏南永表示，目前第三工厂的建设正在研究当中，暂时没有时间表。导致新工厂难产的原因，除了新工厂必须上马自主品牌和新能源项目外，关于工厂选址也存在不同的声音。

关于新工厂选址的讨论，江苏省政府希望定在盐城，而公司内部则更希望放在南京。盐城位于苏北，相对来说交通、物流条件没有处于苏南的南京优越。同时，南京的零部件企业较多，物流便捷，而盐城整个配套设备的容纳能力有限。除了零部件，还得考虑整车的物流成本，如果三家工厂均设在盐城，当达到60万辆总产能时，往外发车的物流成本将增大。再有，南京相对盐城而言，更有利于未来招揽人才。

然而江苏省仍旧希望发展盐城经济开发区，在江苏省的规划里，东风悦达起亚不仅仅是一个单一的汽车企业，更是盐城市打造汽车产业群的跳板。尤其南汽已与上汽合作，仅剩东风悦达起亚独自支撑江苏省的轿车板块。

资料来源：梁静晶：《东风悦达起亚新厂选址存争议》，载《新京报》2011年8月8日。

一、中小企业选址的影响因素

设施选址，是指选定企业或工厂、仓库、服务点等设施的适宜地理位置，即为进行运营活动选择一个良好的内部和外部环境。中小企业的产生、中小企业生产能力的扩大(如建新设施)、中小企业外部条件的变化(如生产资源的成本或数量的相对变动、市场需求的数量或结构的相对变动、产品价格的相对变动)、社会制度或经济政策的变动(如税收、价格、资源使用等政策的改变)等都将可能导致中小企业面临设施位置的选择。

(一)中小企业选址决策的目标

设施选址决策的基本目标，若是营利性的中小企业以潜在的利润为依据进行设施位置决策，若是非营利性的中小企业则追求实现费用与对顾客的服务水平的平衡。对于营利性的中小企业，虽然设施位置决策的目标一般是使潜在的利润最大，但对于制造型企业，大多是使成本最小；而对于服务型中小企业，则往往要求靠近消费者以使收益最大。在许多情形中，没有一个设施位置是绝对优于其他设施位置的。由于可能有很多可接受的设施位置供选择，从而致使决策的工作量很大，因此，大多数企业并不企图去寻求一个最佳的设施位置，而只希望找到一个满意的设施位置。

(二)中小企业选择设施位置的影响因素

1. 有形和无形影响因素

影响设施位置决策的因素很多，根据它们与生产经营活动的成本类别之间的关系可以分为两大类：有形成本因素，即那些确定的、能被会计部门和管理部门辨别，且直接以货币单位来精确计量各备选设施位置实际成本值的因素；无形成本因素，则指那些不定的且不能或难以以货币单位计量各备选设施位置实际成本值，但对未来长期成本的变化可能产生重要影响的因素。在决定设施位置的分析中，必须同时考虑这两类因素，才有可能作出正确的决策。

2. 影响设施位置选择决策的因素

它可概括为自然因素、社会因素和政治因素，具体分为：

(1)资源因素：包括人力、原材料、能源、资本、土地的价格及其供应的状况；

(2)市场因素：包括需求量、结构、竞争、价格、顾客分布及其需求特点；

(3)运输、建筑因素：包括费用及其条件；

(4)政策因素：税收、保险种类、政策及其水平；

(5)自然条件：包括气候、地理位置、地质状况；

(6)经济条件：包括基础设施、生活质量；

(7)社会条件：包括文化习俗、公众态度；

(8)政治条件：包括政府宏观政策及其态度、政治稳定。

二、中小企业选址的分析方法

对于有形成本因素，容易进行定量化的分析；而对于无形成本因素，则不易。所以，有两大类分析方法：客观分析法和主观分析法。客观分析法用于对有形成本因素的分析，客观分析法具体有重心法、数量—成本法等；主观分析法主要用于对无形成本因素的分析，也可用于对有形成本因素和无形成本因素的综合分析，主观分析法实质上都是因素加权评分法。下面介绍几种常用的方法。

(一)因素加权评分法选址

因素加权评分法，是一种根据选址因素的重要程度分别赋予特定权值，并根据备选设施位置的实际情况予以评分，从而确定较好设施位置的方法。由于该方法可对主观因素进行分析，且分析过程又较为简单，所以被广泛使用。

【例 5.1】 捷达连锁快餐欲建一个新分店，有 6 种相关因素与重要性权数、2 个备选位置与得分情况，如表 5-1 所示：

表 5-1　**因素加权评分法选址分析**

因素	权数	得分(100 分制)		加　权　分	
		位置 1	位置 2	位置 1	位置 2
接近现有店	0.10	100	60	0.10×100=10.0	0.10×60=6.0
人流量	0.05	80	80	0.05×80=4.0	0.05×80=4.0
租借费用	0.40	70	90	0.40×70=28.0	0.4×90=36.0
面积	0.10	86	92	0.10×86=8.6	0.10×92=9.2
布置	0.20	40	70	0.20×40=8.0	0.20×70=14.0
经营费用	0.15	80	90	0.15×80=12.0	0.15×90=13.5
合计	1.00			70.6	82.7

位置 2 的加权总分值(82.7)较位置 1 的总分值(70.6)高，所以，位置 2 较好。

(二)数量—成本法选址

数量—成本，是假定在各备选设施面临的产品市场基本相似的条件下，将影响设施位置选择的客观因素分为可变成本和固定成本两类，通过计算或画图，求得两类成本之和最小的设施位置的方法。

【例 5.2】 表 5-2 列出了江北灯具厂的三个备选设施位置的选址，试确定最合适的厂址。

表 5-2　**备选设施位置的固定成本和变动成本**

设施位置	年固定成本(元)	单位变动成本(元)
A	250000	11
B	100000	30
C	150000	20
D	200000	35

如果所选设施位置的期望产出量是 8000 单位/年，则选择哪个设施位置？

各设施位置有最低总成本时大致的产出量范围如图 5-2 所示，设施位置 D 绝对不优于其他任何设施位置。各范围的精确值可由直线 B、C 和 A 的交点计算得到，即令总费用相等，计算出临界产出量：B 和 C 的产出量是 5000 单位，C 和 A 的产出量是 11111 单位。如果所选设施位置的期望产出量是 8000 单位/年，设施位置 C 最好。

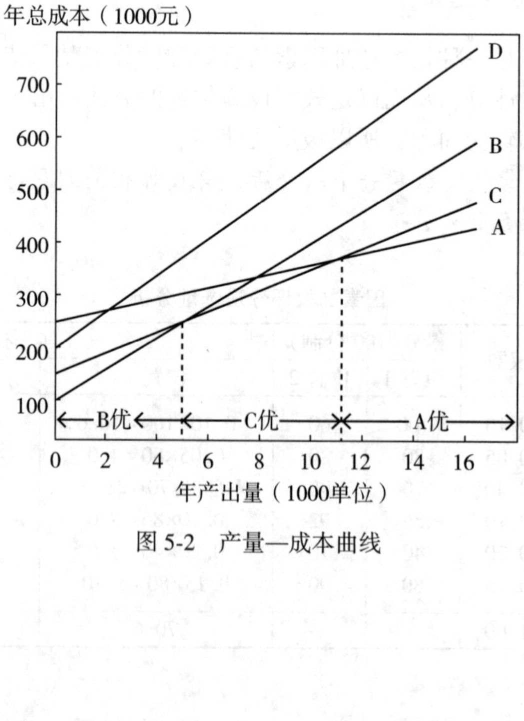

图 5-2　产量—成本曲线

(三)重心法选址

重心法是一种确定一个与多个现有或已确定具体位置设施间，运输成本最低的新设置的方法。当要确定位置的新设施与其他设施间有着大量往返运输时，该方法是非常有用的。如确定一个物流配送中心，一个总装配中心等设施的具体位置。重心法的一般模型如下：

$$\min(x, y) = \sum_i w_i \cdot \sqrt{(x - x_i)^2 + (y - y_i)^2}$$

求(x, y)

式中：(x, y)——欲求的新设施位置的坐标；

$C(x, y)$——当新设施位置坐标为(x, y)时的总运量成本；

W_i——第 i 个现有设施与新设施之间的运量；

(x_i, y_i)——第 i 个现有设施的坐标。

新设施的最优位置坐标的近似解为；

$$x^* = \frac{\sum_i W_i x_i}{\sum_i W_i}, \quad y^* = \frac{\sum_i W_i y_i}{\sum_i W_i}$$

【例 5.3】 中大药业公司现有 4 个药品零售店，已知各店所在的坐标，以及新建的配送中心与各店之间的运量如表 5-3 所示，求新建配送中心的位置。

表 5-3 **零售店坐标与运量**

零售店	(x, y)	每周运输数量
D1	(2, 2)	800
D2	(3, 5)	900
D3	(5, 4)	200
D4	(8, 5)	100

$$x^* = \frac{\sum_i W_i x_i}{\sum_i W_i} = \frac{800 \times 2 + 900 \times 3 + 200 \times 5 + 100 \times 8}{2000} = \frac{6100}{2000} \approx 3.0$$

$$y^* = \frac{\sum_i W_i y_i}{\sum_i W_i} = \frac{800 \times 2 + 900 \times 5 + 200 \times 4 + 100 \times 5}{2000} = \frac{7400}{2000} = 3.7$$

图 5-3 标明了现有零售店、新建的配送中心最优位置的分布及坐标。

三、中小企业安排设施的类型

设施安排，是指在选定的设施位置上，对所需的设施、设备等在一定的空间范围内，进行合理的分布和安置，这里仅指对部门、加工中心和设备等的空间分布安排的设计过

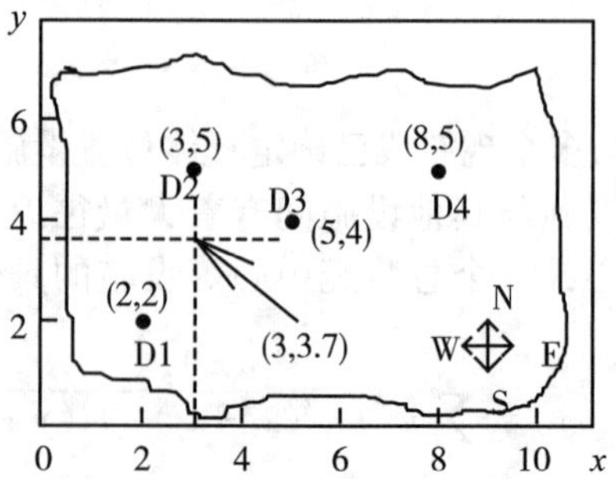

图 5-3　位置的分布及坐标图

程。设施安排的类型较多，因安排的具体对象不同而相异。有两种基本类型的安排：面向过程的安排和面向产品的安排。

(一)面向过程的安排

面向过程的安排(按工艺路线安排)，是指按加工或服务的性质分别设置相应的运营单位，使产品或顾客依次经过相应的各生产单位，接受所需的特殊的加工处理或服务。一个运营单位是一种相同性质的设备、员工等的集合体，进行一种性质的加工处理或服务。它能处理各种具有不同加工要求，但加工性质相同的产品或服务。

该种安排以部门化或职能化为特征。图 5-4 描述了典型的面向过程的部门安排。在这种安排中，各部门只有使用通用设备和具有高技能的熟练人员，才能适应大范围的加工处理要求。此种安排的最大优点是适应需求变化的能力强，最大的缺点是部门间的运输量很大。面向过程的安排适合于批流和零杂型的运营流程。

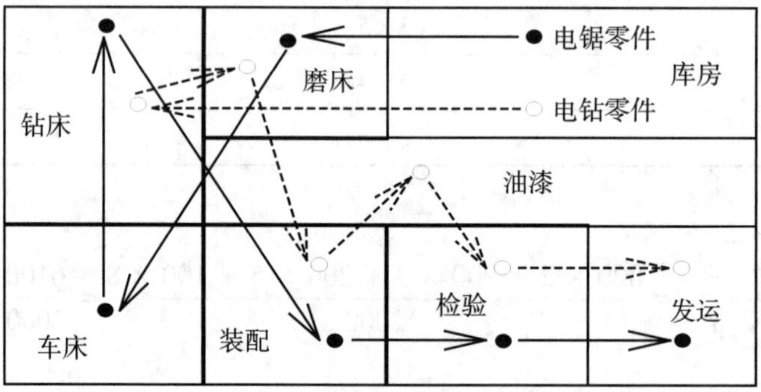

图 5-4　面向过程安排示意图

(二)面向产品的安排

面向产品安排(按对象原则安排)，是指按产品或顾客的不同分别设置相应的运营单位，使某种产品或顾客在一个运营单位里得到所需的几乎全部的加工处理或服务。一个运营单位是多种不同的加工设备、不同的员工等的集合体，进行各种性质的加工或处理。

面向产品安排借助于高度标准化的产品或服务、高度标准化的作业和高度专业化的设备，以实现运营的高效率。这种布置将所需用的设备和工人按加工和处理的顺序排列安排，形成一条如图5-5所示的生产线或装配线。此种安排的最大优点是运营的速度或效率高，最大的缺点是适应需求变化的能力很弱。面向产品安排对连续和线流型的运营流程是很有利的。

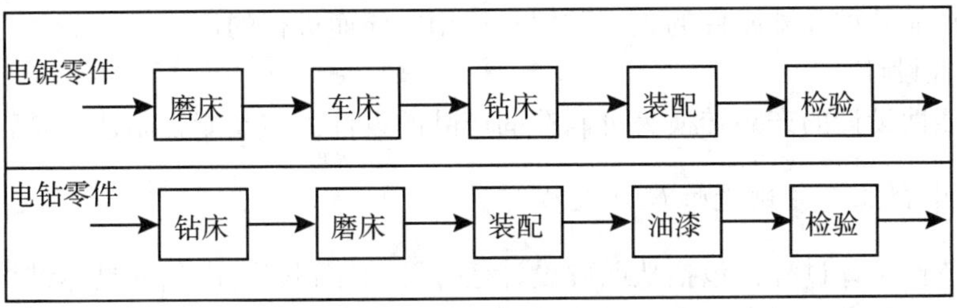

图5-5　面向产品安排示意图

第三节　中小企业产品/服务与流程设计

【知识阅读】

奇正藏药产品创新

从不足百人、以一种膏药为主打产品的小厂，到拥有员工近2000人、年营业额近10亿元的上市公司，奇正藏药公司用了20年时间。截至目前，奇正藏药累计获得各项专利143个，创造了藏药领域的多项第一，推动古老的藏药走进现代人的生活。

传统藏药由于小批量及多批次手工生产等原因，大多存在丸重差异、水分含量超标、细菌含量超标、崩解度差等共性问题。20年来，奇正藏药在剂型、研发、技术、质量标准、工艺等方面持续创新，自主研制出适合消痛贴膏特殊剂型的药芯药贴一体机设备，实现了标准化、自动化、规模化生产，产能提高了10倍；采用符合现代制剂要求的新型辅料、真空乳化技术、药物粉碎方法，开创了藏药软膏剂型现代化的先河；自动制核和薄膜包衣技术改变了藏药丸剂的传统外观和性状，使制备的药丸有效成分溶出度高、崩解时限短、药丸的表面光洁度高、丸重差异符合要求，解决了制约藏药发展的瓶颈问题；采用热压涂布技术，实现了橡胶膏剂的绿色生产，同时大幅度降低了原辅料成本。截至目前，奇正藏药共取得发明专利107个，实用新型专利16个，外观设计专利20个。

资料来源：朱桂平编著：《生产运营管理》，浙江大学出版社2014年版，第40页。

一、中小企业的产品设计

(一)中小企业产品设计的含义及内容

中小企业产品设计是要经过构思把顾客需要转化为产品整体结构构成、零部件组装的尺寸及公差、选用材料的技术规范，以及完成整体及零部件的技术图纸。产品设计包含三项内容。

1. 功能设计

它指的是开发产品的某种工作功能模型，而不涉及产品最终的表像。

2. 工业设计

它是为产品外型及外露件的美观和用户使用方便而进行的设计。

3. 制造性设计

它将功能性设计的产品转换为可制造的产品的设计，涉及能否制造、是否经济等。

(二) 中小企业产品制造性设计过程

产品制造性设计过程，包括从明确设计任务开始，到确定产品的具体结构为止的一系列活动。无论是新产品开发、老产品改进还是外来产品仿制、顾客产品订制，产品制造性设计始终是生产活动中的重要环节。设计阶段决定了产品的性能、质量成本。因此，产品制造性设计阶段决定了产品的市场价值，一旦设计出了错误或设计不合理，将导致产品的先天不足，工艺和生产上的一切努力都将无济于事。

为了保证产品制造性设计质量，缩短设计周期，降低设计费用，其设计必须遵循科学的设计程序。产品制造性设计一般分为总体设计、技术设计、工作图设计三个阶段(图5-6)。

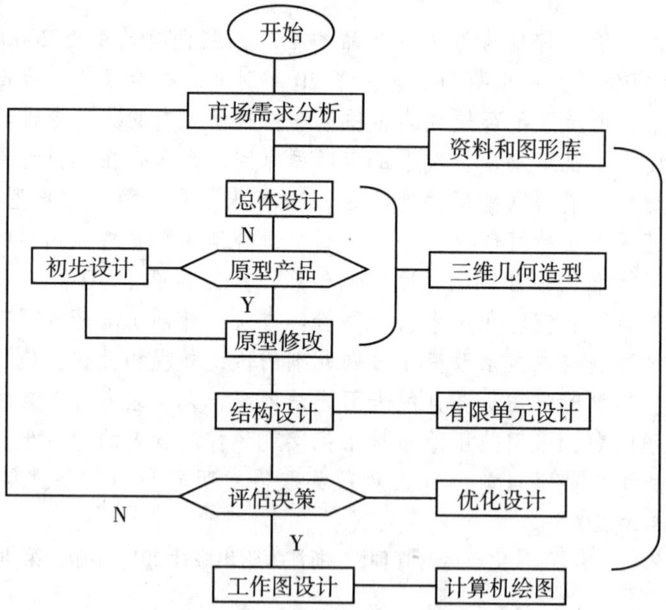

图 5-6　产品制造性设计过程

1. 产品制造性的总体设计

通过市场需求分析，确定产品的性能、设计原则、技术参数，概略计算产品的技术经济指标和进行产品设计方案的经济效果分析。

2. 产品制造性的技术设计

将技术任务书中确定的基本结构和主要参数具体化，根据技术任务书所规定的原则，进一步确定产品结构和技术经济指标，以总图、系统图、明细表、说明书等总括形式表现出来。

3. 产品制造性的工作图设计

根据技术设计阶段确定的结构和主要尺寸，进一步作结构的细节设计，逐步修改和完善，绘制全套工作图样和编制必要的技术文件，为产品制造和装配提供确定的依据。

产品设计是一个递阶、渐进的过程。产品设计总是从产品要实现的总体功能出发，系统构思产品方案，然后逐步细化，划分成不同的子系统、组件、部件、零件，最后确定设计参数。

(三)根据顾客要求的产品设计方法

1. 产品设计方法的采用要依据顾客的需求

产品设计首先要体现顾客的需要，否则就是失败的设计。另外在产品设计中，设计工程师常常可能对顾客需要不太了解或是一厢情愿地增加了一些顾客并不需要的功能，从而造成操作过于复杂、功能闲置等现象，使顾客烦恼、不满意。为将顾客的需求很好地体现在产品设计中，可以使用或开发出如下的质量功能展开方法，以辅助产品设计。

2. 产品设计采用质量功能展开(QFD)方法

质量功能展开(QFD)是一种将“顾客的声音”转化为产品设计规范的系统方法。使用这种方法的主体是跨职能团队，其主要工具是“质量屋”。构造“质量屋”的步骤如下：

(1)列出顾客对产品的要求，按照重要性程度给这些要求排序；

(2)确定能满足顾客要求的产品的技术特征；

(3)构建顾客要求与技术特征关联程度的矩阵——关系矩阵；

(4)相对于主要竞争对手，对顾客要求与技术特征进行竞争性评价；

(5)根据技术特征、顾客要求的重要性权数和竞争性评价的结论，确定目标规范。

(四)根据制造实现的产品制造性设计方法

根据制造实现的产品设计或制造性设计(DFM)，是为降低制造成本的产品设计。其思路为：在考虑产品的性能和市场目标的前提下，把设计、制造、装配、运输、销售、维修等环节统一为一个有机系统，在设计开始时就将注意力集中于制造、装配、质量、材料和供应链后勤、运输分销、服务、维修等各个方面，强调从产品设计开始就要考虑降低产品成本。

为实现制造性设计，可具体考虑运用多种方法，或者开发新的方法。

1. 产品运用模块化设计

模块化设计是以产品的标准件、通用件为基础，设计出相应种类的若干模块，然后根据需要选用不同的模块组合成许多种类不同的产品的设计方法。形象地说，这种方法是采用组合方式或堆积木方式来设计新产品。这样在保证足够多的产品种类的前提条件下，可大量减少零部件的种类，从而减少采购、制造、装配、运输、维修等成本，同时还增强了对市场需求的快速反应能力。在机电产品设计中，这种方法应用很普遍。

2. 产品利用回收物料的设计

回收设计是为回收报废产品中的某种物料，实现物料的再利用而进行的产品设计。通过回收物料，既可以减少物料成本，还可保护资源。

3. 产品利用拆卸件的设计

拆卸设计，是为回收报废产品中的某种零部件，实现零部件的再利用而进行的产品设计。通过拆卸，一方面降低了零部件的回收成本，另一方面避免或减少受损零部件。

4. 引入价值工程的制造性设计

引入价值工程的方法，在于在产品设计时要将“价值”融入到产品中。这里的“价值”是产品功能与成本的比率，即 $V=F/C$。价值工程用于识别和消除不必要的功能和成本，简化产品和过程，将价值设计到产品里。其目的要以尽可能低的成本提供顾客必要的功能。

二、中小企业流程类型和工艺设计

(一)流程类型及其选择

流程是将输入品(如原材料、外购件等)转换成输出品(如产品等)的过程，包括人员装备、技术、方法、步骤等在过程中的作用。通常可将流程分为：连续、线流、批流、零杂四大类型。

1. 产品/服务产出的连续流程

高度重复地或连续地生产或提供种类较少、数量较多的产品或服务。这种类型的流程高度标准化，流动路线相同，连续封闭地进行。化工、胶片、造纸、炼油、供热、冷冻等流程都属于这种类型。

2. 产品产出的线流流程

重复程度较高地生产或提供种类很少、数量很多的产品或服务。这种类型流程的标准化程度很高，流动路线基本相同，但不是连续封闭的。汽车、电器等装配线或流水生产线是其典型的代表。

3. 产品产出的批流流程

中等重复度的生产或提供种类较多、数量适中的产品或服务。这种类型的流程标准化程度较高，流动路线大致相同。食品、服装、涂料、机床等加工制造流程属于这种类型。

4. 服务业的零杂流程

重复程度很低地生产或提供种类很多、数量很少的产品或服务。这种类型的流程标准化程度很低，流动路线基本不同。餐饮、修理、医院、缝纫、咨询等运营属于这种类型。

不同类型的流程，需要不同的设备、人员和管理方式，适用于不同的条件。因此，应根据企业内外条件，选择适当类型的流程。因为选择流程较为复杂，于是 Hayes 和 Wheelwright 在 1997 年提出了一种流程选择的工具——“产品—流程”矩阵(PPM)，如图 5-7所示。根据这个模型，在矩阵的对角线上，流程是与产品匹配的。因此，选择相应的流程是适当的，远离对角线的区域是不合适的。

流程	产品				柔性	效率
	较低产量 较多品种	低产量 多品种	高产量 少品种	较高产量 较少品种		
零杂	建筑装修 中菜制作			不合适	高	低
批流		重型机械 食品加工				
线流			汽车装配 汉堡制作			
连续	不合适			钢铁冶炼 啤酒制造	低	高

图 5-7　产品流程矩阵

(二) 中小企业工艺设计的含义及内容

1. 工艺设计的含义

工艺设计，是指为实现产品设计而设计和开发出的原料的加工顺序、设备和工具等，是确定对象(原材料、零部件、顾客等)的移动过程或被加工、处理、服务的过程，是把产品设计的规范数据转换成制造数据的过程。

2. 工艺设计的内容

(1)对产品设计进行工艺性审查。审查产品的结构、加工要求等，看其在工艺上能否实现，能否制造出来，是否经济合理。通过反馈，改进设计。

(2)制定工艺方案。工艺方案是指导整个工艺工作的总纲，是进行具体工艺设计的指导性文件。它规定了各项工艺工作，如技术装备水平、工艺路线、工装制造等的原则以及各种关键问题的解决方案。

(3)编制工艺规程。工艺规程包括产品及零部件的加工方法和顺序、所需的工艺装备、设备、设备调整方法、加工和装配的技术条件等。它是指导具体加工和装配的最主要的工艺文件，也是以后编制生产计划、进行生产调度、原料供应、工具供应和劳动组织的一个基本依据。

(4)工艺准备的设计和制造。工艺装备是实现工艺过程所需的刀具、模具、夹具、工位器具和量具等各种工具的总称。工艺装备分为专用工装和通用工装两大类。前者一般自行设计制造，后者一般是外购。

3. 工艺设计的过程

不同类型的企业，不同种类的产品，工艺设计过程有差别。图 5-8 是机械产品和机电产品工艺设计过程。

三、中小企业的服务设计

在某些情况下，产品设计和服务设计是相互关联。这种现象源于产品和服务经常混杂

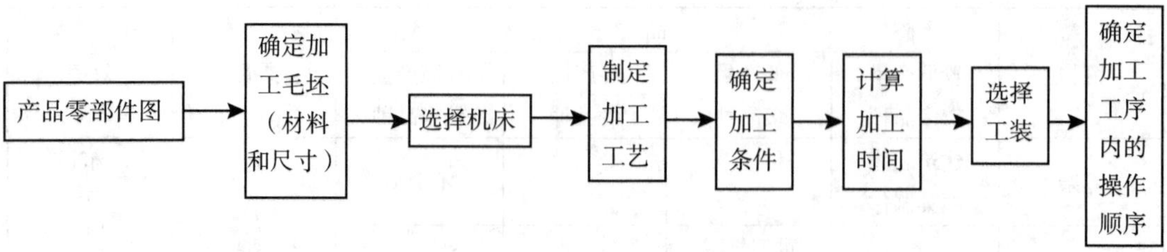

图 5-8 产品零部件加工工艺设计过程

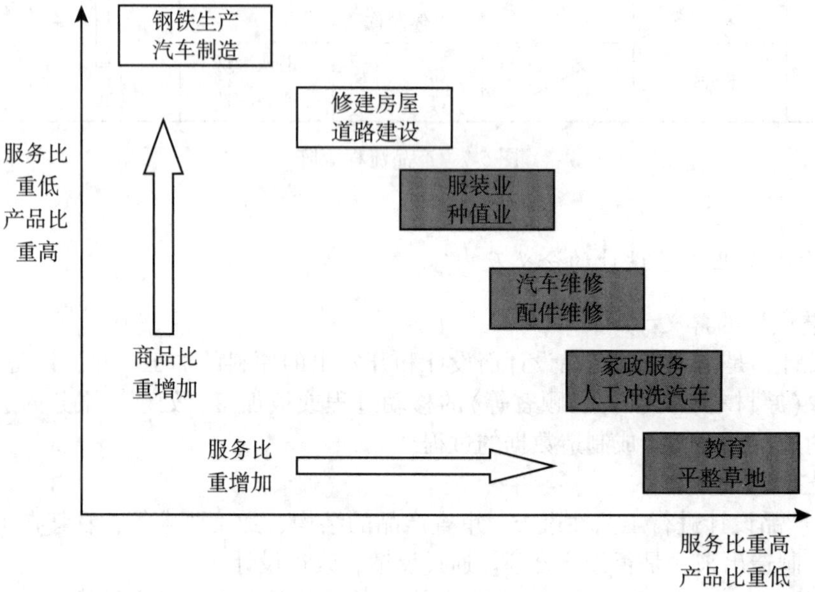

图 5-9 产品—服务

在一起的事实。例如，为车换油包括了服务(抽干旧油，注入新油)和产品(新油)。与此相似，铺装新地毯包括一项服务(铺装)和一种产品(地毯)。在一些情况下，顾客所接受的确实是单纯的服务，如理发或平整草地。但是，在多数情况下，产品和服务是相互掺杂的。制造业中的服务比例可能相对较低，因为它的重点是产品生产。但即使在制造业，也有如机器维修、员工培训、安全检查之类的服务。图 5-9 产品—服务图说明了一些公司在这方面运营的差异性。由于商品和服务交错掺杂，管理者为了有效地进行管理，就必须对两者有充分的了解。

(一)产品设计和服务设计的区别

1. 对其触摸的差异

一般情况下，产品可以触摸，服务不可触摸。因此，服务设计经常比产品的设计更注重于不可触摸因素(如思维的清晰程度、气氛等)。

2. 过程传递的时间不同

许多时候，服务的创造和传递总是同时的(如理发、洗车)。这种情况下，抢在顾客之前发现和改正服务中的错误更加困难。这时，员工培训、流程设计及与顾客的关系就显得特别重要。

3. 储存与否

服务不能存货，这限制了它的柔性，并使生产能力设计显得非常重要。

4. 可见性的高低

服务对于顾客来说是高度可见的，因此在设计中必须牢记这点；这也给流程设计增加了额外的要求，这点通常在产品设计中不存在。

5. 进退行业障碍差异

有些服务业进入、退出的障碍很小，因而给服务设计添加了额外的压力，使它必须进行创新和考虑成本效果。

6. 选址重要程度的差异

便利性是服务设计的一个主要因素，选址经常对服务设计有重要作用。因此，服务设计和位置的选择经常是紧密联系的。

下面我们具体分析其中的差异。这种差异需要考虑顾客在服务设计中的接触程度。当顾客接触程度很低或没有时，服务设计与产品设计非常类似。但是，顾客接触的程度越高，服务设计与产品设计的差异就越大，服务设计就越复杂。顾客接触的实质意味着服务设计中必须吸收流程设计；当存在顾客接触时，这个流程就是服务。尽管在设计产品时考虑产品的制造能力是可取的，但是这时产品和生产流程毕竟仍是两个分隔的实体，而下列有关服务设计的例子说明了当顾客是系统的一部分时，服务和生产流程之间的联系是不可分割的。如果一个冰箱制造商改变装配冰箱的程序，这种变化会被购买冰箱的顾客明显感受到。相反如果公交公司改变车辆调度计划或行车路线，不乘公交车的人是感受不到这些变化的。显然，不考虑传递服务的流程，这种服务的再设计就不实际。

(二)服务设计的策略选择与关键

1. 服务设计策略选择

服务设计起始于服务策略的选择，服务策略决定服务的性质和重点及目标市场。这就要求管理人员评估一种特殊服务的潜在市场和盈利能力，以及组织提供该服务的能力。一旦组织做出了服务的重点和目标市场的决策，就应确定目标市场顾客的要求和期望。然后服务设计者根据这些信息设计服务传递系统(即工具、流程、提供服务所需的全体工作人员)。可以作为服务传递系统的例子有邮政、电话、电子服务(电脑网络、传真)，及面对面的接触。

2. 服务设计的关键

服务设计的两个关键点是服务要求的变化程度与顾客接触并卷入传递系统的程度。这会影响到服务的标准化或必须定制的程度。顾客接触程度和服务要求的变化度越低，服务能达到的标准化程度就越高。没有接触及很少或没有流程变化的服务设计与产品设计极其类似。相反，高可变性及顾客接触通常意味着服务必须是高度定制的，图 5-10 阐述了这一概念。

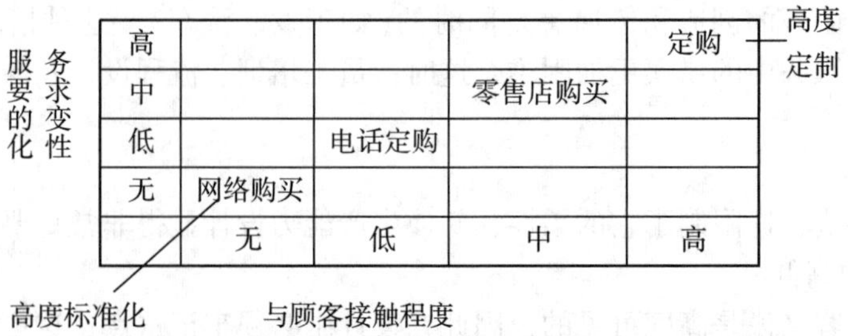

图 5-10　服务变化及顾客接触对服务设计的影响

服务设计的一个相关考虑因素是销售机会：顾客接触的程度越大，销售的机会就越大。

(三)服务的关键法则

在引导服务系统的开发时，经常用到许多简单但高度有效的法则。下面就是其中的关键法则。

(1)遵循一条简单、统一的主题，如便利性或速度。这将帮助全体人员共同协作，而不是各行其是。

(2)确定系统能够处理服务要求中的任何预期变化。

(3)要有设计特征，进行检查确保服务是可靠和始终优质的。

(4)系统设计要方便用户，这对自我服务系统来说更加重要。

(四)绘制服务流程图

服务设计中的一种常用工具是服务流程图，这种方法能描述并且能分析一种现有或待探讨的服务。下列是绘制服务流程图的主要步骤：

(1)划分各道程序的分界线并决定所需细节的程度。

(2)确定所包括的步骤并描绘它们。如果这道程序已经存在，从已实践的人那里借鉴输入该程序。

(3)准备主要程序步骤的流程图。

(4)指出可能出现故障的地方。吸收能最大程度减少故障出现的特征。

(5)建立执行服务的时间框架，估计程序所需时间的可变性。时间是成本的首要决定因素，因此给服务建立时间标准是重要的。可变性会影响时间，因此对可变性的估计也是重要的。顾客主要关心的是服务时间：满足顾客对服务时间的要求，如在好的餐馆里悠闲地进食或是一个医生耐心听取病人陈述，而不是草草诊断和治疗。

(6)分析利润率。从积极和消极两方面决定哪些因素会影响到利润率，并判断利润率对这些因素的敏感程度。例如，顾客等待时间经常是关键因素。应将设计重点集中在这些关键因素上，建立能防止消极影响并使积极影响最大化的设计特性。

图 5-11 阐明了接受电话订单的流程图。该图指出主要可能出现故障的地方。

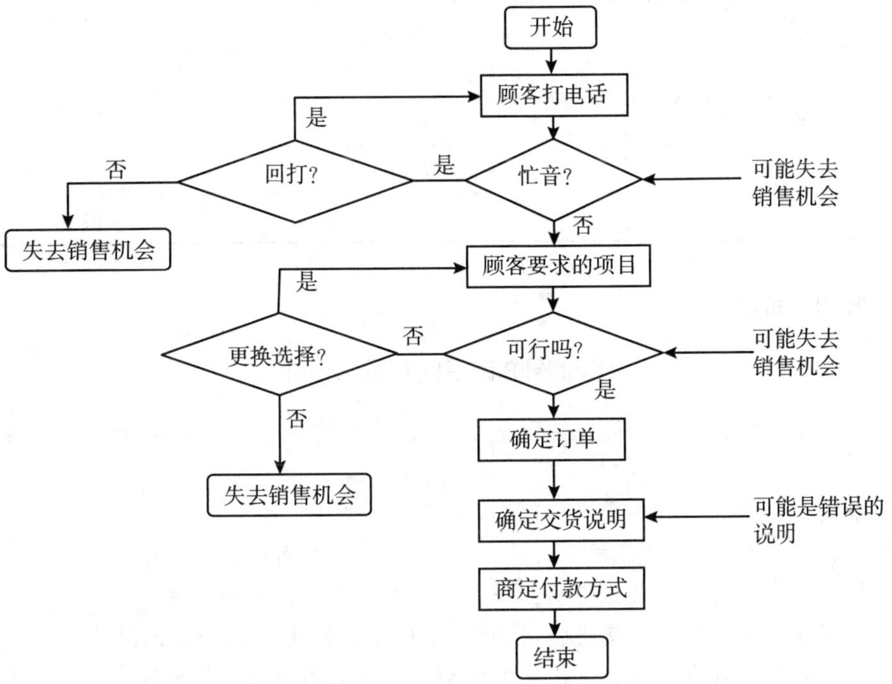

图 5-11　电话订单流程图

【练习题】

一、思考题

1. 运营管理的目的是什么？运营管理的主要内容有哪些？

2. 什么是生产率和竞争力？它们对于运营管理有何意义？

3. 什么是运营战略？有哪些不同的运营战略重点？如何选择？

4. 产品设计为什么特别重要？怎样确保产品设计是一个成功的设计？

5. 有哪些类型的流程？怎样选择？

6. 设施选址应考虑哪些因素？

7. 设施布置有哪些基本类型？怎么进行布置？

8. 东正商业公司欲在某一城市开设多家连锁店，并同时建立一个向各家连锁店配送货物的配送中心。通过调查分析，已决定在 7 个居民区建立 7 家连锁店。7 个居民区所在位置以及每天需求量如附表 1 所示，试据此决定配送中心的位置。

附表 1

居民区	所在位置(x，y)	每天需求量
A	(10，5)	3
B	(3，8)	3
C	(4，7)	2

续表

居民区	所在位置(x, y)	每天需求量
D	(15, 10)	6
E	(13, 3)	5
F	(1, 12)	3
G	(5, 5)	10

二、案例分析题

Hunt图书馆空间和服务设计

北卡罗来纳州立大学(NCSU)在开设的Hunt图书馆中，淋漓尽致地运用了服务设计理念和方法，使得Hunt图书馆从一诞生便备受瞩目。

为了解用户的空间和服务需求，Hunt图书馆组建9人图书馆专员调查小组，精心设计调查问卷，然后开展与40位教研人员和39位研究生的面谈活动，每次面谈由两名图书馆专员主持，一人负责面谈过程控制，一人负责面谈内容记录和转录。

与以往直接以图书馆资源使用情况为调查切入点不同的是：Hunt图书馆的此次调查以用户学术活动为切入点，考察用户学术活动过程中的图书馆空间和服务需求情况，按照用户类型不同，分为面向研究生和科研人员的两类调查。

NCSU研究生的学术行为活动分为授课导向型、研究导向型和助教型三类：(1)授课型活动：包括课外练习、课外作业活动，考试相关活动和小组项目活动。(2)研究型活动：包括实验室工作、户外工作；协作性小组会议、科研讨论活动，专业领域文献检索和阅读活动，文章、论文、演讲稿等学术文献的编纂活动。(3)助教相关活动：基于担任本科生教学、组织讨论、批改作业等工作产生的活动。

调查小组在以上三类活动分析的基础上，别出心裁地制作出研究生学术活动光谱，揭示不同类型研究生学术活动的趋向，如附图1。非论文型硕士研究生的学术活动几乎全部局限于修课活动，论文型硕士研究生的科研活动比重则逐渐增加，而对于博士研究生来说，科研性的学术活动毫无疑问是其活动重心。对各类研究生学术活动趋势的调查，有利于项目组结合后续图书馆资源使用情况调查，以及深入探讨和分析研究生的图书馆空间和服务需求趋势。

随后，调查组围绕各类研究生学术活动的开展场所进行调查，调查结果显示，39名研究生的学术活动场所主要分为以下4类：(1)办公室或实验室；(2)图书馆；(3)系部工作场所；(4)私人住所。其中，办公室和实验室的使用率最高，39人中有33人表示经常在这一场所开展学术活动，这33人中包含29名博士研究生、3名论文型硕士研究生和1名非论文型硕士研究生。图书馆使用率位居其次，有27人表示经常在图书馆开展学术活动，这27人由20名博士研究生、2名论文型硕士研究生和5名非论文型硕士研究生构成。另外，分别有20名和19名研究生表示会在系部工作场所和私人住所开展他们的学术活动。

调查小组紧接着对39名调查对象的图书馆使用情况进行深层剖析，结果如附表2。

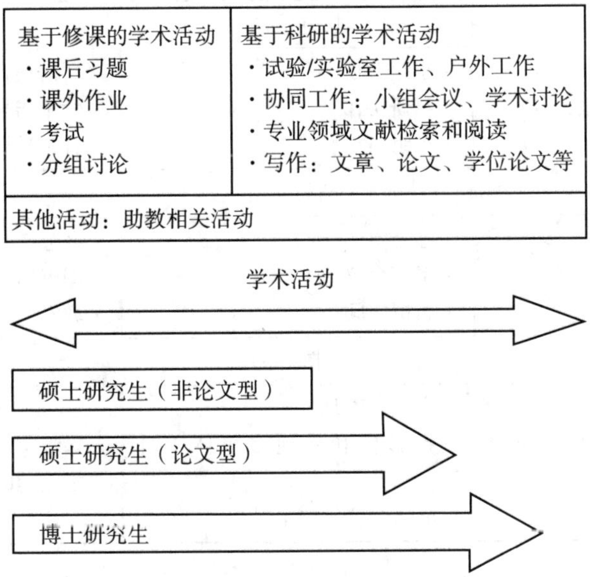

附图 1　研究生学术活动光谱图

(1)27 名使用图书馆的研究生中包括曾经用户和当前用户，其中有 19 名研究生现仍将图书馆作为开展学术活动的主阵地，这 19 名研究生包括 13 名博士研究生、2 名论文型硕士研究生和 4 名非论文型硕士研究生；(2)27 名中的 10 名研究生表示曾使用或仍在使用其他高校的图书馆相关服务，这 10 名研究生分别是 5 名博士研究生、1 名论文型硕士研究生和 4 名非论文型硕士研究生；(3)在回答“如果将图书馆作为学术活动开展的主要服务场所，你是否会毫无疑问地选择 Hunt 图书馆?”这一问题时，有 18 名博士研究生、2 名论文型硕士研究生和 4 名非论文型硕士研究生表示肯定。

附表 2　**研究生图书馆使用情况登记表**

使用情况＼类型	博士研究生	硕士研究生（论文型）	硕士研究生（非论文型）	合计
Hunt 图书馆总使用人数	20	2	5	27
Hunt 图书馆现使用人数	13	2	4	19
其他高校图书馆使用人数	5	1	4	10
确定无疑使用 Hunt 图书馆的人数	18	2	4	24

接着，教研人员空间和服务需求调查。针对科研人员的调查在 40 名教研人员中展开，面谈同样以学术活动场所为切入点，探讨图书馆在他们日常工作和学术活动中的角色和作用。经调查，教研人员的活动分为以下 3 类，如附表 3。

附表 3　　**教研人员学术活动统计表**

个人活动	协同活动	学生工作
·文献阅读 ·论文写作、项目申报 ·职称评定	·小组会议 ·科研协作 ·小组讨论	·科研项目指导 ·学术指导 ·日常教学事务
空间使用		
·办公室 ·住所 ·图书馆	·办公室 ·系部会议室 ·虚拟空间	·办公室 ·图书馆 ·教室
需求或不足		
·周一至周五开放的可以安静工作的场所	·会议室不足 ·投影仪和其他多媒体工具不足 ·电话会议设施不足	·除教室外可以容纳较多学生并与之互动的场所

个人活动：(1)文献阅读、论文写作、科研项目文献编纂、职称评定；(2)协同活动：小组会议、科研讨论；(3)学生工作：学生科研项目指导工作、学术指导工作、日常工作事务。这三类活动在教研人员的日常工作和科研工作中所占比重大体相当，调查组还发现教研人员在场所选择上较为灵活，会针对不同活动选用不同的场所。

在个人活动方面，分别有 40 名、22 名和 10 名教研人员表示会选择办公室、住所和图书馆作为活动开展场所。在协同活动方面，40 名受访人员均习惯使用办公室作为讨论和会议场所，40 人中的 36 人表示经常使用系部会议室，8 人经常使用“虚拟空间”开展会议和讨论。学生工作则一般在办公室、图书馆和教室开展。

受访的 40 名科研人员中，25 名来自工程学院和纺织学院，15 名来自农业生命科学学院和物理学院。25 名工程学院和纺织学院的教研人员中有 18 名表示在平时的工作和科研中肯定会使用到 Hunt 图书馆，有 7 人不确定是否会使用，这 7 人中包括 2 名由于路程问题而不确定使用的教研人员；而在农业生命科学院和物理学院的 15 名被访人员中，只有 3 人确定使用 Hunt 图书馆，不确定使用的人数上升至 8 名，确定不使用的有 4 名。

此后进入图书馆空间和服务设计阶段，首先是任务角色构建。人物角色法是服务设计中常用的设计方法之一，它通过大量翔实的用户调查数据，总结不同类型用户的行为模式和需求趋势，塑造出一组典型用户的人物角色，代表不同类型用户的动机、行为和期望，准确表达用户的核心服务需求。Hunt 图书馆在对 40 名教研人员和 39 名研究生的个人信息和图书馆使用情况细致分析和总结的基础上，结合 Alen Cooper 的“七步人物角色法”成功创建了包含 8 名人物的角色组(教研人员人物角色 4 名，论文型研究生人物角色和非论文型研究生人物角色各 2 名)。

这里需要注意的是，人物角色并不是现实中的某个人，而是现实中某一类典型用户的集中体现，即虚拟出用以进行后续服务路径和服务蓝图设计的人物。对人物角色的描述类似于对现实人物描述，包括个人基本信息、工作领域、工作目标、内心需求、价值取向等内容，以下抽取一名教研人员人物角色进行示范性介绍。

教研人员人物角色模型：A先生。

个人基本信息：高分子化学教授，60岁，已婚，有3名子女，宾夕法尼亚大学有机化学博士学位，在北卡罗来纳州立大学任教25年，爱好制作彩色玻璃和酿酒。对图书馆服务需求描述：(1)纸质和电子参考文献的检索和阅读；(2)复印、打印、扫描；(3)科研辅助功能；(4)图书馆会议室、休闲场所需求。

工作生活描述：化学家，喜欢带领研究生开展实验室科研工作，这也是其工作重心，周一至周五8小时标准工作制，有标准办公室，但经常在实验室办公，每周一次的实验室研究会议，常常会因为会议室太抢手而预订不到，每周固定一天和所指导的8名研究生会面，讨论学术问题。

实际如何使用图书馆：作为一名训练有素的化学家，比一些年轻馆员更熟悉化学类文献参考目录和索引，当然，A先生也会将Hunt图书馆的优秀馆员推荐给所带的研究生。和其他人一样，A先生大多使用电子文献，但仍会不时地借阅一些纸质文献以备查阅，图书馆对他来说，意义重大。

成功塑造人物角色模型后，接下来是利用模型去体验图书馆的空间和服务，结合角色感受，通过对用户在服务接触点可能产生的动作序列和情感的模拟，更好地设计图书馆的空间和服务。仍以A先生为例，试想这样一个工作态度严谨、致力于科研工作而又不失生活乐趣、将工作生活安排得有条不紊的教授，当他步入图书馆，希望呈现在眼前的是怎样的布局：(1)简洁优美的线条，宽敞通透的大厅，厅内结构、色彩简单、清爽，透明化的元素让人耳目一新，让用户感受到环境所传递的舒适与放松；(2)大厅内设立"礼宾员"，亲切的微笑和引导给人以宾至如归的感觉，各综合服务网点的"一站式"服务人员耐心细致且专业的解答总能让用户满意；(3)室内布局简单明了，所有区域功能一目了然，功能区服务流程简化，大多实行开放式自助服务；(4)A先生可能不太习惯图书馆社交化空间的相对嘈杂，但又认为图书馆不失为一个好的学习场所。因此，图书馆在安排用户的学习空间和交往空间时要考虑两者的隔离性，但分隔太远又可能给其他一些用户造成不便，因此区域功能的划分要兼顾隔离性和连贯性；(5)最重要的是A先生希望图书馆能够弥补各系部的短缺，在图书馆内部设置可供其召开科研例会的场所和设施。

以上穿行路径只是图书馆服务设计中一个最简单的例子，实际上，路径旅程图法是一个繁琐和系统的设计过程。在这个过程中，设计人员需要设想不同人物角色所走过的不同场景，构想不同服务引发的动作序列、服务体验和内心感受，通过不同人物角色、不同服务、不同体验的分析，设计出符合绝大多数用户需求的空间和服务。

在服务正式启用前对所设计的服务进行模拟和测试，通过对系统、道具、环境甚至人物的模拟，可以切实全面反映服务全过程，综合评定所设计服务的功能性、适用性及战略符合性。一般可通过现场模拟、分角色扮演和短期试点等方式展开原型模式检测。Hunt图书馆首先确定服务原型模式的检测对象，分别为自助开放式借阅点、社交化学术讨论点和一站式综合服务台；其次，针对不同检测点选择相应的检测方案：借阅点和讨论点选用角色扮演法进行检测，综合服务台则采用短期试点的方式开展测试。通过角色扮演和短期试点的实证检测，Hunt图书馆能够充分认识到设计原型模式在满足用户需求方面的优势和不足，通过广泛的用户征询实现对设计原型的不断修正和完善，使得Hunt图书馆的空间和服务以一个较为完美的姿态展现在用户面前。

问题：

1. Hunt 图书馆在确定服务需求方面有哪些创新之处？
2. 运用路径旅程图法去设想其他人物角色走过图书馆的场景。
3. 尝试制定此案例中的服务设计模拟和测试的具体方案。

资料来源：徐越人：《美国北卡罗来纳州立大学图书馆空间和服务设计应用研究》，载《图书馆论坛》2014 年第 5 期，第 114~120 页。

第六章　中小企业物流及供应链管理

【学习目的】

通过本章的学习，掌握物流及其管理的概念、基本内容，供应链的概念、特征、类型，供应链管理的目的、作用、特点、实施步骤、方法及其优化；掌握物料采购库常存管理控制及方法。

【案例导入】

物流信息技术的应用

20 世纪 70 年代沃尔玛建立了物流管理信息系统(MIS)，负责处理系统报表，加快了运作速度。20 世纪 80 年代初，沃尔玛与休斯公司合作发射物流通信卫星，物流通信卫星使得沃尔玛产生了跳跃性的发展；1983 年的时候采用了 POS 机，全称 Point of Sale，就是销售始点数据系统。1985 年建立了 EDI，即电子数据交换系统，进行无纸化作业，所有信息全部在电脑上运作。1986 年的时候它又建立了 QR，称为快速反应机制。沃尔玛在全球第一个实现集团内部 24 小时计算机物流网络化监控，使采购库存、订货、配送和销售一体化。例如，顾客到沃尔玛店里购物，然后通过 POS 机打印发票，与此同时负责生产计划、采购计划的人员以及供应商的电脑上就会同时显示信息，各个环节就会通过信息及时完成本职工作，从而减少了很多不必要的时间浪费，加快了物流的循环。

资料来源：《物流案例分析：沃尔玛的物流与供应链管理》，载 233 网校：http：//www.233.com/wuliu/anli/20071016/081536391.html，2015 年浏览；引用时作者进行了整理。

第一节　中小企业物流管理

【知识阅读】

中国石化炼油销售公司的物流管理

中国石化炼油销售公司是中国石化下属全资子公司，全面负责中国石化系统内液化气、沥青、石油焦、硫磺、石蜡等石油炼制产品的统一销售。公司集研发、运输、销售、服务为一体，依托中国石化 29 家企业建立了办事处和营业网点，并以此服务全国市场。近年来，随着运输品种的增加、运输业务量的增大，运输要求的不断提高，给物流管理工作提出了更高的要求。

中国石化炼油销售公司希望通过优化物流储运流程，来提高效率节约成本。首先是优化船运模式，炼销公司根据沥青产品船运量及流向、配送数量及其分布，预测船舶物流需求后确定标准设定船舶入户门槛、打包邀标比价等，确定部分固定的沥青海船及江船运力，以航线议价定价，按照销售、移库、配送流向灵活自主调配运力、及时响应出厂任务。其次，船运优化与租赁库点优化相结合，炼销公司2016年除在湖南、陕西、山东、浙江、江苏等地建立合作库，同时在四川省建立战略合作库，可以有效调节因入川方向铁路计划难批、汽运运价太高造成的销售不畅，同时有效利用长江水运资源，充分占领四川、重庆等市场。最后，罐车、船舶优化与布库布点相结合，通过详细调研不同区域库点不同运输方式接卸能力、综合物流成本等方式，优化运输方案，如通过铁水联运、铁公联运、水陆联运等方式，确定华东、华北、西北、川渝地区库点接卸沥青最优物流方案，充分调动公司自有资源、外部资源、企业资源等，提高车辆效率，降低物流成本，提高经济效益。

资料来源：范思梅：《炼销公司物流管理浅析》，载《价值工程》2017年第17期；引用时稍作修改。

一、中小企业物流的要义

(一)物流的概念

物流是指经营企业内部的物料移动，以及商品与物料的运进支出。商品包括企业的产品和办公用品等，物料包括用于生产过程的所有有形物体，设备、原材料、零部件、工量具、煤等；无形物资，如润滑剂、油料和化学液料等；以及其他生产辅助材料。

(二)企业内的物料移动

物料在企业内部的移动程序如图6-1所示。

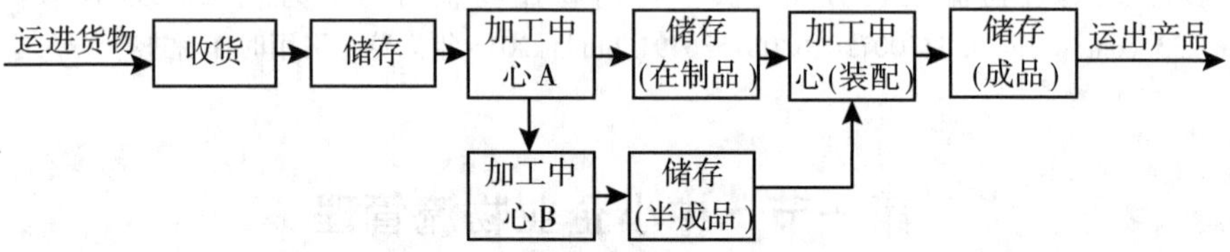

图6-1　物料移动示意图

物料在企业内部的移动程序为：从车辆运进到收货；从收货到储存；从储存到加工中心A；从加工中心A到储存(在制品)，或到加工中心B再到储存(半成品)；从储存(在制品、半成品)到加工中心(装配)；再到储存(成品)；从储存到包装、运输，直到车辆开出。

(三)企业的物品运进运出

在货运管理经理的领导之下，监控商品的运进运出。这一职能需要制订进度安排，确定运输方法与时间，考虑各种方法的成本、政府规章、组织的数量与时间需求、使运输延迟或中断外部潜在因素(如高速公路施工、司机罢工等)。

利用计算机追踪运输往往有助于了解运输现状，掌握成本与进度安排的最新信息。

(四)评价运输的方法

有些业务经常面临的一个选择，就是到底选择送货速度更快(但成本高)，能隔夜或2天航空送抵的方法呢，还是选择其他更慢却更便宜的方法呢?

在有的场合，以最快的速度运送是高于一切的考虑因素，那就显然没有其他选择了。然而还有很多时候，紧急并不是最重要的，这里就牵涉到了选择。此时的决策重点往往集中在对较慢方法所节约的成本与导致运送持有成本增加的比较上。在此有一个重要的假设条件，即买方收货后付款(例如通过EDI)。

因为使用较慢的运输方法而增加的持有成本可由下式得出：

$$\text{增加的持有成本} = H\left(\frac{d}{365}\right)$$

式中：H——细项的年持有成本；

d——所节约天数；

$d/365$——所节约年数。

【例6.1】 求使用1天还是3天的运输方法，条件是该细项的年持有成本为10000元，1天的运输成本为400元，3天的运输成本为：

a. 350元

b. 300元

解：H=10000元/年

节约时间=2天(如使用1天运输方法)

另外2天的持有成本=1000×(2/365)= 54.8元

a. 成本节约=50元。因为50元的实际节约少于54.8元的持有成木，所以应选择1天运输方法。

b. 成本节约=100元。因为100元的实际节约超过了54.8元的持有成本，所以应选择3天运输方法。

二、中小企业物流管理的要义

(一)中小企业物流管理的概念

在2007年颁布的中华人民共和国国家标准《物流术语》GB/18354—2006中，对“物流”的定义是物品从供应地向接收地的实体流动过程。根据实际需要，将运输、储存、装卸、搬运、包装、流通加工、配送、回收、信息处理等基本功能实施有机结合。

对于中小企业可作如下解读：

(1)中小企业物流管理既要实现最低的成本管理，又要确保客户对物流服务的满意。成本和服务是物流管理的侧重点，它们是矛盾的统一体。

(2)对物流活动进行的计划、组织、指挥、协调与控制，是指对物流各个环节的管理。因此，物流管理不仅是对单个环节的管理，还是对所有环节的全过程的连续动态管理。

(3)在物流系统中存在效益背反，物流管理就要通过有效的计划、组织、指挥、协调和控制等手段，合理地组织各环节实现整体最优。

(二)中小企业物流管理的目标和职能

1. 物流管理目标

通常认为物流管理的根本目标是“以最低的成本向用户提供最满意的物流服务”这是其本质和内容决定的：一则只有通过有效的物流才能实现物资的社会经济效用、时空间效用，即完成产品从生产的中小企业到最终使用者的转移，从而实现生产企业和流通企业的经营目标；二则通过合理地组织物流活动，既可以有效地降低企业的物流成本，更可以提高企业服务客户的总体水平，提高企业的竞争力。

2. 物流管理职能

就企业经营者来讲，物流管理同其他管理一样具有计划、组织、指挥、协调、控制、职能。

(1)物流计划主要包括物流量计划、采购计划、存储计划、装运计划等；

(2)物流管理的组织职能是把经营活动的各个要素、各个环节、各个方面进行合理组织，形成有机整体，从而有效地进行物流活动；

(3)物流的指挥是指在物流过程中对各个物流环节、部门、机构进行的统一调度；

(4)物流管理的协调职能主要是指在物流管理过程中各种关系的协调，以使企业的物流活动处于一个良好的运行机制下；

(5)控制是物流活动高效性的一项重要职能，一般包括质量控制及成本控制。

三、中小企业物流管理的基本内容

(一)物流涉及主体内容广泛

现代物流问题涉及的范围广泛，生产企业、流通企业、物流企业和政府等各个方面所面临的物流管理各不相同。

(1)生产企业和流通企业的物流管理问题是在企业经营中提出的，并且始终是物流研究和实践中的主要问题。设法更好地为客户服务，开拓物流服务的市场是物流企业面临的首要问题。

(2)政府应明确物流是国民经济的一个重要组成部分，物流的现代化管理实际上是与整个国家现代化的整体程度相一致的。政府应解决物流基础设施的规划和建设、现代物流发展的宏观环境的创造、培育和发展物流市场等问题。

(二)物流管理要素与职能繁多

就物流活动的全过程来说，物流管理包括：

(1)对物流活动诸要素运输、仓储、包装、装卸搬运、配送、流通加工等环节进行管理。

(2)对物流系统诸要素人、财、物、设备、方法和信息等六大要素进行管理。

(3)对物流活动中具体物流计划、质量、技术、经济等职能管理。

(三)物流管理可划分为三个层面

1. 物流战略管理

即根据企业的总体发展战略和长远目标，明确物流在企业经营中的地位，对企业物流的发展目标、物流服务的内容和水平等进行整体规划。

2. 物流系统设计与运营管理

物流战略确定后，如何保证战略目标的实现是一个至关重要的问题。因此，就需要有一个实施战略的手段(工具)，即物流动作系统。此时，物流管理的任务是设计物流系统和相应的物流网络，规划物流设施，确定物流动作的方式和程序等，从而形成一定的物流能力。同时还要对物流系统进行实时监控，及时根据需要进行必要的调整。

3. 物流作业管理

物流作业管理是物流活动中的具体管理活动。具体而言，就是根据业务的需要，按照计划的需求对物流作业活动进行具体的现场监督和指导，对物流作业的质量和数量进行监控，以保证物流战略目标的最终实现。物流作业管理构成了现代物流管理的基础，其他层面的物流管理都是围绕作业管理展开的，或者说是在作业管理基础上的延伸。

(四)中小企业物流最基本的管理。

1. 物流作业管理

(1)仓储管理。仓储管理的主要内容是接货、保管、发货的管理，其中保管就是仓储管理的重点内容。现代仓储管理已经由过去简单的被动保管转变为现代流通的主动管理，即仓储场所越来越多地发挥着集货、分类、检验、理货、流通加工和配送等功能。仓储管理通过积极采用现代仓储保管技术(如采用有效的仓储定位系统，利用集装箱、集装袋、托盘等储运装备以及自动化作业系统)提高仓储效率。

(2)运输管理。运输管理的影响因素很多，包括运输费用、运输时间、运输环节、运输频度、运输能力以及货物的安全性、适用性和到货的准时性等。在这些因素中以哪种因素为重点，则要根据不同的运输需要来确定。一般来说，运费和时间是选择运输方式最重要的考虑因素。运输管理的本质就是选择适当的运输方式，努力以最低的成本将货物及时地送达目的地。但运输服务与运输成本之间、运输成本与其他物流成本之间存在着“效益背反”问题，所以，运输管理并不只是以成本管理为中心，而应当以物流总成本为依据，进行合理的安排，尽量避免不合理现象。

(3)包装管理。包装贯穿物流全过程，在商品流通中起着重要的作用。包装管理应当适应企业物流作业、商品保护、形象展示和促进销售的需要，用科学的方法确定最优包装组合，并尽可能适应时代发展需要。例如，推动包装的机械化、大型化和集装化发展，开发新型包装材料和包装器具，尽量使用可回收或绿色环保的包装材料等。

(4)装卸和搬运管理。装卸和搬运在物流作业中占用了较多的时间和成本，同时由于装卸和搬运往往需要接触货物，如若不慎很容易造成物品破损、散失、耗损、混淆等。在运用高效的设备加快物流速度提高作业效率时，必须加强物品保护和防损。

(5)流通加工管理。流通加工的管理侧重于两个层面：一是加工中心自身的管理，如选址、加工方式和程度的确定，以及加工作业管理和加工成本控制等；二是加工与运输、仓储、搬运、配送等物流作业环节的作业整合问题。由于目前许多配送中心肩负着流通加工的职能。因此，流通加工已经成为一些配送中心的重要作业内容。

(6)配送管理。配送管理是围绕着需求的扩张，产生配送活动的有关管理。从广义上讲，配送管理包括了诸如配送中心选址和优化布局、配送机械的合理配置与调度、配送作业流程的制定与优化等内容。从狭义上讲，配送管理主要是指配送作业管理，这是因为前者活动更多地体现在前期的决策上，而后者则更多地体现在日常管理上。

一般来说，配送中心开展配送时要执行的作业流程为：进货—进货验收—入库—存放—包装—分类—出货检查—装货—送货。因此，配送管理也就体现在以配送中心为主导的进货入库作业管理、在库保管作业管理、加工作业管理、理货作业管理和配货作业管理上。

2. 物流成本管理

(1)物流成本管理的构成。物流成本是指伴随着物流活动而发生的各种费用，是物流活动中所消耗的物化劳动和活劳动的货币表现。物流成本由三部分构成：①伴随着物资的物理性流通活动发生的费用以及从事这些活动所必需的设备、设施费用。②完成物流信息的传送和处理活动所发生的费用，以及从事这些活动所必需的设备和设施费用。③物流综合管理所发生的费用。物流成本无论是对于企业还是国家来说，都不是一个小数目，物流活动的成本在 GDP 中占有相当的份额。

(2)通过成本管理物流。物流成本管理不是管理物流成本，而是通过成本去管理物流，可以说是以成本为手段的物流管理，通过对物流活动的管理降低物流成本。因此，要深入理解物流成本及其管理，还需要注意以下几个方面：首先，物流成本的削减对提高经济效益具有显著效果；其次，物流成本管理要以相应的核算体系为基础；最后，现代物流成本管理超越了单个部门或企业的边界。

(3)物流成本管理的作用。通过对物流成本的有效把握，利用物流要素之间的效益背反关系，科学、合理地组织物流活动，加强对物流活动过程中费用支出的有效控制，降低物流活动中的物化劳动和活劳动的消耗，从而达到降低物流总成本、提高企业和社会经济效益的目的。

(4)物流成本管理的具体内容。它包括物流成本预测、决策、计划、控制、核算，以及物流成本分析和物流成本检查等。要想准确地进行物流成本管理，必须掌握好物流成本的管理方法，可利用比较分析法、综合评价法、排除法和责任划分法等。实践证明，降低物流成本的途径包括物流合理化、提升物流服务质量、提高物流效率、培养和使用物流人才等。

3. 物流服务管理

(1)物流服务的基本内容。物流服务是对客户商品利润可能性的一种保证，包含着备货保证、输送保证和品质保证，达到客户满意的最终目的。物流服务的基本内容主要包括运输、储存与配送、装卸搬运、包装、订单履行、物流信息、存货预测等，以及与其相联系的活动。

(2)物流服务的作用。首先，物流服务对经济增长具有促进作用，具体体现为：降低物流服务成本，提高流通效益；加快流通速度，提高流通效率；满足客户多样化、个性化的物流需求。其次，物流服务在企业经营中也发挥着重要用作。具体体现为：在细分的市场营销时期，物流服务成为企业销售差别化战略的一个环节；物流服务水准的确立对经营绩效具有重大影响；物流服务方式的选择对降低流通成本具有生要意义；物流服务也是有效连接供应商、生产商、批发商和零售商的重要手段。

(3)物流服务的三个层次：基础服务、延伸服务、最高服务。在基础服务层次，将物流服务作为企业满足客户需求的必须完成的特定任务，为客户增加价值的机会是有限的。在延伸服务层次，强调利用绩效指标衡量服务情况，这种评价提供了测量改进的基准。在最高服务层次，不再把服务仅仅作为某一项活动，而是将其上升为整个企业的活动，它渗透于整个企业及其所有活动中，企业能够通过提供较高水平的物流服务取得竞争优势。

由于物流服务的重要性，它已经被很多企业纳入到战略规划中，并进行科学、合理的物流服务战略分析和策划。通过物流服务获得竞争优势的战略包括：缩短周期时间战略、提高资产利用率战略、应用技术战略、关系战略。而作为提供专业化物流服务的物流企业，服务更是生存之本。服务管理不但要面向委托方，还要面向委托方的最终客户。

第二节　供应链管理要义

【知识阅读】

九美公司的供应链管理

九美公司是山西省一家普通的白酒代理商，在山西激烈的市场竞争中开始寻求新的发展，于是在2010年开拓电子商务市场，从无到有，从小到大，在酒类电子商务服务领域不断发展，主要从事自己品牌和其他白酒品牌的网络销售，经营范围包括白酒、葡萄酒、洋酒、保健酒、啤酒等。九美公司抓住了互联网的运营规律，把供应链这个核心竞争力不断地完善发展。

九美的供应链模式为“仓库+供应商+配送中心”。首先是多仓库部署。每一仓库在管理系统中形成相互独立的数据。总公司可以统一配置企业级的基础信息和业务规格，无须重复输入数据即可直接继承至各层级仓库；各层级仓库也可以独立维护其专有规则及策略，保障各仓库系统实务操作的灵活性。其次是货位可视化。九美公司的物流供应链管理系统中，每一货位对应其所在储存区，可以为它赋予不同的应用特性，如常温及冷藏、立体、平面。最后是供应商管理。九美公司的供应链管理系统支持贸易伙伴如原材料供应商及物流服务商访问库存数据，并允许其管理发货和库存，通过 Internet 或移动设备实时了解安全库存及交易，实现自动条码标签打印、下单、收货及对账。

资料来源：刘庆健：《中小企业基于电子商务的物流管理研究》，载《经济研究导刊》2018 年第 3 期；引用时稍作修改。

一、供应链的概要

(一)供应链的含义及结构

1. 供应链的含义

供应链是指围绕核心企业，通过对信息流、物流、资金流的控制，将供应商、制造商、分销商、零售商直到最终用户连成一个整体的功能网链结构和模式。模式运行过程如采购所需原材料，制成中间产品或最终产品，再由销售网络把产品送到消费者手中。20世纪末以来，在全球制造业竞争加剧的环境下，围绕核心企业的网链结构可以简单地以图6-2表示。供应链不仅是一条联结供应商与用户的物料链、信息链、资金链，而且是一条增值链，物料在供应链上因加工、包装、运输等运作而增值，给相关企业都带来收益。

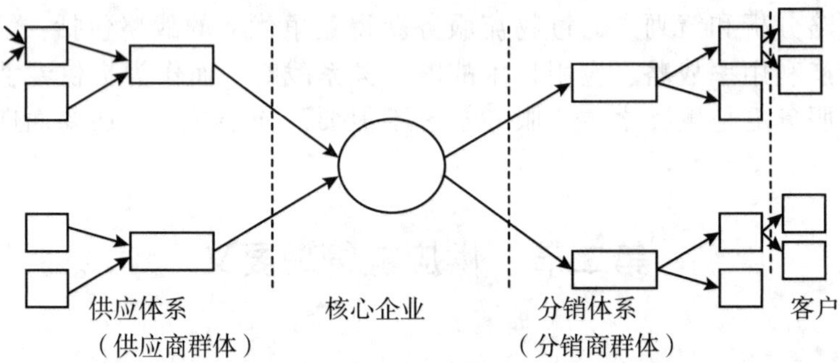

图 6-2　供应链的基本结构示意图

2. 供应链的影响因素

供应链的网链结构中包括多个企业，这些企业各自在供应链的位置和相互之间的关系等，取决于很多因素，如供应链网络结构中所生产的产品的复杂程度，所需原材料的种类及其供应经过的环节；原材料供应商的供货能力及可供选择的供应商数量等。总之，可以说所有影响产品生产、供应、销售，直至最终消费的因素，都有可能影响供应链管理系统的网链结构。

3. 供应链的网链结构及管理

供应链的网链结构主要包括：供应链的长度(即所包含的层面数)、各层面供应商或客户的数量、各层面之间的联系方式等。供应链管理的任务是确定该链网中不同节点之间的不同关系、类型、关系的紧密程度和联系形式。与核心企业的业务密切相关的关键供应商或客户可以确定为合作伙伴关系，以巩固企业间的关键业务联系，提高业务流程的效率，减少流程中断的风险。如果所有结点间的关系都处理成合作伙伴关系，则可能消耗大量的时间和精力。因此，供应链网链结构问题中最关键的是要综合考虑供应链的总体目标、背景环境以及企业能力等具体因素，确定供应链中各节点之间的恰当关系。

(二)现代供应链的特点

供应链的特点体现在供给与需求有机结合、高效组成的网链结构；高度一体化的提供产品和服务的增值过程；每个结点代表一个经济实体以及供需的两个方面；物流、信息流和资金流三种形态交融并行。具体说来有以下特点。

1. 供应链的复杂性

供应链是一个复杂的网络，是由不同目标的成员和组织构成的。这意味着要为某个特定企业寻找最佳的供应链战略，会面临着很大的挑战。供应链结点企业组成的跨度(层次)不同，有生产型、服务型之分；有上游、下游、核心层之分，即供应链往往由多个、多类型甚至多国企业构成，所以供应链结构模式比一般单个企业的结构模式更为复杂。

2. 供应链的动态性

现代供应链的产生是因为企业必须适应市场需求的变化，无论是供应链结构，还是其中结点企业都需要动态地创新来适应市场需求变化，使得供应链具有明显的动态性。

3. 面向用户的需求

供应链的形成、存在、重构，都是为了最终满足用户需求，并且在供应链的运作过程中，用户的需求是供应链有效运作的原动力。

4. 供应链的交叉性

供应链结点企业既可以是这个供应链的成员，同时又可以是另一个供应链的成员，众多的供应链形成交叉结构，增加了协调管理的难度。

5. 供应链的协调性

供应链本身就是一个整体合作、协调一致的系统，它有诸多合作伙伴，为了一个共同的目的或目标，协调行动，紧密配合。每个供应链成员企业都是链条中的一个环节，都要与整个链条的行动一致，绝对服从于全局，做到方向一致、行动一致。

(三)供应链类型及其区别

1. 内部与外部供应链的含义

供应链按不同的标准划分，可以分为诸多类型，下面仅介绍常用的内、外部供应链。

供应链分为内部供应链和外部供应链。内部供应链是指企业内部产品生产和流通过程中所涉及的采购部门、生产部门、仓储部门、销售部门等组成的供需网络。外部供应链是指企业外部的，与企业相关的产品生产和流通过程中涉及的原材料供应商、生产厂商、储运商、零售商以及最终消费者组成的供需网络。

2. 内、外部供应链的区别

内部供应链和外部供应链共同组成了企业产品从原材料到成品到消费者的供应链。可以说内部供应链是外部供应链的缩小化。如对于制造厂商，采购部门就可看作外部供应链中的供应商。它们的区别只在于外部供应链范围大，涉及企业众多，企业间的协调更困难。

(四)供应链三种形态及其关系

1. 物流、信息流与资金流含义及其管理目标

供应链有三种不同的形态，即物流、信息流与资金流。下面分别对这三者及其管理目标进行描述。

(1)供应链物流形态。物流形态是指从实物供应商到满足客户实物需求的所有实物的

供需流动。它是物理形态，包含运输、库存、装卸、搬运、包装等活动，这些活动对商品的流动来讲，是在不同场所进行的。因此，有效的供应链管理的物流管理，主要作用是缩短实物的在途时间、实现零库存、及时供货和保持供应链的连续和稳定。

(2)供应链信息流形态。信息流是指整个供应链上信息的流动。它是虚拟形态，包括供应链上的供需信息和管理信息，它伴随着物流的运作而不断产生。因此，有效的供应链管理之信息流管理，主要作用是及时准确地在供应链中传递供求信息，从而使供应链成员及早形成统一的计划并执行，更好地服务最终顾客。

(3)供应链资金流形态。资金流是指整个供应链上资金的流动。它可以是物理形态也可以是虚拟形态。因为供应链上各企业每一项业务活动都会消耗一定的资源，所以必然导致资金流出，而只有产品出售给自己的客户，资金才会重新流回企业。因此，有效的供应链资金流的管理，主要作用是使供应链成员尽量减少成本，并尽可能使产品让顾客满意，从而使资金早日回收，提高企业资金的流动率。

2. 物流、信息流、资金流的关系

生产加工企业一般都是根据客户或市场的需求生产和开发产品，采购原料，加工制造成品，销售给客户，提供售后服务。物料从供方开始，沿着各个环节向需方移动。每一个环节都存在“需方”与“供方”的相对应关系，形成一条首尾相连的链，图 6-3 表示了三种流的关系。由图可以清楚地看信息流、资金流与物流在供应链上流动的方向及相互关系。

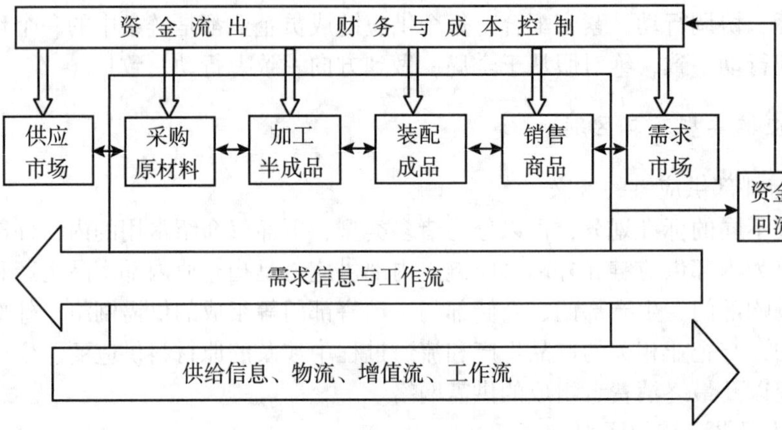

图 6-3　供应链三种形态的流向

(1)物流方向与需求信息相反，与供给信息一致。信息流中，需求信息(如预测、销售合同、产品图纸和生产计划、采购合同等)同物流方向相反，从需方向供方流动；由需求信息引发的供给信息(如入库单、完工报告、提单等)，同物流一起沿着供应链从供方向需方流动。

企业的各项业务都会消耗一定的资源。消耗资源会导致资金流出，只有当消耗资源生产出的产品出售给客户后，资金才会重新流回企业，并发生利润。因此，供应链上还有资金流。

(2)工作流促使物料、资金和信息流动。物料、资金、信息本身不会流动，要通过工作流(业务流程)来实现。工作流决定了各种流的流速和流量。企业的体制机构必须保证工作流畅通，对瞬息万变的环境迅速作出响应，加速各种流的流速(生产率)，在此基础上增大流量(产量)，为企业谋求更大的效益。

(3)供应链三种形态的关系。由上可见，物流、信息流、资金流三者是密切相关的，只有信息流很好地指导了物流，而物流的正确又保证了资金流的正确，这样反馈的信息流又很好地指导了物流，如此循环，整个供应链上物流才能很好地配置。供应链中信息若不能有效地集成，信息流形式不统一，相互间信息不共享，信息传递的渠道不畅通，信息反馈滞后于物流，无法滚动指挥物流，就不能在整体上进行有效的整合。因此，要强调物流、信息流与资金流的集成与统一，即准确的信息流，促成最佳的物流，产生有效的资金流。

二、供应链管理概要

(一)供应链管理的含义

1. 供应链管理(supply chain management)的概念

供应链管理是用系统的观点通过对供应链中的物流、信息流和资金流进行设计、规划、控制与优化，即行使通常管理的职能，进行计划、组织、协调与控制，以寻求建立供、产、销企业以及客户间的战略合作伙伴关系，最大程度地减少内耗与浪费，实现供应链整体效率的最优化，并保证供应链中的成员取得相应的绩效和利益，来满足顾客需求的整个管理过程。它覆盖了从供应商到客户的全部过程，其主要内容包括外购、制造分销、库存管理、运输、仓储、客户服务等。供应链管理又是一种集成的管理思想和方法，它贯穿于供应链中从供应商到最终用户的物流、信息流、资金流的计划和控制等管理职能。

2. 供应链管理的目的

供应链管理的最根本的目的就是增强企业竞争力，压倒一切的目标是提高顾客的满意程度，即做到将优质的产品或服务(right product or service)，按照合适的状态与包装(right condition and packaging)，以准确的数量(right quantity)和合理的成本费用(right cost)，在恰当的时间(right time)送到指定地方(right place)的确定的用户(right customer)。

3. 供应链管理的作用

成功的供应链应该能够协调并整合供应链中所有的活动，最终成为无缝隙连接的一体化过程。供应链管理的作用如下：

(1)供应链管理能有效地消除重复、浪费与不确定性，减少库存总量，创造竞争的成本优势。

(2)供应链管理能优化链上成员组合，快速反映客户的信息，创造竞争的时间和空间优势。

(3)供应链管理通过建立成员企业之间战略合作伙伴关系，充分发挥链上企业的核心能力，创造竞争的整体优势。

(二)供应链管理的基本原则

供应链管理实施原则基本上可以归纳为：

(1)根据客户所需的服务特性来划分客户群，即根据客户的状况和需求，决定服务方式和水平。

(2)根据客户需求，如供货时间、数量、地点和企业可获利情况，设计企业的后勤网络。

(3)及时掌握市场的需求信息。通过销售和劳动计划及时监测整个供应链运作，及时发现需求变化及早警报，并及时据此安排和调整计划。

(4)控制时间延误。由于市场需求的剧烈波动，所以距离客户接受最终产品和服务的时间越长时，需求预测就越不准确，而企业还不得不维持较大的中间库存，在实施大批量生产的时候，应先在企业内将产品加工结束，然后在零售店完成最终包装。

(5)与供应商建立双赢合作策略。供应商之间相互压价，固然使企业在价格上有收益，但相互协作，则可以降低整个供应的成本。

(6)在整个供应链领域建立信息系统。信息系统首先应该处理日常事务和电子商务；然后支持多层次的决策信息，如需求计划和资源规划；最后应该根据大部分来自企业之外的信息进行前瞻性的策略分析。

(7)建立整个供应链的绩效考核指标，而不仅仅是局部的个别企业的孤立标准，供应链的最终验收标准是客户的满意程度。

(三)供应链管理基本特点

供应链管理具有以下特点：

1. 供应链管理是一种基于流程的集成化管理模式

供应链管理是一种纵横的、一体化经营的集成管理模式。它以流程为基础，以价值的优化为核心，强调供应链整体的集成与协调，通过信息共享、技术扩散(交流与合作)、资源优化配置和有效的价值链激励机制等方法来实现经营一体化。

2. 供应链管理是全过程的战略管理

供应链是环环相扣的一个有机整体。只有这样才能保证信息广泛真实，决策正确，计划周详，管理有效。

3. 供应链管理提出了全新的库存观

在买方市场的今天，供应链管理的实施可以加快产品通向市场的速度，缩短从供应商到消费者的通道的长度；另外，供应链管理把供应商看做伙伴，而不是对手，从而使企业对市场需求的变化反应更快、更经济，总体库存得到大幅度降低。所以说，库存是供应链管理的平衡机制。

4. 供应链管理以最终客户为中心

供应链管理以最终客户为中心，将为客户服务、使客户满意作为管理的出发点，并贯穿供应链管理的全过程，并以此作为创造竞争优势的根本手段。

另外，供应管理不断采用新的管理方法，诸如用总体综合方法代替接口的方法，用解除最薄弱链寻求总体平衡，用简化供应链方法防止信号的堆积放大，用经济控制论方法实现控制等。

(四)供应链管理实施基本步骤

在供应链管理实施步骤上要做到：

1. 制订供应链战略实施计划

实施供应链战略首先应该制订可行性计划，这项工作一般分为四个步骤：

(1)将企业的业务目标同现有能力及业绩进行比较，首先发现现有供应链的显著弱点，经过改善，迅速提高企业的竞争力；

(2)同关键客户和供应商一起探讨和评估全球化、新技术及竞争局势，建立供应链的远景目标；

(3)制定从现实过渡到最佳供应链目标的行动计划，同时评估企业实现这种过渡的现实条件；

(4)根据优先分级安排上述计划，并且保证所需的相应资源。

2. 构建供应链

现代供应链的重心已向销售领域倾斜，在市场日益规范、竞争日趋激烈的情况下，建立供应链、推行供应链管理是企业采取的对策。企业可以采取如下主要措施建立供应链：

(1)明确自己在供应链中的定位。供应链由原料供应商、制造商、分销商、零售商、物流与配送商及消费者组成。它们必须根据自己的优势来确定自己在供应链中的位置，制定相关的发展战略，比如对自己的业务活动进行调整和取舍，着重培养自己的业务优势等。

(2)建立物流、配送网络。企业的产品需要通过供应链快速地分销到目标市场上，因此必须建立健全的物流、配送网络。供应链组建物流、配送网络时，应该最大限度地谋求专业化。

(3)广泛采用信息技术。主要通过应用条码及其他一些自动数据采集系统进行采集。供应链的管理者还应该倡导建立整个供应链管理的信息系统。

3. 改进供应链流程

企业的目标是决定应该在哪个变化的部分，投入改进。企业供应链流程可从范畴(scope)和深度(complexity)两个角度来思考，企业供应链流程改进是以使命导向或问题导向来判定的。使命导向追求差异化，问题导向追求效率。使命导向改进的重点是关键流程与整合；问题导向改进的重点则是流程分析与原因确认。其绩效指标，前者为修改或建立新的指标，后者为确认并努力减少差异的指标。

4. 评估供应链管理绩效

供应链管理绩效的评价指标，应该是基于业务流程的绩效评价指标，能够恰当地反映供应链整体运营状况以及上下结点企业之间的运营关系，而不是孤立地评价某一供应商的运营情况。对于供应商的指标应该有循环期、准时交货、产品质量等；而对于分销商的指标应该有循环期、订货期完成情况等。

(五)供应链管理的方法

供应链管理近年发展很快，随之管理方法也多起来了。我们仅介绍两种方法。

1. 快速反应系统(Quick Response，QR)

快速反应系统是指在供应链中为了实现共同的目标，零售商和制造商建立战略伙伴关系，利用EDI等信息技术进行销售时点信息交换，以及订货补充等其他经营信息的交换，用多频度、小数量配送方式连续补充商品，以实现缩短交货周期、减少库存、提高客户服务水平和企业竞争力的供应链管理方法。QR的成功实施必须具备五个条件：

(1)改变传统的经营方式，革新企业的经营意识和组织；

(2)开发和应用现代信息技术;

(3)与供应链上下游成员建立战略伙伴关系;

(4)改变对企业商业信息保密的传统做法;

(5)供应方必须缩短生产周期和商品库存。

2. 有效客户反应系统(Efficient Customer Response, ECR)

有效客户反应系统是一个制造商、批发商和零售商等组成的供应链，各方相互协调和合作，以更快的服务和更低的成本满足消费者需要为目的的供应链管理系统。其优势在于供应链各方为提高消费者满意度这一共同的目标进行合作，分享信息和决策。它是一种把以往处于分散的供应链节点有机联系在一起，以满足消费者需求的工具。应用 ECR 时必须遵守五个基本原则:

(1)以较少的成本，不断地致力于向供应链客户提供更优的产品、更好的分类、更好的库存服务和更多的便利服务;

(2)必须由相关的商业带头人启动;

(3)必须利用准确、适时的信息以支持有效的市场、生产及后勤决策;

(4)必须保证产品，从生产到包装，直到流动到最终客户的购物车中，以确保客户能随时获得所需产品;

(5)必须建立共同的成果评价体系。一般认为，ECR 包括四大要素，即有效的产品引进、有效的店铺分类组合、有效的促销以及有效的补货。

(六)供应链管理优化

1. 改善供应链管理质量，加强供应链成员合作紧密度

企业要实现供应链战略目标，首先要对企业已有的供应链管理进行优化。供应链管理优化的程度体现在供应链管理的质量，供应链管理质量取决于供应链成员合作的紧密程度，而这种紧密程度在很大程度上又首先取决于企业供应链合作成员所能共享的价值观。

现在，在日新月异的高科技的推动下，技术进步加快，产品更新周期缩短，对于那些生产由大量零部件组合起来的复杂产品的企业而言，要全面洞察、吸收已经出现的最新技术成果几乎是不可能的，而顾客又要求享受最大价值，即使他们的满意度增加，一旦顾客不满意，企业仍然会失去市场，从而导致整个供应链上各企业失去市场。因此，在探索和控制工作中，把诸多企业的各个环节的信息连接成网络系统，使得各种业务和信息能够实现集成和共享。

2. 建立高效率的消费者反应系统

供应链管理的最终目标，就是要建立一个具有快速反应能力的和以客户需求为基础的系统，使零售商及供应商以业务伙伴方式合作，提高整个供应链的效率，从而大大降低整个系统的成本、库存和物资储备，同时为客户提供更好的服务，这就是“高效率消费者反应”，即 ECR。网络的出现使企业面临的竞争是以全球企业为平台的，而且是在信息传递的无障碍和无时滞条件下发生的，这时，响应时间就成为最重要的竞争要素。企业必须综合配置各种资源，以缩短企业对于市场需求进行有效反应的时间间隔。换言之，一个企业对市场需求反应时间的长短，反映了企业调动和使用各种资源的管理能力。

3. 整合供应链

实际上，供应链的企业之间及企业内部的整合，经历了四个阶段的演变过程(如图6-4所示)。

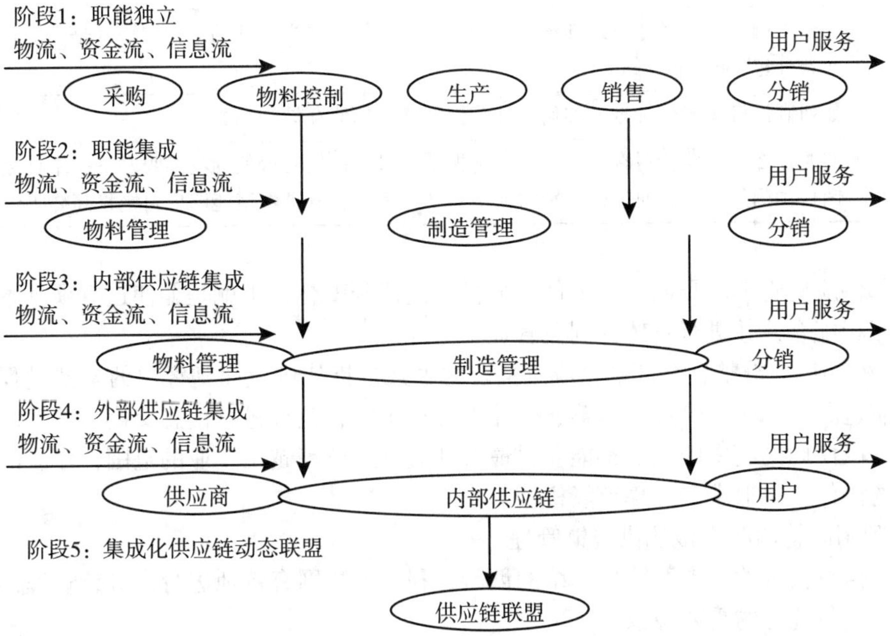

图 6-4 集成化供应链管理实施阶段

第一阶段，供应链上的每一功能部门相互独立，在相互不关联的情况下发挥作用，比如生产部门通过大量生产来使其单位生产成本降到最低，不考虑产成品的库存积压，也不会注意到因此占压的库房和流动资金。

第二阶段，公司认识到至少在相关的职能部门之间必须有一定程度的合作，如配送部门和库存管理部门之间、采购部门和物料控制部门之间必须有一定的集成。

第三阶段，供应链的集成度更高，供应链上的各种功能要全盘规划，有些内部职能部门要进行合并，从而形成内部集成的职能部门。

第四阶段，公司作为供应链的一部分，为顾客提供最优服务和最大价值，同时使供应链的总利润最大化。

(1)内部供应链整合。一个企业的内部也是一条供应链，也就是我们传统上所说的五项基本活动：采购、制造、运输、存储和销售。其各项任务见表6-1。

表6-1 **内部供应链中各环节的主要任务**

环节	主要任务
采购	应该从供应商采购什么规格质量的原材料？何时到货？谁应该成为策略供应商？应该与几个供应商建立特殊的关系还是与多数供应商合作？

续表

环节	主要任务
制造	为了更好地利用企业资源，应该如何安排生产？为了向客户提供快速反应，该在哪里设工厂？它们应该生产所有产品还是只生产特定产品？
运输	如何安排车辆才能取得最佳的运输路线？应该如何建立全球的运输网络？是否应该将此项业务外包(outsourcing)？
存储	如何制订订单履行计划？如何设计营销网络？如何存储物品？
销售	按照什么顺序履行对客户的承诺？优先销售对我们最有价值的物品吗？下一个计划期间的销售预测如何？如何进行特别的促销活动？生产和分销网络能够应付销售高峰吗？

内部供应链管理的目的就是要使内部供应链达到整合，也就是能使这五项基本活动的任务能互相配合，并进行整体计划及管理。

(2)外部供应链整合。外部供应链整合的含义是指从供应商到客户的全部过程，包括外购、制造分销、库存管理、运输、仓储、客户服务，充分进行信息交换，并达成统一计划安排，以使此网链中的企业都能获得最大利益。这就跨越了企业的范围，建立的是一种跨企业的协作，以追求和分享市场机会。

4. 利用因特网改变传统供应链管理

随着信息技术的发展、管理思维的创新，利用因特网有效地进行供应链管理，正成为公司赢得竞争优势的重要源泉。

电子数据交换(EDl)已经应用多年，这种储存和转送的技术，允许计算机之间互相联系，并最终能自动地结算商业交易。但是供应链管理执行的是复杂的并且充满了例外的业务。它需要人们合作起来解决问题。人们需要一个实时的、丰富的可视界面来支持，在诸如供应链管理的复杂事情上进行合作，而因特网正是由于其低成本，将各地区各国的距离拉近。用因特网便利组织间的合作，可以通过两种方法。

(1)Extranets。Extranets是一个公司的企业系统软件的扩展，它可以通过因特网将信息传到另一个公司或用户。例如，A公司可以通过Extranet扩展提供在线订单跟踪系统的入口，这将使顾客能跟踪订单生产的进程，然而该方法有一些局限，主要是培训的复杂性与规模能力。

(2)网站。目前简单的而且更加简洁的方法是运用网站。这种方法就是建立一个中心站点，在这里有所有互相连接的信息。用户进入单独的标准网页，就可以浏览供应链成员计算机系统中储存的数据库内容。这不需要任何特殊的培训。不管关系到多少计算机系统或贸易伙伴，界面总是保持一致，用户简单地运用鼠标点击就能得到想要的信息。新的伙伴加入只需直接与该网站连接就行了。操作指令是一致的并且是标准的。这样大大降低了维护和培训需求，从而也相应地降低了企业计算机系统的整体成本。中心站点通过查询计算机系统不断更新索引。该索引由两维的电子数据表来表示，行代表在供应链执行阶段出现的事件，例如购买单、确认单、提货单、提单与运单。列代表责任、义务，例如文件、交易类型、组织、地点、事件与人物。通过点击电子数据表中的活动单元格，用户可以从远程计算机系统实时得到内容。这些文件包括：商业单证、通信、电子表格、E-mail、传真以及任何其他可以存储在计算机系统里的文件。这种结构可以用来自我服务，也可以采用合作的模式。在自我服务模式下，供应链中任何公司里的个人可以进入该系统，而且其内容是一星期7天，一天24小时。在合作模式下，该系统允许不同公司两个或更多的人同时查看同样的信息，只要参与者通过电话线同时上网浏览同一网页，复杂的问题就可以解决了。这时提供了所有决策信息，并且参与者能立即通过他们的电脑，从屏幕上看到同样的信息。供应链的全球之间的联系，解决了连接不相似计算机系统的复杂性。而因特网作为信息传递的工具也将改善服务，减少存货及运输成本，改变周期，提高市场份额及提高供应链成员公司的业绩，这些都优化了供应链，达到供应链创造最大价值的目的。

5. 降低供应链不确定性

(1)供应链中所存在的不确定性。大型的生产系统日趋复杂，不同的供应商以其不同的方式将原料、零部件送至生产现场，经过复杂的生产过程生产出各种零部件和最终产品，再将零部件和产品送至客户。其复杂的生产过程多少带有不确定性。运输本身，也有多种手段，能否准时运到，也多少带有随机性。一旦由于某种原因导致原料延迟到达，机器不得不停止运行，订货被迫取消，这些不确定的因素均使管理者被迫增加库存。

(2)供应链管理就是要减少不确定性。建立库存在方法上并不困难。进行简单的统计后，就可以决定需有多大的库存量，才能保证客户在绝大部分时间段内的任意时刻随时得到最终产品，然而这需要不菲的资金，而且在生产系统形成网络时，问题远非如此简单。不确定性可以引起一连串的反应。

一个组织为了减少成本需要缩减库存量。这种缩减当然会影响到对客户的最终服务。为了减少库存投资和改进对客户的服务，只有重新分配库存。因此，供应链管理的任务就是要减弱由此带来的不确定性影响。

6. 有机地组合物流、信息流和资金流

整个供应链是由供应商、生产商、批发商、零售商以及最终消费者组成的供需网络。在这个网络中，每个贸易伙伴既是其客户的供应商，又是其供应商的客户。他们既向其上游的贸易伙伴订购产品，又向其下游的贸易伙伴供应产品。供应链管理就是要对供应链中的物流、信息流、资金流进行计划、组织、协调和控制，从而把众多企业的各个环节的信息化连接在一起，使得各种业务和信息能够实现集成和共享。

三、中小企业物料采购和库存管理控制及方法

采购库存管理控制是物资流动的管理控制，其目标是确保输入及时、质量可靠、来源稳定和成本较低的物料。为了便利输入控制，管理者应收集货物到达的日期及在什么条件下到达的信息，收集货物质量及货物与作业过程兼容的信息，最后还需核实供应商的交付价格与订单上的价格。这些信息可用来评价供应商，对供应商也可以根据其反应速度、服务可靠程度和竞争能力等因素做出评价，以备以后选择供应商。当选定供应商后，要与他们建立密切诚信的合作关系，以此提高工作效率和控制物料保质保量和及时供应。在此基础上，组织还要根据成本等来确定采购和库存。下面介绍物料采购和控制库存的方法。

(一)经济订货批量模型

用数学式表示最优订货数量的方法就是经济订货批量模型(Economic Order Quantity

Model, EOQ)。经济订货批量模型是在涉及订货与保管问题的四种费用中寻求一种平衡。这四种费用是采购费用、订货费用、保管费用、缺货费用。

EOQ 模型的目标如图 6-5 所示，是使四种费用中的订货费用和保管费用之和为最小。随着订货数量的增大，平均库存量增加，保管费用也随之升高。大量的订货意味着更少的订货次数，因而花费较少的订货费用。例如。如果对某一物品的年需求量为 52000 单位，每次订购 1000 单位，每年需要订购 52 次(52000/1000)。平均库存量为 500 单位(1000/2)。然而，如果订货量增加到每次 4000 单位，订货次数将减少为 13 次(52000/4000)，同时平均库存量增加到 2000 单位(4000/2)。因此订货费用下降，但保管费用增加。反之亦然。正如图 6-5 所示的那样，达到最优经济订货批量时，最低的总成本位于总成本曲线的最低点。在那一点上订货费用等于保管费用。与这一点对应的订货量称为经济订货批量 EOQ。

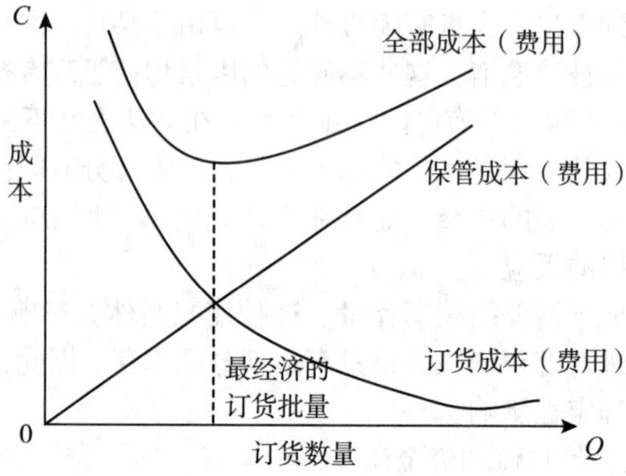

图 6-5　决定最终经济的订货批量

标准的 EOQ 计算公式如下：

$$\text{EOQ} = \sqrt{\frac{2 \times D \times OC}{V \times CC}}$$

式中，D 为一定时期内物品的预期需求量；OC 为每次订货的费用；V 为物品的价值或购买价；CC 为用百分比表示的占全部库存物品价值的保管费用率。

下面举一个例子来分析：某手机零售商店准备确定经济订货批量。商店预测每年的销售量为 8000 部，每部手机进货价为 1000 元。会计人员估计每次订货费用为 75 元。每年的保险费、税费和其他费用为手机价值的 20%。用 EOQ 公式和上述数据，就可以计算出：

$$\text{EOQ} = \sqrt{\frac{2 \times 8000 \times 75}{1000 \times 20\%}} = \sqrt{6000} = 77.45 \approx 78(\text{部})$$

利用公式计算的结果，告诉该店老板最经济的订货批量为 78 部。换句话说，他们一年需订货约 103 次(8000/78)。

如果该零售商店每次订货的最小数量是 130 部，手机制造公司将给予 5%采购折扣，又将会有什么变化呢？该零售商店老板的购买批量应为 78 部还是 130 部？

如果在没有折扣的条件下，每次订货量为 78 部，则该店销售手机的成本计算见表 6-1。

表 6-1　　　　**销售手机的成本计算表**

类别	计 算 过 程	计算结果
采购费用	1000×8000	8000000
保管费用	78/2×1000×0. 20(平均库存量×每部单价×保管费用率)	7800
订货成本	103×75(订货次数×每次订货费用)	7725
总成本		8015525

如果在享有 5%折扣时，订货 130 部，每部成本将为 950 元。这时的年库存成本计算如表 6-2。

表 6-2　　　　**年库存的成本计算表**

类别	计 算 过 程	计算结果
采购费用	950×8000	7600000
保管费用	130/2×950×0. 20(平均库存量×每部单价×保管费用率)	12350
订货成本	8000÷130×75(订货次数×每次订货费用)	4615. 38
总成本		7616965. 38

以上计算表明该商店老板应选择 5%的折扣进货，即使不得不增加库存量，但每年节省 398559. 62 元(8015525-7616965. 38)。

需要注意的是，如果不满足需求量和提前期都是已知的不变条件，这个模型就不能用。例如，它一般不能用于制造行业的零部件库存问题，因为这些零部件取出使用不规则，时多时少，并不是以不变的速率使用。这并不意味着需求量变化时，EOQ 模型就完全没有用了，这个模型在权衡各种费用和确定批量规模时仍然可以用。然而有一些更复杂的模型能够确定需求不稳定情况下的订购批量。

(二)库存订货系统

这里介绍定点订货系统(Fixed-Point Reordering System)。它在操作过程中预先设定一个点，当库存到达这个点时会出现一个标志，这个标志表示需要补充库存，否则不能保障正常供应。

定点订货系统的目标是使库存中的保管费用最小化，并使库存量保持一个不能缺货的合理水平，以便满足顾客的需求。因此再订货点应该是根据缺货前，库存可使用的时间与订货提前期相等来确定，提前期是指从订货到下批货物交货这段时间。在这样的情况下，新订的货物会在库存中最后一件用完的时候到达。更为实际的做法是，管理者通常并不让存货量低于某个安全存货水平(如图 6-6 所示)。采用一种统计方法可以设置一个再订货点，使组织有足够的存货度过提前期，并对防止缺货提供合理的保障。这种缓冲或安全存货量，是对提前期内超出预期的使用货物和意料之外的延迟交货的一种保险措施。

下面用一个简单例子来说明。为了确定某种标准螺钉的再订货点，假设提前期平均为

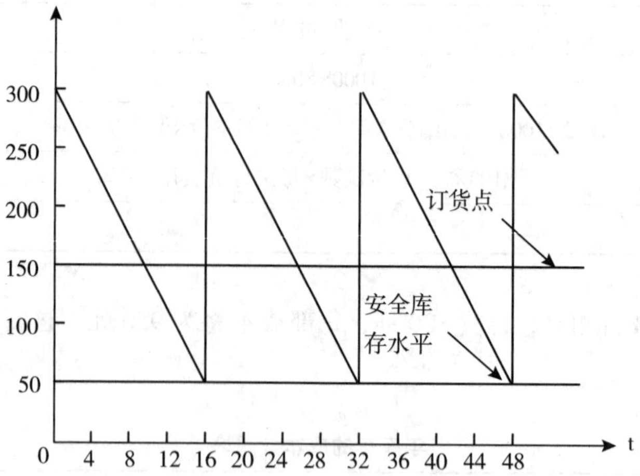

图 6-6 带安全存货的库存循环

3 周，每周要 800 只，需要 2400 只度过一个“正常”的期间。根据过去的经验，一周的安全库存将可满足顺利度过最长的提前期，因此订货点应该设置为剩下 3200(2400+800)个时再订货，这就是再订货点。同样需要注意的是，安全存货量越大，缺货风险越小。但是额外的存货会增加库存成本，因此我们又面临一个成本与利润决策的问题。通常情况下用尽库存也许是精明的。

当前，许多企业的定点订货系统更多地应用计算机来进行控制。计算机中心自动记录销售情况，当存货下降到某一关键固定点时，预先编制的计算机程序就会发出某一物品的订货单。实际中的收款机就是一个计算机，它根据销售量自动修改库存记录，当库存到达关键点时，计算机就告诉管理人员再订货。有的系统，还可直接打印出采购订单。

(三)定期订货系统(Fixed-Interval Reordering System)

定期订货系统以时间作为决定库存控制的主要因素，一般以一个预先确定的时间间隔，如每周、每月或每季。对库存量进行一次统计，每次订货的数量，等于将现有库存量补充到期望水平库存量所需订购的数量。如果需求和订货提前期是平均水平，则期望库存的存货刚好在下一次订货到达时用完，或者加上一点安全库存量。与定点订货系统相比，这个系统在运输和数量折扣上要经济一些。例如，如果定期检查所有库存物资，而且每隔一个固定的时间从同一家供应商处订货，可以统一我们的订单，这在其他方法中是难以做到的。

(四)ABC 系统(ABC Systems)

一家公司有几千种库存物资并不少见。然而，事实表明，大多数组织的库存中大约10%的物品占年度库存总价值的50%，20%的物资占了价值的30%，其余70%的物资只占20%的价值。对每类物资可以分别标以 A、B、C 来进行分类，这就是 ABC 系统，如图6-7所示。

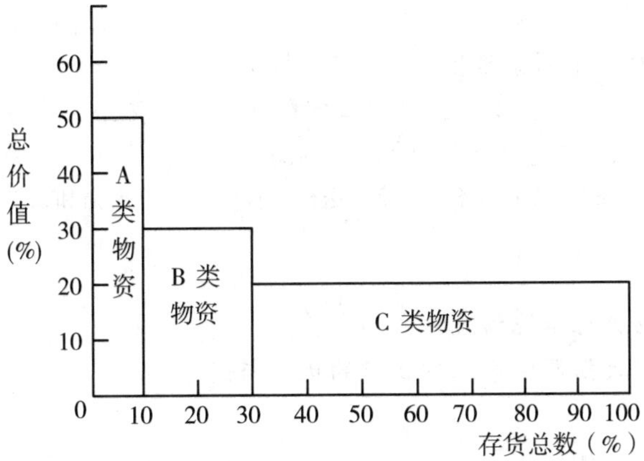

图 6-7 ABC 库存系统控制图

【练习题】

一、思考题

1. 什么是物流？什么是物流管理？
2. 物流管理的目标和职能是什么？
3. 试述物流作业管理。
4. 什么是供应链？什么是供应链管理？
5. 供应链有哪些特征？
6. 试述供应链不同形态及其关系。
7. 试述经济订货批量模型。

二、案例分析题

以天猫商城为代表，天猫商城有大量的网商，这些网商面对的是全国各地不同的网络消费者，要保证商品能够比较快速有效低成本地流通到消费者手中，天猫商城的商家们就得利用第三方物流，网商们把物流配送都外包给第三方物流公司，利用外部物流公司的资源为企业配送。采用第三方物流配送模式具有明显的优势。

首先，网商们只需要关注商品的出售，商品的配送由第三方物流公司来解决，这样企业可以更关注网站的经营和改善提高网站的服务质量，有助于提高核心竞争力。

其次，网商们可以根据自身商品与要求主动选择第三方物流企业。这种市场的竞争可以促使第三方物流公司根据市场变化与需求进行创新，使之提供的服务满足 B2C 电子商务的要求。有资料显示，中国 70%以上的快递公司依托淘宝网生存。所以天猫上的众多商家们选择物流配送的范围很大，商家可以根据自家的商品特性选择不同的快递公司。比如：卖普通生活用品的商家，大多数会选择圆通、中通、申通等价格相对低廉的物流公司，而卖电子产品的商家一般会选择顺丰、宅急送等相对有保障的快递公司。

最后，第三方物流公司专业化程度高，物流配送资源丰富，这些优势可以帮助网商们缩短交货期，保质保量进行配送，从而改进商家形象，留住老客户，吸引新顾客。

第三方物流有它的优势所在，但是也存在一定的风险，比如商家无法全程监控货物的运送，无法全面了解和掌握相关的货物运输线路和货物的即时情况等，所以，我们看到一直声称“绝对不会做物流”的淘宝，也在悄无声息却遮掩不住地做着它的物流计划。2010年6月，淘宝网与70多个商家推出了“淘宝免邮仓”活动，这个活动可以满足买家在多家店里买的商品打包在同一个包裹里，再由淘宝配送中心免费给买家邮递包裹，买家不用付邮费。淘宝网表示，“淘宝免邮仓”活动标志着淘宝物流配送中心正式投入运营。

资料来源：熊艳兰：《B2C电子商务的物流配送模式探究——以天猫和京东商城为例》，载《商业经济》2013年第3期。

问题：

1. 比较第三方物流与传统物流方式的差异。
2. 结合案例分析天猫商城第三方物流的优点与隐患。

第七章　中小企业竞争优势及创新管理

【学习目的】

通过本章的学习，掌握中小企业确立和再创竞争优势的基本要点，特别是通过战略管理变革和提高企业核心能力等再创竞争优势；掌握中小企业创新的基本理论知识，熟悉其管理创新、技术创新(包括产品和工艺创新)和服务创新的基本概念、内容、路径、方法和效应。

【案例导入】

尤健明寻觅市场机会和获得竞争优势的启示

开创新事业的企业家是从寻找还没有被大企业所占据的市场机会入手的。尤健明是洁净业隐形冠军浙江朝晖股份有限公司的创始人。他于一次偶然的机会接触到 LG 吸尘器使用的纸质集尘袋。他意识到这是一个有吸引力的产品，当即借了这个集尘袋，带到国内的吸尘器企业，结果国内的吸尘器企业也没见过这种一次性的过滤产品，甚至当时国际上使用得也不是很多。尤健明意识到这是一个创业机会，于是他在 1990 年创办了希珍纸制品厂(朝晖过滤前身)，成为国内首家涉足过滤行业的民营企业。纸质集尘袋是当时吸尘过滤袋中的一个新产品，国内尚无人涉足。3 年后，企业年产值达到近 100 万元。

资料来源：彭金荣主编：《战略管理案例集》，浙江大学出版社 2014 年版；引用时略有删减。

第一节　中小企业竞争优势及其再创

【知识阅读】

中国快递业的独孤求败

顺丰公司在 1993 年正式成立，当时公司仅有 6 人，而现在的顺丰已经成长为我国快递业的业界翘楚。早期的顺丰实行“低价收件，高速发件”的策略，以低于市场价 30%的价格收件，但依旧实现快速发件，从而为顺丰取得了竞争优势，赢得了一大批中小商家的广泛支持，客户量剧增，业绩攀升。

当时起步的快递公司无一例外地实行多样化产品定位，谋求着看似“大而全”的发展局面。而此时的顺丰却走上了与众不同的道路——提速、高端服务，而这也为顺丰再创了竞争优势。顺丰剔除五六元钱的同城快递客户，把与四大国际快递——DHL、UPS、TNT、联邦快递业务重叠的高端客户群摒弃，专攻两梯次中间的“中端”

客户。顺丰将快递价格从15元提高到20元。价格涨了，服务也跟着提升。在服务质量方面，在顺丰不会发生“暴力分拣，野蛮操作”等国内快递业的通病。顺丰频频招收高学历人才，更屡屡引进高素质管理人才，甚至聘请IBM公司做管理咨询，提高服务人员素质，并且采取直营模式来保证各地顺丰服务点的服务质量。在提速方面，顺丰走在国内前列，是国内首家使用飞机运件的民营快递公司。

顺丰从不做广告宣传，也没有任何推广手段，然而在与申通、宅急送等快递公司的竞争中，凭借“优质高速”的策略，一直领跑国内快递业。

资料来源：王楠著；《王卫：顺丰而行——新蓝领时代骄子》，北京时代会文书局2014年版；引用时经过整理。

中小企业在市场竞争中如何获得并保持竞争优势，是关系其生存和发展的核心问题，中小企业必须追求和得到独特的不易被别人模仿的竞争优势并保持这种优势，只有这样，中小企业才能在激烈的市场竞争中占有一席之地，并不断发展壮大。但是获得并保持竞争优势是一个极其复杂的过程，它需要中小企业经营者及员工用很多时间和精力去实现。

一、中小企业竞争优势要义

中小企业要想获得并保持独特的竞争优势，就必须先对竞争优势有一个比较全面的理解，我们先来讨论中小企业竞争优势的概念及其类型。

(一)中小企业竞争优势的概念

自从哈佛大学迈克尔·波特教授的《竞争战略》、《竞争优势》两本专著出版以来，企业竞争优势得到越来越多的重视和研究。对于竞争优势的概念，波特教授并没有在这两本书中给出明确的定义，但我们根据他所使用的英文词组“competitive advantage”，可以把竞争优势理解为在竞争中具有别人所无法模仿的“特长”或“有利条件”。

按照我国学者的观点，企业的竞争优势就是企业能比相关竞争对手更好地满足顾客的需要，即以较低的成本提供同样的产品/服务，或者以同样的价格提供较高价值的产品/服务并获得收益。但是，竞争优势的形成或获得，不完全局限于产品/服务的价格和质量优势，如果局限于此，那对广大中小企业来说就可能是很不利的。因为，中小企业往往规模小、人员少、实力弱，很多中小企业属于劳动密集型，这就意味着不是每个中小企业都可以在产品/服务的价格或质量上竞争过大企业。中小企业的竞争优势是相对于其竞争对手而言的，是市场消费者或业界认为的中小企业比其他企业强的方面。中小企业应从比较中寻觅竞争优势，并加以有意培育，使其在企业经营中发挥作用。

(二)中小企业竞争优势的类型

根据不同的分类标准，中小企业的竞争优势有诸多的不同分类。这里仅根据中小企业的外部市场比较和系统内部比较，把中小企业的竞争优势分为中小企业的外部市场竞争优势和内部系统竞争优势两大类：

1. 中小企业的外部市场竞争优势

中小企业的外部市场竞争优势，是指中小企业与外部市场相比较的竞争优势，也就是狭义的中小企业竞争优势。一般有如下几种竞争优势：

(1)产品/服务的成本优势/价格优势；(2)产品/服务的质量优势；(3)产品的差异化；(4)客户服务的优势；(5)亲和力的优势。

2. 中小企业的内部系统竞争优势

中小企业的内部系统竞争优势，是指除市场外的中小企业内部系统所具有的别人所无法企及的比较优势，主要有以下几种：(1)中小企业的经营管理优势；(2)资金筹集与管理的优势；(3)人力资源优势；(4)与各种创新能力相关的中小企业创新优势。

综上所述，我们通常意义上所讨论的中小企业的竞争优势，仅指中小企业的外部市场竞争优势或叫狭义的中小企业竞争优势。有的学者也把广义的中小企业竞争优势称为中小企业的核心能力或核心竞争力。这里主要讨论狭义上的中小企业竞争优势，广义的中小企业竞争优势如中小企业经营战略、中小企业人才战略、中小企业创新等在本书其他章节予以阐述。

(三)中小企业竞争优势认识的误区

通过上述论述可以看出，中小企业不但可以有自己的竞争优势，而且中小企业通过自己的努力并结合自身条件，可以从多个不同方面去创造并保持自己独特的竞争优势，并借此获取利润来促进中小企业的长期发展。

然而，围绕创造竞争优势，许多企业家在认识上还存在误区，常见的有两种：一种是认为大多数好的商业机会已经消失了；另一种是认为中小企业与大企业根本不可能在同一起跑线上竞争，这样中小企业是根本不可能获利的。这两种认识都是不可取的，因为每一个在市场上确立了自己地位的企业不论大小都不会喜欢竞争者的进入，都会竭力维持自己的专属领域，以避开潜在的或目前的竞争者。因此，对于中小企业来说，只要根据市场情况和自身的条件，选准了市场切入点并建立起自己独特的竞争优势，就一定能够打破已有的商业模式，保证企业的生存与发展。

除此之外，哈佛大学的迈克尔·波特教授在其《竞争优势》一书中还提到了其他几种常见的错误认识，这里仅列举两种以供参考。

1. 模仿不可能获得持久的竞争优势

中小企业经营者应该明白，竞争优势是不可能通过简单模仿而迅速获得的，即使获得了竞争优势，那也是很短暂的，不可能支持企业获得健康、持续的发展。

2. 行业吸引力的诱惑

最具吸引力的行业或许不是成长最迅速或最具发展潜力的行业，中小企业应该选择适合自己发展并有能力获得长期竞争优势的行业。

二、中小企业的竞争优势和竞争优势保持

(一)中小企业相对于大企业的竞争优势

中小企业与大企业相比，虽然没有掌握国民经济命脉的某种垄断地位，也没有很高的生产力发展水平及经济规模上的优势，但在经济发展中有自身竞争优势。

1. 创新方面的竞争优势

与大企业相比，中小企业在创新方面，有自己的竞争优势。中小企业以其灵活的特

点，发挥船小好掉头的优势，随时都可能进行创新活动。美国目前的几个世界闻名的高新科技大企业，如微软、苹果等，都是由几十年前名不见经传的创新型小企业发展起来的巨无霸企业。创新不仅局限于技术创新，还包括管理创新、制度创新等，通过这些创新活动，中小企业可以获取竞争优势。在智能电视领域，创维、海信、TCL、康佳等依然坚持传统硬件研发、生产和运营的思路，为用户提供自以为全面及完美的产品和内容。传统家电产品发展陷入瓶颈，很难再提高。即使是创新性的智能电视产品，也沿袭了固有的思维模式，其智能电视应用多为手机应用的改良版对大屏电视的兼容性缺乏。"界面设计混乱，不易查找内容"、"智能应用运行速度慢，交互方式不统一"等问题层出不穷。

乐视是家电领域的新兵，以互联网的思维快速进入。超级电视不仅是硬件，而且是"平台+内容+终端+应用"的乐视生态优势的结合。乐视在硬件上追求极致体验，更在软件创新上颠覆传统。超级电视在工业制造上崇尚极简主义，力求每一个细节都符合最前沿的美学追求，对于每一个配件的打磨，都精益求精到严苛的地步；在软件上，乐视推出全新的 Letv UI 系统，在视觉设计、人性化交互、核心应用、系统服务和遥控理念上突破传统，推出 7 重视觉革新、4 类交互设备、8 项人性化交互、4 大自有核心应用、10 大系统服务和 200+系统功能新增与改进。乐视的跨界创新，使其在智能电视领域迅速获取竞争优势。①

2. 市场需求的拾遗补缺竞争优势

中小企业必须注意把握市场需求的空隙，从而更好地抓住发展机会。索尼公司的创始人之一盛田昭夫的"圆圈理论"认为，在无数的大圆圈(指大企业占有的市场)与小圆圈(即小企业占有的市场)之间，必然存在一些空隙，即仍有一部分尚未被占领的市场。"空隙"市场由于产品服务面比较窄，市场容量不大，大企业因不能形成规模生产而不愿涉足该领域，但是对于中小企业而言是扩大市场占有率、提高收益率的绝佳机会。相对来说，中小企业就业人员少、产量低。正是这一状态，为中小企业提供了市场需求的生存空间。随着社会的发展和人民生活水平的不断提高，市场需求档次逐步拉开，消费的个性化、多样化日益增强，这就为中小企业拓展了更大的生存空间。目前，这一发展趋势在国际市场上表现十分明显。我国对外出口产品越来越表现出批量小，花色、品种多，价格灵活的竞争优势。这种竞争优势被我国出口产品中的大部分工业制成品都是中小企业提供所证实。

3. 特殊资源发掘利用的竞争优势

这里说的特殊资源，是指传统技术人才和特殊生产原材料。在现代技术条件下，为了增加生产，降低成本，一些传统技术可能被大企业放弃，只有中小企业才能将传统技能和现代技术有效地结合在一起，并形成自己的竞争优势。我国在长期的传统产品的生产经营中，形成了一大批有特殊技能的人才。以中小企业的形式，发展这些传统产品，是发掘利用这些具有特殊技能人才的必要方式，同时，我国也有一些适合中小企业开发利用的特殊生产原材料。我国的一些传统产品，其生产工艺相当复杂，不可能采用大规模企业的形式生产，只能采取小规模的企业形式生产。

4. 专业化分工协作的竞争优势

专业化协作是社会化分工的要求。一个企业只生产一种零部件，不仅初始资金投入量

---

① 黄颖主编：《管理学案例精析》，电子工业出版社 2015 年版；引用时略有改动。

相对较小，而且质量问题容易解决，易于进行生产技术的更新改造，生产技术水平容易实现机械化、自动化，所以劳动生产率高，经济效益好。故而，凡是可以实行专业化分工的产品生产，都是适合于中小企业发展的，都有利于中小企业竞争优势的形成。例如，思科公司有40个一级组装商，1000多个零配件供应商，其中真正属于自己的工厂只有两个，并计划最终让生产承包商完成全部组装和送货的任务。波音、麦道两家飞机公司合并后，将外包协作的重要零部件由25种增至55种，其中70%的业务由海外中小企业承包完成。

5. 可持续发展的竞争优势

在如何正确处理发展和环境保护关系的问题上，中小企业可以选择不污染或少污染的生产项目。现阶段，我国的中小企业由于生产设备简陋，工艺落后，所以在发展过程中，必然会造成环境污染，但一般而言相较于大企业的环境污染，中小企业带来的环境污染更容易治理。对此，可通过技术改造变废为宝，还可在调整中小企业的产业结构和提高生产技术水平时，加强对污染的防治，并促进防污产业的发展。这一过程中，中小企业可寻觅创新竞争优势的机会，予以挑选、培育，成为自己的竞争优势。

上述为中小企业的一些主要竞争优势，但只是拾零，远未介绍到位，特别是中小企业发展过程中大量再创竞争优势的机遇将不断出现，这得依赖中小企业的领导和员工去寻觅，并运用竞争优势分析方法确定，并予以培育。

(二)中小企业竞争优势的保持

1. 竞争优势保持的重要性

(1)保持竞争优势可以促进中小企业健康、持续地发展。众所周知，与大企业相比，中小企业存在规模小、实力弱、技术水平偏低等缺点，这就决定了中小企业要想在市场竞争中存活下来并取得发展，就必须获得竞争优势。可是一旦中小企业原有竞争优势消失，而又没有获得新的竞争优势，那么中小企业就极有可能被市场淘汰。这说明中小企业要在激烈的市场竞争中生存并取得持续发展，就必须保持竞争优势。

(2)保持竞争优势比获得新竞争优势的成本低。中小企业为了生存与发展，不得不采用各种方法、花费高昂的成本去获得竞争优势。就像开发一个新客户的成本要远远高于留住一个客户的成本一样，中小企业获得一项竞争优势所付出的成本，至少是保持一项竞争优势所付出成本的5倍以上。由此可见，中小企业保持一项竞争优势就可以降低企业的成本。

2. 中小企业竞争优势保持的常用方法

中小企业竞争优势保持的方法有很多，这里简要讨论几种常用的方法。

(1)运用法律手段保持竞争优势。对于那些通过研究开发出新型适用产品的中小企业，可以申请专利保护自己的竞争优势。专利保护的范围包括发明、实用新型和外观设计。对于那些通过各种努力获得品牌特色竞争优势的中小企业，可以申请商标注册，运用商标法保护自己的竞争优势。

(2)运用创新保持竞争优势。对于采用低成本战略而获取竞争优势的中小企业来说，应该加大投入力度，进行组织创新、经营创新、技术创新和文化创新等，保持中小企业已有的竞争优势，并力争继续获取新的竞争优势。

(3)通过人力资源开发与人本管理保持竞争优势。人力资源开发可以提高员工的整体素质，提高工作效率，降低成本；人力资源开发还可以让中小企业掌握一些核心竞争资源，进一步扩大企业的竞争优势。人本管理，可以激发员工的积极性和能动性，提高工作效率，降低成本。

(4)加强外部合作保持竞争优势。通过外部力量的支持与合作，取长补短，来提高企业的竞争实力和强化企业的核心竞争力，保持中小企业的竞争优势。

(5)保持连续的竞争优势流。中小企业原有的竞争优势一直持续下去较为困难。因为竞争优势有一个生命周期，没有永远持续的竞争优势。起初，中小企业家通过竞争者难以模仿的方式保持其独特的能力，获得市场竞争优势。然而，中小企业家还必须意识到，竞争对手迟早会发现一种方法，模仿任何一个创造价值的战略。因此中小企业要想维持较长时期的竞争优势，企业经理必须高瞻远瞩，保持一个连续的竞争优势流，以避免被竞争对手超越。

三、中小企业战略管理确定与变革再创竞争优势

(一)战略管理与中小企业竞争优势

企业领导不能安于现状，必须能预测未来的变化，坚持改善管理并持续创新，抓住商机，对战略作出重大调整或创新。企业的战略管理必须成为一个有计划的过程，形成一种融汇整个企业问题的决策方式。大企业战略管理通常是一个明确的、正式的过程，企业经理通过战略管理过程来组织企业运作，并对复杂、动态的环境作出积极的反应。由于企业规模不同，许多大企业使用的战略管理技术不一定适合中小企业。而中小企业的战略一般是非正式的，有时甚至可能是非明确的战略。

1. 战略管理的概念与竞争优势

战略管理概念的论述诸多，格里高利 · G. 戴斯认为，战略管理是由企业为了创造和维持竞争优势而采取的分析、决策和行动所构成。此一定义中有两个要点，构成了战略管理领域的核心内容。

(1)战略管理包括三个持续的过程：分析、决策和行动。即战略管理是在对企业内外环境分析的基础上，对不同层次的战略目标进行分析。然后，领导者制定战略决策。广义来说，这些决策围绕着两个基本问题：一是企业参与竞争的产业，二是应该怎样竞争。这些问题常常既涉及企业的国内经营，也涉及企业的跨国经营。最后，企业必须采取必要的行动以实施战略。这就要求管理者分配必要的资源，设计组织结构，使计划中的战略付诸实施。无疑正确的战略管理过程，有利于创新竞争优势。

(2)战略管理的核心内容是研究一些企业的绩效为什么优于另一些企业，因此，管理者必须研究企业如何进行竞争才能获得一定时期内可持续的竞争优势并使绩效超过对手。为了在市场上创造竞争优势，企业管理者必须选择是将企业定位为低成本生产，还是独特产品或服务的提供者(这可以获得额外的价格利益)，或者集合两者的特点，从而再创竞争优势。

管理者还必须考虑在市场上保持这样的竞争优势，使之可持续发展，即在市场上创造的竞争优势不仅独特、有价值，而且难以被竞争对手模仿。如果管理者只重视企业经营活动上的微量改进，竞争对手将能很容易复制其行动，并在市场上夺走竞争优势。

2. 战略管理的关键因素与竞争优势再创

我们简单分析一下战略管理的关键要素，从而明晰战略管理与其他管理职能(如会计、市场营销、生产管理和企业财务)的区别。

(1)战略管理是直接针对企业整体目标和目的的。即战略管理是为了整个企业的利益，而不是某个职能部门的利益。有一些学者将这一点称为“组织理性和个人理性”。即是说，一些对某职能部门(如生产部门)看起来很理性、很适当的做法，未必反映了企业的最大利益。如为了降低单件产品的成本，生产部门也许会安排较长的相似产品生产周期。然而，标准化的产出也许与营销部门希望迎合信用强的老顾客和购买力更强的目标市场的需要相矛盾。因此企业不能从职能部门的角度来研究战略问题，而应从企业总战略目标出发，来研究各层次的战略目标，再创竞争优势。

(2)企业战略管理需要让众多利益相关者参与决策制定过程。在制定决策时，管理者必须满足利益相关者的需求。利益相关者指的是那些对组织成功有决定权的个人、团体和组织，其中包括企业所有者、员工、顾客、供应商、整个社区等。让他们的利益兑现，并相互认同，这将有助于再创竞争优势。

(3)企业战略管理要求协调短期利益和长期利益。现代企业管理者必须把短期利益与长远利益结合起来，把短期顾客需求和长远市场目标有效地结合起来。必须克服倾向于短期利益的行为，不能损害长短期利益的兼顾。例如，裁减一些重要的员工，也许在短期内是可以削减成本、提高利润的，但从长期的角度来看，员工士气和客户关系都可能因此受损，这将引起未来的绩效衰退。

(4)企业战略管理要权衡效率和效益及其取舍。企业领导应区分效率和效益，有一些学者将此表达为“做正确的事”(效益)和“正确地做事”(效率)之间的差别。管理者必须明智地分配和使用资源，将精力直接投入到实现企业整体目标的活动上。

(二)形成竞争优势的战略

迈克尔·波特提出了三种一般战略，中小企业可以运用它们来获得竞争优势。波特的每一种战略都可能使企业战胜同行业内的竞争者。第一种是总成本控制战略，第二种是差别化战略，第三是集中战略。图 7-1 从竞争优势和战略目标两个维度说明了这三种战略。

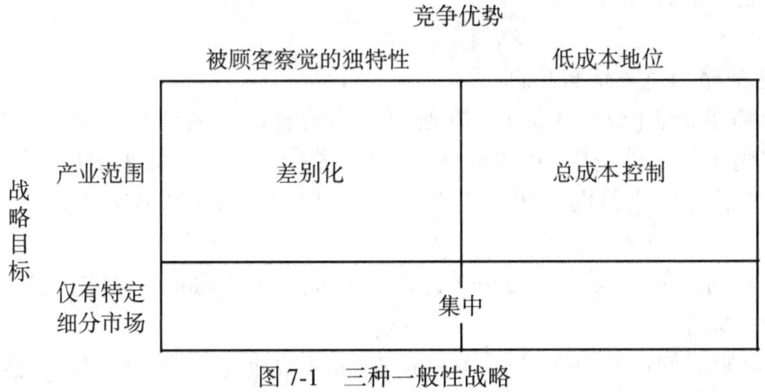

图 7-1　三种一般性战略

资料来源：Reprinted with permission of The Free Press, a Division of Simon & Schuster, Inc., from Competitive Strategy: Techniques for Analyzing Industries and Competitors by Michael E. Porter. Copyright © 1980, 1998 by The Free Press.

1. 总成本控制战略与竞争优势再创

总成本控制战略，是指创造一种相较于竞争对手低的成本。企业采用它时，必须管理整个价值链间的关系，尽力降低整个价值链的成本。成本控制战略需要一整套紧密相关的策略，具体包括：

(1)努力构建规模有效的设施；(2)在实践中致力于削减成本；(3)严密控制成本和企业日常开支；(4)避免管理性的顾客支出；(5)在企业价值链的所有活动(如 R&D、服务、销售和广告)中做到成本最小化。

图 7-2 用实例说明企业如何在其基础活动及相关辅助活动中，实现总成本控制战略，从而再创市场竞争优势。

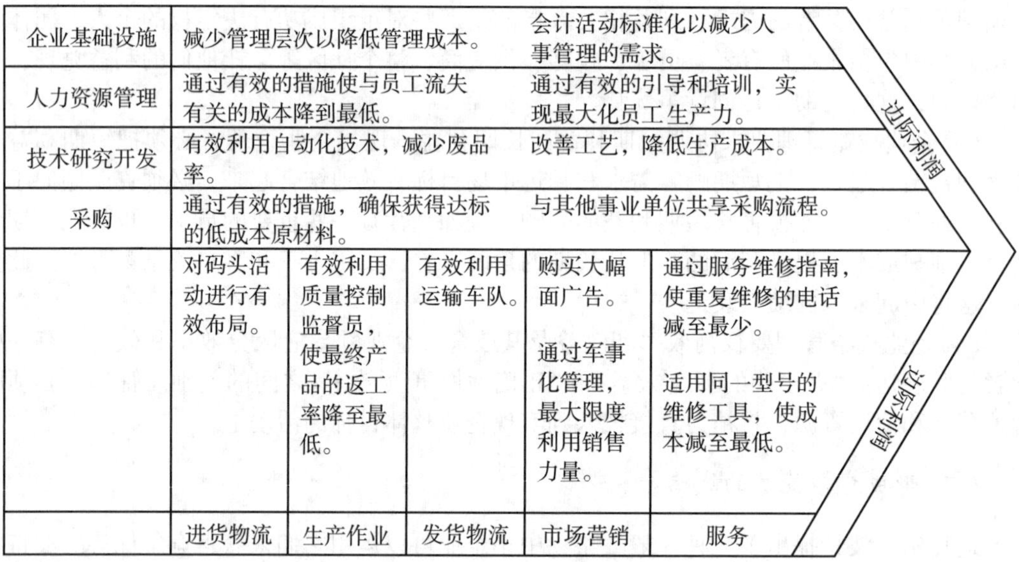

图 7-2　价值链活动：总成本控制实例

资料来源：Adapted with the permission of The Free Press, a Division of Simon & Schuster, Inc. from Competitive Advantage: Creating and Sustaining Superior Performance by Michael E. Porter. Copyright © 1985, 1998 by Michael E. Porter，略有修订。

2. 差别化战略与竞争优势再创

差别化战略指企业(或事业部)创造独一无二的有价值的产品或服务。其重点要抓好客户乐于为之付出的额外费用的“非价格”功效。差别化战略可以采取以下形式。

(1)声誉或品牌形象差别。如：亚当·马克酒店(Adam Mark's Hotel)、宝马(BMW)汽车。

(2)技术差别。如：马丁(Martin)吉他、马朗兹(Marantz)立体声器材、诺斯费思(Northface)野营设备。

(3)创新差别。如：曼德托尼克(Medtronic)医疗器械、苹果(Apple)智能手机。

(4)特色差别。如：佳能得尔(Cannondale)山地自行车、本田金翼(Honda Goldwing)摩托车。

(5)顾客服务差别。如：诺德斯特姆(Nordstrom)百货商店、西尔斯(Sears)户外零售店。

(6)交易网络。如：凌志(Lexus)汽车、卡特皮勒(Caterpillar)推土设备。

图 7-3 以价值链概念为例来说明企业如何在主导活动和支持活动中实现差别化战略。

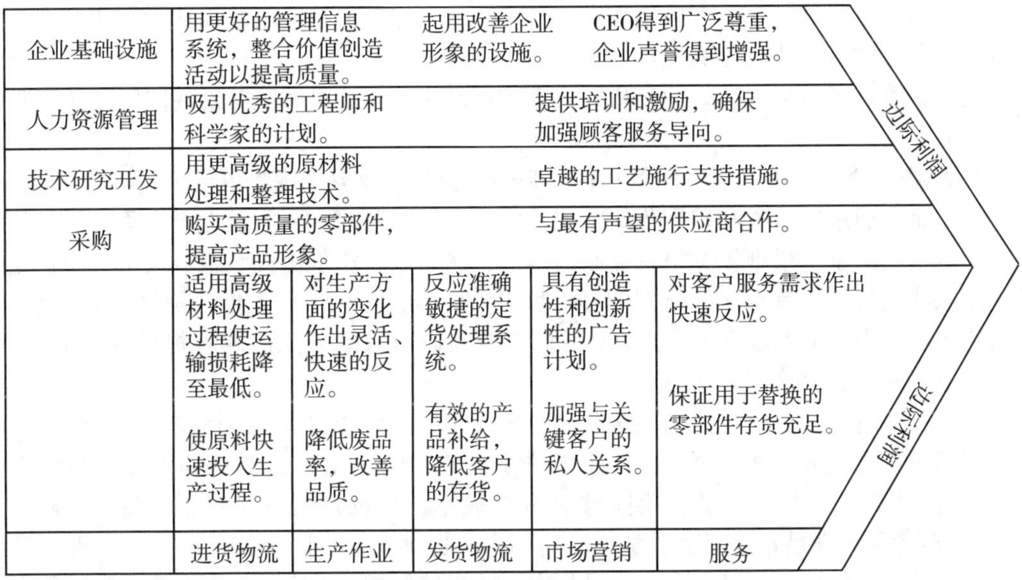

图 7-3　价值链活动：差别化例子

资料来源：Adapted with the permission of The Free Press, a Division of Simon & Schuster, Inc. from Competitive Advantage: Creating and Sustaining Superior Performance by Michael E. Porter. Copyright © 1985, 1998 by Michael E. Porter，略有修订。

企业沿用这几种不同的方法能使自身实现差别化，从而再创竞争优势。同时管理者在差别化战略分析、决策和行动中，要特别注意避开其潜在陷阱，才能免遭重大损失。

3. 集中战略与竞争优势再创

集中战略，它是指在产业内选择一个狭小的竞争范围。企业运用集中战略必须将其注意力指向狭窄的产品系列、目标人群或目标地区市场。企业在其中选择一个或一些细分市场，量身定制适合这些市场的战略。集中者通过完全投入到这些细分市场中而获得竞争优势。集中战略的实质是利用一个不同于产业内其他部分的特殊市场平台。单是集中战略自身(就像差别化企业仅有“差异”)对实现高于平均水平的业绩是不够的。正如图 7-1 所示，集中战略分为两种，一种是成本集中战略，是指企业努力在其细分目标市场中创造出成本优势。另一种是差别化集中战略，是指企业力图在其细分目标市场中实现差别化。这两种集中战略的优势取决于能够创造出比竞争对手更优质的服务。成本集中利用了某些细分市场中成本方面的差异，而差别化集中则利用另一些细分市场中购买者的特殊需要，从而创新比较竞争优势。

下面讨论成功实施集中战略的企业案例。Network Appliance 公司开发出一种更有效的工具来存储和分配计算机文件。它的最大竞争对手则制造出价值 100 万美元的能存储文件和互联网交易的中央处理器产品。Network Appliance 公司花费不到 20 万美元制造出的设备则服务于特殊的工作，如互联网内容的缓存(临时存储)。Network Appliance 公司集中于这一狭小的细分市场收到了奇效，取得了竞争优势，曾保持 20 个季度收入的直线增加。又如，我国浙江万向集团的前身是一家小企业，严格意义上说是手工作坊，到 20 世纪 80 年代成长为一个以生产万向节为主要产品并粗具规模的乡镇企业。在中国大地一片求规模、求暴富的浮躁气氛下，万向集团专注于小小的万向节，精益求精而成为行业龙头，并跻身于世界万向节制造行业的强者之林。

同时，管理者在集中战略的分析、决策和行动中，要注重防范其潜在陷阱，才能避免发生重大损害。

4. 战略组合：低成本战略和差别化战略的整合与企业竞争优势再创

有的企业通过低成本和差别化战略成功的整合，实现的主要收益大于竞争对手，其原因在于这种成功整合很难被竞争者复制或模仿，从而创新竞争优势。组合战略可使企业向顾客提供两类价值：差别化特征(如高质量、品牌认同和声誉)和较低的价格(由于企业在价值创造活动中的成本较低)。于是，目标就变为以有效的方式向顾客提供独特的价值。有些企业能同时获得这两类优势。

下面仅分析一种总成本控制战略和差别化战略进行组合的情况。运用自动化与柔性制造体系创造竞争优势。利用制造技术上的进步，如 CAD/CAM(计算机辅助设计和计算机辅助制造)及信息技术，很多企业能够制造低成本、小批量的独特产品，即“大规模定制”。制造者可以满足顾客对高质量产品的要求，提供大量不同的特色产品，实现质量的一致性和较低的价格。而且，在生产过程中，给定较低的劳动定额，则在产出方面很少依赖劳动者。于是，这类企业不但可以用高薪吸引高级人才，而且在员工不规则地增加和减少时也能很好地管理需求中的内在波动。这就为企业再创了低成本高质量的竞争优势。

四、中小企业培养和提高核心能力再创竞争优势

(一)中小企业的核心能力与竞争优势的保持和再创

随着企业能力理论研究的兴起，学界和实业界把对中小企业的成长与发展的目光集聚到了中小企业自身的核心能力上。对此，理论界提出了诸多观点，如核心竞争力、特有竞争力、组织竞争力、企业的特殊能力、企业的特有资源、核心智能、企业的战略素质等。但到目前为止对企业核心能力尚无基本认同的定义。从上述列举观点可以发现实际上都是在研究企业如何获取持久的竞争优势，虽然其立论或视角不一致，名称称谓也不一样，但其实质是相同的，都是为了透过表面千差万别的现象，去研究隐含在成功的企业中最本质的东西，即企业核心能力。由于中小企业资源有限，寻觅和培育核心能力是必然的选择。

1. 中小企业战略性资源与企业竞争优势

为了更准确地阐释核心能力，我们导入战略性资源这一概念。所谓战略性资源就是企业独有的、产生收益高于获得成本的资源，且该资源属于企业长期竞争优势构建的充分条件之一。中小企业应着力关注与培育企业的战略性资源。

中小企业的资源种类繁多，每一种资源又有许多用途，但只有那些自己特有，而别的竞争对手没有的资源才可能是战略性资源。如何评估中小企业拥有的资源，并找出其中的

战略性资源，这就是中小企业管理者面临的挑战。

中小企业的资源评估必须在中小企业竞争环境的背景下进行，离开了中小企业所处的特有环境，资源评估就失去了意义。中小企业战略性资源必须同时满足顾客需要、稀有性以及产生的利润为中小企业获得这三个条件，这也为中小企业对战略性资源的识别与培植提出了标准。

(1)能满足顾客需求的战略资源标准。中小企业战略性资源最主要的确定标准，是其是否有利于满足顾客的需求。商品经济条件下，消费者偏好、替代品、互补品都会影响价格，而随着消费者偏好和竞争者的变化，价格结构随之发生改变。因此，中小企业必须不断评估顾客愿意支付的价格以及资源满足顾客现有的和潜在需要的程度，只有当资源能促进企业在市场上获得竞争优势时，它才是战略性资源。

(2)稀有性战略资源标准。为保持持久的竞争优势，就必须维持战略资源长久的稀有性。不可模仿或难以模仿是防止竞争对手模仿的关键。一个竞争者可以复制的资源只能产生短暂的优势，它不可能成为中小企业长期战略的基础。如零售业中的打折销售、有奖销售、广告销售等技巧方面的资源，竞争对手就很容易模仿，而率先采用这种销售方式的商场(商店)很快就会因竞争对手的模仿而失去其优势。

难于模仿的资源主要有四个特征，战略性资源必须具备其中的一种。

①资源是独一无二、不可能模仿的。如矿产权、法律保护的专利权，以及非常有价值的房地产位置等。②具有积累上的路径依赖。资源是需要长时间的积累才能获得的，如可口可乐品牌。③模糊性。潜在的模仿者很难弄清真正的战略资源的属性，当然也就很难复制和模仿，如美国著名的麦当劳快餐公司以高质量的服务征服了无数的顾客和同行，不少快餐企业都试图模仿其做法，但很少有成功的。因为其高质量的服务是与企业的传统、企业的组织、企业的激励方式、企业文化密切相关的，即使是其员工也很难说清楚。构成高质量服务的资源很难清晰地分解，因此，竞争对手无从模仿。④经济阻碍因素。这通常指竞争对手有能力复制该资源，但因市场容量有限而放弃复制该资源的情形，如某个非常专业的产品市场。

因此，中小企业必须根据市场经济因素以动态的眼光来看待战略性资源，并不断开发、培育新的战略性资源，从而获得竞争优势。

(3)企业获得相关利润的战略资源标准。战略性资源必须是确保掌握在企业手中的资源，该资源产生的收益应为企业所占有。一般可以通过下列问题来判定某项资源为企业产生利润程度：①该项资源的所有权、控制权或使用权由企业所掌握；②与该项资源相关的收益未来很可能将流入企业；③该项资源产生的所有收益总和大于所付出的成本。

中小企业必须有效地组织利用战略性资源，来提供顾客所需要的产品或服务。有的企业各项资源处于普通水平，但却能创造持久发展的佳绩，原因就在于该企业卓越的组织能力。中小企业核心能力实际上就是获取战略性资源，并运用战略性资源和一般资源创造中小企业竞争优势的能力。

2. 中小企业核心能力与其竞争优势

核心能力的拥有是中小企业生存与持续发展并保持竞争优势的关键。关于企业核心能力的内涵，潘汉尔德和哈默、鲍·埃里克森和杰斯珀·米克尔森、克里曼、詹姆斯·马丁以及我国学者李建明等都有各自的论述，综合来看，核心能力是一种制度化的相互依存、相互联系的知识体系，是企业获取和积累战略性资源的能力与运用一般资源和战略性资源向顾客提供比竞争对手更具价值的产品或服务的能力的组合。核心能力是企业获得长期稳定竞争优势的基础，它是企业的整体行为能力，长远看，它使组织具有创造独特消费者价值的能力。核心能力涉及四个方面：

(1)知识与技能，即专业知识、技术决窍与个人能力；

(2)管理体制，即合理的激励机制、内部培养计划及体现企业自身特征的管理及其方法；

(3)实物系统，即工厂、设备、工具设计和多年发展的技术体系，以及构成企业知识基础的生产线和信息系统；

(4)价值观，即企业里占统治地位的认知、行为和规范。

这四个方面的相互作用决定了企业有效开发核心能力的方式。

强有力的核心能力决定了中小企业有效活动的领域，是中小企业的生命线。中小企业置身于核心能力能够发挥作用的领域，就可以形成中小企业的竞争优势。这启示我们，中小企业要形成竞争优势，中小企业管理者的任务就是发现、评估和开发企业的核心能力并持续培育新的核心能力，并正确界定核心能力发挥价值的区域，通过在该区域进行经营活动来创造竞争优势。

3. 中小企业核心能力的特征与其竞争优势

就中小企业而言，评估挑选和培养核心能力至关重要，以下就其特征与企业竞争优势的关系予以讨论。

(1)核心能力创造价值以增强竞争优势。核心能力应该为顾客创造价值，并帮助中小企业比竞争对手在创造价值和降低成本方面做得更好，从而实现竞争优势。

(2)核心能力的延展性支持中小企业竞争优势。核心能力应该为中小企业发展多种产品和服务、进入多个市场提供支持，为中小企业一系列的产品和服务的竞争优势提供支持，中小企业的核心能力犹如能力库，能不断地为消费者创造新的产品和服务，中小企业获得核心能力并不仅仅是在某个产品上获得竞争优势地位，而且是在若干个相关市场、相关领域的一系列产品和服务上取得竞争优势地位，为中小企业的发展创造更多的机会。

(3)核心能力的独特性是中小企业保持竞争优势之源。核心能力是中小企业长期的知识、技术和人才积累的结果，是无法在市场上买到的。核心能力形成的历史过程不可能复制，核心能力也是无法出售、转移和复制的。核心能力一旦形成，它的独特性、持久性可以说为企业持久的竞争优势提供了一个不竭之源。中小企业不能靠简单模仿其他企业来建立自己的核心能力，应靠自身的持续学习、创造和在市场中的磨炼，建立和强化独特的核心能力。

(4)核心能力的动态性促使中小企业再创竞争优势。随着科学技术的发展、社会环境和政策的改变、消费者需求偏好的变化，中小企业管理者应能动地不断完善和再创核心能力，从而保持或再创竞争优势。

4. 中小企业核心能力的战略价值与其竞争优势

核心能力的特征决定了它对中小企业的长远发展具有重大的战略意义。成功的中小企业已不再把自己看成是一些制造产品的业务单元的组合，而是核心能力的组合，从其组合中再创竞争优势。

(1)核心能力是中小企业整体实力的集中反映。核心能力超越了具体的产品和服务，以及中小企业内部所有的业务单元，将企业之间的竞争直接升华为企业整体实力间的对抗，所以核心能力形成的竞争优势比任何好产品、好服务都长久。中小企业要高瞻远瞩，不应局限于某一具体的业务单元竞争优势。

(2)核心能力是中小企业多元发展的核心基础。核心能力可以使中小企业进入多个相关的领域，为中小企业创造多种新产品进入市场提供基础，增强中小企业的整体竞争优势，其意义远远超过了中小企业单纯在某一种产品市场的成败，对中小企业的发展至关重要。

(3)核心能力的形成需要长期的积累。中小企业核心能力的建设更多地是依靠经验和知识的积累，而不是某项重大发展导致的较大的绩效。因此，很难“压缩”或“突击”，即使产品周期越来越短，核心能力的建设仍需数年甚至更长的时间。这一方面使竞争对手很难模仿，因而具有较长的持久性竞争优势；另一方面，由于建设核心能力的投资风险和时间超过业务部门的资源和耐心，需要更多地从中小企业整体战略的角度考虑问题，从而使中小企业能及时地把握未来市场的需求，并及早投入中小企业的核心能力的建设中。我国的计算机企业，如方正、四通都因缺乏核心技术而受制于人，失去竞争优势。

5. 中小企业核心能力形成的主要因素与其竞争优势

中小企业核心能力的形成是非常复杂的，它是许多不同单位和个人相互作用产生的结果。形成中小企业核心能力的因素归纳起来有五个方面，就中小企业而言，这五个方面显得较为突出：

(1)中小企业决策者和员工的适应性及其能力与素质因素。人是企业利用各种资源进行生产经营的能动主体，中小企业的核心能力与其决策者及员工是密不可分的，企业中人的素质先天性地决定了核心能力的强弱。强大的核心能力必须要以高素质的人力资源为基础。中小企业的工程技术人员是技术活动的主体，是中小企业新技术的传播者，管理人员则是将新知识、技术运用于生产，使之转化为产品和生产力的协调者，而一线技术工人是一切技术活动的参与者，工人群体的技术素质对于技术活动的实施和生产体系的有效运转有着直接的作用，从而也作用于中小企业的竞争优势的形成。

(2)中小企业的知识库因素。中小企业核心能力的形成必须有各种相关知识和技能的储备，为此，中小企业要形成自己的知识库，通过中小企业内部员工的知识生产、管理和共享过程，来完成中小企业核心能力的知识储备，从而也为竞争优势的形成储备必备的知识。

(3)中小企业有形资源的质量和丰富度因素。若中小企业有形的物质资源技术含量高、储备丰富，则有实力投资于有关培育和增强中小企业核心能力的业务，特别是中小企业的研究与开发需要大量的投资。

(4)中小企业的创新机制因素。创新思想和创新能力的形成，需要一个有利于创新的客观环境和一整套机制，包括人才吸取机制、人才成长环境、激励机制、研究与开发环境、内部沟通渠道、知识的管理机制，以及使企业组织机构充满生机和活力的措施等。有效的创新机制将为竞争优势不断再创提供支持。

(5)中小企业的凝聚力因素。中小企业的凝聚力是其成员对于其目标和文化的认同感的具体体现。当中小企业的目标和文化被其成员共同认可之后，就会形成一种巨大的向心力和凝聚力，使成员关心企业发展、积极参与企业事务，这是中小企业生存和发展的根本所在。有凝聚力的中小企业容易形成强大的核心能力，从而不断再创竞争优势。

总之，中小企业是由各种有形资源和无形资源构成的有机体。但中小企业并非是资源简单的堆积，而是由各种资源有机连接起来的能力集合体。中小企业能力是影响和决定中小企业竞争优势的关键因素。在中小企业能力体系中，核心能力是中小企业获取战略性资源并有效利用企业资源创造出持续竞争优势的特有的能力，它主要由战略能力、流程能力和市场能力共同决定。核心能力存在于中小企业战略决策过程、以价值流为主体的业务流程、组织体制和组织结构以及文化环境中，具有独特性、价值性、延展性和动态性的特点。核心能力中最活跃的因素是人，人的素质是核心能力的重要基础，但人员的能力强并不等于中小企业核心能力强，核心能力是中小企业人员整体相互作用，并表现出来的使中小企业领先的能力。核心能力决定了中小企业生存和发展的领域和空间，建立、培养、运用核心能力是现代中小企业发展战略的主线。因而中小企业要努力培育战略性资源，形成核心能力，并且以此为导向，培养和凝聚高素质的人力资源，从而长久地保持和不断地再创竞争优势。

(二) 中小企业培育和提高核心能力，再创竞争优势

1. 技术性变革赢得竞争优势

技术性变革，是指企业经营者首先确定一个企业的核心能力目标，然后围绕这个目标，对企业现有的各种资源进行整合和变革，培育出有利于企业发展的核心能力。对企业的资源和能力进行整合和变革的常见方法有技术复合法、技术融合法及技术性的功能性组合。

(1) 技术复合产生竞争优势。技术复合(图 7-4)是指两种或多种技术的组合，并使之系统化，而原有技术特性仍保持不变，但产生新的功效。如美国百特的医疗系统中的输注系统，即输液器+输液+输液泵+注射器，为患者提供了满意的服务，赢得了竞争优势。

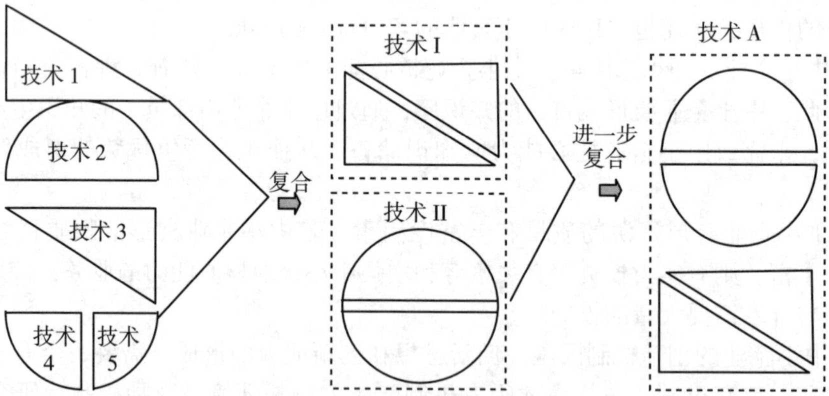

图 7-4　技术复合法

(2) 技术融合产生竞争优势。技术融合(图 7-5)是指两种或多种技术结合后，形成了一种新的技术。技术融合的特点是失去了原有技术特征，产生新的技术。在化学、生物、

医药行业、智能技术中技术融合的应用十分广泛。如钢铁行业的冶炼技术与化学中的氧化、还原技术的结合，机器技术与人工智能技术的结合，均属于技术融合。无疑这种融合是社会经济发展的需要，有的企业能及时为之，从而也就获得了竞争优势。

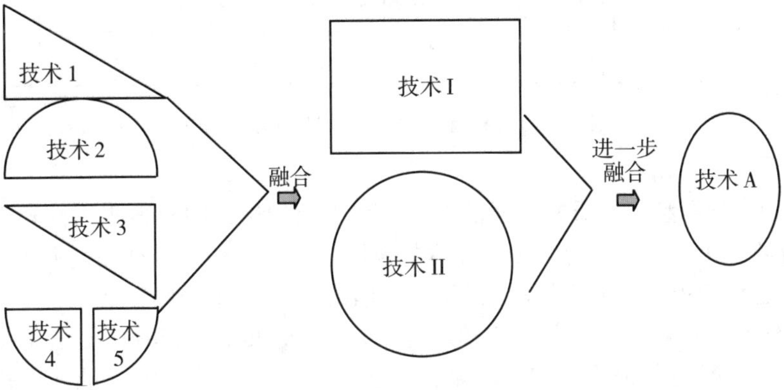

图 7-5　技术融合法

(3)功能性组合产生竞争优势。功能性组合指的是企业中的一个或多个核心能力的组合，如采购能力、销售网络与新产品开发等核心能力的组合。这种组合使企业运营的效率提高，更好地满足了客户的需求，赢得了竞争优势。

2. 成立项目小组获取竞争优势

以企业的研究与开发部门为基础，组成项目小组，针对企业确立的目标制订开发计划，在一定时间内培育出企业的核心能力，从而可获得竞争优势。

一个典型的例子就是新药的开发，新药开发需要很长的蕴育时间，一个典型的新药开发时间安排如图 7-6 所示。企业可通过建立专门的项目小组，针对选定的目标全力开发，负责在连续的一段时期内培育一种核心能力。其优点在于其经过特别设计的环境，项目小组可以专心和安心地进行研究开发。

0年	1年	2年	3年	4年	5年	6年	7年	8年
文献、资料收集	药物合成（化合物形成）	药物分析（波谱分析）	药理数据（动物实验，病理、毒理等数据）	药物剂型试验	三期临床试验	三期、一期临床试验	中试	企业化生产

图 7-6　新药开发过程

成立项目小组要求企业有良好的自学习机制，具有自学习机制的企业要善于捕捉市场信息，适应市场需求变化，不断培育并形成新的核心能力，以获得竞争优势。

具有自学习机制的企业，即学习型组织通常具有以下四个方面的特点。

(1)能系统地分析和解决问题。具有自学习机制的企业分析和解决问题的一般程序如图 7-7 所示。

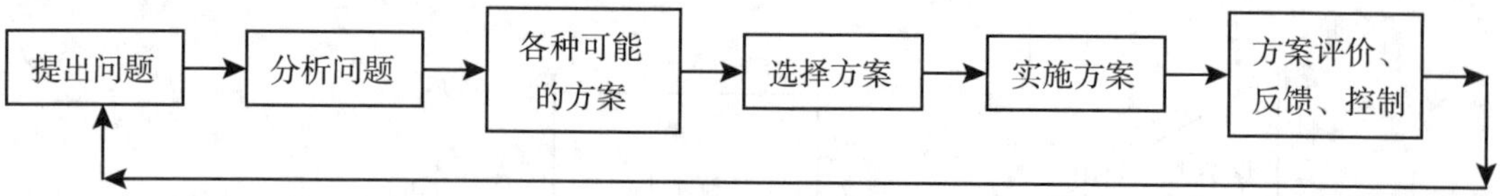

图 7-7　自学习机制企业分析与解决问题程序

(2)试验。学习型组织重视不断的试验，在不断的试错中获得积累性知识，探索新的知识，获得新的机会，几乎每一项新技术的发明、新成果的问世都经过无数次的试验，一次次试验的过程使得学习型组织所蕴育的知识呈现螺旋式上升的特征。

(3)充分发挥企业内、产业内的知识溢出效应(Spill-over Effect)。企业要获得新的核心能力，就要不断提高企业的知识总量，既要对企业现有的知识存量进行整合，重新配置，不断创新，又要不断获得新的知识“增量”，因而企业要不断总结过去的经验教训，同时也要努力学习别人的经验，包括向市场领先者学习、向顾客学习、向竞争对手学习，充分发挥知识在产业内和在企业内的溢出效应。

(4)企业内的知识传播及普及。企业要保持或再创核心竞争力，必须建立知识管理系统，不仅要重视知识的学习积累过程，而且要重视知识的传播与普及过程。企业可采取以下措施：

①企业要建立一套完整的培训制度，既要借助外部培训，更要重视内部培训，即主要依靠内部员工的培训力量。由于专业化的分工，每一位员工都将能成为某一岗位的行家、能手，由内部专家对员工进行培训，不仅有利于知识的传播与普及，也有利于内部员工的沟通和相互理解，从而将降低内部组织成本，提高企业的劳动生产率，形成竞争优势。

②交叉培训与交叉轮岗。企业的知识增加的重要方式之一就是在“干中学”，因此，要有计划地对员工实行岗位轮换。同时，也要重视跨部门员工的交叉培训。所谓交叉培训，就是某一部门的“专家”对其他部门的培训，这将大大提高企业的全员素质，也有利于企业的知识总量的增加。

③建立企业知识积淀、溢生与传播机制。企业要通过举办各种技能竞赛和岗位先进评比，建立企业内部知识积淀、溢生和传播的激励机制。这将有利于促进企业内知识的普及。

④市场调查与访问。企业要重视市场调查与访问，因为市场调查与访问决定了企业知识总量增加的市场导向。企业的发展过程，即企业知识总量的增加过程，就是一个不断满足市场选择的过程。因而市场调查与访问就成为了企业知识增加、传播与普及的重要基础和前提。

由上述可见，培育企业核心能力是艰辛的，一旦育成核心能力，就可获得竞争优势。

3. 从兼并与战略联盟中获得竞争优势

企业通过外部获得核心能力有两种方法，一种是兼并，另一种是形成战略联盟。

(1)从兼并中获得竞争优势。企业通过并购的方式可以获得其他企业的核心能力。这种并购包括企业的纵向一体化并购与企业的多角经营中的多元化并购。一般而言，纵向一体化或相关多元化的并购成功率要大于非相关多元化的并购。纵向一体化并购包括前向并购和后向并购。前向并购即企业并购其下游企业的行为(如生产企业并购销售企业)；后向并购指企业并购其上游企业的行为(如生产企业并购其原料供应企业)。

一个企业通过前向并购经销商或后向并购原材料厂家，从而获得经销商的销售网络或上游企业的供应系统等这样一些核心能力，将有利于企业取得竞争优势，有助于企业发展。然而，当一个企业的兼并不能获得核心能力和竞争优势，仍盲目扩大规模时，最终有可能因为内部组织成本过高而导致失败。尤其是企业在无关的领域盲目多元化，盲目并购，即使获得了被购企业的核心能力，但由于原有企业对该核心能力的认识不够，此时，如立即大幅度调整被购企业的组织制度，就可能导致人员流失，最终导致核心能力丧失，而若继续保留被购企业的组织制度与体系，则会出现“内部人控制”现象，而使企业内部组织与交易成本上升。因此，通过企业并购获取核心能力和竞争优势的行为，较适用于企业的纵向一体化及相关多元化。

(2)从战略联盟中获得竞争优势。建立战略联盟是企业通过外部获取核心能力和取得竞争优势的另一举措。战略联盟作为企业间的网络化系统，其最大优点是能在经营活动中充分利用外部规模经济。当企业由于缺乏资源或不能完全利用已有的技术、经验和人才时，就可以通过建立战略联盟实现企业间的资源共享，提高资源的使用效率，减少沉淀成本；同时，也可以节省企业在可获得资源方面的新的投入，降低转置成本。因此，早期的战略联盟均是以共享市场和资源、分担风险、降低成本为目标的，并从中获得竞争优势。

现在的战略联盟通常是在经营资源和经营能力对等的企业间建立，以开发新技术、控制新的标准和维护市场实力为目标的战略联合。企业间以双向或多向的知识流动为特征，除了追求“规模经济外”，更重视“学习效果”的获得。因而，战略联盟的目标也从原来降低成本、共享资源、降低风险、开发市场，转到了组织学习。这时，企业组织追求的目标不仅仅是通过降低成本、提高质量增强企业对环境的适应能力，增强竞争优势，而是通过相互学习，增加企业的创新能力，从而提高企业的核心能力，获得企业的竞争优势。

在上述情形下，传统的以资源互补或风险共担为基础的战略联盟已向“学习型战略联盟”转变。一般来说，企业培育核心能力既可以从现有的知识中开发新能力，也可以向外部获得知识。而向外部获得知识的学习有三种方法，即被动学习、主动学习和互动学习。前两种学习方法很容易获取显性知识，而后者则最容易获取隐性的知识。建立学习型战略联盟正是互动式学习的需要，只有在这种战略联盟中，干中学、干中教的主动式学习才成为可能。

学习型战略联盟的核心是“学习”，即组织之间的相互学习。因此，就战略联盟中的每一个企业来说，应提高自身对知识的“学习能力”。所谓学习能力是指一个企业认识、评价、消化吸收以及商业化外部知识的能力。根据吸收能力理论，组织之间的学习效果取决于学习企业的三个方面的能力，即认识和评价外部新知识的能力、消化吸收知识(内化外部知识)的能力以及将外部知识进行商业化应用的能力。

以上三种能力构成了吸收能力的三个维度。第一维度是科学技术或学术知识的相似性，它是两者联盟知识的“知道是什么”部分；第二维度是两个企业有相似或相近的知识处理系统，是它们联盟知识的“知道怎样”部分；第三维度强调两个企业有相似或相近的商业化目标，是它们联盟知识的“知道为什么”部分。因此，结盟企业应尽量选择基础相类似的企业作为战略伙伴。一些典型的成功例子有：计算机产业战略联盟、家用电子产业战略联盟等。

作为知识战略联盟的成员，要遵循 3C 原则。一是战略成员要和谐一致(Compatibility)，二是企业成员必须具备相应的能力(Capability)，三是战略成员之间承诺建立一种长期、稳固的关系(Commitment)，战略联盟可采用功能性协议、相互持股投资、合资等方式建立。

中小企业可以通过以上的方法形成企业的内部核心能力，中小企业只有具备核心能力，才能获得竞争优势，才能在市场竞争中立于不败之地。

第二节　中小企业的创新管理

【知识阅读】

华为的自主技术创新能力

华为强大的自主技术创新能力来源于：(1)设立海内外研发机构并与母公司形成网络系统。华为在瑞典斯德哥尔摩、美国达拉斯及硅谷、欧洲、印度班加罗尔都设有研发中心，这些研发中心可 7×24 小时为华为深圳总部源源不断地提供国际前沿技术的进程。另外，华为在中国的深圳、上海、北京、南京、西安、成都及武汉等成立了研发中心。由此构建了一个完整的全球研发网络。(2)组建海内外产教研联合体。华为于 2003 年与巴西享有盛名的通信技术大学 INATEL 大学合作，建立 INATEL—华为网络学院。在国内方面，华为在 1996 年伊始就与北京大学无线电系合作研发以 IS95 为核心的窄带 CDMA 技术；华为在 SDH 光网络技术领域的进步则得益于清华大学无线电系的合作。此外，华为与中国科技大学、电子科技大学、东南大学等国内知名大学也开展长期的合作。(3)与其他跨国公司缔结研发国际战略联盟。华为与国际一流通信企业开展广泛的交流与合作。华为先后与摩托罗拉、英特尔、微软、松下、IBM 等建立技术合作伙伴关系。华为通过设立海外研发机构并与母公司形成网络系统建立全球研发体系而大大拓展了华为自主技术创新能力所需的国际视野、组建海内外产教研联合体而培养和造就了一大批成熟的研发人员、与其他跨国公司缔结研发国际战略联盟则实现了优势技术资源互补。正是此模式实施的探索式学习掀开了华为自主技术创新能力的新篇章。

资料来源：邓小翔、丘缅：《顾客导向视角下的组织学习与企业自主技术创新能力——华为公司的案例分析》，载《科技管理研究》2016 年第 3 期，第 188~193、199 页。

当今世界经济的发展特点是市场全球化、商机信息化和高新技术支撑化。在这种经济发展潮流中，创新已经成为一个国家和一个民族兴旺发达的关键因素，经济组织是国家创新主体的基础，创新是企业特别是中小企业谋求生存和发展的持久动力。本节主要讨论中小企业创新管理。

一、中小企业创新的要义

(一)中小企业创新的含义

中小企业创新是指企业通过创新为顾客提供更好的产品/服务，即以较低的成本为顾客提供新的满意的产品/服务，或以同样的价格为顾客提供高质量的产品/服务，并取得效益。

(二)中小企业创新与创新环境条件

中小企业创新是在一定的环境条件下进行的，由于其自身的条件易于融合某些环境条件而有利于创新，也会因为难以融合某些环境条件而受制约。

1. 中小企业创新易于融合的环境条件

(1)创新成功的概率非常低。一个项目要取得商业成功，如果是基础性项目或者前期应用项目，可能性只有1%；如果是后期应用项目或前期开发项目，可能性是20%；如果是后期开发项目，可能性是90%。中小企业的创新多是些后期的小改小革、产品的某点改进、寻找间隙市场等，无力投资大的创新，因此成功率比大企业大，风险小。

(2)创新的复杂性。现在绝大多数的创新需要由多个有经验的人共同完成。在每个领域中，如果从事创新的个人或团体具有接近世界最佳水平的实力，成功的可能性和增加附加值的潜力就会提高。中小企业的创新是紧密联系生产经营的，针对性极强，解决问题较之简单，易于成功，价值相对不高，但能解决其问题，提高效率。

(3)创新的耗时性。由于创新是一个复杂的系统，因此，创新活动是没有准确或一定的时间表的。如果一定要有准确的时间安排，就可能影响到最终成功的质量。中小企业的创新一般紧密联系实际，改中做，做中又改，直到满足，虽耗时，但能提高生产效率。

(4)创新的急进、延迟和倒退。创新进展极少是线性的，往往会出现急进、延迟和倒退等曲折现象，因而会出现不可预见的费用支出，出现对变革敌意和反对的声音。中小企业的创新也会是非线性的，但创新多是经验丰富的员工做出的，“敌意”和“反对”易于融化。

(5)创新从需求出发。大约70%的重大创新，是由已经被认识到的市场需求所驱动的，而不是由一个新的概念、技巧或技术出现以后反过来再寻找需求的。而且，许多产业半数以上的创新是得到启发或者增值后的技术模仿型的再改进。应急提供市场上需求的产品或服务是中小企业的优势。

(6)创新直击潜在的意识。一种随意的不受拘束的环境，对创新者来说十分重要。这种环境有利于创新者潜在意识的有效发挥。中小企业的环境有利于潜在意识的发挥，多数经理就是这种类型的创新者，而且把自己的想法告诉有经验的员工，共同创新。

(7)创新的执著者和斗士。许多研究发现，为了克服创新过程中的挫折、模糊、时间拖延和固有的阻力，需要有执著于创新的人或创新斗士。因为中小企业的创新投入有限，且是为了应用，执著创新者在中小企业里就比较多。

2. 中小企业创新难以融合的环境条件及应对措施

(1)创新受制于信息不畅及如何应对。信息流通不畅，技术搜索成本较高是中小企业创新的首要障碍，特别在那些基础设施比较落后的国家和地区，这一问题表现得尤为突出。这里的信息不仅包括产品的供求信息，还包括技术信息、管理信息等。中小企业往往通过本企业的销售部门获取必要的供求信息，而对技术信息和管理信息的收集往往力不从心。这在很大程度上影响了企业的创新，进而制约了中小企业的持续、稳定发展。中小企业创新面对信息不畅的制约，必须要更新观念，增强创新意识；合理构建企业的业务流程和管理流程，完善企业的组织结构、管理制度等；建立企业内部互联网(Intranet)，达到企业内部信息的最佳配置；建立企业扩展互联网(Extranet)，使企业与合作伙伴、供应商以及顾客之间达成信息共享；接通因特网(Internet)，获得与企业经营有关的信息，充实自己信息资料；实现企业信息化，提高企业对信息的收集、处理、分析的效率和准确性，实现企业管理决策的科学化，增强企业的应变能力，提高企业的创新能力。

(2)创新受制于资金不足及如何应对。大量的调研资料显示，资金不足是中小企业创新的最大障碍，原因既包括企业自身实力较弱，用于创新的资金有限，也包括通过市场筹资非常困难，政府的支持力度不够等，而在政府的支持中，既包括政府直接的资金支持不足，又包括政府采取的间接扶持手段不力。这就需要政府依据产业发展规划有针对性地对合规中小企业进行创新资金支持，同时，鼓励金融机构提供范围更广、程度更深的中小企业贷款等金融服务。

(3)创新受制于人才缺乏及如何应对。人力资源是企业各种资源中最具能动性的一种，现代企业的竞争本质上是人才的竞争。但由于大多数中小企业的工资和福利待遇较低，缺乏对人才的吸引力，引进人才、留住人才和培养人才都有许多困难。人才匮乏，没有有效的人力资源引进、培育和利用机制，这是造成企业技术创新、技术转移十分困难的一个重要原因。甚至在政府部门或有关组织提供一定的技术支持的情况下，一些中小企业仍然因为缺少能理解和运用这些技术支持的人力资源而未能有效利用技术支持。中小企业不仅技术人员数量少，而且，每个技术人员往往又不得不从事多方面的工作，使得他们在技术的深度方面难以与大公司的同类人员相匹敌。中小企业要解决人才缺乏的问题最好的办法就是“技术参股、共同创业”。

(4)创新受制于不良的环境及如何应对。尽管政府对中小企业的创业和发展在法律法规、政策措施等各方面提供了许多的优惠条款，并且对中小企业的技术创新给予支持和指导，但政府的许多管理条款和要求也给中小企业带来一定的负担，这是政府在支持中小企业技术创新活动中必须面对的问题。

同时，尽管有多种保护知识产权的法律，然而知识产权被侵占的现象仍时有发生。而一旦发生知识产权被侵占，中小企业及发明者就会丧失从创新投资中获取收益的机会，增加技术创新的风险，有时会对中小企业造成致命的伤害，引起企业的倒闭，这有碍于提高中小企业增加研究开发投入和进行技术创新的积极性。因此，政府有必要强化知识产权保护制度。

我国中小企业除了面临上述共性问题外，在经济转轨时期还存在着特殊问题。比如，尽管近些年由于党和国家的重视，中小企业面临的政策环境有了较大的改善，但政策法规尚不完善，尤其是财产保护法规的不完善，严重地制约着中小企业的投资和发展；中小企业的筹资渠道不畅，民间投资市场面狭窄，风险投资机构不健全，严重地制约着中小企业的资金融通能力；官方机构和非官方机构对中小企业的服务环境尚未形成，服务体系尚不完善，类似企业孵化器的机构还没有真正发挥应有的作用。中小企业生存、发展环境的改善，需要全社会各方面的共同努力来实现。

(三)中小企业创新的基本内容

人类社会经济发展到今天，企业的生产理念及方式、经营理念及方法、管理理念及手段都在发生着深刻的变革，企业特别是中小企业，只有以新思路、新观念、新方法求得企业的不断创新，才能在市场竞争中求得生存和发展。

在国内企业创新的理论研究及实际运作都已得到了蓬勃发展。许多学者和专家也就企业创新的概念和内容作出了种种界定。有将企业创新内容归纳为包括技术创新(狭义)、产品创新、市场创新、服务创新、组织创新、管理创新和企业文化创新的；有将企业创新内容归纳为组织创新、经营创新、企业文化创新和市场营销创新的；有将企业创新内容归纳为制度创新、技术创新、管理创新和企业文化创新的。归纳不同的原因在于研究的角度或论证的点位相异，应该说各有贡献。但我们应该看到，企业创新中无论是技术创新，还是市场创新，或是管理创新，往往都不是孤立的，而是一个互动的过程。比如，技术创新是中小企业创新活动的核心，企业的技术创新必然需要组织、管理、市场等的创新来保证；制度创新既有外部制度的创新，也有内部制度的创新，而内部制度本身也是管理的内涵。要将企业创新的内容清晰地划分为几个组成部分是一个比较困难的事情，尚待时日。

综观企业创新的各种认识和企业创新的实践，我们将中小企业创新的基本内容作如下表述：

(1)技术创新包括新产品/服务的开发、引进，新技术、新工艺、新方法的应用，它是中小企业创新活动的核心，是中小企业发展的动力。因此，技术创新的内容归纳为产品创新、工艺创新、服务创新和市场创新。

(2)管理创新包括整个管理过程的一切创新活动，包括思想创新、组织创新、方法创新、管理模式创新和管理制度创新，它是与技术创新相互作用，促进企业经营活动的保证。

(四)中小企业创新的具体效应

1. 中小企业创新是产业先导性创新

中小企业创新相较于大企业创新，具有产业先导性。体现为：在产业创新方面，中小企业创新在许多产业中占据主导地位；几乎在所有的产业领域，都有中小企业在从事技术创新活动；在一些传统产业中，中小企业技术创新活动有力地推动了这些产业的技术进步，促进了这些产业的振兴和发展；特别在近些年出现的一些新兴产业中，中小企业的技术创新活动更为活跃，极大地促进了这些产业的发展壮大。正如杰斯汀·G. 隆内克等编著的《小企业管理》一书中指出的，大企业的实验室所发明的新产品对改善人们的生活水平作出了很大的贡献。然而，仍有一些人对大企业在取得重要的发明创造方面所起的重要性表示怀疑。记录显示许多科学的突破是由独立的发明家和小组织所创造的。中小企业是创新和技术进步的重要源泉，在开发新产品上起着重要的作用，美国哈佛大学的一项研究材料表明，美国战后 703 项重要发明中，有 570 项是由中小企业完成的，占到发明总数的

81%，这些发明涉及能源、交通、石油化工、电子信息、医药卫生等各个领域。20世纪由中小企业所创的新产品有：复印机、胰岛素、真空管、盘尼西林、棉花采摘器、拉链、自动传送系统、喷气发动机、直升机、动力方向盘、彩色电影、圆珠笔等。杰斐·A. 迪蒙曾指出，根据美国商业部的许多研究，第二次世界大战以来有50%的革新和95%的开创性革新来自于新建的中小企业。无论是在不断发展的产业还是在逐渐衰弱的产业，中小企业都是高级革新者。

2. 中小企业在小的、特殊的消费市场里具备创新优势

在小的、特殊的消费市场里，中小企业往往是唯一的产品和技术的提供者，如与人们的生活方式有着密切联系的室外运动用品，产品有"个性"，产品款式、材料、结构变化很快。该产业无须进行有组织的研究、材料实验、产品开发和产品测试，主要靠为数不多的设计者和创新者，甚至有些设计者本身就是户外运动的爱好者，因而该产业更加接近用户。由于该产业的上述特点，难以引起大企业的兴趣或者大企业根本不适合进入该产业，因此就成为中小企业驰骋的天地。

二、中小企业管理创新

现今，中小企业管理出现了许多新变化。在企业组织体制上出现了模拟公司制、产销同盟、企业裂变、工作小组制等；在人事管理上削减中间管理层，实现能力主义的人事准则，实行浮动工资，探索年薪制，建立以人为本的激励机制，创立数量化的考评体系；在营销管理方法上出现了过程创新，企业重组和业务再设计；在营销体制上建立更有效的销售网络，推动电子自动订货系统，向以消费者为中心的价格体系过渡；在财务管理上重视国际化财务战略，实现筹资的国际化和直接化，加强债权债务管理，努力降低企业成本等。

（一）中小企业管理创新的内容

1. 管理理论创新

20世纪70年代，企业管理理论发展的主流是专门化、职能化。当时最流行的观点，是强调企业管理的整体性和职能管理。20世纪80年代以后，这种管理有所改变。企业再次认识到现场管理的重要性，这时，企业更倾向于能够解决个别具体经营课题的管理人员，这些管理人员大多是那些深入现场了解生产第一线情况的管理责任者。在生产现场上，为了提高生产效率，管理理论和系统管理固然重要，但在很大程度上还依赖于现场管理者的素质。从专门管理发展到注重现场管理，反映着当代管理思想返朴归真的趋向，有效的管理理论和方法是能够解决实际问题。目前，这种思想已被很多企业所接受。

2. 风险管理创新

（1）经营当地化。国际化初期，中小企业对国际风险的管理主要是事后管理，随机性很大。近来，一些企业主要在完善经营决策和各项制度上取得了较大的进展。

（2）以设立专职部门为重点，建立风险管理体制。风险管理机构已经纳入企业组织，传统的企业内部安全机构正在被企业安全保障体制所取代。特别是对国际业务比重较大的企业来说，风险管理机构逐渐成为企业组织的核心，集中统一指挥的高层次的风险管理体制正在发挥作用。

(3)加强与国际大企业之间的业务合作，广泛谋求风险分散的途径。为了减少风险压力，越来越多的企业努力寻求与国际一流大企业之间的合作，试图通过挽住巨人手臂来降低风险。许多企业把这一做法视为风险管理体制的基础。

(4)大量建立海外情报机构，采用立体化的情报搜集战略，加强情报分类管理。变风险的事后管理为事前控制，关键在于能够及时获得有关情报。为了及时获得海外情报，各企业都在当地设置了情报基地。

(5)广泛招募国际人才，利用当地“大人物”的影响潜力，加强与智囊团的合作。

3. 成熟化管理中的创新

在20世纪80年代中期，日本企业界提出了成熟化管理(又称运动论管理)这一新概念。近年来，这一概念逐渐被众多的日本企业所接受，并形成当今日本企业管理的新内容。成熟化的道路是一个曲折的过程。成熟化管理的对象不仅仅是某新产品、某项业务，而且更可能是某种惯例、某种思想；既可能是某一部门或某一环节出现成熟化，也可能是整个组织、整个市场出现成熟化。这就要求企业在成熟化管理中不能仅仅采用一些常规性的措施和方法，而且应当有创新的措施和方法。

(1)大力激发组织的创造性。发展和变革首先离不开创造，尤其当企业面临成熟化时，如何唤起被弱化了的组织创造性就最为关键。

(2)大力开发边界业务的创造性。一个企业全部业务可以分为中枢业务和边界业务。中枢业务是指企业的主力业务，有较大的营业额，一般都具有充足的经营资料，是企业的重点业务。而边界业务则是企业非重点业务，与中枢业务相比，在人、财、物等经营资源占用上明显处于劣势。尽管如此，企业中的这些非中枢业务却是创造新战略的力量。原因在于中枢业务受其地位影响而难以进行创新，具有保守性。因此，开发边界业务就成为企业摆脱成熟化的突破口。

(3)积极实施超前扩张战略。近一时期日本企业在战略管理上普遍倡导超前扩张战略。这是一种超过自身现有力量的投资战略。实践证明，适当的超前扩张会促进企业的发展。

4. 过程创新

(1)从传统管理理论的困惑看过程创新论的兴起。自从1993年的“过程创新元年”之后，过程创新理论迅速在日美企业中流行开来，它反映着在经营不景气的情况下企业对新的管理思想和方法的渴求。过程创新论是适应当今西方企业管理的最新思想和经营管理方式的新变革。

(2)探明过程创新理论的含义。马歇尔·哈马在其著作《过程创新革命》一书中指出，过程创新是指为了有效地、戏剧性地改善成本、品质、服务等重大的活动及其从根本上考虑、审视管理过程，并以全新的角度重新设定管理过程。

(3)过程创新理论的主要特点如下：

①过程创新理论的焦点在过程，它以成本、品质、流通等过程的再设计为着眼点，这是过程创新论的本质特点。②过程创新论重视电子计算机、信息网络和数据库的应用。过程创新不像一般的事务性工作在纸上做文字性工作，而是利用电子数据来处理。由于操作技术更加先进，因而大大减少了工作时间和节约了工作场地，作业效率大幅度提高。作为创新工作，强调从零出发，实施新的作业。为了摆脱传统思想，在实施过程创新时应广泛

地从企业外部吸收经营管理顾问参与创新工作。③重视顾客是过程创新的原始出发点。过程创新理论坚持市场导向的原则，对工作过程、管理过程的重新认识、再设计都以更有效地满足顾客的需求为出发点，强调过程对市场的适应力。④过程创新论强调以过程为线索，重视过程流向组织设计。不同于传统组织理论以分工论为基石，企业组织设计主要以横向设计为主。

此外，过程创新理论为了体现过程管理的动态性，赋予横向组织体制以层次。过程创新理论认为，最有效的组织设计是按照过程流动进行组织设置，围绕着过程实现或完成，来集中各方面的职能人员。这样，各职能发生横向联系并按过程流向各级组织，在纵横两方面都便于开展工作，一举克服分工化、职能化的弊病。

5. 价格管理的创新

面对竞争激烈的市场，产品销售不畅，营业额下降，可以通过重新审定产品价格，改革价格体系，创新价格管理予以应对。

(1)从厂家希望价走向消费者希望价。长期以来，市场上由生产厂家掌握价格主导权，经销商通常是按照“厂家希望价”进行销售的。然而，以厂家为主导的价格体制正在发生深刻的变化，价格决定的主导权正从生产者转向消费者。传统的由厂家定价而后由消费者接受的情况正在急剧减少。消费流通市场已经进入了“消费者希望价”的新时代。

(2)重新认识价格折扣率制。厂家希望价之所以能获得流通企业的认可和执行，是因为厂家与流通企业间存在相联的利益关系。维系生产商和经销商利益关系的纽带正是价格回扣制。经销商按照生产商给定的希望价销售，在月末根据其销售额乘以一定的比率从生产商那里获取价格折扣。两者达到共获利益的效果。这就是流通环节多年适用的价格扣率交易惯例。目前，由于价格扣率制僵硬，流通环节缺乏生气，大多数经销商更愿意接受“即时让价制”。这一制度的特点是经销商从购入生产商商品的同时就获得价格让渡，而不是像扣率制那样要在商品销售出去以后再按销售额的多少进行结算。即时让价制更简便快速，经销商的主动性更大，因而该制度产生以后很快备受青睐。

(3)商业品牌价格策略在零售商中流行。商品价格与品牌是紧密联系的，某一品牌是维系特定价格水平的基础。所谓商业品牌价格，是指零售商撇开生产者商标而代之为自己的商标，并重新制定在市场销售的价格。由于采用零售商的商业商标，就剥夺了生产者的定价权，不知不觉中动摇了以生产厂家为核心的传统价格体制。

6. 人事管理创新

(1)从时间管理转向成果管理，推行年薪制。企业的人事管理已从时间型管理转变为成果型管理，对人员的考核不是依据时间而是根据取得的成果。具体体现成果型管理的方法是采取年薪制，企业根据员工的工作成果决定年薪的高低，工资完全与成果挂钩。

(2)上、下级之间实行双向考核，并推行“内部下岗制”。

(3)中层管理革命。精减中间管理层次，减少中层管理人员，优化基层管理，实行目标优化，将中层人员充实到基层管理中去。

(4)效益管理向以人为本管理的创新，对人的管理是未来的主体思想。

以上介绍了六个方面的管理创新，除此以外还有其他方面管理创新，并将在下面展开讨论几种管理创新。应该看到，随着经济的发展和环境的变化，各方面的管理必然再创新，这也是中小企业管理者的任务。

（二）中小企业管理创新关注的部位

中小企业不像大企业那样具有健全的组织机构、完善的管理制度、成熟的管理模式、稳定的管理方法，因此，中小企业的管理创新，必须结合中小企业管理的特点，寻找企业管理创新的重点、难点，不可求全、求大。针对我国中小企业管理的特点和中小企业管理存在的问题，中小企业管理创新应当关注如下部位的创新。

1. 注重管理机制的创新

中小企业内部管理机制应当包括决策机制、激励机制、约束机制、控制机制等，通过管理机制的创新促进中小企业人力资本最大限度地发挥作用。中小企业人力资本效用的最大发挥，是中小企业培养持续竞争力的关键，而创新一个规范的管理机制，是促进中小企业人力资本发挥最大作用的基础。

2. 注重激发技术创新的潜能

中小企业管理要有利于激发全体员工技术创新的潜能，以技术创新增强中小企业的竞争力。而不确定的技术创新过程需要管理创新，需要一种动态的创新管理作保证。中小企业往往是以一个好的项目开始创业，但仅仅有一个好的开端是不够的，即使新产品研制出来，也不一定就能在市场营销中取得长久的优势，因此，中小企业需要不断地技术创新，这又要不断创新管理以激发员工技术创新的积极性。

3. 关注战略管理调整与创新

中小企业虽然规模小、实力不足，没有雄厚的科研实力，建立战略管理有难度或不必要，但中小企业要在市场竞争之中求得发展，必须要有战略思想、战略规划，并根据需要不断地调整创新战略。中小企业要将企业的发展战略与国家的产业导向协调起来，并且根据技术和市场的发展趋势，结合企业自身的优势，创新战略管理。选择有市场前景、有开发潜力的项目进行开发，培养自己的核心竞争力。建立战略规划也要围绕自己的核心竞争力展开。对于自己的弱势，要善于利用外部资源，与社会中介组织及专业咨询机构合作，获得自己需要的管理知识、管理技能及各种信息，创新自己的战略管理。善于借助大企业、科研单位、院校的力量来发展，积极寻求官、产、学、研的合作以及与大企业的合作，增强自己的核心竞争力。

4. 关注知识产权管理的创新

对于中小企业而言，必须根据相关法规，管理企业花费大量资源获得的知识成果，采取到位的措施进行有效保护。一项新成果的创造对于高新技术中小企业而言格外来之不易，其技术创新过程充满了不确定性，需要企业克服种种风险，譬如财务风险、技术风险等。因此对于获得的技术创新成果，必须创新知识产权管理，采取有效措施保护其发明权益，使企业的技术创新得到应有的回报。即只有知识产权保护好了，知识产权才能具备价格从而获得收益，同时，有收益就有激励，有激励就有投入，有投入就有创新，形成一个良性循环。

5. 关注管理信息化创新

当今是信息社会、知识经济时代，面对激烈变化的外部环境、日新月异的技术发展以及复杂多变的市场需求，中小企业必须利用有限的资源逐步建立企业管理信息系统，实现企业管理信息化。企业管理信息化可以从一个部门例如财务部门开始应用计算机信息管理，然后逐步向全企业扩展。在管理信息化过程中，要结合企业的实际和信息技术特点，创新企业的管理信息化系统。

企业管理信息化可以使信息在企业中传递的速度加快、时效性增强，为企业决策提供依据，保证企业在激烈的市场竞争中拥有快速、灵活的反应能力和决策能力。

上述中小企业管理创新关注的部位不是不变的，而是随着其环境的变化而变化的，可能会产生新的关注部位。

(三) 中小企业管理思想和模式的创新

1. 中小企业管理思想创新的意义

管理思想是企业管理的灵魂，管理模式则是管理思想与各类管理工作的综合体现。管理思想的创新是企业管理创新的基础和前提，中小企业要在管理方面有所创新，首先要实现思想观念的创新。

2. 中小企业管理思想创新应结合实际

中小企业管理创新要根据自身的特点和弱点，结合国内外的先进管理理论和实践经验，必须具备并不断创新管理思想：以人为本，唯人兴业的观念；瞄准市场，以变应变的观念；顾客第一，用户至上的观念；投身竞争，优胜劣汰的观念；战略制胜，追求卓越的观念；以质量求生存，以质量求发展的观念；诚实可信，依法经营的观念；技术先进、管理科学的观念等。

3. 中小企业管理思想创新的具体体现

管理思想的创新，体现在管理工作思路的创新之中，其具体内容十分广泛，可以是某种技术创新(产品、服务、工艺等)管理的构想，也可以是管理措施的改进；可以是一项人事调动，也可以是人才开发思路；可以是产品促销管理，也可以是资本运营的管理新思路。总之，管理思想的创新可大可小，大到企业发展战略及其落实，小到某种产品的营销策划和运作。

4. 中小企业管理模式的形成和类型

管理模式的形成是将企业各种管理思想汇集在一起，在企业管理中形成一个思想体系，并在企业各项管理中得到应用。管理模式是指企业实现总体资源有效整合和配置的实施方式。管理模式又有总体模式和具体模式之分。

对中小企业来说，管理模式多种多样，创新的内容十分丰富。有的比较成熟，有的还不够成熟，主要有准时生产管理模式、定制生产管理模式、快速反应管理模式、和谐管理模式、虚拟企业管理模式、新型营销管理模式等。而且这种管理模式还在随着市场需求的变化在不断创新之中，中小企业在经营之中，要不断创新自己的管理模式。

(四) 中小企业管理组织创新

1. 中小企业管理组织创新扼要

管理组织创新是管理创新的组织保证。管理组织体现了企业的生产关系，它是企业内各要素有效整合和配置的运行载体。组织创新是企业为了适应技术创新和管理创新的要求，实现企业内生产要素的合理配置，形成新的任务实施共同体，从而对企业组织形式、组织结构、组织规模、组织流程进行重构的行为总称。组织形式、组织功能等最终要由企业目标和各要素，尤其是技术要素所决定。一旦这些要素发生了变化，就会推动管理组织的创新。管理组织创新，意味着中小企业要对原有的组织结构进行调整，创建新的组织结构形式；要对组织内部成员的责、权、利关系加以重新构建，形成新型人际关系；要对原有的分工协作作出新的安排，以使组织功能得到最有效的发挥。

2. 中小企业组织创新的内容

中小企业组织创新是企业组织变革的全方位的设计，一般包括创新企业组织形式、组织结构、组织规模、组织流程等。

(1) 创新组织形式。企业以什么形式存在，在很大程度上影响着企业组织结构及其规模的设计。在市场经济条件下，企业的法定组织形式主要有三种：单一业主制、合伙制和公司制。中小企业一般在建立初期就确定了企业的组织形式，但是，随着企业的发展，企业可能由单一业主制向合伙制，再向公司制发展，这就需要创新其组织形式。

(2) 创新组织结构。一般来讲，中小企业组织结构有直线制结构、职能制结构、事业部制结构和矩阵制结构等。对企业组织结构的优化设计是组织创新的核心内容，也是企业组织创新最关键的任务。对企业内部组织结构进行优化设计，要考虑三个核心内容：一是组织结构的复杂性，即组织结构内各要素之间存在的差异性；二是组织结构的规范性，即组织内部纪律、规章制度、工作程序等；三是组织结构的集权与分权，即组织内部的决策权力的集中与分散程度。

(3) 创新组织规模。组织规模包括企业规模、各部门的规模和各个岗位的人员数量。组织规模创新的重点在于，对企业内部管理层次和管理幅度的优化设计。

(4) 创新组织流程。组织流程是企业领导体制和企业制度体系的具体体现，具体的设计是企业任务如何从决策到实施过程中的流程。流程中的薄弱环节需要调整或创新予以解决。组织流程与管理层次、管理幅度、管理效率，以及企业的协调性等有着密切的关系。组织流程设计将实体的组织机构和无形的组织职能有机地结合起来，在企业内形成一个严密的任务传输程序，是组织设计的重要组成部分。各类企业的任务、决策和实施方案各不相同，这就需要在组织流程中进行创新。

3. 中小企业组织创新的关注部位

在中小企业中，往往由于企业领导人对企业组织功能认识的欠缺，而导致企业组织设置混乱，存在领导人管理幅度过宽，管理层次过多，职能部门职责不清等问题。针对中小企业的特殊性，在组织创新时应当关注如下部位。

(1) 注重增强企业组织意识。美国著名企业家牟尼说过："组织就是为了达到共同目标而设立的一种人类联合的形式。"企业组织是为了达到企业目标而设立的，是一个活的机体。组织是重要的管理机构，只有科学、合理的企业组织，才可能有高效的管理。培育和创新企业组织意识就是要能够激活组织机体，使之成为充满生机和活力的整体，发挥组织应有的潜能。

(2) 注重根据企业的目标与方向，进行组织创新。不同的企业在不同的发展阶段有着不同的发展目标、方向与战略。组织的创新就是围绕企业不同阶段的目标、方向和战略而展开的，只有这样才能发挥作用。企业的战略是为实现企业目标服务的，而组织创新又是成功实施战略的组织保证。因此，可以说组织创新的最终目标就是保证企业目标的实现。这就需要企业根据自己的不同阶段的目标与战略来进行组织创新、组织再造。

(3)关注设计组织创新系统。组织创新不是一种简单的活动，而是受多方因素制约的系统设计与决策活动。虽然产权明晰能为组织创新提供制度基础，但健全的组织创新只能靠科学的决策与系统设计来完成。组织创新是组织形式、组织结构、组织规模、组织流程全方位的综合设计，要依据企业目标和发展方向，以及企业自身的特点，选择适当的组织形式和组织结构形式，确定合理的组织规模和组织流程，从而使设计的企业组织综合系统能够高效完成任务。

(4)关注创新领导体制的设计。对领导体制的优化设计，亦是对权力体系结构进行优化设计。要明确“谁有什么权力，如何行使其权力，有没有制约权力的因素”。从组织发展过程来看，权力体系对组织的控制主要有两种方式：一是集权方式，即组织成员只是被动接受当权者的直接命令，下级只有执行权而没有决策权。这种方式有利于维护组织的高度统一，并能最大限度地调动组织的各类资源，但却不利于调动各部门及各成员的积极性。二是分权方式。在这种方式下，上级并不具体规定下级组织在其内部的管理行为，只通过奖惩和目标实现来控制下级行为。优化企业领导体制应视企业的具体情况来定，集权与分权相结合及其结合的程度或偏重某一方面是组织创新应把握的基本准则。在掌握集权与分权结合尺度时，领导者的素质是十分重要的因素。

(5)注重创新横向沟通。领导体制强调的是企业纵向管理的问题，横向沟通欠思量。针对企业中存在的横向沟通薄弱的现状，应予以变革，创新为大办公室集体办公制度，这既有利于相互竞争和监督，又有利于相互间的协调和沟通。除此，还可以创新科室联谊会、车间主任联谊会和班组长联谊会等方式，在友谊的基础上加强沟通协调。

(6)注重创新基层组织。基层组织是企业的作业层面，承担着完成生产任务和职工队伍建设的任务。创新班组的工作，更加明确班组长的职责和权利，充分发挥他们的积极性和创造性，使他们既是一线生产指挥者，也是一线的管理者，既具有生产指挥权，也有人员调配权、工资和晋级的建议权等。从而使基层管理落在实处，使中小企业的基层管理建立在稳固的基础之上。

(7)关注创新组织文化。企业是一个组织，企业的班组也是一个组织，组织可大可小。组织文化创新可以是企业文化创新，也可以是班组精神的创新。寻觅组织文化的薄弱之处，不断地创新组织文化。以此增强企业凝聚力、创造力，增强全体员工认同和共有的核心价值观念及价值取向、激励员工奋发进取精神，来实现企业的目标。

(五)中小企业管理制度创新

1. 中小企业管理制度创新含义和作用

管理制度是指要求所有的人都要共同遵守的工作规程或行动准则。从一般意义上理解，社会宏观制度体系决定着企业的生存和发展，企业运营的自身制度体系(也称为企业制度体系)决定其经营优劣。企业制度体系依存于社会宏观制度体系。这里我们只从企业制度体系的角度，来分析企业管理制度的创新。

各类企业的创新活动都与制度因素密切相关。企业管理制度创新是指通过制定新规程、新准则并加以有效实施，以实现既定目标的行为。换言之，企业管理制度创新就是将企业视为一个有机体，为了实现企业既定目标，并实现企业内部资源与外部环境的协调，进而在财产关系、组织结构、运行机制和管理规范等方面的一系列新的制度安排。企业管理制度的创新，会给企业员工行为方式带来新的变化，进而有助于资源优化组合，有助于增强企业的凝聚力和竞争力，是企业生存和发展的可靠保证。在社会主义市场经济中，企业能否不断地通过制度创新，建立规范的现代企业制度，既是企业能否持续健康发展的关键，也关系到经济体制改革的成败。

2. 中小企业管理制度创新的内容

现代企业制度不是指某一单项的制度，而是反映新型生产关系的制度体系。企业制度创新的过程，就是理顺这些关系并使之制度化的过程。

在企业中，制度很多，诸如产权制度、用工制度、分配制度、物资采购调配制度、生产管理制度、财务管理制度、产品销售制度、岗位责任制度、厂规厂纪等。在这些制度中，有些是与社会宏观制度①有关的，有些则没有直接的关系，因此，我们可以将企业的有关制度分为外部制约性制度和内部制约性制度。诸如产权制度、用工制度、采购制度、分配制度等是外部制约性制度；领导制度、生产管理制度、财务管理制度、产品销售制度、岗位责任制度、物资调配制度、厂规厂纪等则是内部制约性制度。

(1)外部制约性制度的创新。外部制约性制度由于受到社会、法律、经济等国家的宏观制度或地方政府的中观制度的限制，企业在制度创新时，必须是在外部制度框架内进行创新活动。比如产权制度，企业法规定了企业主要有单一业主制、合伙制和公司制，也就明确了企业的产权制度，企业不可能创新出其他的制度，但企业所有者对产权占有的比例、分配方式、资源合股等可以创新。再比如，企业的用工制度要符合国家的劳动制度的要求，不能违背国家劳动法的规定，但企业可以在使用什么样的人才，如何培养人才，如何利用用工制度调动劳动者的积极性等方面进行创新。

(2)内部制约性制度的创新。它是在外部制度制约下由企业自己决定的相关企业制度，企业可以根据企业发展和管理的需要作出创新。具体来说，就是通过企业所有权的合理配置，在企业内的所有者、经营者和生产者之间形成相互制衡、相互约束的机制，激发每一个企业成员的积极性。为了保持企业的长期发展态势，企业不仅要重视股东的权益，而且要重视债权人、职工等其他利益相关者的权益；不仅要强调经营者的权威，而且还要关注其他利益相关者的实际参与。通过公司章程等正式制度来确保每个产权主体具有参与企业所有权分配的机会，同时又依靠相互监督的机制来制衡各产权主体的行为，而适当的投票机制和利益约束机制则用来稳定合作的基础，并达到产权主体行为统一于企业适应能力提高这一共同目标之中。

3. 中小企业管理制度创新的关注部位

企业管理制度创新的根本目的是充分发挥管理制度的功能，为实现企业的目标服务。可以理解为通过调整和优化中小企业所有者、经营者和劳动者之间的关系，使各个方面的权利和利益得到充分的体现；不断调整企业的组织结构和修正完善企业内部的各项规章制度，使企业内部各种要素合理配置，并发挥最大限度的效用。因此，在考虑管理制度创新时，要注重从以下方面寻觅创新的突破口。

(1)关注宏观制度变化，创新相适应的企业制度。中小企业制度受到社会、政治、经济、法律因素的影响和制约，产权制度改革、金融体制改革、社会保障制度改革、政府机

① 胡川：《产权制度的分层、构成及其多维度变迁研究》，载《中国工业经济》2006 年第 2 期。

构改革等一系列外部制度的变革，都会对中小企业制度产生重大的影响。所以，企业制度创新必须用系统的观点，根据宏观制度变革和创新，来创新中小企业内部制度使之相协调，总体推进。

(2)注重企业的发展，创新管理制度。中小企业制度的优化设计和实施是一个动态的过程，某项制度安排最初可能是有效率的，并能促进企业健康发展，但随着企业规模、技术及外部条件的变化，这种制度安排有可能不适应企业发展的需要，并有可能成为企业发展的瓶颈，这时，需要创造一项新的制度来代替现有的制度。

(3)注重企业的所有者的变更和占有比例的增减，创新产权制度。产权制度创新是中小企业制度创新的核心内容。1978 年改革开放以来，由于我国中小企业是在特殊的体制环境下创办和成长起来的，多数企业特别是国有中小企业，存在产权不明晰的缺陷。产权制度创新就要关注并明晰企业所有权，允许管理人员、科技人员、创业人员以管理、技术、创业等智力资本作为资本入股企业。同时还应通过企业兼并、收购等方式的产权重组和流动来实现企业产权多元化的创新。

(4)注重比照先进企业的内部管理制度，创新自己的管理制度。企业要善于学习先进企业的内部管理制度，善于借助外部智力资源，来实现决策制度创新，建立科学的、规范的、制度化的决策体制与决策程序，充分利用制度的功能。

(5)注重企业制度应发挥的功能。创新企业制度，在于为企业提供基本规划和框架时，发挥企业制度指导企业经营方向的选择、引导稀缺资源的配置和使用的导向功能；发挥企业制度激发各类参与者为企业作出贡献的激励功能；发挥企业制度使各类参与者在企业经营的不同方面朝着共同的方向努力，使他们提供的不同贡献形成有利于实现企业目标的合力的协调功能；发挥企业制度使企业经营者和各类参与者的行为符合企业目标和行为规范，避免或降低监督风险的功能。上述功能能否得到发挥这也是企业制度创新的评价标准。

三、中小企业技术创新

技术进步或技术创新，从古典经济学、马克思政治经济学、新古典主义经济学到当代的经济学流派，尤其是熊彼特主义以及后熊彼特主义经济学等，无不对技术进步因素的重要动力作用备加关注，研究成果卷帙浩繁。这种动力作用在于在商品经济条件下，价值规律、供求规律通过竞争规律的作用，推动技术进步，即技术创新，从而不断地推动了生产力的发展，进而推动了社会经济的进步。

企业的技术进步或创新是整个社会技术创新的组成部分，是其微观实现或商品化的基础。它包括企业产品创新、工艺创新和服务创新等。

(一)中小企业的产品创新

1. 中小企业产品创新的重要性

企业的产品是企业技术创新的重要内容。中小企业的技术创新效果与其产品的生命力息息相关，而产品的生命力则又集中反映了适应市场需求变化的企业技术创新的理念和行为。由于市场需求是在不断变化和不断发展的，故而，需要源源不断地向市场提供满足其需求的创新产品。这就要求企业持续产品创新，以保持并不断增加其市场竞争优势。

2. 中小企业产品创新的内容

产品创新是指企业首次向市场提供在技术上有某些改变或技术性能不同的新产品的过程。即一方面是原有产品质量的提高，性能的稳定和改进或外观的美化的新产品；另一方面可能是质量、性能或外观不同的创新产品。

任何一种产品都可以根据其功能、外形等特征划分为核心层、形式外观层和延伸层(见图7-8)。产品的核心层、形式外观层构成了产品的实体，产品的延伸层就是产品的售后服务。因此，产品创新是上述三个层次上的创新，包括产品功能效用的改善和创新，产品的样式外观包装的改进和创新，以及售后服务的强化和改进等。

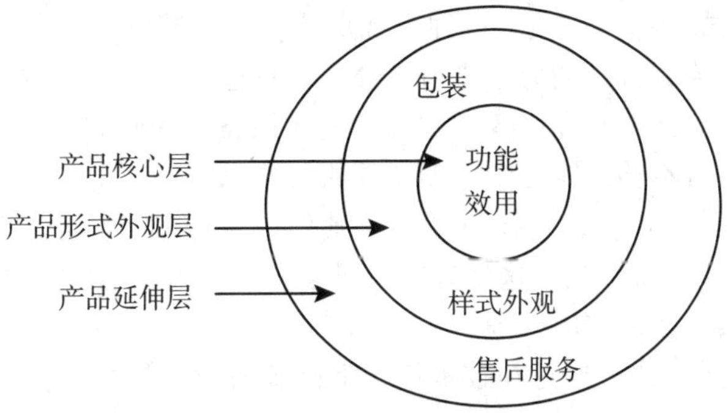

图7-8　产品构成的层次

3. 中小企业产品创新的类型

产品实体的创新，是指在构思、原理、结构、性能、材质、技术特征、外形美观等某一方面或几个方面进行的具有独创性的产品实体再创，或在上述几个方面对现有产品的实体所进行的改进与改善的活动。按照对产品实体创新内容的不同程度，可以将产品创新分为模仿型产品创新、改进型产品创新、换代型产品创新和全新型产品创新的四种类型。

(1)中小企业模仿型产品创新。它是指中小企业模仿市场上已出现的产品，有时在仿制时有可能对产品的局部(比如颜色、式样外观等)作出改进和创新，但基本原理、功能和结构是仿制的。

模仿型产品创新是产品创新的初级形式，短期看，会使中小企业积累技术创新的经验，增强产品开发和研制能力，获取经济效益。但却不是长久有效的办法，而且模仿必须要处理好可能引发的知识产权纠纷。

(2)中小企业改进型产品创新。它是指企业对原有产品进行局部改进以增加产品规格、型号、提高产品质量、改进结构功能、节省能耗或变更一部分原材料等。

改进型产品创新适用于该产品的市场尚未饱和，产品还有改进空间且改进成本不高，有利于提高企业的经济效益的情况。这种创新也包括引进“专利技术”等用于改进产品的生产或包装。

(3)中小企业换代型产品创新。它是指企业采用新材料、新元件或新技术，使产品功能有重大突破。例如，电子计算机问世至今已近70年，已经历了电子管、晶体管、集成电路到大规模集成电路等四次产品更新换代，目前已在研制第五代具有人工智能的新型电子计算机。

换代型产品创新是改进型产品创新的极限，换代型产品创新主要取决于产品的市场需求状况和技术发展，也就是说现有产品已经进入了衰退期，或不能满足更多的需求，新的技术即将替代旧的技术，使产品发生“质”的变化。

(4)中小企业全新型产品创新。它是指企业应用新原理、新结构、新材料和新技术制造的前所未有的新产品。它是企业应用科学技术的新成果，再将其转化为现实产品的一系列活动。

中小企业从事此类产品创新的难度往往很大，通常的作法是借助于企业以外的力量，采用官、产、学、研相结合的方法，共同攻关，走合作创新之路。

4. 中小企业创新产品常采用的方式

(1)独立研制方式。这种方式有三种表现形式：①从基础理论研究到技术研究，再到产品开发研究，全部依靠自己的力量进行。②利用社会上基础理论的研究成果，企业只进行应用技术研究和产品开发研究。③利用社会上应用技术的研究成果，企业只进行产品开发研究，这在科研力量不够雄厚的中小型企业中经常采用。

(2)技术协作攻关方式。它是指与社会上其他单位(包括其他企业、研究所、高等院校)联合起来，共同开发新产品。这种方式多种多样，如签订合同，组成带有弹性的科研生产联合体，或有偿转让科技成果等。

(3)技术市场购买方式。通过在技术市场上购买符合本厂生产能力的产品成果，进行试制并投产。

(4)购买专利方式。根据国家专利法的有关规定，企业购买某种新产品的制造权进行产品试制和生产。

(5)引进国外技术方式。它是指通过与外商进行技术合作、来料加工、补偿贸易、购买专用设备和专利等形式，引进新产品。

5. 中小企业创新产品考虑的因素

创新产品是关系企业生存和发展的重大问题，是企业有无经营活力的具体表现，也是企业达到甚至赶超本国和世界先进水平的关键。但是，新产品试制一般成功率很低，风险很大。因此，中小企业进行新产品创新应考虑以下因素：

(1)创新产品的市场因素。市场因素即要对市场环境进行分析。通过市场调查研究和预测，尽可能地了解新产品的市场在何处，预计销售额、市场占有率和市场容量有多少，目标市场的购买者对本产品可能抱有什么希望和要求，产品何时投入市场最合适，通过什么销售渠道进入市场等。

(2)创新产品的竞争因素。新产品推上市场后是否有竞争对手？竞争对手的产品状况如何？本企业对新出现的竞争产品将采取什么样的对策？

(3)创新产品的政策和法律因素。创新某种产品是否有国家政策和法律方面的限制？是否涉及专利权保护问题？是否需要动用外汇购买进口设备和原材料等？

(4)创新产品的“绿色营销”因素。20 世纪 80 年代初，针对由于工业发展使地球环境遭到破坏危及人类生存的状况，而出现了绿色产品营销，即在市场开发中，考虑地球生态环境的承受能力，因而努力开发无损于环境的绿色产品。

(5)创新产品的企业资源因素。是否有发展新产品的关键技术、管理人才？有无发展该新产品的有关设施？原材料、动力、外购件、对外协作如何？是否有充分的资金供研制之用？资金来源如何解决？

6. 中小企业创新产品的过程

中小企业创新产品的过程一般可分为八个步骤：构思、筛选、形成产品概念、制定营销策略、商业分析、研究试制、市场试销、大批投产正式上市。

(1)创新产品构思。构思就是对满足一种新需求的产品的设想。企业寻求新产品的构思必须有一套系统的规定。如必须明确新产品发展的行业范围、目标市场、产品定位、资源分配和投资收益率等，使构思者有所遵循。新产品的构思可以有许多来源：一是顾客，二是科技人员，三是竞争者，四是企业业务人员及中间商。此外，还有大量的科研和市场信息。企业领导人是否有开拓创新精神，企业是否能获得新产品构思的关键要素，是否具备对创新者的有效奖励等都将影响新产品的构思。

(2)创新产品构思的筛选。筛选就是对新产品构思方案进行优选。即对不好的构思予以剔除，选出好的构思进一步开发。正确的筛选必须根据企业内外的具体条件，全面分析衡量，审慎地决定取舍。外部条件主要是看市场需求、竞争状况、社会环境和自然资源等；内部条件主要是看企业是否具备资金、设备、技术和经营管理能力，以及构思与本企业的目标是否一致。有些构思虽然看起来很好，但不一定适合本企业。因此，应从企业的实际出发，对构思进行具体分析筛选。

(3)产品概念的形成。经过筛选后的新产品构思，还要进一步形成比较完整的新产品概念。产品构思一般较抽象，如“一种新鲜口味的午餐饮料”。而概念则是用有意义的消费者术语表达的构思，如“一种可口的快餐饮料供孩子们中午饮用提神”。形成产品概念后，就可将其拿到目标顾客中评估，搜集反应，再从中选出最佳的产品概念。

(4)制定创新产品营销策略。选定最佳产品概念后，就要制定该产品进入市场的粗略的营销策略，它主要包括三部分：①目标市场的规模、结构、购买行为特点、产品市场定位、短期预计销售量、市场占有率、利润率等。②预定价格、分销渠道、促销预算等。③长期的预计销售量、投资收益率等。

(5)创新产品的商业分析。选出最佳产品概念和拟定初步的营销策略之后，还要详细分析创新产品在市场上的可行性。即详细审核预计中的销售成本、利润和投资收益率等，看其是否符合企业既定的目标，如果符合，就可进一步开发。

(6)创新产品的研究试制。经过商业分析，如有开发价值，则可交有关部门进行研制。根据既定的产品概念，可试制出一个或数个样品。这种样品要具备产品概念中所阐述的主要特点，安全可靠，且生产成本不能超出预算。样品制成后，还要进行一系列严格的产品性能测试和技术鉴定，并进行消费者测试。

(7)创新产品的市场试销。若样品经测试得到满意的结果，便可投入小批量生产，并上市进行试销。试销就是将产品和营销方案在具有代表性的较小市场上推出，以观察市场的反应。通过产品的市场试销情况和消费者的反应，来检验产品及市场情况。除了较昂贵且少量生产的高档消费品以外，一般产品都要经过试销。产品经过试销后是否全面上市，须根据试销结果判断。一般用产品试用率和再购率两个指标来判断消费者的满意程度。

(8)创新产品的大批投产正式上市。经试销成功的创新产品，即可大批投产上市，但必须把握好下述三个方面：①推出时机。新产品上市要选择最佳时机，最好是应季上市。同时还要考虑新产品上市对老产品的影响，尤其是与老产品有替代关系的新产品。②推出地点。中小企业可以先选择一个中心城市推出新产品，迅速占领市场，待站稳脚跟后，再逐步向其他地区扩展。③目标顾客。企业推出新产品时制定的营销方案必须针对最佳的顾客群，即针对预期产品的最初接受者、预期产品的经常使用者和用较少的费用就可争取到的购买者，以迅速开拓市场。总之，一项创新产品的开发必须有一套科学的程序，有计划有步骤地进行，只有这样才能减少盲目性并可能获得成功。

7. 中小企业创新产品的策略

创新产品是满足消费者需要的重要途径，也是关系企业生存和发展的重大问题。在创新过程中，不仅要投入大量资金和人力，而且会具有一定风险。因此，企业必须采取慎重的科学态度，根据企业自身的生产能力、市场需求和竞争状况，选择适当的策略。中小企业创新产品常采用以下策略：

(1)创新产品的抢先策略。企业根据市场需求信息，提前研制新产品。当老一代产品处于成熟期，市场需求量即将达到饱和状态时，企业就率先把创新产品推上市场，使产品处于市场的领先地位，以快取胜。采用这种策略的企业，一般要具有较强的研制能力和较强的能适应市场变化的经营管理组织，有反馈及时、反映灵敏的市场信息系统。

(2)创新产品的仿制策略。企业发现市场上有前途的新产品，而且竞争对手不多，就立即组织力量仿制，及时投入市场。企业有计划地仿制新产品，能较快地缩短与国内外先进水平的差距。实行这种策略的企业研制能力虽不一定很强，但应该有一个反馈及时的高效率的经营管理机构。

(3)创新产品的最低成本策略。企业在制造方法、生产组织和工料消耗上不断挖掘潜力，降低成本扩大生产批量，以较低的价格通过各种销售渠道迅速进入市场，扩大市场占有率。这种策略，也叫“薄利多销”或“以廉取胜”策略。

(4)创新产品的市场服务策略。企业以提供附加产品或服务取胜的策略。通过加强售前、售后的综合服务，满足用户的各种需要(包括特殊需要)，以树立企业的信誉。采用这种策略的企业，必须具有较强的提供技术服务的组织能力。

(二)中小企业的工艺创新

1. 中小企业工艺创新的内涵

中小企业中的工艺概念有狭义和广义之分。狭义的工艺是指某一工种的操作技术或操作方法，如锻铸工艺、金加工工艺、钳工工艺和木工工艺等。而广义的工艺则是指劳动者利用机器或工具对某种劳动对象(天然物、原材料、在制品或标准件等)进行加工或组装处理，使之成为完整产品的一系列活动程序(流程)、方式方法和规则体系。工艺的设计和组织过程要涉及到多门科学的知识，具有很强的技术性和艺术性。我们通常所说的“工艺”，一般是指广义的工艺，这里讨论的工艺是指广义的工艺。

工艺创新，是指生产(或服务)过程产生技术变革基础上的技术创新，因而又有人谓之为过程创新。工艺创新既包括在技术发生较大变化基础上全新工艺的创新，也包括对原有工艺的改进(如原材料的变更或加工方式的改变等)所形成的创新。

2. 中小企业工艺创新的内容

工艺与企业的生产有着直接的关系，工艺创新的效果或功能会直接影响到企业的生产效率、产品质量、成本和劳动条件等。因此，工艺的创新应当围绕工艺效果或功能展开。

下面进行具体分析。

(1)工艺设计方法的改进。工艺创新的核心是工艺设计，能否应用科学的方法进行工艺设计，体现了企业工艺创新的能力。例如，企业传统的工艺设计方法，每张零件图纸，都要编制设计一份工艺流程，这被称为单件工艺或零件工艺。这样设计的工艺虽然针对性很强，但存在的问题也是明显的，即这种方法忽视了同类型零件间在工艺上的趋同性，工艺人员不得不重复设计，浪费了人力、物力和时间。目前可以受用的是一种新型的工艺设计方法，即成组工艺设计。成组工艺设计是针对彼此相近、相似的一组零件的加工而设计的，这就使得工艺设计方法发生了质的变化。这种方法可以使工艺设计人员从繁琐的重复性工作中解脱出来，还可以长期使用所设计的成组工艺，为企业节省资金。有条件的中小企业也可以采用计算机辅助设计(CAD)，以提高设计水平和能力。

(2)机器设备的更新与改造。在我国的中小企业中，多种原因造成机器设备陈旧、老化，得不到及时更新或改造，很重要的原因之一是对更新与改造机器设备的认识不清，重视不够。当然，更新与改造机器设备不是无条件的更新改造，而是要坚持在需要和可能相统一的前提下，推进企业的技术进步。

对机器设备的更新改造可分为主要为扩大生产能力而进行的改造以及主要为提高产品质量、节约生产成本以及提高生产效率的更新改造这两种。我们这里所指的工艺创新是后者。

(3)工艺装备的改善。工艺装备，又称工装，它是指在企业生产中所用量具、刃具、夹具、模具、检具和工位器具等的总称。工艺装备是加工零件，制造产品，确保产品质量，减少消耗，提高生产效率的物质条件。

从目前来看，改善工艺装备的基本思路和途径主要有两条：一是要开发组合式工艺装备；二是要开发成组工艺装备。

(4)新材料的选用。中小企业选用新材料的创新，就是要求企业对各类劳动对象(自然物或原材料)进行技术性能和经济合理性的分析，从中选择有利于降低资源消耗、提高产品性能的新型材料，从而取代原有的材料。

科学技术特别是新材料科学的高度发展，为材料创新开辟了广阔的前景。在自然资源逐年减少，材料危机日趋严重的今天，许多中小企业都把新材料的开发和应用纳入到企业发展的战略高度，使之成为工艺创新的一项重要内容。

(5)创新加工方法和操作方法。加工方法和操作方法决定了机器设备、工装等劳动资料与劳动对象之间的结合方式，进而决定了劳动对象向产品的转化效率。换言之，在相同的劳动资料与劳动对象的条件下，由于加工方法和操作方法的不同，其经济效益也有很大的差异。从我国现阶段中小企业的实际情况来看，普遍存在生产工艺技术含量低、加工方式单一、方法不科学等问题。例如，国外采用的电解加工(ECM)工艺、超声加工(USM)工艺、电子束加工(EBM)工艺和计算机辅助制造(CAM)工艺等，在我国的中小企业中还应用不多。而这些特种加工工艺的应用，可以极大地提高生产效率，节省原材料消耗，改善产品质量。

(6)劳动条件的改善。这里所讲的劳动条件是指工艺实施过程中周围的环境条件。一般包括：周围的空气质量以及工业“三废”(即废气、废水、废渣)的排放情况；工作地的清洁卫生状况；工作地工件、工装摆放情况；工作地的安全设施和安全用品齐备情况等。

改善劳动条件主要在于文明生产和安全生产的需要，其核心是确保人身安全和提高工作效率。

中小企业往往忽视劳动条件的改善，从而影响企业的生产。如果车间内的空气污染严重或清洁卫生不佳，就会影响操作者的精神状态和情绪，导致注意力不集中，甚至会发生人身事故；如果工作地附近乱堆乱放工装器具，就会使操作者在工作中手忙脚乱，影响工作效率，甚至会发生伤亡事故。因此，改善劳动条件不是可有可无的事，需要从加强工艺实施条件的建设出发，建立健全必要的规章制度和环境创新机制，调动全体职工的劳动积极性，进行综合治理。

3. 中小企业工艺创新的一般原则

工艺创新是生产力诸要素的重新开发和组织的过程，工艺创新是一个涉及面较广的范畴。因而，我们很难对工艺创新提出具体明确的方法，只能提出一些应当遵守的原则。

(1)工艺创新需求推动原则。工艺创新的动力不像产品创新，产品创新的推动力可能来自市场需要、技术发展需要，也可能来自政府引导。工艺创新的推动力主要来自企业内部的产品(服务)生产和成本降低的需要。因此，工艺创新应当紧紧围绕生产产品(服务)和降低生产成本展开。

①工艺创新是产品创新的孪生兄弟，产品创新必然要求工艺创新。中小企业在构思产品创新时，应率先考虑的问题就是企业对该产品的工艺创新的能力能否满足需要，如果能力较强，可采取自主创新；如果能力一般，则可以寻求合作伙伴，采取合作创新；如果能力较弱或相差悬殊，则只好放弃。

②降低生产成本是企业获取经济效益的重要途径。企业进行技术改造、应用新材料等的根本目的是降低生产成本。如果工艺创新不能带来成本的降低，工艺创新将没有意义。

(2)工艺创新量力而行原则。中小企业在进行工艺创新时，要根据自身实际情况，量力而行。要正确评估自身的能力，发挥优势，避让劣势；要考虑国家宏观产业技术政策的要求，选择适应我国资源条件、科技水平和管理水平，又能带来较好经济效益的先进技术。不要片面追求最新技术、最新工艺和最新材料。企业在工艺创新时要评价可行性，扬长避短，才能创新工艺。

(3)工艺持续创新原则。对企业生产来讲，产品(服务)质量和产品生产成本是企业发展永恒的话题，因而决定了以产品(服务)质量提高和成本降低为宗旨的工艺创新应该是一个持续的动态过程，是一项较为经常性的工作。企业产品要不断创新满足顾客的需求，必须要工艺创新来保证，可见，工艺创新不是一劳永逸的，而是需要不断进取、持续努力的。

(4)工艺创新的综合效益原则。追求经济效益是企业的根本动力，但企业在追求经济效益的同时，不能忽视企业伦理问题，不能忽视企业的社会效益和生态效益。中小企业在工艺创新时既要注重经济效益，也要注重社会效益和生态效益，力求三者的统一。对于那些可以带来好的经济效益的工艺创新，一定要限制其对社会效益和生态效益的破坏。

4. 中小企业工艺创新与产品创新的差异与关联

(1)产品创新与工艺创新的差异性。工艺创新和产品创新，两者都是企业技术创新的重要内容，二者作用的结果都是企业生产的变化，共同的目标都是企业利润的最大化。但是，两者还是有一定的差异。

①两者的侧重点不同。产品创新侧重于创新活动的结果，而工艺创新侧重于创新活动的过程。其差别在于过程与结果之异，当然好的过程保证了好的产品。

②两者的成果形态不同。产品创新一般为物质产品，即有形产品；而工艺创新通常为有形产品和无形产品的统一，原材料、机器设备和工装等是有形的，而工艺流程、操作规程和技术要求等则是无形的。

③两者成果的应用不同。产品创新主要是向市场提供产品，其用户是产品的消费者；而工艺创新多数情况下由企业自身享用创新成果，只有在少数情况下才向市场提供。

④两者创新成果的价值补偿不同。产品创新的价值补偿通过产品的市场销售可得到；而工艺创新的价值补偿除在少数情况下通过市场销售得到补偿外，在大多数情况下是通过资产折旧(固定资本)和批量产品售出后，得到补偿。

(2)产品创新与工艺创新的相关性。

①工艺创新和产品创新在同一企业内，有着密切的联系，产品创新中可能包含工艺创新，工艺创新的结果也可能就是产品的创新。

②产品创新和工艺创新的目标一致。中小企业产品创新的目标在于为市场提供满足人们需要的新产品，增加社会财富。通过实现新产品的市场价值使企业利润最大化。而工艺创新的目标在于提高生产效率，改善产品质量降低物化劳动和活劳动消耗，以及改善生产条件，这些功能的改进恰恰有助于企业利润的提高。只不过前者对企业利润的提高是显性化的，而后者隐性化的。从企业经营目标来看，两者的目标是一致的——都是为了使利润最大化。

③产品创新和工艺创新具有内在的关联性。中小企业所生产的任何一项产品，在其整个寿命周期中无不包含有产品创新和工艺创新。

第一，产品导入阶段。竞争的焦点在于实现产品的功能，并为市场所接受，所以创新类型是以产品本身的变化为主，主要体现为提高产品功能和实现产品设计类型所要求的产品设计创新。同时在产品设计创新中，也要考虑加工工艺的可行性和有效性。

第二，产品发展阶段。竞争的焦点在于提高质量，实现大批量生产，因此，创新类型转向以工艺创新为主要内容。同时也要注意解决顾客反应的产品性能和外观问题。

第三，产品成熟阶段。竞争的焦点在于降低生产成本，因此工艺创新主要是以降低生产中活劳动和物化劳动的消耗、进一步提高劳动和资本生产率为目的，产品创新则主要以增加满足市场需要的产品的品种和规模为内容。

第四，产品衰退阶段。一般可能只存在产品或(和)工艺的局部改进，产品寿命周期的延长在更大程度上依赖于市场创新。

(三)中小企业的服务创新

当代社会经济中，科技与经济的迅猛发展使产业结构发生了重大变化，以电子信息产业、金融业为代表的服务业——第三产业迅速崛起。在大多数国家，特别是西方发达国家，第三产业在国民生产总值中所占的比重已超过第一和第二产业的总和，在一些发展较快的发展中国家，它也占 1/3。中小企业在服务业方面同样担当着重要的角色，起着重要作用。因此，我们需要探讨中小企业服务创新的有关理论，对服务创新给予更多的关注。

1. 中小企业服务创新概要

(1)服务创新的含义。服务创新是指企业首次向市场提供在技术上有某些改变的新服务的过程。中小企业运用新的知识或技术，采用新的经营管理模式，向市场首次推出新的服务并实现其市场价值。这里讨论的服务创新是广义的服务创新，也包括第一产业和第二产业的产前、产中和产后的服务创新。

(2)服务创新与产品创新的差异。服务创新与产品创新不同。产品创新是企业推出的新的实物产品，消费者获得并使用该产品后，主要获得物质利益上的满足；而服务创新是企业推出的新服务——无形产品，消费者获得并使用该产品后，主要获得生理、心理上的满足。因此，交通运输、通信、金融、保险、商业、科技、信息、教育、文化、卫生、体育、旅游、咨询、饮食服务和修理等第三产业是广大中小企业从事服务创新的主要领域。

(3)服务具有如下特征：

①服务的无形性。服务的物质及服务的元素往往是无形无质的，使用服务后的利益也很难被别人察觉，或是要等一段时间后，享用服务的人才能感觉到利益的存在。

②服务与消费的不可分离性。服务的生产过程与消费过程同时进行，也就是说，服务人员提供服务于顾客时，也正是顾客消费服务的时刻，二者在时间上不可分离。

③服务的差异性。服务的构成成分及其质量水平常常发生变化，很难统一界定。

④服务的不可储存性，基于服务的不可感知形态以及服务的生产消费同时进行，使得服务不可能像有形的产品一样被储存起来。

⑤服务缺乏所有权。在服务的生产、消费过程中不涉及任何所有权的转移。

(4)服务创新的类型。服务创新的类型通常按照服务领域或范围和服务的目的来划分。

①按照服务的领域或范围划分，即按“条块划分”。第一，按产业部门，即按条条可划分为第一产业、第二产业以及第三产业的服务创新；或者按行业领域，如冶金、建材、机械、电子、化工、汽车制造、纺织等产业领域的服务创新。第二，按服务区域，即按块块可划分为国内、国外的服务创新；划分东部、中部、西部地区服务的服务创新；划为北京、上海、湖北、黑龙江、吉林等各省市的服务创新；划为某一市、县的服务创新；当然也可划分为城镇和乡村的服务创新。

②按服务目的的不同。主要分为生产性服务创新、生活性服务创新和发展性服务创新三类。

第一，生产性服务创新，主要是指为满足生产者生产性需要而提供的服务创新。第二，生活性服务创新，主要是指为满足消费者的衣、食、住、行等生活性需要而提供的服务创新。第三，发展性服务创新，主要是指为满足社会、企业、消费者家庭或个人进一步发展需要的服务创新，这种创新通常是指那些能够改善社会环境，增强企业发展后劲，促进消费者个性化发展的创新服务。

随着人类社会的不断发展和人民生活水平的提高，对发展性服务的需求与日俱增，肩负这种发展性服务使命的企业包括从事科技、信息、教育、文化、卫生、体育、旅游等行业的中小企业，应密切关注这种变化，及时、果断地推出新的服务项目，开展新的服务内容。这不仅会提高本企业的经济效益，同时也有助于提高社会效益。

2. 中小企业服务创新目标的确定和基本方法

中小企业在制定本企业服务创新的目标时，首先应考虑到被服务对象的需求。

(1)中小企业要了解和确定需求目标。服务需求是人们生理上或心理上的需求，消费者希望获得的是生理或心理上的满足，这种需求往往表现在如下一些方面：生产、生活更方便、更快捷，不断减少劳动量、减轻劳动强度的需求；改善生存、生活、工作环境的需求；舒适愉快、强身健体，情感交流、增进友谊，增强自信心、体现个性化，实现自身价值的需求；确保人身、财产安全的需求；信息沟通，信用担保，技术提高，租赁服务等需求。

选择满足消费者何种需求作为中小企业服务创新的目标，要立足于本企业的实力和创新能力，通过市场调研，有时还要结合物质产品的特点来确定。企业的服务目标可以是单一目标或单一服务项目，也可以是系列目标或系列服务项目。

(2)中小企业服务创新的基本方法。中小企业一旦确定了企业的服务创新目标，就要考虑用什么方法来搞好服务创新。以下讨论几种服务创新的基本方法：

①“工业化—亲密关系”法。在国外，有许多搞好服务创新成熟的思路，其中比较著名的观点是哥伦比亚大学管理学教授彼特·科雷萨的“工业化—亲密关系”法。“工业化—亲密关系”法针对服务创新的方向问题，提出了现代社会的服务既要有以工厂化方式提供服务的低成本，又要有高质量和密切关系。这种工业化的亲密关系来源于顾客信息获取和调度机制、精心设计的服务提供程式、新的组织设计。这种模式往往在服务过程中，有效地采用了信息技术，做到了以低成本提供高质量和个性化服务，从而获得巨大的竞争优势。“戴尔”电脑公司就是典型的例子。

②无形服务和有形展示相结合的方法。服务因其“无形性”而大大不同于实物商品。服务以行为方式存在，既看不见，也摸不着。但与服务行为方式相关实物的存在或展示对用户产生“吸引”作用的原理却是客观存在的。中小企业在为顾客服务时，顾客看不到服务，但却能看到与该项服务有关的服务设施、工具、人员、信息资料、其他顾客和价目表等。所有这些有形物都是顾客是否要接受创新服务的决定性因素。服务创新的有形展示，就是把无形的服务创新用与之有关的实物表现出来的行为。近些年来，有很多服务企业不惜花费重金装修营业场所的“门脸”，这实际上就是一种服务创新的有形展示，比较典型的有美容美发行业。有形展示的作用表现在如下方面：

第一，促进用户感受并产生合理的预期。通过有形展示，特别是经过独树一帜的有形展示，会使用户的感官受到刺激，并使其感受到某种创新服务可能会给自己带来的好处，给用户一个良好的“第一印象”，引导用户对服务产生合理的预期。

第二，促使用户对服务质量和企业形象产生优良的感觉。通过有形展示把无形服务的“不可感知性”转变成“可感知性”，使用户产生一个优良服务质量和优良企业形象的感觉，在用户心目中留下良好的印象。这对中小企业的长远发展来说，也具有重要的意义。

第三，促成企业员工熟悉业务，提高服务水平。倘若服务员工尚未完全了解本企业所提供服务的内容和特点，就不能给用户以令人满意的服务。有形展示也为企业员工了解服务设备、服务程序、服务过程以及服务时间等，提供了一个很好的培训机会。

有形展示要为顾客提供两个方面的内容：一是实体环境，它是指服务场所和与之相关的周围环境和人文因素；二是信息资讯，它是指把企业服务的信息提供给消费者，如服务方式、服务内容、服务时间、服务价格等。

最终满足用户需求是无形服务的创新，但有形展示却是步入无形服务的“阶梯”，是无形服务的“润滑剂”，是中小企业留给用户整体美好印象的重要组成部分，这种印象有时会超过无形服务本身。

③服务内容的加、减方法。它是指在自己现有的特色服务或在别人新颖的服务观念、方式、方法基础上进行顺应式或逆向式的有新意的增加或减少服务内容。所谓顺应式是指顺延别人的服务特点而发展，而逆向式是指在别人的基础上逆其发展态势而行。服务内容可以作出合理的拆分，对不同的消费者提供不同的服务。例如，在当今激烈的竞争形势下，为了争取顾客，多数企业采取的策略就是降价。然而有的企业则在此基础上加“一”，即在降低价格的同时实行产品售后“三包”，这就是营销手段的一种创新。当多数企业都这么做时，又有企业在此基础上再加“一”，比如，推出大件产品保险销售，即在购买产品的同时，企业为顾客免费代办财产保险。有的企业的产品质量上乘，当别人降价时，它反而逆向适当提价，特别强化售前、售中、售后服务，或者增加服务内容。这又是一种创新，对顾客颇有吸引力。开发服务活动的创新意向可以通过各种学科知识或各类新技术的交叉综合而得到。当前科学技术发展的趋势是高度分化和高度综合，边缘学科和综合学科层出不穷，服务创新也应在交叉和综合上下功夫。

④个性化服务方法。又称为定制服务，它是以人们认识事物的相异之点为目标的思维方式，依据人们的好奇、求异的消费心理来为消费者提供特色服务。在经营服务中，求异思维突出表现在企业服务的特色上。个性化服务要求企业在服务经营方面，独树一帜，别具一格，有自己的个性服务。美国企业家保罗·盖帝讲，成功的商人，不会只模仿别人，或是把自己的思想和行为，挤进任何旧模式中，他一定是一位具有自己个性的人，能独立地思考行事。日本学者片方善也写道，有一千家优秀企业，就有一千条智慧，也就有一千种个性。因此，求异思维最忌的是千人一面，千篇一律，跟着别人照猫画虎，毫无独特之处。比较典型的是“家庭装修”服务，企业一般都需要根据家庭的条件、生活环境、个人的爱好等为客户提供个性化的设计、装潢。美国有一家“假日旅馆”，一改传统的建造摩天大厦的建筑风格，而在郊外建起一幢幢开阔式的农家小楼，标新立异，使人耳目一新，吸引了众多的旅游者。还有对产品包装实施颜色差异、装潢差异、款式差异和说明书差异等，都取得了良好的效果。

⑤服务质量创新方法。服务的无形性决定了无论是服务的提供者，还是服务的接受者，都关注服务的效果，即服务的质量。服务质量是指企业提供的服务能够满足消费者需求程度的大小。服务创新无法像产品创新那样，为消费者提供一个看得见、摸得着的产品，服务创新体现在服务质量的创新方面，需要通过服务质量的创新体现出来。当消费者认为服务质量上乘，服务价格合理，则有可能成为该企业的回头客。因此，对服务创新来说，接受服务的人更为重视服务质量。

对服务质量的创新，体现在五个方面：第一，让顾客感知到服务的优良；第二，让顾客体验到服务的可靠性；第三，让顾客意识到服务的新颖性；第四，满足顾客的时间要求；第五，要激发顾客的友好情感，增强顾客信任感。

中小企业服务质量创新，由于行业特点不同，其创新策略也不尽相同，但其基本指导思想是：首先要树立“优质服务”的理念；其次，要形成自己的特色；最后，服务质量的实质就是让顾客成为真正的“上帝”。

【练习题】

一、思考题

1. 试述竞争优势的概念、类型、创新和保持竞争优势的方法。
2. 试述中小企业变革战略管理中再创竞争优势。
3. 试述中小企业在提高核心能力中创新竞争优势。
4. 试述中小企业创新的含义、内容和效应。
5. 简述中小企业管理创新的内容、关注的部位、管理组织和制度创新。
6. 试述中小企业产品创新的内容、类型、方式、考虑的因素、过程和策略。
7. 简述中小企业工艺创新的内涵、内容和原则。
8. 简述中小企业服务创新的含义、特征、类型、基本方法。

二、案例分析题

吉列公司是以生产刀片为主导产品的公司，它的产品能打入国际市场并持续较长时间，与它的技术创新的关系十分密切。吉列公司的创始人是吉列。1981 年当他遇到锯齿瓶塞的发明人彭特尔时，彭特尔向他建议，集中精力去开发顾客会反复购买的产品是一条成功的捷径。这一观点虽然激起了吉列的兴趣和好奇心，但却一直缺少具体设想，直到 1985 年一个夏日之晨，他要刮胡子却发现刮胡刀很钝不能使用，只有等磨刀师磨锋利后才能再用，他觉得非常兴奋，因为这种产品可以实现顾客的反复购买，这正是他几年来梦寐以求的产品。

1901 年，他的好友将吉列刮胡刀的设想告诉了麻省理工学院毕业的机械工程师尼克逊，尼克逊同意研究吉列的设想。数周后，尼克逊成为吉列公司的合伙人。为了筹措必需的 5000 美元的生产设备费，公司的名称改为美国安全刮胡刀公司。

公司在芝加哥物色了一家代销机构，并规定其安全刮胡套件(一支刀体和 20 片刀片)的售价为每套 5 美元。刀片每 20 片为一包，每包 1 美元。当年 10 月，首次广告提供 30 天退款保证，在“系统”杂志上刊登，至 1903 年底，共售出 51 万套安全刀体和 168 万片刀片。公司在 1906 年首次发放股票。在以后的 10 年中继续以每年 30 万~40 万套的销量出售安全刮胡刀，刀片的销量从 45 万包增加到 7 亿包。至 1911 年，公司的南波士顿厂雇佣了 1500 名员工，三年后，由于尼克逊发明了全自动刀磨机，使其生产能力迅速增加。这些新设备比尼克逊以前发明的机器，大大降低了生产成本又提高了刀片的质量。

原来的安全刮胡刀的专利权于 1921 年 10 月底满期。同年 5 月，吉列公司推出了两种新产品：一种按原价出售的新型改进吉列刮胡刀和另一种售价 1 美元的银朗安全刮胡刀。1923 年公司再度推出镀金刮胡刀，售价仍为 1 美元。当妇女盛行短发时，吉列又推出称为得伯特的女用安全刀，而售价仅为 79 美分。1934 年，公司又推出一种单面安全刮胡刀和 Probak Junior 刀片、售价为 4 片 10 美分，至 1936 年公司推出安全刀片系列以外的产品即吉列无刷刮胡膏，售价为 98 美分；1938 年秋，公司又推出吉列薄刀片，吉列电动刮胡刀也于当年圣诞节问世。电动刮胡刀是在数年前发明的，但直至 30 年代后期才被接受。这一年最重要的发展是史攀出任公司的总经理。在他的领导下，开始了许多新的管理政策。公司仍然保持低价销售策略，但十分强调产品质量，以保持产品的信誉。公司采用了本企业的新工艺，以便在制造过程中严格保证刀片的质量。在 1920 年至 1945 年间，公司没有推出新产品，这是由于战争的影响。尽管如此，公司的研究开发人员研制成了第一台双刃片分配机，改进了过去的包装工作会议。

1960 年，公司又推出超级兰吉利刀片，即全世界第一种涂层刀片。1946 年公司又更新调整了产品组合，形成两大类产品并由两个事业部分管：吉列产品组负责人吉格勒升任公司总经理后的十年里，是公司销售和产品发展最迅速的年代。在他领导下的前几年，公司连续推出盒式刮胡刀组、多笔尖圆珠笔、Hok-One 刮胡膏、可调盒式刮胡刀、超级不锈钢刀片、增塑刀片、微孔笔和几种止汗剂，这些产品的市场投放都获得了成功。1971 年，公司重新调整了产品组合和管理机构，这样，在公司 20 世纪 70 年代初期开发和经营了许多新产品，1974 年以前公司一半以上的销售额来自近 5 年内的新产品。安全刮胡刀在推出 Tracn 型刮胡刀系列之后，迅速成为市场上最畅销的产品，继而又推出女用 Daisy 削发刀及男用 GoodNews 刮胡刀。保健用品部也营销了多种新产品，如柠檬洗发精、无碱洗发精，1972 年进入个人用具市场，如开发和营销 Max 手提式烘发机。

问题：

1. 吉列公司技术创新的源泉是什么？
2. 吉列的技术创新为企业带来哪些优势？
3. 你从吉列的技术创新中受到何种启发？

资料来源：黄颖主编：《管理学案例精析》，电子工业出版社 2015 年版；引用时略有改动。

第八章 中小企业财务管理

【学习目的】

通过本章的学习，要掌握中小企业财务管理的概念、目标、基本方法以及主要财务报表的基本知识；熟悉中小企业资产运营管理，特别是流动资产运营管理；掌握中小企业财务控制管理的程序，熟悉其主要方法，特别是成本和流动现金的控制；熟悉中小企业财务状况评析的方法和基本指标，特别资产管理能力和盈利能力的分析；掌握中小企业筹资的管理，特别要熟知其贷款渠道。

【案例导入】

汇丽活动地板有限公司(以下简称汇丽公司)是一家以出口为主的专业活动地板制造商。2011年，汇丽公司财务部门用一年短期借款来增建房屋建筑物，一年后短期借款到期时，房屋已建完但装修尚未完成，无法通过出售回笼资金。这时，财务部就必须要借新债，还旧债。由于某些因素影响，借款人拒绝提供新贷款，公司又必须偿还旧债，这使公司面临债务违约的风险。

此外，汇丽公司2012年年度报告显示，公司2012年应收票据从2011年的202.83万元上升至351.62万元，增长148.79万元，增幅约为73.36%。应收账款从2011年的634.87万元，上升至725.81万元，增长90.94万元，增幅约为14.32%。通过分析还发现汇丽公司的生产周期是40天，应收账款回收期为60天，而应付账款的付款期是50天，则企业现金垫付期为50天。这意味着50天的资金需要自有资金垫付，否则难以保证汇丽公司的正常经营活动。企业进行赊销时，赊销的账务处理使得赊销收入全部计入当期收入，这就导致账面上企业本期利润的增加不能确切表示为企业本期真正实现的现金收入，大量赊销反而造成企业不得不垫付资金来缴纳各种税金和支付费用，这在一定程度上加大了现金流量的损失，加剧了汇丽公司的流动性风险。

汇丽公司财务管理人员由于风险意识差，资金使用不合理，阻碍了企业的发展，甚至使企业正常经营无法得到保证。

资料来源：赵爽：《浅析中小企业财务风险管理及控制——以汇丽活动地板有限公司为例》，载《中小企业管理与科技(中旬刊)》2014年第7期，第70~71页。

古今企业经营中，永远无法避免的一个问题就是资金问题，按照现代管理理论观点，在一个企业的经营中存在着物流、资金流和信息流循环系统，其核心是资金流。资金是一个企业经营的命脉，对中小企业而言就更是如此。中小企业不像大企业那样可以较容易地取得商业信用和银行信用，以弥补经营资金的暂时缺乏。与大企业相比，虽然中小企业的经营比较灵活，但中小企业的抗风险能力要小得多。因此，无论你正想创立一个属于你自己的中小企业，还是你已经拥有了属于你的中小企业，作为一个中小企业经理，若想成功地创办并经营好一个中小企业，必须做好财务管理。

第一节　中小企业财务管理概要

【知识阅读】

溧水公司合理配置资产提高收益

南京溧水公司成立于1990年，主要生产、经营铜漆包线。经过多年的发展，南京溧水公司已经成为集科研、生产为一体的综合型铜材生产企业，其生产的无氧铜杆等产品被行业协会评为中国知名品牌。由于我国铜矿市场处于供不应求的状况，原材料的采购均为货到付款，而公司账务数据表明公司的下游客户一般都会存在3个月左右的应收账款周转期，因此需要公司垫付部分原材料采购资金。公司常常受到资金不足的影响，导致企业生产线无法全部投入使用，公司实际产量仅能达到产能的40%。

在了解这一情况后，公司设计了铜材质押融资方案。在该方案下，公司以其产成品铜材申请授信，由第三方货运企业对产品实施库外监管，对质押库存商品进行底线控制。并同时规定，质押率不超过70%，质押物价格每下跌5%时，授信人必须增加质押物数量或补充保证金，同时要求企业办理盗窃险。根据这一方案，公司成功在银行取得综合授信4000万元，有效盘活了公司的存货，加速了资产周转，使公司有充足的资金扩大生产线的运营，实现更高的收益率。

资料来源：王在全主编：《中小微企业融资创新三十六计》，中国经济出版社2014年版，第162页。

一、中小企业财务管理要义

(一)中小企业财务管理的概念

财务管理是企业管理工作的一个组成部分，或者说，财务管理是企业管理系统中的一个子系统。在实际的企业管理工作中，财务管理的概念有狭义和广义之分。

1. 狭义财务管理

它是将财务管理与企业组织机构中的财务管理部门与财务管理专职人员的工作联系起来的一种单一的财务管理。

2. 广义财务管理

它是指企业的财务管理的核心是作出科学合理的财务决策和制定本企业的财务政策，这些重大的财务决策如筹资决策、投资决策等，重大的财务政策如财务分权制、资金运营中的各种标准等，都是由企业最高管理层做出和制定的。基于此，企业的财务管理职能部门(如财务部、财务处等)和专职财务管理人员只是财务决策和财务政策的参与执行者。

(二)中小企业财务管理目标

明确中小企业财务管理的目标，是做好财务工作的前提，是评价中小企业理财活动是否合理的基本标准。

中小企业财务管理的目标是由中小企业的总体目标要求决定的。鉴于我国不同时期的经济方针政策，我国曾经历了以实现总产值为目标和提高经济效益为目标的两个阶段，在当前社会主义市场经济的条件下，有以实现财富最大化为目标的提法。下面予以分析。

1. 以实现总产值为目标的阶段

在计划经济体制下，企业的主要任务是执行国家下达的总产值指标，国家对企业的考核，主要是以是否完成总产值指标为标准的，因而企业也以完成企业总产值为财务总体目标。执行这一目标的结果是，在全国范围内出现了只讲产值而不讲效益，只求数量而不求质量，只重生产而不抓资金回笼等弊端，从而造成了产品积压、企业亏损，影响了国家的财政收入。事实说明，这是不符合当时的财务管理规律的。

2. 以提高经济效益为目标的阶段

经济效益是指企业在经济活动中所取得的有效成果大于生产经营的消耗，要求企业耗费尽可能少的资产，为社会提供更多更好的商品，获得更多的利润。十几年来，我国建立了以实现利润为中心的经济效益考核指标，以考核企业的生产经营成果，促使企业把商品或劳务提供给社会，满足社会的实际需要；同时，也要求企业获得实际利润，为国家和企业获得资金积累。这一目标有利于企业讲究经济核算，关心经营管理，扩大利润积累，因此，十几年来它一直是我国企业财务管理的目标，也是我国企业全部经济工作的中心。

3. 目前企业以实现财富最大化为目标的观点

西方国家对财务管理的目标主要有两种观点，即“利润最大化”和“财富最大化”。

财富最大化是指企业通过合理经营，使企业的总价值达到最大化。在股份公司中，企业总价值最大化，也就是使股东财富最大化。这是当前西方财务管理理论中普遍提出的财务目标。他们认为，这是衡量企业财务行为和财务决策的合理标准。利润最大化是西方国家在19世纪初所通行的财务目标，因为当时企业的特征是私人筹资，单个业主的目标就是增加私人财富，这可以通过利润最大化来实现。后来，经营权与所有权分开，企业经理必须协调企业有关各方面的关系，兼顾有关各方面的利益。由于利润最大化往往不考虑长远利益，使企业财务决策带有短期行为；也往往不能有效地考虑风险问题而追求最大的利润，因此逐渐暴露出它的片面性。而财富最大化则是通过企业经营，在考虑资金的时间价值和风险报酬的情况下，不断增加企业的财富，因而在现代财务管理理论上，企业财富最大化便成为企业的财务最优目标。

（三）中小企业财务管理的基本方法

财务管理的方法是指企业进行财务管理活动所采用的具体手段。在市场经济条件下，财务预测、财务决策、财务计划、财务控制和财务分析评价已成为企业进行财务管理的主要环节。财务管理的方法，一般以财务管理环节为基础进行研究。

1. 财务预测

财务预测是根据企业财务活动的历史资料，结合企业的现实情况，运用有关理论和量化方法，对企业未来的财务状况作出的预计和测算。其预测对象侧重于资金运动，是一种价值预测。其意义在于：第一，财务预测是财务决策的依据；第二，财务预测是财务预算的前提；第三，财务预测的真正目的是有助于应变；第四，财务预测是日常财务控制的基础。财务预测的主要方法有定性预测法和定量预测法。

(1)财务定性预测法，也称专家预测法。它主要是依靠专业人员的知识阅历、直觉和相关信息，主观地对事物的未来情况作出的预测。定性预测法的优点是在资料不足的情况下可以加快预测速度，但科学依据不足，可靠性较差。

(2)财务定量预测法。它是根据变量之间的数量关系，建立数学模型来进行预测的方法，有时间序列法和因果预测法两种：其一，时间序列预测法，也是趋势预测的一种方法。具体的有移动平均法、指数平滑法、回归趋势法等；其二，因果法，是根据历史资料找出要预测的因素与其他因素之间的因果关系，以此建立数学模型进行预测的方法。具体的有一元回归分析法、多元回归分析法和投入产出法等。

2. 财务决策

这是为实现企业财务目标，根据财务预测，从几个决策方案中选择最优方案的决策，它是财务管理的核心。

3. 财务计划

财务计划是在一定时期内，以货币形式综合反映企业资金运营和财务成果的形成和分配的计划。它是组织和指导企业财务活动以及处理财务关系的重要依据，既可以使各项经营目标具体化、系统化，协调各项计划指标，综合平衡各项生产经营计划，也可以为检查、考核和分析生产经营过程与结果提供依据。

4. 确定财务计划的方法

(1)平衡法，即利用有关指标客观存在的内在平衡关系，计算确定计划指标的方法。如：期末存货=期初存货+本期进货-本期售货。

(2)因素法，即根据影响各项指标的各种因素，来推算计划指标的方法。如在计算产品成本时，应根据材料的价格变动因素调整材料的成本价格。

(3)比例法，也称比例推算法，即根据企业历史上已经形成的各种指标之间的比例关系，来计算计划指标的方法。如历史上产品的销售费用占销售收入的一定比例，在计算销售费用时，就可以根据计划销售收入进行计算。

(4)定率法，即根据有关规定的固定比率，来确定计划指标的方法。如税金、利息、折旧等都可以按照固定比率计算确定有关计划指标。

(5)定额法，即根据国家或企业规定的定额作为计划指标的一种方法。如对某一种产品，规定一定的材料消耗定额，就可以按产品数量，根据定额计算材料耗用计划。但是定额必须切实可行，经常按实际情况进行修改。

(6)趋势计算法，即根据历年指标的发展趋势确定计划指标。如企业的资金周转逐年加速，可以根据发展趋势确定资金周转率的计划指标。

5. 财务控制

财务控制是指在企业经营过程中，以计划的各项定额为依据，利用有关信息并采取适当措施，对财务活动进行计算和审核，以实现财务目标。财务控制主要有以下几种方法：

(1)财务活动之前控制。它是指在财务活动展开之前所进行的控制活动。如对指标进行分解，将各项指标分解后落实到各执行部门，使各项指标的实现有切实可靠的保证。又如规定计划执行的标准和制度，如现金使用范围、费用收支标准等，用以事前加强内部的控制能力。

(2)财务活动之中控制。它是对企业生产经营过程中实际发生的各项业务活动，按照计划和制度的要求进行审查，并采取措施进行的控制。如为了控制企业的短期偿债能力，随时分析企业的流动比率，在发现不合理时，采取措施加以调整；又如，为了执行限额制度，在企业内部实行限额发料、限额开支等措施，保证计划目标的执行。

(3)财务活动之后控制。它是在计划执行后，认真分析检查实际与计划之间的差异，采取切实的措施，消除偏差或调整计划，使差异不致扩大的控制。

关于企业财务分析评价在第四节将详细讨论。

二、中小企业主要财务报表及其分析

财务报表，也称会计报表，是会计报告的主要组成部分，它是以编制报表企业的会计凭证、会计账簿以及其他相关会计资料为依据，按照规定的格式、内容和填报要求按期编制，以货币为计量单位，反映企业财务状况、经营成果和现金流量的总括性书面文件。中小企业的主要财务报表有资产负债表、利润表和现金流量表。我们将分别介绍如下：

(一)中小企业资产负债表及分析

1. 资产负债表概要

(1)资产负债表的含义。资产负债表是用来总括地反映会计主体(如企业，以下简称企业)在某一特定日期财务状况的财务报表。资产负债表所提供的企业在某一日期的财务状况主要有：其一，企业所掌握的经济资源以及这些资源的分布与结构；其二，企业所负担的债务和企业偿还债务的能力，以及所有者在企业中所拥有的权益，即所有者权益(或股东权益，下同)；其三，通过对该表的分析可看出企业资金结构的变化情况及财务状况的发展趋势。

(2)资产负债表提供的财务信息。资产负债表是一种静态报表，通过资产负债表，使用者能够简要地了解企业在报表日的财务状况，长期和短期偿债能力，资产、负债和所有者权益结构情况，以及企业资本结构状况等财务信息。

(3)资产负债表构成的数学算式。任何企业的资产负债表都由资产、负债和所有者权益三大要素构成，这三大要素的关系就是会计恒等式：

资产=负债+所有者权益(股东权益)

这就是说，企业的所有资产都必须从债务和(或)所有者权益资本两个方面进行融资。企业自己所拥有的资源称为资产，企业的所有者向企业提供的资源称为所有者权益。所有其他向企业提供但需要最终偿还的资源称为企业的负债。上述恒等式还可以改写为“资产-负债=所有者权益(股东权益)”，资产与负债的差值是企业的净资产，它由两大部分组成，一部分是企业开办当初投入的资本，包括溢价部分，另一部分是企业在经营之中创造的，也包括接受捐赠的资产。

2. 资产负债表的格式

目前，国际上流行的资产负债表的格式主要有账户式和报告式两种。

(1)账户式资产负债表将资产项目列示在左方，负债和所有者权益项目列示在右方，从而使资产负债表左右两方平衡，因此，账户式资产负债表又称为平衡式资产负债表。其格式如表 8-1 所示。

表 8-1　　　　　　　　　　　**资产负债表(账户式)**

资　　产	负债和所有者权益
流动资产 长期投资 固定资产 无形资产 其他资产	流动负债 长期负债 (负债合计) 投入资本 资本公积 盈余公积 未分配利润 (所有者权益合计)
(资产合计)	(负债和所有者权益合计)

(2)报告式资产负债表又称垂直式资产负债表，资产负债表中的各项目是自上而下排列的，首先列示资产的数额，然后列示负债，最后再列示所有者权益的数额。

我国企业资产负债表采用账户式资产负债的格式，其原因有：一是账户式资产负债表反映资产、负债和所有者权益的关系比较直观，“资产=负债+所有者权益”的关系一目了然；二是账户式资产负债表把资产类的项目放在突出的地位，突出表明企业的资产情况，从而表明企业的经营能力和前景。而报告式资产负债表则是按照资产、负债和所有者权益的顺序，上下排列，突出表现的是企业所有者权益的情况。

我国企业使用的资产负债表的基本格式如表 8-2 所示。

表 8-2　　　　　　　　　　　**资产负债表**

编制单位：未来传媒股份有限公司　　2017 年 12 月 31 日　　　　　　　(单位：元)

项目	期末余额	期初余额	项目	期末余额	期初余额
流动资产:			**流动负债:**		
货币资金	14,556,786.28	3,176,445.98	短期借款		
结算备付金			向中央银行借款		
拆出资金			吸收存款及同业存放		
以公允价值计量且其变动计入当期损益的金融资产			拆入资金		
衍生金融资产			以公允价值计量且其变动计入当期损益的金融负债		
应收票据			衍生金融负债		
应收账款	1,368,000.00		应付票据		

续表

项目	期末余额	期初余额	项目	期末余额	期初余额
预付款项			应付账款	556,900.00	2,000.00
应收保费			预收款项		
应收分保账款			卖出回购金融资产款		
应收分保合同准备金			应付手续费及佣金	130,619.02	54,782.60
应收利息			应付职工薪酬	1,176,028.69	2,495,966.36
应收股利			应付利息		
其他应收款	155,800.00	8,769,439.41	应付股利		
买入返售金融资产			其他应付款	239,442.78	32,546.10
存货	4,150,162.40	15,000.00	应付分保账款		
持有待售资产			保险合同准备金		
一年内到期的非流动资产			代理买卖证券款		
其他流动资产			代理承销证券款		
流动资产合计	20,230,748.68	11,960,885.39	持有待售负债		
非流动资产：			一年内到期的非流动负债		
发放贷款及垫款			其他流动负债		
可供出售金融资产			**流动负债合计**	2,102,990.49	2,585,295.06
持有至到期投资			**非流动负债：**		
长期应收款			长期借款		
长期股权投资			应付债券		
投资性房地产			其中:优先股		
固定资产	118,783.30	37,616.41	永续债		
在建工程			长期应付款		
工程物资			长期应付职工薪酬		
固定资产清理			专项应付款		
生产性生物资产			预计负债		
油气资产			递延收益		
无形资产	5,336.04	6,072.00	递延所得税负债		
开发支出			其他非流动负债		
商誉			**非流动负债合计**		

续表

项目	期末余额	期初余额	项目	期末余额	期初余额
长期待摊费用			**负债合计**	2,102,990.49	2,585,295.06
递延所得税资产	20,050.00	410,690.82	**所有者权益(或股东权益):**		
其他非流动资产	144,169.34	454,379.23	股本	10,000,000.00	5,000,000.00
			其他权益工具		
			其中:优先股		
			永续债		
			资本公积	5,922,542.94	282,517.69
			减:库存股		
			其他综合收益		
			专项储备		
			盈余公积	234,938.46	454,745.19
			一般风险准备		
			未分配利润	2,114,446.13	4,092,706.68
			归属于母公司所有者权益合计	18,271,927.53	9,829,969.56
			少数股东权益		
			所有者权益合计	18,271,927.53	9,829,969.56
资产总计	20,374,918.02	12,415,264.62	**负债和所有者权益总计**	20,374,918.02	12,415,264.62

3. 资产负债表的内容和结构

资产负债表是根据“资产=负债+所有者权益”的会计恒等式设计的，左方列示资产项，右方列示负债和所有者权益项目。表内“期末余额”和“期初余额”设置专栏，分别反映各项经济指标。

资产负债表表内项目是按其流动性排列的。资产方列示流动资产、长期投资、固定资产、无形资产及其他资产、递延所得税资产，其中后四项亦可称为非流动资产。

负债及所有者权益方列示流动负债、长期负债和所有者权益三类，其中，长期负债又叫非流动负债。

下面以常州某股份有限公司资产负债表(表8-2)为例，说明其内容和结构。

(1)资产。资产是指企业拥有或者控制的由过去的交易和事项所形成的资源，该资源预期会给企业带来经济利益。

中小企业日常经营中所遇到的资产项目主要包括流动资产、长期投资、固定资产、无形投资和其他资产。

(2)负债。负债是企业的义务，是指过去的交易、事项形成的对现时的影响，履行该义务预期会导致经济利益的流出。根据预期支付时间的不同，负债可以分为流动负债和长期负债。

(3)所有者权益。所有者权益是指企业投资人对企业净资产(其金额为资产减去负债后的余额)的要求权。具体包括实收资本(或者股本)、资本公积、盈余公积和未分配利润。

(二)中小企业利润表及分析

1. 利润表概要

(1)利润表的概念。根据经典微观经济学原理的假设，我们知道企业经营的目标是追求利润的最大化，更确切地说是追求在成本一定的情况下收入最大化或收入一定情况下成本的最小化。在现实情况中，虽然有些企业的经营目标与此相背离，但大多数企业还是以利润的多少作为衡量经营成功与否的主要标准，利润表就是为满足衡量企业经营利润的要求而编制的，阅读这张报表不仅是要了解上期的经营成果，而且还要寻找线索，预测企业在未来可能取得的成果。

利润表，或称损益表，是企业的又一张重要的财务报表，用来反映企业在某一特定期间(月份、年度)内利润(或亏损)总额。

(2)利润表构成要素及数学计算式。利润表的三大要素是收入、费用和利润。三者的关系如下式：

$$收入-费用=利润$$

上述关系式表明，企业的利润是一个会计期内销售货物和劳务的价值扣除消耗的货物和劳务的成本之后的余额。下面就从利润表的作用、格式、内容及构成等予以介绍。

2. 利润表的作用

(1)利润表能够表明企业生产经营的成果。利润表通过把企业在某一特定期间内的收入、成本费用情况加以配比，可以全面反映企业生产经营的收益情况，表明企业的投入产出比例关系，确定企业是取得盈利还是发生亏损。

(2)利润表是考核企业计划完成情况的重要依据。企业的利润是各项生产经营活动的收益与耗费的集中表现，企业的各项生产经营活动无不发生收益和费用，无不通过收益与费用的比较表现出来，利润是反映企业生产经营情况的综合性情况指标。利润表通过反映企业生产经营成果的情况，能够为全面考核企业生产经营计划的完成情况提供依据。

(3)利润表是分析和预测企业收益能力的重要资料。利润表所提供的企业营业利润、投资收益和营业外收支等企业损益的详细情况，是进行财务分析的重要资料。有关方面通过分析前后期的营业利润的增减变化、投资净收益的增减变化和营业外收支的变动情况，可以分析和测定企业损益的发展变化趋势，预测企业未来的盈利能力。

3. 利润表的格式

我国会计制度规定企业的利润表采用多步式结构，多步式利润表中的利润是通过多步计算而来的，其格式如表 8-3 所示。

表8-3　　　　　　　　　　　　**利　润　表**

编制单位：未来传媒股份有限公司　　　　2017年度　　　　　　　　　　（单位：元）

项　目	本期金额	上期金额
一、营业总收入	12,195,836.91	12,390,715.98
其中：营业收入	12,195,836.91	12,390,715.98
利息收入		
已赚保费		
手续费及佣金收入		
二、营业总成本	7,531,660.01	6,602,142.69
其中：营业成本	3,035,786.40	2,913,572.02
利息支出		
手续费及佣金支出		
退保金		
赔付支出净额		
提取保险合同准备金净额		
保单红利支出		
分保费用		
税金及附加	140,112.81	24,626.15
销售费用		
管理费用	5,955,637.02	3,007,813.61
财务费用	-37,312.61	-1,109.86
资产减值损失	-1,562,563.61	657,240.77
加：公允价值变动收益（损失以"-"号填列）		
投资收益（损失以"-"号填列）		
其中：对联营企业和合营企业的投资收益		
汇兑收益（损失以"-"号填列）		
资产处置收益（损失以"-"号填列）		
其他收益		
三、营业利润（亏损以"-"号填列）	4,664,176.58	5,788,573.29
加：营业外收入	300,011.00	
减：营业外支出	70,503.88	
四、利润总额（亏损总额以"-"号填列）	4,893,683.70	5,788,573.29
减：所得税费用	1,451,725.73	1,522,040.11

续表

项　　目	本期金额	上期金额
五、净利润(净亏损以"-"号填列)	3,441,957.97	4,266,533.18
其中:被合并方在合并前实现的净利润		
(一)按经营持续性分类:		
1. 持续经营净利润	3,441,957.97	4,266,533.18
2. 终止经营净利润		
(二)按所有权归属分类:		
1. 少数股东损益		
2. 归属于母公司所有者的净利润	3,441,957.97	4,266,533.18
六、其他综合收益的税后净额		
归属于母公司所有者的其他综合收益的税后净额		
(一)以后不能重分类进损益的其他综合收益		
1. 重新计量设定受益计划净负债或净资产的变动		
2. 权益法下在被投资单位不能重分类进损益的其他综合收益中享有的份额		
(二)以后将重分类进损益的其他综合收益		
1. 权益法下在被投资单位以后将重分类进损益的其他综合收益中享有的份额		
2. 可供出售金融资产公允价值变动损益		
3. 持有至到期投资重分类为可供出售金融资产损益		
4. 现金流量套期损益的有效部分		
5. 外币财务报表折算差额		
6. 其他		
归属于少数股东的其他综合收益的税后净额		
七、综合收益总额		
归属于母公司所有者的综合收益总额	3,441,957.97	4,266,533.18
归属于少数股东的综合收益总额		
八、每股收益		
(一)基本每股收益	0.36	0.85
(二)稀释每股收益	0.36	0.85

4. 利润表的内容和结构

我国的利润表采用多步式的格式，多步式利润表关注收入与费用支出配比的层次性，将营业利润置于首要的地位，突出营业收入的重要性，因此便于会计信息的使用者分析使用会计报告提供的资料。我国现在采用的利润表格式如表 8-3 所示。由表 8-3 可以看出，利润表的内容主要有八大项：营业总收入、营业总成本、营业利润、利润总额、净利润、其他综合收益的税后净额、综合收益总额和每股收益。企业实现的净利润可以计算求得：

营业利润＝营业收入－营业成本－营业税金及附加－销售费用－管理费用－财务费用－资产减值损失＋公允价值变动收益(－公允价值变动损失)＋投资收益(－投资损失)

利润总额＝营业利润＋营业外收入－营业外支出

净利润＝利润总额－所得税费用

(三)中小企业现金流量表及分析

1. 现金流量表的概念

现金流量表是以现金为基础编制的财务状况变动表，用来反映企业在一定时期内(如月度、季度或年度)资金的来源和运用情况以及各项流动资金的增减变动情况的报表。一家企业有可能获利很高，但是现金一度短缺，而另一家企业获利很少，但却有富余的现金。这一明显的矛盾可以用现金流量表来解释。

2. 现金流量表的编制基础

现金流量表是以现金为基础编制的，这里的现金是指企业库存现金、可以随时用于支付的存款(包括银行存款和其他货币资金)以及现金等价物。具体包括：

(1)库存现金。这里所指的库存现金与会计核算中“现金”科目所包括的内容一致，是指企业持有并可根据需要随时用于支付的现金。

(2)银行存款。如果存在银行或其他非银行金融机构中的款项是不能随时用于支付的定期存款，则不能作为现金流量表中的现金，但提前通知便可支取以用于支付的定期存款则包括在现金流量表中的现金范围内。

(3)其他货币资金。其他货币资金是指企业存在银行及其他非银行金融机构中有特定用途的资金，如外埠款、银行汇票存款、银行本票存款、信用保证金存款、信用卡存款等。

(4)现金等价物。现金等价物不是现金，但其支付能力和现金差不多，是指企业持有的期限短、流动性高、易于转换为已知金额的现金，并且其价值变动风险很小的短期投资，通常指购买在 3 个月或更短时间内即到期或可转换为现金的投资，如 3 个月内到期的债券投资等。

3. 现金流量的分类

按照企业经营业务发生的性质，通常把企业一定期间内产生的现金流量划分为三类。

(1)经营活动产生的现金流量。经营活动包括销售商品或提供劳务、经营性租赁、购买货物、接受劳务、制造产品、广告宣传、推销产品、交纳税款等投资和筹资活动以外的所有交易和事项，由这些活动导致的现金的流入与流出称为经营活动产生的现金流量。

(2)投资活动产生的现金流量。投资活动产生的现金流量是指企业长期资产的购建和不包括在现金等价物范围内的投资及其处置活动引起的现金的流入与流出。

(3)筹资活动产生的现金流量。吸收投资、发行股票、分配利润等导致企业资本及债务规模和构成发生变化的活动称为筹资活动，与此相关的现金的流入与流出称为筹资活动产生的现金流量。

4. 现金流量表的格式与作用

(1)现金流量表的格式。中小企业现金流量表的基本格式(见表8-4)以报告式的结构给出，由经营活动产生的现金流量、投资活动产生的现金流量和筹资活动产生的现金流量三部分构成，最后汇总为企业现金的净增加额。

(2)现金流量表的作用。现金流量表是动态的财务报表，其主要作用包括：分析企业动态的财务状况、分析评价企业的偿债能力和支付能力、分析评价企业的利润质量以及预测企业未来的现金流量等。以此控制企业现金流量，实现企业现金流入与流出的平衡，保证企业正常经营。

表8-4　　**现金流量表**

编制单位：未来传媒股份有限公司　　2017年度　　(单位：元)

项　　目	本期金额	上期金额
一、经营活动产生的现金流量		
销售商品、提供劳务收到的现金	10,755,836.91	13,341,977.44
客户存款和同业存放款项净增加额		
向中央银行借款净增加额		
向其他金融机构拆入资金净增加额		
收到原保险合同保费取得的现金		
收到再保险业务现金净额		
保户储金及投资款净增加额		
处置以公允价值计量且其变动计入当期损益的金融资产净增加额		
收取利息、手续费及佣金的现金		
拆入资金净增加额		
回购业务资金净增加额		
收到的税费返还		
收到其他与经营活动有关的现金	10,548,202.70	42,088.42
经营活动现金流入小计	21,304,039.61	13,384,065.86
购买商品、接受劳务支付的现金	6,161,813.85	2,237,426.63
客户贷款及垫款净增加额		
存放中央银行和同业款项净增加额		
支付原保险合同赔付款项的现金		
支付利息、手续费及佣金的现金		
支付保单红利的现金		

续表

项　　目	本期金额	上期金额
支付给职工以及为职工支付的现金	1,331,447.76	984,470.20
支付的各项税费	2,424,452.09	193,085.61
支付其他与经营活动有关的现金	4,909,576.89	7,162,952.10
经营活动现金流出小计	14,827,290.59	10,577,934.54
经营活动产生的现金流量净额	6,476,749.02	8,496,131.32
二、投资活动产生的现金流量		
收回投资收到的现金		
取得投资收益收到的现金		
处置固定资产、无形资产和其他长期资产收回的现金净额		
处置子公司及其他营业单位收到的现金净额		
收到其他与投资活动有关的现金		
投资活动现金流入小计		
购建固定资产、无形资产和其他长期资产支付的现金	96,408.72	38,338.41
投资支付的现金		
质押贷款净增加额		
取得子公司及其他营业单位支付的现金净额		
支付其他与投资活动有关的现金		
投资活动现金流出小计	96,408.72	38,338.41
投资活动产生的现金流量净额	-96,408.72	-38,338.41
三、筹资活动产生的现金流量		
吸收投资收到的现金	5,000,000.00	
其中:子公司吸收少数股东投资收到的现金		
取得借款收到的现金		
发行债券收到的现金		
收到其他与筹资活动有关的现金		
筹资活动现金流入小计	5,000,000.00	
偿还债务支付的现金		
分配股利、利润或偿付利息支付的现金		
其中:子公司支付给少数股东的股利、利润		
支付其他与筹资活动有关的现金		
筹资活动现金流出小计		

续表

项　　目	本期金额	上期金额
筹资活动产生的现金流量净额	5,000,000.00	
四、汇率变动对现金及现金等价物的影响		
五、现金及现金等价物净增加额	11,380,340.30	2,767,792.91
加:期初现金及现金等价物余额	3,176,445.98	408,653.07
六、期末现金及现金等价物余额	14,556,786.28	3,176,445.98

(四)中小企业主要财务报表间的区别与联系

资产负债表、利润表和现金流量表是主要的财务报表，是任何企业都应该编制的财务报表，这三者之间既有联系又有区别。

1. 主要财务报表间的联系

资产负债表、利润表和现金流量表共同反映了一个企业的财务状况、经营成果和现金流量，都是以一家企业相同的会计账簿、会计凭证和其他会计信息编制的。在编制过程中，往往先编制利润表和资产负债表，然后根据资产负债表和利润表中的相应数据编制现金流量表，即：

利润表⟶现金流量表⟵资产负债表

2. 主要财务报表之间的区别

(1)资产负债表是静态报表，而利润表和现金流量表都是动态报表。

(2)资产负债表反映的是企业在某一种特定时点的财务状况，利润表则反映了企业在某一特定时期内的经营成果，而现金流量表则反映了企业在一定时期的现金流入和流出，反映的是动态财务状况。

(3)报表的格式不同。

第二节　中小企业资产运营管理

【知识阅读】

HY橡胶企业的存货管理优化

HY橡胶企业是江苏省一家主营橡胶制品的普通合伙制企业，企业在职人员约50人，是一家典型的制造业中小企业。企业的存货类型繁多，包括天然乳胶、丁腈胶、碳粉、硫化剂等多类原材料。

企业原库存管理模式落后，存货管理人员素质较低，没有实现存货的电算化管理，而且存货管理规则不明确，存货盘点制度不规范，存货账实不清不符，企业并不能准确地对相应的存货管理现状进行评价，降低了企业流动资金的周转速度。此外，企业采购目标不明确、采购计划不合理，采购过程中没有准确分析实际需求量，致使采购存货数量过多，导致HY橡胶企业存货大量积压，造成流动资金的短缺。

针对HY橡胶企业存货管理混乱这一缺陷，管理层研究决定建立存货管理岗位责任制，对存货采购、验收、保管、销售等各个过程的岗位严格做到职责分离，对存货的购入、计价、发出及盘存方法进行严格规定，对存货各相关部分的职责、权限进行严格管理和控制。其次，为确保企业存货账实相符，相关管理人员对存货的进出库都需要进行准确的记录，必须填写出入库单，并妥善合理地保管凭证以及定期定点地核对存货数量。最后，企业存货采购部门在进行采购计划编制时，要对企业存货结存情况、生产经营计划、使用部门申购单进行合理分析，再通过招投标、询问比价等方式，科学合理地确定供应商和价格，确保存货正常供应的同时降低存货管理成本。

资料来源：华宇哲：《中小企业存货管理问题及对策研究——以HY橡胶企业为例》，载《财经界(学术版)》2016年第19期，第97页。

资产运营管理是指企业为了实现企业价值最大化而进行的资产配置和经营运作的活动。在市场经济条件下，中小企业把筹集到的资金投放到收益高、回收快、风险小的项目后，能否进行有效的运营管理，对中小企业的生存和发展十分重要。

一、中小企业流动资产运营管理

(一)中小企业流动资产运营管理概要

1. 流动资产的含义

流动资产是指在一年或超过一年的一个营业周期内变现或耗用的资产，包括：现金、各种银行存款、短期投资、应收及预付款项、存货等。其具体运营流动资产的程序见图8-1。流动资产在企业日常生产经营活动中占有十分重要的地位，是企业进行生产经营活动不可缺少的资产，企业生存与发展在很大程度上是维系于流动资产的运营管理和流转效率的。

2. 流动资产的特点

相较固定资产，流动资产运营管理具有以下特点：

(1)周转速度快，变现能力强。在企业的生产经营过程中，流动资产的耗费与补偿在一个经营周期内同时完成实物耗费与价值补偿。如果出现资金周转不灵，现金短缺情形，企业可以迅速地变卖这些资产，以获取现金。

(2)流动资产投资额度小，波动性大。流动资产与固定资产相比，投资额不大，只占企业总资产的很小一部分，对企业财务结构影响较小，但流动资产随着企业内外条件的变化而变化，具有波动性。

(3)流动资产风险小，但对财务风险影响较大。由于流动资金期限较短，变现能力强，其风险也相对较小。在资金运营过程中受种种因素的影响，常会出现物资运动与价值运动的不同步不协调，在特定的时点上常会出现现金流出量超出现金流入量，从而产生到期不能偿付债务本息的风险，企业流动资金运营管理不善对企业财务风险会带来较大的影响。

3. 流动资产分类

(1)以在再生产过程中的作用为标准，可分为生产性流动资产和流通性流动资产。

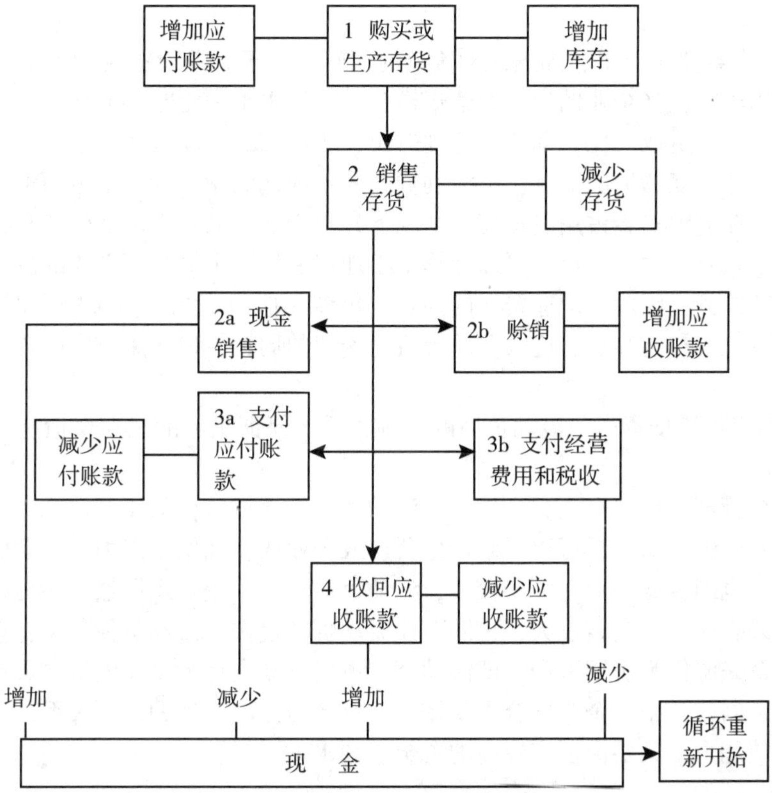

图 8-1　中小企业流动资产运营

(2)以盈利能力为标准，可分为收益性流动资产和非收益性流动资产。

(3)以流动性强弱为标准，可分为速动资产和非速动资产。

4. 流动资产运营管理的要求

流动资产在企业全部资产中占有相当的比重，而且周转期短，形态易变，所以是企业财务管理工作的一项重要内容。对流动资产运营管理的重点是考虑流动资产的流动性、安全性和收益性。营运资金是企业流动资产和流动负债的总称。流动资产减去流动负债的余额称为净营运资金，即流动资产−流动负债=营运资金。营运资金管理包括流动资产管理和流动负债管理。对营运资金的管理主要是处理好流动资产与流动负债的关系，控制营运资金的规模。流动资产运营管理和营运资金管理是相通的，其基本的管理要求为：

(1)认真分析生产经营状况，合理确定流动资产和营运资金的数量。企业的流动资产和营运资金的数量对企业生产经营活动有直接的关系。当企业产销两旺时，流动资产会不断增加，流动负债也会不断增加；而当企业产销量不断减少时，流动资产和流动负债也会相应减少。因此，企业财务人员应认真分析生产经营状况，采用一定的方法预测流动资产和流动负债的需要量。

(2)在日常管理工作中，尽量控制流动资产的占有数量。企业在日常工作中，要通过建立有效的管理和控制系统，在保证生产经营需要的前提下，遵守勤俭节约的原则，挖掘资金潜力，精打细算地使用资金，科学地控制流动资产的占用数量，提高企业的经济效益。

(3)提高资金使用效果，加速流动资金的周转。由于企业所占用的资金都要付出相应的取得或使用成本，当企业的生产经营规模及其耗费水平一定时，流动资产的周转速度与流动资产的占用数量成反比，即周转速度越快，所占用的流动资产就越少。通常我们将在生产和销售任务不变的情况下，由于流动资金周转加速而减少的资金占用量称为流动资金绝对节约额；在流动资金占用量不变的情况下，由于加速周转而增加生产和扩大销售，则称为流动资金相对节约额。显然可以计算由于加速流动资金周转而形成的流动资金绝对节约额和相对节约额。因此，加速资金的周转，也就相应地提高了资金的利用效果。为此，企业要千方百计地加速存货、应收账款等流动资产的周转，以便用有限的资金，取得更好的经济效益。

(4)合理安排流动资产与流动负债的比例关系，保证足够的短期偿债能力和较高的资产盈利水平。

营运资金管理的重点在于，合理安排流动资产与流动负债的比例关系，营运资金作为流动资产的有机组成部分，可以用来衡量公司或企业的短期偿债能力。一般而言，营运资金数额越大，也即企业的流动资产较多，流动负债较少，企业短期偿债能力越强，反之则越弱。但如果企业营运资金过大，也即企业流动资产过多，流动负债过少，企业必须有更多的长期资金来源作为短期资产，即流动资产占用，则会加大企业的资本成本，影响盈利能力的提高。因此，中小企业要合理安排流动资产与流动负债的比例关系，既要保证企业有足够的偿债能力，又要保证有较高的资金盈利水平。

(二)中小企业流动资产中的现金运营管理

现金是最典型的流动资产，由于它在财务管理中具有的特殊意义和重要性，在此我们需作单独介绍。

现金是企业唯一不用评估的资产。现金可以即时用来进行支付，作为流通的交换媒介，具有普遍的可接受性，即可以用来购买商品、货物、劳务或偿还债务，只要企业经营不间断，现金收付就不会停止。现金是企业中流动性最强的资产。现金包括库存现金和银行存款。

1. 现金运营的实质

企业的现金流，可以利用企业的银行存款账户测定。月现金存款减去当月支出就等于企业的现金净流量。假定一个月银行存款增加到 100 万元而开出的支票总额为 80 万元，则企业有一个 20 万元的正的现金流。月末的现金余额比这个月开始的现金余额多了 20 万元。图 8-2 以图形的形式表示了企业的现金流动状况，它不仅包括作为企业营运资金部分产生的现金流动(标明在图 8-1 中)，还包括其他的现金流动，如固定资产购买和股票发行所产生的现金流动。为更清楚起见，在图 8-2 中，箭头反映了与运营资本循环有关的现金的流入和流出。

在计算现金流动时，必须把销售收入和现金收入两者区分开来。这两者相等的可能性很小。收入是销售完成时的记录，除非销售是以现金销售的方式完成，否则在此时并不影响企业的现金流动。同时，现金收入是一笔现金实实在在地流进企业时的记录，而常常发

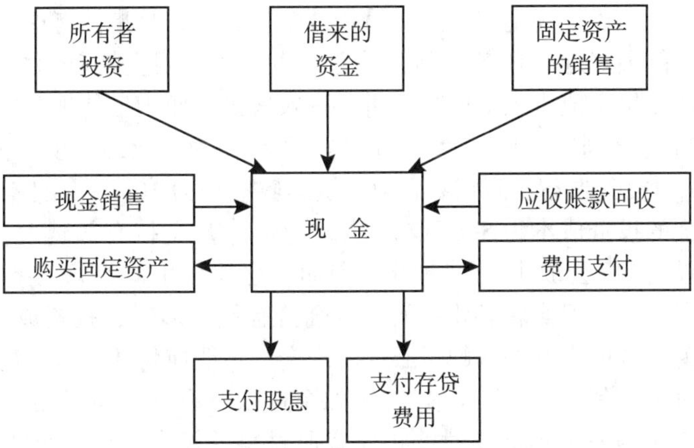

图 8-2 中小企业现金运营管理

生在销售完成后的一两个月之后。同样，也必须把费用和支付两者区分开来。费用发生在企业使用原料、劳动力或其他项目时，而支付这些项目的费用可能是以后的事情，当支票签发时才称支付。这就是现金运营的实质。

2. 现金管理的目标

中小企业持有现金主要在于满足交易的需要、预防的需要和投机的需要。交易需要指要有现金支付日常开支；预防需要指有现金用于防止意外；投机需要指持有现金用于不寻常的购买机会。中小企业缺乏必要的现金将导致现金短缺成本的增加。现金短缺成本大致包括丧失购买机会、造成信用损失和得不到折扣好处。其中失去信用而造成的损失难以准确计量，但其影响往往很大，甚至导致供货方拖延或拒绝供货，债权人要求清算等。但是，如果中小企业持有过量的现金，又会因这些资金不能投入周转无法取得盈利而遭受另一些损失。此外，在市场正常的情况下，流动性强的资产，其收益性较低，意味着中小企业应尽可能少地持有现金，避免资金闲置或用于低收益资产而带来的损失。这样，中小企业便面临现金不足或现金过量的威胁。中小企业现金管理的目标，就是要在资产的流动性和盈利能力之间做出抉择，以获取最大的期间利润。

3. 现金管理的内容

一是选择最佳现金持有量，即使库存现金经常保持一个合理的水平；二是使现金收支在数量上维持平衡而有结余，在时间上能够衔接和协调，不至于发生现金短缺。

(1)最佳现金持有量的选择。现金的管理除了做好日常收支，加速现金流转速度外，还需控制好现金持有规模，即确定适当的现金持有量。

①企业现金持有量的影响因素。根据上述持有现金的三种需要，可以归纳出影响现金持有量的三种因素：其一，企业的预期现金流量。企业的销售规模、企业所处各时期都会使预期现金流量有所不同。其二，企业应付紧急情况的借款能力。如企业的信用状况、企业可提供的抵押财产、金融市场和银行借贷情况等都影响企业应付紧急情况的借款能力，从而影响企业未来及当前可持有现金额度的大小。其三，企业控制现金的效率。企业能否对现金的使用实施有效控制和保证其效率，影响其持有现金的数量。

②企业现金持有的“机会成本”。现金管理的目的，就是要在现金的流动性和盈利能力之间作出抉择，寻求最佳现金持有量。最佳现金持有量，是指持有这一金额的现金，对企业是最有利的，能最好地处理各种利害关系。通过考察现金持有的“机会成本”，可以选择使企业现金持有机会成本最低的持有量，一般来讲，作为最佳现金持有量，企业持有现金将会有几种“机会成本”。其一为投资成本。现金作为企业的一项资金占用，其“机会成本”是丧失了一种投资收益。假定某企业的资本收益率为10%，年持有50万元的现金，则该企业每年现金的投资成本为5万元(50万×10%)。现金持有额越大，投资成本(或称现金持有丧失的投资“机会成本”)就越高。因而，企业为生产经营需要持有一定的现金时，虽要付出一定代价，但实属必要；而当现金持有量过多时，投资成本就会大幅上升，将不合算。其二为短缺成本。即因缺乏必要的现金，不能应付业务开支需要，而使企业蒙受损失或为此而付出的其他“机会成本”。比如企业因持有现金量不足，无法购买即将涨价的原材料，使企业丧失了不能及时购买便宜原材料的机会。如果企业持有现金量足够多，将可以趁价格便宜时及时购买。显然，现金的短缺成本随着现金持有量的增加而下降，随现金持有量的减少而上升。

在投资成本和短缺成本之间作出抉择，即若要保证投资成本最小化，就要使现金持有量最低，从而提高企业资产的盈利性；若要保证短缺成本最小化，就要提高现金持有量，增加企业资产的流动性。最佳现金持有量的具体计算：可以分别算出各种方案的投资成本与短缺成本之和，再从中选出成本之和最低的，其相应的现金量就是最佳现金持有量。

例如，某企业有四种现金持有方案，它们各自的投资成本、短缺成本如表8-5所示。

表8-5　　**各方案情况说明**

项目＼方案	甲	乙	丙	丁
现金持有量	25000	50000	75000	100000
投资成本	3000	6000	9000	12000
短缺成本	12000	6750	2500	0
总成本	15000	12750	11500	12000

注：该企业的资本收益率为12%。

对以上各方案的总成本予以比较可知，丙方案总成本最低，也就是说当企业持有75000元的现金时，各方面的总代价最低(机会成本最低)，对企业最合算。75000元是该企业的最佳现金持有量。

(2)管理日常现金的策略。管理日常现金的目的在于提高现金使用效率，为达到这一目的，可运用下列策略：其一，力争现金流量同步。所谓现金流量同步是指企业现金流入与现金流出发生的时间趋于一致，使其所持有的交易性现金额降到最低水平。在理论上，企业可以使现金流入量与现金流出量同时等量发生。企业无须持有现金，可以最大限度利用资金。然而，这在实际工作中几乎是不可能的。但企业可以基于这种认识安排好资金收付时间，尽量使现金流入量与现金流出量趋于一致。其二，使用现金浮游量。从企业开出支票，收款人收到支票并存入银行，至银行将款项划出企业账户，中间需要一段时间。现金在这段时间的占用称为现金浮游量。其三，加速收款。这主要指缩短应收账款的时间。发生应收账款会增加企业的资金占用，因而应该既利用应收账款吸引顾客，扩大销售规模，又要缩短收款时间。其四，推迟应付款的支付。推迟应付款的支付，是指企业在不影响自己信誉的条件下，尽可能地推迟应付款的支付期，充分运用供货方所提供的信用优惠。如遇企业急需现金，在权衡折扣优惠与急需现金利弊得失基础上，甚至可以放弃供货方的折扣优惠，在信用期的最后一天支付款项。

(三)流动资产中应收账款运营管理

应收账款是企业对外销售产品、提供劳务所形成的一种资产。在市场经济条件下，商业信用盛行，企业应收账款明显扩大。对应收账款的管理实际上成为一种信用管理，应予以十分重视。

在社会主义市场经济条件下，商业信用对市场营销有一定作用，但也会产生一定风险，总的策略应当允许其存在和发展，但应当加强管理，采取各种防险措施。

1. 加强信用调查，掌握信用条件

企业对赊销的对象应该做好信用调查工作。对内应该做好信用记录，如登记客户的购销金额、还款情况以及资产负债情况。对外调查客户的信用等级，如许多信用调研机构定期发布有关企业的信用等级报告，许多商业银行也有为顾客做信用调查的服务，这些都可以作为掌握企业信用条件的依据。对重点单位，应对客户的调查资料加以整理和评估。西方企业常常采用的5C评估法，可以作为我们的参考。其主要内容如下：

(1)品质(character)，即客户过去履行偿债义务的品德及其履行付款义务的可能性。

(2)能力(capacity)，即根据客户的经营状况和经济规模，来判断其偿债能力。

(3)资本(capital)，即根据客户的财务实力和财务状况，来判断其偿债的背景。

(4)抵押品(collateral)，即客户愿意提供作为担保的抵押品。

(5)条件(condition)，即客户的经济情况及其变化对偿债能力的影响。

2. 确定信用方式及信用期间

信用方式及信用期间决定于信用调查和成本计算的结果。

(1)如经过调查，客户的信用符合赊销要求，还应考虑授予信用的成本。如果信用期限扩大，成本增加，就会造成成本增加大于收益增加的情况，因此必须考虑减少赊销期限的方法，或用现金折扣的方法。

(2)如果客户信用不符合赊销的要求，企业应全面权衡得失。为了参与竞争，可以采取抵押的方式，客户可以用固定资产或其他财产作为抵押，以提高偿债能力。

现金折扣也是商业信用的一种策略，如常用的2/10、n/30的方法，就是指10天之内付款可享受2%的价格优惠，10天以后30天以内付款无价格优惠，促使客户提前付款。

3. 加强应收账款的催收，监督应收账款回笼

应收账款及时催收是监督欠款回笼的有效手段，主要方法是：

(1)采取合理的催收程序。一般的程序是信函通知、电话催收、派员面催和法律手段。一般是先以礼相待，到最后阶段才采用法律行为。催收责任应该是由经办业务人员与财会人员共同承担，且以经办人员为主，促使经办人员在办理赊销时就要考虑到回收的可

能性。

(2)掌握还款进度，组织催收。企业应指定专人负责了解赊销款项的偿还情况，督促有关人员及时催收，并定期编制“账龄分析表”(见表8-6)。分期反映逾期账款的现状，有利于组织催收。

表8-6　　账龄分析表

20××年×月×日　　(单位：万元)

应收账款账龄	账户数量	金额	百分比(%)
信用期10天内	80	24	32.43
信用期11~30天内	40	20	27.03
超过信用期1~30天	20	15	20.27
超过信用期31~180天	15	10	13.51
超过信用期181天以上	10	5	6.76
合　计	165	74	100

4. 长期拖欠款的法律诉讼

对长期拖欠，无法偿还全部欠款，或有意拖欠不愿意偿还欠款的客户，经再三催收无效，应向法院提出诉讼，争取法律解决。

二、中小企业固定资产运营管理

(一)中小企业固定资产运营管理概要

1. 固定资产的含义

固定资产是指使用年限在1年以上，单位价值在规定标准以上，并且在使用过程中保持原有实物形态的资产，它包括房屋及建筑物、机器设备、运输设备、工量器具等。固定资产是企业从事生产经营活动的主要劳动资料，其总量反映企业在一定时期经营规模的大小，在一定程度上代表着企业生产经营的技术水平，对企业的生产能力和获利能力等起着重要作用。加强固定资产的管理，有助于提高固定资产的使用效益，提高固定资产的投资收益水平，从而提高整个企业经济效益，对企业来说具有特别重要的意义。

2. 固定资产的分类

企业固定资产的品种复杂，规格不一，数量繁多，在生产经营过程中发挥的作用也不同。为了加强对固定资产的运营管理，应对其进行合适的分类，一般按下列标准进行分类。

(1)以固定资产的经济用途为标准，分为生产经营和服务用固定资产、非生产经营和服务用固定资产。

(2)以固定资产的使用为标准，分为使用中的固定资产、未使用的固定资产、不需用的固定资产(也称闲置资产)。①

(3)以固定资产的所属关系为标准，分为自有固定资产和融资租入的固定资产。

目前，企业的固定资产一般是将上述几种标准结合起来进行综合分类，通常分为生产经营和服务用固定资产、非生产经营和服务用固定资产、未使用固定资产、不需用固定资产、租出固定资产、融资租入固定资产、土地等七大类。

3. 固定资产运营的特点

(1)固定资产额度大，回收时间较长。与流动资产相比较，固定资产投资需要数年甚至数十年的运营才能全部收回。

(2)固定资产变现能力较差，其投资具有不可逆转性。固定资产很难改变其使用用途，出售困难，流动性和变现能力较差。若要改变其用途，不是无法实现，就是代价太大，即固定资产投资具有不可逆转性。

(3)固定资产运营风险较大。固定资产一般要经过较长的时间运营才能收回，在这个过程中，不确定的因素很多，这就可能使固定资产投入使用后，所形成的产品和劳务不再适合市场需要，使得固定资产不仅得不到回报，而且还面临损失的可能。

(4)固定资产的实物更新与价值补偿相分离。固定资产的价值补偿是随着固定资产的使用，以折旧的形式逐步进行并从销售收入中得到补偿的。而固定资产的实物更新是在原有固定资产到达有效使用年限时，才利用平时积累的货币准备金去实现的。所以，固定资产的价值补偿和实物更新在时间上是相分离的。

(5)固定资产的资金占用数量相对稳定。固定资产投资完成后，在整个有效使用年限内不改变其实物形态，价值补偿逐渐地转移，慢慢收回，固定资产占用数量变化较小，保持相对稳定，而不像流动资产那样频繁变动。在一定业务范围内，不需要增加固定资产投资便可增加业务量。同样，企业为维持一定的能力而减少业务量，也不必处理固定资产。这就要求企业在固定资产运营管理上必须充分挖掘固定资产的潜力，使固定资产处于满负荷运行工作状态。

4. 固定资产运营管理原则

固定资产投入运营后须加强管理，其管理必须遵循以下原则：

(1)充分使用的原则。它要求企业将固定资产全部投入使用，不要出现闲置不用的现象。对于未使用的固定资产要设法让其投产。对不需用的固定资产，只要有使用价值且所生产的产品或提供的劳务的单位收入价格大于单位变动成本，该固定资产就应继续使用。否则，该固定资产就应停止使用，应尽早将其出售或处理，以回收资金。对于季节性或大修理停用的固定资产，应尽可能利用其多用途功能，进行其他业务的生产或服务，或者出租给其他单位使用，使其由闲置变为使用。

(2)满负荷运行的原则。它要求企业投入使用的固定资产都能按其设计能力高效率运行。为此，企业应尽可能地扩大市场需求，使固定资产的生产能力达到设计能力。若市场需求受到限制，使固定资产的生产能力难以充分发挥，企业应通过该固定资产的使用用途的扩展，使固定资产得到高效利用。

---

①　胡川：《农业加工企业闲置成本的形成和对市场绩效影响的研究》，载《农业经济问题》2005 年第 11 期。

(3)生产最大可能性的原则。它要求企业的固定资产应尽可能多地使用于生产经营和服务领域，使生产经营和服务用的固定资产所占比重最大。非生产经营和服务用的固定资产应随着企业生产的扩大保持适当的比例，企业增加非生产经营和服务用的固定资产，应以边际固定资产利润率有所提高或至少不能降低为前提，真正体现非生产经营和服务所用固定资产对企业生产的积极效用。

(4)更新年限的经济性的原则。固定资产更新是对技术上或经济上不宜继续使用的固定资产用新的固定资产来替换。企业应根据经济合理的原则确定更新时间及更新方式。

(5)归口分级管理责任制的原则。它要求企业的固定资产管理应建立归口分级的实物管理制度，把固定资产管理的权限和责任具体落实到有关部门和使用单位，建立保管使用的管理责任制，使固定资产的安全保管和有效利用得到可靠保证，确保固定资产作用的正常发挥。

(二)中小企业固定资产投资方案决策分析

1. 独立投资方案的决策分析

独立方案是指一组互相独立、互不排斥的方案。在独立方案中，选择某一方案并不排斥选择另一方案。独立方案的决策是指对待定的投资方案采纳与否的决策，该投资决策可以不考虑其他投资方案是否得到采纳和实施；该投资方案的收益和成本也不会因其方案的采纳与否而受影响，即方案的取舍只取决于方案本身的经济价值。从财务的角度看，两种独立性投资所引起的现金流量是不相关的。

对于固定资产投资独立方案的决策分析，可运用净现值、盈利指数、内含报酬率以及投资回收期、会计收益率等任何一个合理的标准进行分析，这里介绍几种常用的投资决策分析。只要运用得当，一般都能够作出正确的决策。

(1)净现值法(Net Present Value，NPV)。它使用净现值作为评价方案优劣的指标。所谓净现值，是指特定方案未来现金流入的现值与未来现金流出的现值之间的差额。按照这种方法，所有未来现金流入和流出都要按预定贴现率折算为它们的现值，然后再计算它们的差额。如净现值为正数，即贴现后现金流入大于贴现后现金流出，该投资项目的报酬率大于预定的贴现率。如净现值为零，即贴现后现金流入等于贴现后现金流出，该投资项目的报酬率等于预定的贴现率。如净现值为负数，即贴现后现金流入小于贴现后现金流出，该投资项目的报酬率小于预定的贴现率。

计算净现值的公式：

$$\text{净现值} = \sum_{k=1}^{n} \frac{I_k}{(1+i)^k} - \sum_{k=1}^{n} \frac{Q_k}{(1+i)^k}$$

式中：n——投资涉及的年限；

I_k——第 k 年的现金流入量；

Q_k——第 k 年的现金流出量；

i——预定的贴现率。

例如设贴现率为10%，有三项投资机会，有关数据如表8-7所示。

表 8-7　　各方案情况说明　　(单位：元)

期间	A 方案		B 方案		C 方案	
	净收益	现金净流量	净收益	现金净流量	净收益	现金净流量
0		(20000)		(9000)		(12000)
1	1800	11800	(1800)	1200	600	4600
2	3240	13240	3000	6000	600	4600
3			3000	6000	600	4600
合计	5040	5040	4200	4200	1800	1800

净现值(A)＝(11800×0.9091+13240×0.8264)−20000

＝21669−20000＝1669(元)

净现值(B)＝(1200×0.9091+6000×0.8264+6000×0.7513)−9000

＝10557−9000＝1557(元)

净现值(C)＝4600×2.487−12000

＝11440−12000＝−560(元)

A、B 两项投资的净现值为正数，说明两方案的报酬率超过 10%。如果企业的资金成本率或要求的投资报酬率是 10%，这两个方案是有利的，是可以接受的。C 方案净现值为负数，说明该方案的报酬率达不到 10%，应予放弃。净现值法所依据的原理是：假设预计的现金流入在年末肯定可以实现，并把原始投资看成是按预定贴现率借入的。当净现值为正数时偿还本息后该项目仍有剩余的收益，当净现值为零时，偿还本息后一无所获，当净现值为负数时，该项目收益不足以偿还本息。这一原理可以通过 A、C 两方案的还本付息表来说明，见表 8-8 和表 8-9。

表 8-8　　A 方案还本付息表　　(单位：元)

年份	年初债款	年息 10%	年末债款	偿还现金	债款余额
1	20000	2000	22000	11800	10200
2	10200	1020	11220	13240	(2020)

表 8-9　　C 方案还本付息表　　(单位：元)

年份	年初债款	年息 10%	年末债款	偿还现金	债款余额
1	12000	1200	13200	4600	8600
2	8600	860	9460	4600	4860
3	4860	486	5346	4600	746

A 方案在第二年末还清本息后，尚有 2020 元剩余，折合成现值为 1669 元(2020×0.8264)，即为该方案的净现值。C 方案第三年末没能还清本息，尚欠 746 元，折合成现值为 560 元(746×0.7513)，即为 C 方案的净现值。可见，净现值的经济意义是投资方案

的贴现后净收益。

净现值法具有广泛的适用性，在理论上也比其他方法更完善。净现值法应用的主要问题是如何确定贴现率，一种办法是根据资金成本来确定，另一种办法是根据企业要求的最低资金利润率来确定。前一种办法，由于计算资金成本比较困难，故限制了其应用范围；后一种办法根据资金的机会成本，即一般情况下可以获得的报酬来确定，比较容易解决。

(2)现值指数法(Profitability Index，PI)。它使用现值指数作为评价方案的指标。所谓现值指数，是指未来现金流入现值与现金流出现值的比率，亦称现值比率、获利指数、贴现后收益—成本比率等。

计算现值指数的公式：

$$现值指数 = \sum_{k=1}^{n} \frac{I_k}{(1+i)^k} \Big/ \sum_{k=1}^{n} \frac{Q_k}{(1+i)^k}$$

根据表 8-8 中的资料，三个方案的现值指数计算结果如下：

现值指数(A)= 21669÷20000 = 1.08

现值指数(B)= 10557÷9000 = 1.17

现值指数(C)= 11440÷12000 = 0.95

A、B 两项投资机会的现值指数大于 1，说明其收益超过成本，即投资报酬率超过预定的贴现率。C 项投资机会的现值指数小于 1，说明其报酬率没有达到预定的贴现率。如果现值指数为 1，说明贴现后现金流入等于现金流出，投资的报酬预定的贴现率相同。

现值指数法的主要优点，是可以进行独立投资机会获利能力的比较。在前例中 A 方案的净现值是 1669 元，B 方案的净现值是 1557 元。如果这两个方案之间是互斥的，当然 A 方案较好。如果两者是独立的，哪一个应优先给予考虑，可以根据现值指数来选择。B 方案现值指数为 1.17，大于 A 方案的 1.08，所以 B 优于 A。现值指数可以看成是 1 元原始投资可望获得的现值净收益，因此，可以作为评价方案的一个指标。它是一个相对数指标，反映投资的效率；而净现值指标是绝对数指标，反映投资的效益。

(3)内含报酬率法(Internal Rate of Return，IRR)。它是指能够使未来现金流入量现值等于未来现金流出量现值的贴现率，或者说是使投资方案净现值为零的贴现率。它是根据方案本身内含报酬率来评价方案优劣的方法。

净现值法和现值指数法虽然考虑了时间价值，可以说明投资方案高于或低于某一特定的投资报酬率，但没有揭示方案本身可以达到的具体的报酬率是多少。内含报酬率是根据方案的现金流量计算的，是方案本身的投资报酬率。

内含报酬率的计算，通常需要“逐步测试法”。首先估计一个贴现率，用它来计算方案的净现值；如果净现值为正数，说明方案本身的报酬率超过估计的贴现率，应提高贴现率后进一步测试；如果净现值为负数，说明方案本身的投酬率低于估计的贴现率，应降低贴现率后进一步测试。经过多次测试，寻找出使净现值接近于零的贴现率，即为方案本身的内含报酬率。

根据前例的资料，已知 A 方案的净现值为正数，说明它的投资报酬率大于 10%，因此，应提高贴现率进一步测试。假设以 18%为贴现率进行测试，其结果净现值为负数 499 元。下一步降低到 16%重新测试，结果净现值为 9 元，已接近于零，可以认为 A 方案的内含报酬率是 16%，测试过程见表 8-10。B 方案用 18%作为贴现率测试，净现值为负数

22 元，接近于零，可认为其内含报酬率为 18%，测试过程见表 8-11。

表 8-10　**A 方案内含报酬率的测试**

年份	现金净流量（元）	贴现率=18%		贴现率=16%	
		贴现系数	现值（元）	贴现系数	现值（元）
0	（20000）	1	（20000）	1	（20000）
1	11800	0.847	9995	0.862	10172
2	13240	0.718	9506	0.743	9837
净现值			（499）		9

表 8-11　**B 方案内含报酬率的测试**

年份	现金净流量（元）	贴现率=18%		贴现率=16%	
		贴现系数	现值（元）	贴现系数	现值（元）
0	（9000）	1	（9000）	1	（9000）
1	1200	0.847	1016	0.862	1034
2	6000	0.718	4308	0.743	4458
3	6000	0.609	3654	0.641	3846
净现值			（22）		358

如果对测试结果的精确度不满意，可以使用内插法来改善。

$$\text{内含报酬率(A)} = 16\% + \left(2\% \times \frac{9}{9+499}\right) = 16.04\%$$

$$\text{内含报酬率(B)} = 16\% + \left(2\% \times \frac{358}{22+358}\right) = 17.88\%$$

C 方案各期现金流入量相等，符合年金形式，内含报酬率可直接利用年金现值表来确定，不需要进行逐步测试。

设现金流入的现值与原始投资相等：

原始投资=每年现金流入量×年金现值系数

12000=4600×(P/A，i，3)

(P/A，i，3)=2.609

查阅“年金现值系数表”，寻找 n=3 时，系数 2.609 所指的利率，查表结果，与 2.609 接近的现值系数 2.624 和 2.577 分别指向 7%和 8%。用内插法确定 C 方案的内含报酬率为 7.32%。

$$\begin{aligned}\text{内含报酬率(C)} &= 7\% + \left(1\% \times \frac{2.624-2.609}{2.624-2.577}\right)\\ &= 7\% + 0.32\%\\ &= 7.32\%\end{aligned}$$

计算出各方案的内含报酬率以后，可以根据企业的资金成本或要求的最低投资报酬率对方案进行取舍。假设资金成本是10%，那么A、B两个方案都可以接受，而C方案则应放弃。

内含报酬率是方案本身的收益能力，反映其内在的盈利水平。如果按内含报酬率作为贷款利率，通过借款来投资本项目，那么，还本付息后将一无所获。这一原理可以通过C方案的数据来证明，见表8-12。

表8-12　**C方案还本付息表**　（单位：元）

年份	年初借款	利率=7.32%	年末借款	偿还现金	借款余额
1	12000	878	12878	4600	8278
2	8278	607	8885	4600	4285
3	4285	314	4599	4600	-1

注：第三年末借款余额-1是计算时四舍五入所致。

内含报酬率法和现值指数法有相似之处，都是根据相对比率来评价方案，而不像净现值法那样使用绝对数来评价方案。在评价方案时要注意到，比率高的方案绝对数不一定大，反之也一样。这种不同和利润率与利润额不同是类似的。A方案的净现值大，是靠投资20000元取得的；B方案的净现值小，是靠投资9000元取得的。如果这两个方案是互相排斥的，也就是说只能选择其中一个，那么选择A有利。A方案尽管投资较大，但是在分析时已考虑到承担该项投资的应付利息。如果这两个方案是相互独立的，也就是说采纳A方案时不排斥采纳B方案，那就很难根据净现值来排定优先次序。内含报酬率可以解决这个问题，应优选安排内含报酬率较高的B方案，如有足够的资金可以再安排A方案。

内含报酬率法与现值指数法也有区别。在计算内含报酬率时不必事先选择贴现率，根据内含报酬率就可以排列独立投资的优先次序，只是最后需要一个切合实际的资金成本或最低报酬率来判断方案是否可行。现值指数法需要一个适合的贴现率，以便将现金流量折为现值。贴现率的高低将会影响方案的优先次序。

(4)回收期法(Payback Period)。它是指投资引起的现金流入累计到与投资相等所需要的时间。它代表收回投资需要的年限。回收年限越短，方案越有利。

在原始投资一次支出，每年现金净流入量相等时：

$$\text{回收期}(C)=\frac{\text{原始投资额}}{\text{每年现金净流入量}}$$

前例中的C方案属于这种情况，利用表8-8的数据计算：

$$\text{回收期}(C)=\frac{12000}{4600}=2.61(\text{年})$$

如果现金流入量每年不等，或原始投资是分几年投入的，则可使下式成立的n为回收期：

$$\sum_{k=1}^{n} I_k = \sum_{k=1}^{n} O_k$$

根据表 8-3 的资料，A 方案和 B 方案的回收期分别为 1.62 年和 2.30 年，计算过程见表 8-13。

表 8-13　**A 方案和 B 方案的回收期计算**　（单位：元）

A 方案：	现金流量	回收额	未回收额
原始投资	（20000）		
现金流入			
第一年	11800	11800	8200
第二年	13240	8200	0
回收期＝1+(8200÷13240)＝1.62(年)			
B 方案：	现金流量	回收额	未回收额
原始投资	（9000）		
现金流入			
第一年	1200	1200	7800
第二年	6000	6000	1800
第三年	6000	1800	0
回收期＝2+(1800÷6000)＝2.30(年)			

回收期法计算简便，并且容易为决策人正确理解。它的缺点在于不仅忽视时间价值，而且没有考虑回收期以后的收益。事实上，有战略意义的长期投资往往早期收益较低，而中后期收益较高。回收期法优先考虑急功近利的项目，可能导致放弃长期成功的方案。它是过去评价投资方案最常用的方法，目前作为辅助方法使用。

2. 中小企业固定资产投资互斥方案的决策分析

互斥方案是指互相关联、相互排斥的一组方案。在一组方案中，采用某一方案则完全排斥采用其他方案。互斥方案的决策分析就是指在两个或两个以上互相排斥的待选方案中，只能选择其中之一的决策分析。在两个或两个以上方案比较时，选择最优固定资产投资方案的基本方法有以下几种：

(1)排列法。它是将全部待选方案分别根据各自的 NPV、IRR 或 PI 按降级顺序排列，然后进行挑选，通常选其大者为最优。按照 NPV、IRR 或 PI 这三种方法分别选择投资方案时，其排列顺序在一般情况下是一致的，但在某些情况下，运用 NPV 和 IRR 或 PI 会得出不同的结论，即出现排序矛盾。在这种情况下，通常应以净现值作为选项标准。

(2)增量收益分析法。对于互斥方案，可运用增量原理进行分析，即根据增量净现值、增量内部收益率或增量盈利指数等任一标准进行方案比较。其判断标准是：如果增量投资净现值大于零，或增量内部收益率大于资本成本，或增量盈利指数大于 1，则增量投资在经济上是可行的。

对于重置型投资方案，通常是站在新设备的角度进行分析。如果增量净现值大于零或增量内部收益率大于资本成本或增量盈利指数大于 1，则应接受购置新设备；反之，则应继续使用旧设备。

(3)年均费用法。它适用于收入相同但计算期不同的方案比较。等额年费用(AC)较小的方案较好。在重置投资方案比选中，如果新旧设备的使用年限有不同，必须站在“局外人”观点分析各方案的现金流量，而不应根据实际现金流量计算各方案的年均成本现值。

第三节　中小企业财务控制管理

【知识阅读】

浙江传化股份有限公司的全面预算管理

浙江传化股份有限公司的全面预算管理模式为：以销售收入为起点，以控制成本费用为手段，以实现利润和经营性现金净流量为目标。预算管理的内容包括投资预算、经营预算和现金预算。其中，投资预算是根据公司中长期战略发展规划确定的投资项目，结合预算年度生产所需来编制。经营预算包括销售预算、生产预算、物资采购预算、人工费用预算、期间费用预算和利润预算等。现金预算是根据资本预算和经营预算，测算资金的流动和变化，对资金的不足与多余制订筹措和运用方案。

在预算工作的组织方面，分三个层面进行。一是设置预算管理委员会，领导整个公司的预算管理工作，审批预算目标的设定、预算管理相关制度和考核办法；二是设立预算工作小组，由财务部牵头，各办公室负责人参加，负责预算管理制度和预算考核办法的制订，预算执行监督、分析、协调等工作；三是各预算单位的负责人或预算专员，负责日常预算的编制工作。

在预算工作的落实方面，首先，公司将预算考核和目标绩效评价结合进行，将预算管理与绩效管理融为一体；同时，在落实预算基数时，各预算单位与公司管理层反复沟通，以保证指标的先进性、合理性和可操作性。公司首先由管理层根据上年度经营的实际业绩，结合本年市场分析情况，选择历史最好业绩、同行先进指标作参考，再根据企业的总体要求确定一定比率的增减，制订目标基数的底限和上限。此外，传化股份注重信息反馈，构筑起了管理型会计信息系统，数据高度共享。从原材料入库到应付账款，从产品的出入库到销售、应收账款、应交税金等环节都能及时跟踪，随时掌握企业运营及资金的变动情况，为财务管理行使各项职能提供了强有力的信息保证，真正实现了预算的过程控制。公司还在每月中旬召开预算执行情况分析的专题会议，剖析预算偏差原因，找出改进措施。

资料来源：杨忠智、戴娟萍等著：《财务管理案例研究》，厦门大学出版社2012年版，第250~251页。

一、中小企业财务控制管理概要

(一)中小企业财务控制管理的概念

财务控制管理就是根据企业财务目标，利用财务信息，运用特定的方法，对企业财务活动进行监督、检查，及时发现偏差并予以纠正，以保证财务目标实现的管理过程。财务控制管理的目的是要确保预期目标的实现，尽可能求得最佳的经济效益，它是为落实财务计划目标并保证其实现的有效工具。财务计划一经完成，便开始进行执行过程，管理工作的重心就转为财务控制管理。财务控制管理对于企业合理使用资金，加速资金周转，提高企业经济效益，改善企业经营管理，增强企业活力等方面有着重要意义。财务控制管理的重要性在大企业中早已被认识。然而，中小企业由于考虑到财务控制管理经费较高，往往忽视了财务控制管理。中小企业财务控制管理的缺乏不仅明显地加大了欺诈和偷盗行为发生的可能，而且增加了依据不确切、不及时的财务信息做出不良决策的概率。

(二)中小企业财务控制管理的主要方式

1. 财务运营设计中的内部预防控制管理

财务运营设计中的内部预防控制管理是在财务运营设计中，通过制定财务管理制度工作程序来防止偏差的发生。它是过程本身的一部分，在设计财务运营时，就已安排好了的财务控制的措施。如各种内部控制管理制度所进行的控制就是属于预防控制管理。

2. 财务运营前的预测控制管理

预测控制管理是通过预测财务运营过程中即将可能出现的偏差，在问题没有出现之前就采取措施加以调整，以确保财务目标的实现。实行预测控制管理，能较好地解决由于时滞现象所带来的问题，但它需要及时掌握大量信息，并需要进行准确预测，才能真正发挥其作用，实现对未来的财务运营控制管理。如现金控制管理系统中的预算控制就是一个预测控制管理系统。当预测表明未来现金流出增加，现金余额不足支付时，应事先采取措施积极筹措，以确保未来支付。

3. 财务运营中的控制管理

它是从企业财务运营过程的信息反馈中发现偏差，通过分析原因，及时采取相应措施，以纠正偏差，其目的在于缩小过程与目标的差距，最终达到控制目标。财务运营中的控制管理在企业财务管理运营中十分重要，企业各项经济活动控制管理都离不开财务运营中的控制管理，如企业的成本控制管理系统中差异的分析，就是一个财务运营中的控制管理系统。

(三)中小企业财务控制的基本程序

1. 制定财务运营控制管理的标准

制定财务运营控制管理的标准是财务控制管理过程的起始点，有了明确的财务运营控制管理标准，财务控制管理才能按照预定的目标进行，控制管理工作才具有整体性、统一性和强制性，同时控制管理标准也是衡量工作效果的规范。为了保证控制管理标准的合理性与有效性，制定控制标准管理时，应在充分调查研究的基础上，力争做到既科学合理又具有可控性，在财务运营过程中应经常检查修正，使之不断完善。控制标准可以用实物量表示，也可以用货币量表示，控制标准通常包括各项计划指标、预期目标、定额、预算等。

2. 对财务运营成效的衡量

成效衡量就是利用编制报表、抽样调查、专题分析等方法取得各种有关资料，随时掌握财务运营的实际情况，并将其与控制标准进行对比分析，以便及时纠正执行中的偏差。

实际结果与标准差异的计算，包括绝对数差异额的计算及相对数差异率的计算。

$$差异额=实际数-标准数$$

$$差异率=\frac{差异额}{标准数}\times 100\%（常用表达方式）$$

3. 纠正财务运营的偏差

对于实际效果脱离标准的差异，有关人员应根据不同情况分别处理。对于范围内的差异要肯定成绩，认真总结，并予以必要的奖励；对于超出范围差异，要查明原因，及时处理，如属于执行中的工作原因，应挖掘潜力，提出有力措施并积极落实，如属于控制标准不准确，则应及时修正原定标准。

财务控制管理的三个基本程序形成了一个完整的缺一不可的有序的财务控制管理循环，并在财务控制管理过程中反复进行。

二、中小企业财务控制的主要方法

财务控制管理是由管理者协调并指导各部门、单位的财务活动去实现企业总体目标。财务控制管理的任务就是通过调节、沟通和合作使个别的、分散的财务行为整合统一起来，追求企业短期或长期的财务目标。为此必须要采用适合的有效的财务控制方法。

（一）中小企业定额标准控制管理

1. 定额标准控制管理的概念及本质

定额标准控制管理就是以定额为标准，对经济活动或资金运营所进行的控制管理。符合定额的经济业务要给予支持，保证资金需要；超过定额的经济业务要分析超过的原因，再分别处理。

从理论上分析，财务管理中定额控制管理本质上是对财务管理的各方面的工作明确提出定量、定时的要求，建立各种各样有科学依据、切实可行的定额，并按照它们的内在联系组成一个定额体系。这个体系以内容为依据，可分为资金定额、成本费用定额、设备定额、物资定额；以性质为依据可分为状态定额、消耗定额和效率定额。

2. 做好定额控制管理的基础性工作

定额控制管理的实施要求企业做好两项基础性的工作：

（1）计量与验收工作。包括明确企业各种计量检测工具的配置、使用、管理、维修要求；规范企业物资的购进、入库、领用、转移、出库等各环节的计量和验量验质管理工作。

（2）信息工作。由于财务管理要求信息全面、及时、准确，所以必须建立健全原始记录和财务资料的编制、审核、传递、反馈、档案管理的责任制。

（二）中小企业授权控制管理

1. 授权控制管理的概念

授权控制管理是指在某项财务运营发生之前，按照既定的程序对其正确性、合理性、合法性加以核准，并确定是否执行的控制。这种控制管理是一种事前控制，能将一切不正确、不合理、不合法的经济行为制止在发生之前。授权控制管理的方法是通过授权通知书来明确授权事项和使用资金的限额。授权控制管理的原则是，对在授权范围内的行为给予充分信任，但对授权之外的行为不予认可。授权通知书除授权人持有外，还下达公司相关的部门，这些部门一律按授权范围严格执行。

2. 一般授权与特别授权含义及区别

从理论上分析，授权可以分为一般授权和特别授权。一般授权是指对企业内部较低层次的管理人员根据既定的预算、计划、制度等标准，在其权限范围之内对正常的经济行为进行的授权。例如，因公出差的问题，只需要出差人的部门负责人按照工作计划和制度授权即可。特别授权是指对非经常经济行为进行专门研究作出的授权。与一般授权不同，特别授权的对象是某些例外的经济业务，一般没有既定的预算、计划等标准可遵循，需要根据具体情况进行具体的分析和研究。例如，授权购买一项重要设备、授权降价出售商品等都是特别授权的事例。

一般授权在企业大量存在，授权给较低层次的管理人员就可以了。这样做既能提高工作效率，又保证了经济活动的灵活性和主动性。特别授权在企业中较少出现，且无章可依。因此，较低层次的管理人员是无法负责、无权处理的，需要高层次的管理人员，直至最高领导人专门研究，作出决定。

3. 授权的二次性

一般来说，有些经营业务的授权可以一次完成。例如，采购人员外出时临时决定购买一些急用的物品，虽然没得到事先的授权，事后也会得到予以报账的授权。但对大多数经济业务来说，往往不是一次授权就能完成的，而是需要经过两次或两次以上一系列相互联系的授权才能完成的。例如，采购业务首先由使用部门填写请购单，经授权后，送交采购部门，由采购部门办理订货手续。货物进来后，把发票、运单及验收报告交给会计部门，经会计部门审查同意后才能付款。这就是说，采购业务先后经历了两次授权。第一次授权是在采购前，第二次授权则在付款前。国外有人把第二次授权称为“认可”，即对第一次授权的认可。这种观点不无道理，但不全面。第二次授权不仅是对第一次授权的认可，同时还是对第一次授权所形成的经营业务的进一步监督和控制。如果负责第二次授权的人或部门独立于第一次授权的人或部门，则能加强授权的控制功能。

4. 企业的授权控制注意事项

(1)企业所有人员不经合法授权，不能行使授权权。企业应该按照“责权利”相结合的原则，在合理分工的基础上，授予各层次管理人员以相应的授权权限并赋予相应的责任。不经合法授权，任何人不能审批；有权授权的人则应在规定的权限范围内行事，不得越权授权。

(2)企业的所有业务不经授权不能执行。具体地说，就是每一项经营业务在执行之前，必须按照该项业务的授权程序，由规定的人员或部门审批。不经审批，不得办理经营业务。这样就能确保一切不合法、不合理、不正确的经营活动在未发生之前得以控制管理，确保企业的全部经营活动按照既定的方针、政策进行。

(3)经营业务一经授权必须予以执行。如果情况有变不能执行，则应及时请求汇报。已经授权的经营业务，在实际执行中必须按照已授权的方案进行，不准擅作主张、不按授权的方案行事。在执行中确需变动或更改的，应及时报告。这样才能确保各项业务的实施依照既定的方针进行。

(三)中小企业财务预算控制管理

1. 财务预算的概念

它是由一整套预计财务报表和各项业务预算表、投资预算表等组成的预算体系，为企业确立了总目标。为确保其实现，须建立责任会计制度，编制责任预算，进行责任核算、业绩考评和奖惩。所谓责任预算，是以责任中心为主体，按其可控的成本、收入、利润和投资经济效果等内容编制的预算。全面预算的各项经济指标须分解落实到责任预算中，为各责任中心明确各自的具体目标，使各部门、各级组织为实现各自目标而努力的同时，协调一致地实现企业的总目标。

2. 财务预算控制的作用

财务预算控制是企业日常经营运作的重要工具，是企业管理支持流程之一，与其他管理支持流程相互作用，共同支持企业的业务流程。通过实施财务预算控制，可以明确并量化企业的经营目标，规范企业的管理控制，落实各责任中心的责任，明确各级责权，明确考核依据，为企业的成功提供了保证。

3. 财务预算控制的实施

财务预算控制的实施包括以下方面：

(1)明确财务预算控制的组织机构。财务预算控制的组织机构是财务预算控制实施的基础和保证。组织机构的设置包括各预算机构的设置，各机构的职能，责任单位的划分，企业相关部门的职责。

(2)设置财务预算控制的程序和流程。财务预算控制的主要流程包括：明确责任中心的权责，界定预算目标，编制预算、汇总、复核与审批表，预算执行与管理，业绩报告及差异分析，预算指标考核。

(3)实施财务预算控制。依据财务预算控制的原则、方法、流程和程序编制企业的预算，实施财务预算控制并依据财务预算对责任单位和个人进行考核。通过实施财务预算控制，落实企业各级管理人员的责任和目标，简化各项支出的审批程序，增加决策的效率，使企业具有更强的适应市场的能力。成本、费用与相应的成本动因相匹配，使成本与费用的支出更加合理，财务部门监督与信息稽核更加有依据，同时也减少了财务部门与业务部门之间的矛盾。

三、中小企业成本控制管理

成本控制管理，是指在企业经营过程中，按照财务计划预定的成本目标，对发生经营耗费的各项活动进行组织、调节和监督，使成本控制在预定的目标范围之内。成本控制管理属于成本的日常管理，它是落实成本计划的保证。

(一)中小企业对成本控制管理的原则

1. 成本控制管理的全面性原则

成本是一项综合反映企业经营状况的重要指标，它涉及企业内部的各个部门及每个职工，涉及经营的全过程，因此，成本控制管理必须坚持全面性原则。它包含两方面：

(1)全员控制管理。它是指企业为保证成本目标的实现，对成本费用目标进行层层分解落实，横向分解落实到企业内有关职能部门进行管理控制；纵向分解落实到车间班组个人进行管理控制，形成一个纵横交错的成本费用管理网络，并进行严格考核。

(2)全过程控制管理。它是指成本控制应贯穿于成本形成全过程，包括从产品的设计、试制、生产、销售直至产品售后的维修等各个环节。只有整个产品寿命周期的成本得到有效控制，总成本才会得到有效控制。

2. 成本控制管理的责权利相结合原则

要使成本控制管理真正发挥效益，必须严格按照经济责任制的要求，贯彻责权利相结合的原则。将成本管理目标层层分解后，明确规定有关各方应承担的成本控制责任并赋予其相应的权利。同时对他们的工作业绩进行考评，并同其经济利益挂钩，做到奖罚分明。

3. 成本控制管理的讲求效益原则

该原则要求成本控制管理的最终目的是获取最大的经济效益。为此，在进行成本控制管理过程中，一要厉行节约，围绕提高经济效益这一目标，尽可能地降低成本支出，减少人力、物力、财力的消耗；二要广开财源，最大限度地创造收入；三要核算信息成本，将支付的成本控制在最经济的限度内，只有当成本控制管理取得的收益大于成本控制付出的代价时，成本控制才是可行的。

4. 成本控制管理的例外管理原则

在实际工作中，实际成本与标准成本之间的偏差是经常发生的，管理人员在成本控制管理时，要把注意力集中在那些重要的、不正常的、不符合常规的关键性成本差异上，查明原因，及时处理。这些不正常的、不符合常规的关键性差异，称之为“例外”。通常确定“例外”的标准如下：

(1)根据其差异率超限确定“例外”。它主要是根据成本差异的大小来决定。一般来说，只有数据较大的差异才应给予足够的重视。数额的大小通常以成本差异率来表示。如当差异率超过一定限度，即视为重要差异，作为“例外”处理。

(2)根据其差异常在控制线附近确定“例外”。如果有些差异虽未达到重要性标准，但却一贯在控制线附近波动，对这些差异也应视为“例外”，应引起高度重视。因为这种情况可能是由于原标准已经过时失效，也可能是由于成本控制不严造成的。因此，有必要提醒有关人员注意，找出原因，以求解决。

(3)根据可行性引起成本差异超限确定“例外”。引起成本差异的原因，对管理者来讲，有些是可控的，有些是不可控的。凡属不可控因素引起的差异，即使达到重要性标准，也不视为“例外”，否则会挫伤管理者的积极性。

(4)根据项目本身的性质确定“例外”。凡对企业的长期获利能力有重要影响的成本项目，即使其差异没有达到重要性的标准，也应视为“例外”，以引起重视。

(二)中小企业成本控制管理的程序

1. 确定成本控制管理标准

成本控制管理标准是对各项费用开支和资源消耗规定的数量界限，是成本控制和成本考核的依据。成本控制管理的标准，可以根据成本形成的不同阶段和成本控制管理的不同对象确定，主要有如下几种：

(1)以目标成本为其控制标准。目标成本是在预测价格的基础上，以实现产品的目标利润为前提而确定的。对于新产品来讲，投产以后成本水平的高低在很大程度上取决于产品设计。把产品设计成本控制在目标成本之内，就能在相当程度上保证新产品预期经济效益的实现。产品设计阶段，通常是以整个产品的目标成本或分解的每个零部件的目标成本作为控制标准。

(2)以计划指标为其控制标准。企业编制成本计划以后，可以采用成本计划指标作为成本控制标准。在实际工作中，为了便于操作，还可根据计划指标进行必要的分解。可以按生产单位、管理部门分解，也可以按不同产品和每种产品的工艺阶段、零部件或生产工序进行分解。采用这种方法可以使成本控制工作落实到每个责任单位和各有关具体人员，并把成本控制、成本核算紧密结合起来。

(3)以各种消耗定额为其标准。消耗定额是在一定的生产技术条件下，为生产某种产品或零部件而需要耗费人力、物力、财力的数量标准。它包括材料物资消耗定额、工时定额和费用定额等。在企业生产实践中，凡是能够制定定额，都应制定出消耗定额或支出标准，并以此控制生产过程中的各种消耗。

(4)以费用预算为其标准。由于企业费用支出的项目多、范围广，控制起来难度更大，一般需要通过编制费用预算进行控制。

2. 成本控制标准的执行

按照成本的标准，对产品或零部件生产过程进行具体的管理和监督，审核各项费用开支和各种资源的消耗，并实施增产节约的措施，保证成本计划的实现。

3. 确定实际成本与其控制标准的差异

在成本计算的基础上，核算实际成本耗费脱离控制指标的差异。通过确定差异，以发现实际成本比控制标准是节约还是超支，由此进一步分析造成差异的原因和责任归属。

4. 消除成本控制标准与执行结果的差异

消除差异是指组织企业各部门各单位挖掘降低成本的潜力，使成本控制在标准范围之内。

(三)中小企业日常成本控制的内容

1. 材料成本控制

产品中的材料成本受消耗数量和采购成本两方面的影响。要降低材料成本，必须从两方面控制。

(1)从材料消耗数量中控制成本。其途径为：从改进产品设计和采用先进工艺中控制成本；从制定消耗总额中，严格控制成本；从降低运输、储存过程中的材料损耗来控制成本；从搞好废旧材料回收和综合利用中控制成本。

(2)控制材料购买的费用，降低材料采购成本。材料采购成本是由材料买价和采购费用两部分构成的。企业采购材料应根据本企业材料使用的规格、型号、质量等，选择适合本企业情况的、价格合理的厂家进行材料采购，并在购买材料时严格按规定价格支付货款。对于材料质量不合格的，应采取拒付货款等措施。材料采购费用，主要包括运输费用、搬运装卸费用、合理的途中损耗等，供应部门要尽可能就近采购材料，选择合理的运输方式，严格控制各项费用支出，降低材料采购成本。

在材料费用的控制中，还应采取经济批量法等先进管理方法，以保证预期控制目标的实现。

2. 控制工资费用，降低产品成本

产品成本中的工资费用受企业工资总额和劳动生产率的影响。因此，工资费用的控制应从工资总额的控制和提高劳动生产率两方面进行。

(1)运用控制工资费用总额，来降低成本。企业的工资费用总额是指一定时期内以货币形式支付给企业职工的劳动报酬总额，它由基本工资、各种奖金和各种津贴组成。控制工资费用总额的主要措施有：其一，制定劳动定额和编制定员；其二，控制平均工资水平等。

(2)努力提高劳动生产率降低成本。提高劳动生产率意味着减少单位产品的工时消耗，增加单位时间内的产品数量。由此可以减少单位产品成本中的生产工人工资和固定性费用。提高劳动生产率主要应从下面几个方面着手：其一，积极开展科学研究，广泛采用先进技术；其二，不断改进生产组织和劳动组织，严格实行劳动定额和编制定员制度；其三，加强职工的教育和培训工作，提高职工的技术水平和工作责任心；建立岗位责任制，实行合理的分配制度；搞好劳动保护工作，注意安全生产，不断改善劳动条件。

3. 运用限额控制制造费用和期间费用，降低产品成本

制造费用和期间费用都属于综合性费用。由于它们的内容复杂、项目繁多，在控制方面，应广泛地利用预算或限额。

(1)制定费用控制标准，编制费用预算。国家对一些费用的开支标准明确作出了规定，企业应以国家规定为依据，同时结合自身情况，制定一系列费用开支标准。在此基础上编制费用预算，分解下达费用控制指标。

(2)严格执行费用预算。为了保证费用预算的顺利执行，各职能部门必须按月确定费用指标，采用多种方法控制费用开支，如费用开支审批制度、费用报销审批制度等。控制制造费用和期间费用主要应在费用发生之前和费用发生的当时进行。财务部门特别要严格把关，使制造费用和期间费用的发生额控制在预算范围之内。

(3)确立严密有效的组织体系，保证成本计划任务的完成。制定了科学合理、实事求是的指标，并且将指标层层分解、步步细化到各个环节、层面直至每道工序、个人，这只是确定了成本计划的任务和成本控制的目标。如何顺利地完成这个任务，可采取以下措施：其一，严格进行考核，实行成本否决；其二，全面推行班组经济核算；其三，开展定期财务检查；其四，加强财务管理，突出财务管理的作用等，以实现成本控制管理。

第四节　中小企业的财务状况评析

【知识阅读】

神思公司财务困境

近年来，神思公司新品上市受阻，原有业务市场份额下降，公司经营业绩逐年下滑。同时，公司领导不重视企业财务管理，财务数据显示企业正陷入困境。

1. 应收账款周转率低

2017 年底，神思公司的应收账款余额从 2015 年末的 206.58 万元上升到 310.49 万元。通过财务分析，2017 年末神思公司应收账款周转率为 76.42%，周转天数为 471 天。神思公司的应收账款中 1 年以上的款项占比近 40%，其中应收账款年限在 4 年以上有 52.4 万元，占应收账款比例的 18%。

2. 存货周转慢

神思公司存货居高不下，最近三年存货年末余额一直保持在 400 万元以上。2015 年末存货余额为 427.84 万元，2017 年末上升为 467.8 万元。存货构成中，库存商品占 73.9%。神思公司销售部门没能将市场状况及时反馈回公司管理层，公司内部财务管理效率低，没有对滞销存货进行及时处理，原价 55.7 万元的商品库存期限在 3 年以上，由于过时落后，部分积压存货已经为社会淘汰品种。

3. 固定资产投资失误，盲目扩张

神思公司由于对市场前景预测不足，对自身产品竞争力盲目乐观，为了扩大生产规模，在经济开发区投资近 4000 万元兴建新的办公厂房。截至 2017 年底，神思公司在建工程账面余额 3529.46 万元，该项资产占公司资产总额的近 80%。2016 年底两座新厂房基本建设完工，只余下室外辅助设施尚在施工。神思公司在做出投资决策的过程中，忽视了营运资金正常周转额度的控制，造成了公司财务资金紧张。2017 年神思公司因公司产品销量一直萎缩，大量应收账款回收困难，加剧了公司营运资金的紧张局面，使得工程项目停工停建。

资料来源：曹立峥：《浅议中小企业财务管理中的问题及对策——神思公司案例分析》，载《经贸实践》2018 年第 10 期，第 125 页。

一、中小企业财务评价概要

(一) 中小企业财务评价的含义

财务评价，是指对企业过去的财务状况和经营成果进行的一种评价，以及对企业未来前景的一种预测。狭义的财务评价，是指财务报表分析，即根据财务报表资料对企业的财务状况和经营成果所进行的分析。广义的财务评价，是指以会计核算资料为主，结合统计核算资料、业务核算资料和经济调查资料，对企业的财务状况和经营成果进行的分析。它是企业活动分析的重要组成部分，也是企业财务管理的重要环节。

(二) 中小企业财务评价的作用

财务评价是对企业经济活动和财务活动进行全面评价。通过评价总结经验，找出经营管理中存在的问题，查明产生的原因并提出改进措施，为进一步改善企业经营，提高经济效益服务。财务评价对企业的经营管理的重要作用：

1. 财务评价可促使中小企业实现财务目标

中小企业的财务目标是通过一系列的财务指标反映的。企业进行财务评价则主要是依据掌握的资料，同时通过调查研究，对财务指标的实现情况进行检查、分析，例如企业有无偿还债务和付息的能力，企业的资金运用是否合理；企业是否达到盈利目标等。如发现差异，还应分析差异产生的原因，找出影响财务目标实现的有利和不利因素，并提出改进工作的建议和措施，促进企业财务目标的实现。

2. 财务评价可挖掘中小企业内部潜力，提高经济效益

企业进行财务评价不仅要对过去的财务情况进行检查、总结，而且还要查找企业经营的潜力，如生产发展潜力，成本降低的可能性和销售扩大的可能性；企业设备、人力和物资有效利用等。通过查找潜力，就可以对这些潜力充分加以利用，就能促使中小企业经济效益的进一步提高。

3. 财务评价为改善中小企业经营管理，协助领导作出决策提供资料

中小企业经营是一项十分复杂的活动，尤其在市场经济条件下，更是随时随地存在着机会和风险。企业要扩展，要在竞争中立于不败之地，必须从企业现实情况出发，抓住一切有利的时机，避免可能遇到的风险，这都要求领导人员善于做出正确的决策。正确的决策来自于掌握的资料和信息，而财务评价则是提供决策资料的可靠手段。

(三)中小企业财务评价依据的资料

1. 评价财务状况的主要资料

财务评价所依据的主要资料，是企业的财务报告。企业财务报告是反映企业财务状况和经营成果的书面文件，它包括会计报表主表、附表、会计报表附注和财务情况说明书。

(1)会计报表主表有资产负债表、利润表、现金流量表，会计报表附表有利润分配表、主营业务收支明细表等。

(2)会计报表附注是为了帮助理解会计报表的内容，而对报表项目等所作的解释，其内容主要包括所采用的主要会计处理方法、会计处理方法的变更情况、变更原因以及对财务状况和经营成果的影响、非经常性项目的说明、会计报表中有关重要项目的明细资料；其他有助于理解和分析会计报表需要说明的事项。会计报表附注往往能为财务分析提供许多重要的具体情况，所以在分析中应该予以重视。

(3)财务情况说明书是评价企业财务状况和经营成果所提供的书面资料，主要说明企业的生产经营状况、利润实现和分配情况、资金增减和周转情况、税金缴纳情况、各项财产物资变动情况、对本期或者下期财务状况发生重大影响的事项、资产负债表编制日至报出财务报告前发生的重大财务事项、其他需要说明的事项。

2. 评价财务状况的其他资料

进行财务分析所依据的资料，除了财务报告以外，还应包括日常核算资料(凭证、账簿等)、计划资料、生产技术方面资料、同行业其他企业发布的财务报告、调查研究所收集到的资料等。企业生产经营活动是互相联系着的，企业的各种信息资料应该输入电子计算机由各部门共享，因此，中小企业的财务部门有可能也有必要综合利用企业内部各方面的信息资料。

二、中小企业财务评价的方法

经过业界的总结，基本上形成了一些比较科学的财务评价方法。这些方法既可单独使用，也可根据企业实际情况选择并用，但作为中小企业经理，必须掌握以下几种财务评价方法：

（一）财务状况的比较分析法

财务比较分析法是指通过经济指标的对比分析确定指标之间差异或趋势的方法。有比较，才有鉴别，没有比较，则无从分析、评价。因此，比较分析法是财务评价中最基本、最主要的方法。

1. 根据财务评价的要求与目的的不同，比较分析法有如下基本类型

（1）实际指标与本企业以前多期历史指标相比较。这种分析可以把握企业前后不同历史时期有关指标的变动情况，了解企业财务活动的发展趋势和管理水平的提高情况。在实际工作中，最典型的形式是本期实际与上期实际或历史最好水平的比较。

（2）实际指标与计划或预算指标比较。这种分析主要揭示实际与计划或预算之间的差异，掌握该项指标的计划或预算的完成情况。

（3）本企业指标与国内外行业先进企业指标或同行业平均水平相比较。这种分析能够找出本企业与国内外先进企业、行业平均水平的差距，明确本企业财务管理水平或财务效益在行业中的地位，推动本企业努力赶超先进水平。

2. 根据指标数据形式的不同，比较分析法可以划分为三种

（1）绝对指标的比较。即利用两个或两个以上的总量指标进行对比，以揭示这些绝对数指标之间的数量差异。如去年企业的净利润 100 万元，今年实现的净利润 110 万元，则今年与去年的利润差异是+10 万元。

（2）相对数指标的比较。即利用两个或两个以上的相对数指标进行对比，揭示这些相对数指标之间的数量差异。如去年企业的销售利润率 15%，今年的销售利润率 14%，则今年与去年的利润率差异是-1%。

（3）平均数指标的比较。即利用两个或两个以上的平均数指标进行对比，以揭示这些平均数指标之间的数量差异。

3. 在财务评价中最常用的比较分析法是借助于比较财务报表

比较财务报表是将最近两三期或数期的报表并列在一起编制而成的报表。为了便于分析者进行分析，易于掌握变化动向，比较财务报表除列示各期报表金额外，通常还列示增减金额及增减百分比。

4. 在运用比较法进行分析对比时，必须注意对比指标之间的可比性

所谓指标的可比性是指所对比的同类指标之间在指标内容、计算方法、计价标准、时间长度等方面完全一致。如果是在不同企业之间进行对比的指标，还必须注意企业行业归类、财务规模的一致性。在实际财务分析中，应特别注意：

（1）价格水平的不同会导致数据的差异。财务上数据大多是用货币计量的，这就必然受价格水平的影响。由于不同地区的价格水平存在差异，各企业业务关系在区域上又不尽相同，必然导致不同企业的价格水平的差异，从而使之缺乏可比性。而价格水平的波动，尤其会削弱不同时期数据间的可比性。

（2）不同会计处理、计价方法会导致数据的不可比。比如固定资产折旧方法的不同，必然导致企业资产价值、成本费用大小和利润高低的不同，使相关指标不可比。存货计价，有加权平均法、先进先出法、个别计价法等多种方法可供选择。两个企业，或同一企业不同时期即使实际情况完全相同，只因采用不同计价方法，将对期末存货和企业产生重

大影响。

(3)企业经济类型不同、财务规模变动、财务品种的增减变动，甚至企业财务方针及方式的调整，都会影响到财务信息数据的可比性。

(二)财务状况的趋势分析法

财务趋势分析又称水平分析，即统计学中的时间序列分析。它是将连续数年的财务报表中的某重要项目进行比较，计算该项目前后期的增减方向和幅度，以说明企业财务状况或财务成果的变动趋势的方法。其中，计算定期发展速度或环比发展速度，最常见的是用趋势分析法。其公式为：

$$\text{定期发展速度} = \frac{\text{分析期某指标数据}}{\text{固定期某指标数据}}$$

$$\text{环比发展速度} = \frac{\text{分析期某指标数据}}{\text{前期某指标数据}}$$

在财务分析中，通常应对销售收入、总资产进行趋势分析，以衡量企业规模发展状态，对净利润进行趋势分析以衡量企业长期获利能力。

(三)财务状况的比率分析法

1. 财务比率分析的概念及其重要性

财务比率分析法是利用两个指标的某种关联关系，通过计算比率来考察、计量和评价财务活动状况的分析方法。比率法其实也是比较分析法的一种形式，由于它在财务分析中具有特殊意义，因而把它列作一种单独的分析法来加以说明。比率亦是相比较的结果，但它不同于前述简单、直接的比较。前述简单比较的结果或者说明同一指标在不同时期的差异或变动趋势，或者是同一指标在不同企业的对比等，它们显示的仍是事物本身的情况，在财务分析中亦处于基础的、简略而总括分析的地位。比率分析则不然，它必须是相关联的不同项目、指标之间的比较，以说明项目之间的关系，并解释和评价由此所反映的某种状况、某种能力等，已大大超出了原指标本身所代表含义。这种分析在财务评价中处于极为重要的地位，所以通常将其作为一种专门的分析方法。

2. 财务状况比率分析的类型

采用比率分析法进行分析时，需要根据分析内容和要求，计算出有关的比率，然后进行分析。财务比率分析通常需建立在一套比率指标体系的基础上。而各种比率的计算方法各不相同，通过对计算出来的各种比率进行分析，其分析的目的以及所起的作用也各不相同。大体上可以分为两类：

(1)财务状况的相关比率分析。相关比率是以两个相互联系的财务指标的数额相除后得出，据此对企业财务状况进行分析的一种方法。财务分析中常用的相关比率包括：人均销售额、人均利润率、流动资产周转率、资产利润率等。通过相关比率分析，可以使财务分析更为全面和深入。将这些相关比率的实际数与目标数、上期或历史数、同行业平均数进行对比，可以充分揭示企业财务状况的发展变化情况。

(2)财务状况的构成比率分析。构成比率是指某项财务分析指标的各构成部分数值占总体数值的百分比。计算公式为：

$$构成比率 = \frac{指标某部分的数值(部分)}{指标总数值(总体)} \times 100\%$$

这样计算出来的比率，也就是通常所说的比重。在财务评价中常用的构成比率包括：市场占有率、某类商品销售额占企业总销售额的销售构成比率；流动资产、固定资产、无形资产占总资产的比率；长期负债与流动负债占全部债务的比率；财务费用和管理费用分别占费用总额的比率；营业利润、投资收益和营业外收支净额占利润总额的百分比，构成利润结构比率。分别利用这些比率的实际数与目标数、上期或历史数、同行业平均数进行对比，可以充分揭示企业财务业绩构成和结构的发展变化情况。

(四)财务状况的平衡分析法

财务平衡分析法是对经济活动中，具有某种平衡关系的经济指标进行分析的一种方法。该种分析法能够查明这些指标间的关系是否表现为平衡关系，或者按照指标之间平衡关系测定各项因素对分析对象的影响程度。例如，在分析企业销售额变动原因时，可以利用“本期销售额=期初商品存货额+本期购进额-期末商品存货额”中各指标的实际值与计划值进行对比，分析查明销售额的实际偏离计划的具体原因。

三、中小企业财务评价的基本指标

财务评价的基本指标可以根据不同的标准进行不同的划分，下面主要从比率分析的角度，就财务安全性分析、财务效率分析、盈利能力分析和发展能力分析等方面的基本指标进行介绍。

(一)财务安全性的概念及其指标的分析

企业经营的长期安全性和稳定发展，对每个市场经营环境中的企业都是一个十分重要的课题，中小企业概不例外。如果不重视这个问题，即使销售增长快、营利多、财务效率高的企业，也会存在危机。在现实经济生活中，常常有盈利企业被迫破产的情况就是例证。企业财务必须重视安全性和稳定性问题，并通过改善经营管理，不断提高企业经营安全程度，使企业能在不断变化的财务环境中保持较强的抵御能力。因此，企业财务评价应该及时揭示企业经营的安全状况。反映企业经营安全程度的主要指标有以下几种。

1. 财务安全的资产负债率指标分析

资产负债率是负债总额与全部资产总额的比率，用于衡量企业利用债权人提供的资金进行财务运营的能力，并反映企业对债权人投入资本的保障程度。它是说明企业经营在较长时期内财务风险的重要指标。其计算公式为：

$$资产负债率 = \frac{负债总额}{资产总额} \times 100\%$$

式中，资产总额是指企业的全部资产总额，包括流动资产、固定资产、长期投资、无形资产、递延资产等数额总和，其数据可直接从企业资产负债表左边项目的合计项查得。负债总额是说明企业利用债权人资金进行财务业务的全部金额，是流动负债与长期负债之和。对于该指标，应注意从不同角度进行分析。

(1)从债权人的角度分析，资产负债率应以低为好。由于债权人比较关心贷给企业款项的安全程度，即企业能否按期还本付息。该比率越低，即负债总额占全部资本的比例越小，表明企业对债权人的保障程度越高，债权人投入资本的安全性越大。因此债权人总是希望企业的资产负债率保持在较低的水平。

(2)从企业所有者(股东)的角度分析，应保持资产负债率的较高水平。股东投资者关心两个问题：一是资本投资收益率；二是对企业的控制权。如果企业经营前景好，预期资产报酬率可望高于借款利率时，所有者的投资报酬率便会随着资产负债率的提高而相应提高。而且，提高资产负债率，增加了债务资金来源，企业的控制权并不会因此而分散，所有者可以保持其对企业的控制权。因此，从股东的角度分析，在企业资产报酬率高于借款利息率时，该比率越大越好。当然如果企业财务前景欠佳，预期资产报酬率可能小于借款利率，那么所有者的利益也会受不良影响。

(3)从企业财务的角度分析，资产负债率应保持适当的水平。企业负债财务的利息支出按税法规定可以从税前利润中抵扣，使企业少纳所得税，资产负债率越高，这种节税的收益就越大。然而，该比率越高，不能偿还到期债务的风险也就越大。为此，企业财务前景较乐观时，应该适当增大资产负债率，以充分获取举债财务带来的财务利益；若企业前景不佳，则应减少负债，降低资产负债比率，以降低风险。而且透过企业的资产负债率往往可反映出管理者的心态及其对前景的信心。通常，资产负债率大，表明企业较有活力，而且对其前景充满信心；反之，则表明企业比较保守，或对其前景信心不足。从企业财务意义上说，管理者应该审时度势，权衡利弊，把资产负债率控制在适当的水平，也就是把企业因筹资而产生的风险控制在适宜的程度。

2. 财务安全的流动比率指标分析

流动比率是衡量企业流动资产在短期债务到期以前，可以变现用于偿还流动负债的能力。其计算公式为：

$$流动比率 = \frac{流动资产}{流动负债} \times 100\%$$

流动比率是衡量短期债务的清偿能力的最常用比率，是衡量企业短期风险的指标。从该指标的计算可见：流动比率越大，说明短期债务的清偿能力越强。因为流动比率高，表明企业可变现的资产数额大，债权人遭受损失的风险小。但是，流动比率过大，说明企业有较多的资金滞留在流动资产上未加以更好地运用，资金周转可能减慢从而影响其获利能力。

一般认为流动比率不宜过高亦不宜过低，应保持在200%左右。

3. 财务安全的速动比率指标分析

速动比率是衡量企业流动资产中可以立即用于偿付流动负债的能力。其计算公式为：

$$速动比率 = \frac{速动资产}{流动负债} \times 100\%$$

式中，速动资产是指流动资产中变现能力强、流动性能好的资产，如现金、银行存款、应收票据、应收账款、短期投资等。或者说是流动资产总额中，减去流动性能较差的存货等项目后的余额。其表达式为：

$$\begin{aligned} 速动资产 &= 现金 + 银行存款 + 应收票据 + 应收账款 + 短期投资 \\ &= 流动资产 - 存货 - 预付账款 - 待摊费用 \end{aligned}$$

4. 财务安全的现金比率指标分析

现金比率是企业现金类资产与流动负债的比率。现金类资产包括企业所拥有的货币资金和持有的易变现的有价证券(交易性金融资产)，它们或可随时提出，或可随时转让变现。由于现金比率有相当的保守性，又被称为“绝对流动比率”。其计算公式为：

$$现金比率=\frac{货币资金+短期有价证券}{流动负债}\times 100\%$$

5. 财务安全的安全边际指标分析

安全边际是指企业实际或预计销售额超过保本销售额的差，它反映的是销售额下降幅度与企业亏损的关系。

安全边际=实际或预计销售额-保本销售额

式中，保本销售额是使企业利润为零的销售额，或者是等于企业全部成本费用的销售额。企业进行生产财务活动，必然要发生各种成本支出和费用开支，这些成本费用都必须从企业的销售收入中得到补偿，企业实际的销售额只有超过其成本费用总额，才能取得利润，否则将出现亏损。企业实际或预计的销售额超过成本费用越多，企业销售额超过保本点越远，企业财务越安全。

企业财务的安全边际，还可以用安全边际率来表示，即安全边际与实际或预计销售额的比值。其计算公式为：

$$\begin{aligned}安全边际率&=\frac{安全边际}{实际或预计销售额}\times 100\%\\&=\frac{实际或预计销售额-保本销售额}{实际或预计销售额}\times 100\%\end{aligned}$$

安全边际和安全边际率的数值越大，企业发生亏损的可能性就越小，企业就越安全。安全边际率是相对指标，便于不同企业和不同行业的比较。

(二)中小企业资产管理能力及其指标的分析

中小企业的资产管理能力是指有效地管理中小企业的各项资产——包括流动资产、固定资产和总资产，以获取尽量大的利润的能力。中小企业资产管理能力分析的指标是各项资产管理比率，这些比率又称为运营效率比率，这些比率以资产周转次数和天数来表示。

1. 流动资产管理能力分析

(1)应收账款周转率。应收账款周转率是指年度内应收账款转化为现金的平均次数，它表明应收账款的流动速度。计算公式为：

应收账款周转率(次数)=主营业务收入÷应收账款平均余额

应收账款周转天数=360÷应收账款周转率

=(应收账款平均余额×360)÷主营业务收入

上述公式中的“主营业务收入”数据来自利润表，是指扣除折扣和折让后的销售净额；“应收账款平均余额”是资产负债表中“期初应收账款余额”与“期末应收账款余额”的平均数；根据《企业会计制度》的规定，一个会计年度按360天计算。

例如，某公司2015年度主营业务收入为300万元，年初应收账款余额为20万元，期末应收账款余额为40万元，则

应收账款周转率=300÷[(20+40)÷2]=10(次)

应收账款周转天数=360÷10=36(天)

通常来说，应收账款周转率越高，平均收账期就越短，企业应收账款的利用效果就越好。

(2)存货周转率。存货周转率是衡量和评价采购、储存、生产、销售等各环节管理工作状况好坏的综合性指标。其计算公式为：

存货周转率(次数)= 主营业务成本÷存货平均余额

存货周转天数=360÷存货周转率

=(存货平均余额×360)÷主营业务成本

上述公式中的“主营业务成本”数据来自利润表，“存货平均余额”来自资产负债表中的“期初存货”与“期末存货”的平均数。

例如，某公司2015年度主营业务成本264.4万元，期初存货为32.6万元，期末存货为11.9万元，则

存货周转率=264.4÷[(32.6+11.9)÷2]=11.88(次)

存货周转天数=360÷11.88=30(天)

一般来讲，存货周转率高则意味着存货周转的速度快，存货的流动性就强，存货转换为现金或应收账款的速度也快。因此，提高存货周转率也就提高了企业的变现能力，这就意味着企业资产管理效率的提高。

(3)流动资产周转率。流动资产周转率是主营业务收入与全部流动资产平均占用额的比率，计算公式为：

流动资产周转率=主营业务收入÷流动资产平均占用额

其中，流动资产平均占用额是“期初流动资产”与“期末流动资产”的平均数。

例如，某公司2015年度主营业务收入为300万元，年初流动资产为61万元，年末流动资产为70万元，则

流动资产周转率=300÷[(61+70)÷2]=4.58(次)

一定的时期内，流动资产周转率越高，表明以相同的流动资产完成的周转额就越多，这样就可以相对节约流动资产，等于相对扩大了资产的投入，因而流动资产的利用率越高。

2. 固定资产管理能力分析——固定资产周转率

固定资产周转率是用来分析企业的固定资产管理能力的，是指主营业务收入与平均固定资产净值之间的比值。计算公式为：

固定资产周转率=主营业务收入÷平均固定资产净值

其中，平均固定资产净值是“期初固定资产净值”与“期末固定资产净值”的平均数。

例如，某公司2015年度主营业务收入为300万元，年初固定资产净值为95.5万元，年末固定资产净值为123.8万元，则

固定资产周转率=300÷[(95.5+123.8)÷2]=2.74(次)

3. 总资产管理能力分析——总资产周转率

总资产周转率是用来分析企业的总资产管理能力的，是指主营业务收入与平均资产总额的比值。

其中，平均资产总额是“期初资产总额”与“期末资产总额”的平均数。

例如，某公司2015年度主营业务收入为300万元，年初资产总额为167.8万元，年末资产总额为199.8万元，则

$$总资产周转率=300\div[(167.8+199.8)\div2]=1.63(次)$$

综上所述，分析中小企业资产管理能力的常用指标有五个，其中存货周转率和应收账款周转率是最主要的，其余三个也是经常会遇到的比率。这五个比率有一个共同点，就是周转率越高越好，较高的资产周转率表明资产的利用效果好。

(三)中小企业盈利能力的概念及其指标的分析

企业赚取利润的能力称为盈利能力。不论是投资人、债权人还是企业经理人员，都日益关心和重视企业的盈利能力，获得相应的资本收益，其运营过程如图8-3。

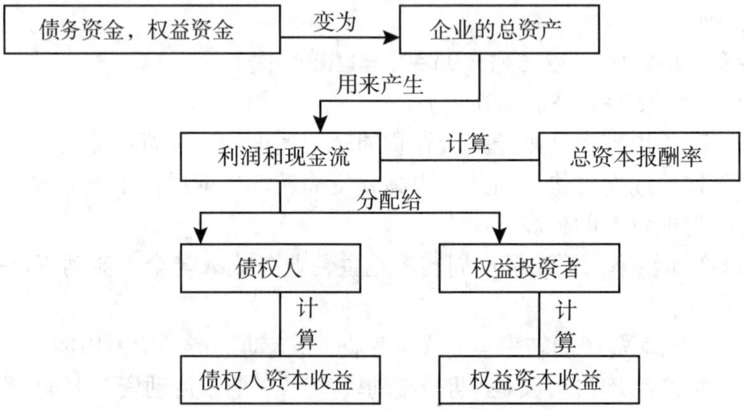

图8-3 债务资金与权益资金收益

一般说来，企业的盈利能力只涉及正常的营业状况。非正常的营业状况，也会给企业带来收益或损失，但这只是特殊状况下的个别结果，不能说明企业的能力。因此，在分析企业盈利能力时，应当排除四种项目：证券买卖等非正常项目；已经或将要停止的营业项目；重大事故或法律更改等特别项目；会计准则和财务制度变更带来的累积影响等因素。

反映企业盈利能力的指标很多，通常使用的主要有销售毛利率、销售净利率、资产净利率、净值报酬率。

1. 销售毛利率

销售毛利率是毛利占主营业务收入的百分比，其中毛利是主营业务收入与主营业务成本的差。其公式为：

$$销售毛利率=[(主营业务收入-主营业务成本)\div主营业务收入]\times100\%$$

例如某公司2015年度主营业务收入是300万元，主营业务成本是264.4万元，

$$销售毛利率=[(300-264.4)\div300]\times100\%=11.87\%$$

销售毛利率反映了毛利与主营业务收入的关系，是反映企业获利能力的重要指标，是企业销售净利率的基础，没有足够的毛利率企业便无法盈利。

2. 销售净利率

销售净利率是净利润与企业主营业务收入之间的百分比，其计算公式为：

$$销售净利率=(净利润\div主营业务收入)\times100\%$$

例如：某公司 2015 年度的净利润为 13.6 万元，主营业务收入是 300 万元，则

$$销售净利率=(13.6\div300)\times100\%=4.53\%$$

销售净利率反映了企业每一元销售收入带来净利润的多少，表示主营业务收入的盈利水平。一般来说，该指标越高越好。

3. 投资报酬率

投资报酬率是企业净利润与平均资产总额的百分比。其计算公式为：

$$投资报酬率=\frac{净利润}{资产平均总额}\times100\%$$

$$资产平均总额=(期初资产总额+期末资产总额)\div2$$

例如，某公司 2015 年度期初资产为 167.8 万元，期末资产为 199.8 万元，净利润为 13.6 万元，则：

$$投资报酬率=13.6\div[(167.8+199.8)\div2]\times100\%=7.4\%$$

投资报酬率反映企业全部资产的获利能力，该比率越高，表明企业的资产利用效率越高，企业的获利能力越强，经营管理越好。

4. 所有者权益报酬率

所有者权益报酬率是净利润与所有者权益的百分比，也称净资产收益率。该指标体现了自有资本获得净收益的能力。该指标越高，说明投资带来的收益越高；该指标越低，说明企业所有者权益的获利能力越弱。其计算公式为：

$$所有者权益报酬率=\frac{净利润}{所有者权益}\times100\%$$

公式中，所有者权益可以用期初、期末平均数，也可用期末数。

例如：某公司 2015 年度末所有者权益为 94 万元，净利润为 13.6 万元，则

$$所有者权益报酬率=13.6\div94\times100\%=14.47\%$$

所有者权益报酬率是企业获利能力指标的核心，反映企业的经营管理者运用股东投入企业的资本赚取利润的能力。

四、中小企业财务综合评价

某项财务比率只能评价和反映企业某一方面的财务状况，只有利用各种财务比率及其联系，进行综合分析，才能较为全面地评价和反映企业的财务状况。各种财务比率之间存在一定的相互关系，企业的财务状况是一个系统，其内部的各种因素相互依存、相互作用，因而想要进行全面的评价，应对整个系统进行综合分析。

杜邦分析法就是利用几种主要的财务比率之间的关系，来综合分析企业财务状况的，这种方法首先由美国杜邦公司的经理创造出来，故称之为杜邦系统。

杜邦系统反映了以下几种主要财务比率关系：

$$权益乘数=\frac{资产总额}{所有者权益}=\frac{资产总额}{总资产-负债}=\frac{1}{1-资产负债率}$$

$$权益净利率=资产净利率\times权益乘数$$

资产净利率=销售净利率×资产周转率

从公式中可见，决定权益净利率高低的因素有三个：销售净利率、资产周转率和权益乘数。这样分解之后，可以把权益净利率这样一项综合性指标发生升降变化的原因具体化，比只用一项综合性指标更能说明问题。

权益乘数主要受资产负债比率的影响，负债比例大，权益乘数就高，说明企业有较高的负债程度，给企业带来了较多的杠杆利益，同时也给企业带来了较多的风险。

销售净利率实际上反映了企业净利润与销售收入的关系。要提高销售净利率，必须从两个方面进行：一方面提高销售收入，另一方面降低各种成本费用。

资产周转率是反映运用资产进行经营，产生销售收入能力的指标。对资产周转率的分析，需首先对影响资产周转的各因素进行分析。除了对资产各构成部分从占用量上是否合理进行分析外，还可通过流动资产周转率、存货周转率、应收账款周转率等有关各资产组成部分使用效率的分析，判断影响资产周转的主要问题出在哪里。

权益净利率是一个综合性极强、极具代表性的指标。它变动的原因涉及企业生产经营活动的各方面，与企业的筹资结构、销售收入变动、成本费用的高低、资产的合理配置和利用密切相关，这些因素构成了一个系统，只有协调好系统内各因素的关系，才能使权益净利率达到最大，使企业价值最大化。

第五节　中小企业的筹资管理

【知识阅读】

借他山之石——境外上市融资的代表企业

由于中小企业自身存在着一定的弱势，比如产品销售渠道不畅通、对核心产品开发的投入不足等，使得信贷水平低、融资渠道狭窄成为诸多中小企业无法突破的瓶颈。许多中小企业在国内上市融资的过程中遇到自身规模不够、上市成本过高、排队时间长等困难，因而将目光转向境外资本市场。对中小企业来说，在美国、新加坡首次发行股票，都是不错的选择。

1998 年 12 月，中国第一支网络股——深圳中贸网信息技术有限公司以反向收购方式在美国 OTCBB 市场借壳上市。

1999 年 2 月，电话机制造商侨兴环球在纳斯达克上市，成为中国首个在纳斯达克上市的公司。

2005 年 7 月，分众传媒在纳斯达克成功上市。

2007 年 12 月，成立只有两年半的华视传媒成功登陆纳斯达克，融资 1.24 亿美元。按当日开盘价计算，华视传媒总市值接近 40 亿元人民币。

2013 年 12 月，位于赣州开发区的康尔实业有限公司在马来西亚证券交易所创业板成功上市，发行 8000 万股，共募集资金 1.5 亿元人民币。

资料来源：静然编著：《算得有多巧，融资就有多快：中小企业融资操作 36 式与精品案例解析》，江西人民出版社 2015 年版。

一、中小企业筹资管理的原则

中小企业在创办之初和运营过程中，筹集资金常常是必要的。对于这项较为复杂的工作，要能有效地筹集到企业所需的资金，应遵循如下原则。

(一)中小企业筹资遵循最佳资本结构原则

资本结构是指企业各项长期资金的构成和比例关系，资本结构由长期债务资本和权益资本构成，通常人们所说的资本结构就是指长期债务资本和权益资本各占多大比例。

最佳资本结构原则就是指中小企业在筹集生产经营和发展所需要的资金时，要全面考虑、综合权衡资金成本和筹资风险之间的关系，在资本最低或效益最大的前提下，适当控制筹资的风险。应根据不同的资金需要量与筹资政策，结合各种渠道和约束条件、风险程度，力求以最小资本成本获取最大的投资收益。具体说来，一是筹资方式要与自身筹资信用级别相一致；二是筹资结构要与资金风险、资金收益、资金期限相一致；三是筹资途径要与企业投资性质相一致。

(二)中小企业筹资应坚持合理性原则

合理性原则是指筹集资金要以企业的实际需要为依据。应该坚持合理的原则，而不是越多越好，这也是广大初创企业者容易陷入的一个误区。资金不足，固然会限制企业的生产经营和发展，资金过剩也会带来负面影响，因为资金过剩会导致资金使用的效率偏低，这也会造成资金使用的浪费。因此，企业在筹集资金之前必须首先审查筹资规模与自身资金管理能力和需求量，然后再确定资金的筹集量。这也是中小企业在筹资前需要进行内部财务分析的主要原因之一。

二、中小企业负债筹资和权益筹资的管理分析

本章曾分析过资产负债率=负债总额÷资产总额×100%，讨论过权益报酬率(或净报酬率)=净利润÷平均净资产×100%。在此基础上我们来分析负债筹资和权益筹资。对于中小企业发展所需要的外部资金，既可以采用负债筹资又可以选择权益筹资，或者这两者的结合。具体是采取负债还是增加权益来筹资，在很大程度上取决于中小企业的类型、中小企业资金的紧张程度和中小企业所处的经济环境，也就是说出借方和投资者对将来是乐观还是悲观。在同样的条件下，不同的人会作出不同的决策，一个企业经理可能会选择负债借款，而另一个企业管理者则可能会选择增加权益筹资。

中小企业的经营者和所有者要在负债和权益之间进行选择，必须考虑企业的潜在获利能力、筹资的风险和表决控制权的问题。通过借钱而非发行股票进行筹资的预期回报率较高，同时，借钱也能够使所有者保留对企业的表决控制权。但是负债筹资的风险要比权益筹资大。但是，通过发行股票而不是借钱筹资限制了所有者的潜在投资回报率，在降低财务风险的同时所有者不得不放弃部分表决控制权。为了选择有效的筹资方式，应加强筹资的管理，如何管理有效，必须清楚知道潜在获利能力、筹资风险和表决控制权。

(一)潜在盈利能力分析

某专门生产豪华楼梯的A公司已经营了一年，第一年的发展就如所预计的那样，现

在进入了 A 楼梯公司的第二个经营年度。下面我们就以该公司为例来阐述在负债筹资和权益筹资方面的选择对潜在获利能力的影响。

(1)该专门公司已投入 3000000 元，第二年 A 楼梯公司需要 1000000 元来替换第一年的银行贷款。

(2)如果该专门公司发行普通股票筹资，那么新的权益投资者将占有 A 楼梯公司 10%的股份(因为该专门公司在开办 A 楼梯公司时花费了大量的时间和精力，所以，尽管新的权益投资者的投资额占总投资额的 25%，他们也只能得到 10%的股份)。

(3)如果该专门公司决定借钱筹资，债务的利率将是 10%，即每年付 100000 元(0.10×1000000 元)利息(A 楼梯公司的贷款利率为 12%，接受利率较高的贷款，是因为 A 楼梯公司经营良好并有好的预期)。

(4)预测表明 A 楼梯公司从今年开始将有正的息税前收入 500000 元，净利润 254600 元，以后还将继续上升。表示企业的 4000000 元资产有 12.5%的回报率(500000÷4000000=12.5%)。

如果 A 楼梯公司发行股票筹资，其资产负债情况如下：

总资产	4000000
负债筹资	0
权益筹资	4000000
负债和权益总计	4000000

如果 A 楼梯公司负债筹资，其资产负债情况如下：

总资产	4000000
负债筹资(利率为 10%)	1000000
权益筹资	3000000
负债和权益总计	4000000

根据以上资料，企业的简化利润表在两种财务计划下分别为：

权益筹资负债筹资		
息税前收入	500000	500000
利息费	0	100000
所得税	165000	132000
净利润	335000	268000

根据以上分析，如果 A 楼梯公司通过增加权益而不是通过负债来筹资，其净利润较高。但是净资产收益率较高的方案却是通过负债筹资。通过以下的计算我们会发现如果采用负债筹资，净资产收益率为 8.93%，而股票筹资的所有者权益投资回报率为 8.375%。计算如下：

$$净资产收益率=净利润/所有者权益\times100\%$$

如果增加权益筹资：

$$净资产收益率=335000/4000000\times100\%=8.375\%$$

如果发行债券：

$$净资产收益率=268000/3000000\times100\%=8.93\%$$

这个例子属于比较特殊的例子，因为 A 楼梯公司刚刚起步，利润相对于所有者权益还比较低，随着公司的发展，利润进一步增加，负债筹资和权益筹资对净资产收益率的影响将更加明显。只要资产收益率比借款成本高，借款越多，则净资产收益率越高。

(二)筹资风险的分析

既然负债筹资对净资产收益率的影响如此之大，为什么 A 楼梯公司不使用更多的负债，却使用如此高比例的权益资本呢？使用较多的负债的话，其净资产收益率不是会很高吗？例如，假设 A 楼梯公司运用 80%的负债和 20%的所有者权益，即 3200000 元是负债，800000 元是所有者权益，息税前收入仍为 500000 元，那么企业的净利润将是 120600 元，计算如下：

息税前收入	500000 元
利息费	320000 元
所得税	59400 元
净利润	120600 元

拥有 120600 元净利润，而所有者的投资仅 800000 元，因而净资产收益率将是 15.1%。但是，尽管负债筹资可以期望有较高的净资产收益率，负债的数量也不是可以任意大的，这有两方面的原因：一是银行及其他债权人不可能为企业提供 100%的资金，二是负债筹资的风险比较高，如果企业无法偿还到期债务，就会有被迫清算的危险。借款是刚性的且有明确的要求，即使企业不能像预期的那样挣回利润，债权人仍会要求企业支付利息。在债务到期的情况下，如果债权人觉得企业的状况不好，认为没有必要重组债务的话，就可能迫使企业实行破产清算以偿还到期债务。而权益筹资却没有这方面的风险，即使企业不能达到预期的利润目标，权益所有者也不得不接受这种失望的结果，只能寄希望于未来。权益所有者的要求必须在企业所得的范围之内。

下面，我们以 A 楼梯公司为例，来考察债务筹资的风险：假如现在的经营环境发生不利的巨变，因此 A 楼梯公司的产品出现大量积压，营业收入和利润急剧下降，此时 A 楼梯公司的净资产收益率就会发生变化。由于环境的突然恶化，A 楼梯公司的主营业务收入急剧下降，而成本却保持不变，此时公司的息税前收入不是 500000 元，而仅仅有 40000 元，即总资产的 1%。而净资产收益率仍然取决于公司是利用负债还是增加权益来筹集需要的 1000000 元。这时，A 楼梯公司在两种筹资方案下的收益情况分别计算如下：

权益筹资负债筹资		
息税前收入	40000	40000
利息费	0	100000
所得税	13200	0
净利润	26800	-60000

增加权益资金的净资产收益率和负债筹资的净资产收益率经过计算为：

股票筹资(增加权益)：

净资产收益率=26800/4000000×100%=0.67%

负债筹资：

净资产收益率=-60000/3000000×100%=-2%

当企业经营状况好的时候，该公司宁愿多负债，经营状况不好的时候，就会选择增加权益。由此看出，负债筹资虽然在年份好的时候可以提高所有者的回报，但在年份不好的时候也会带来低回报率甚至负回报率。也就是说，债务是一把双刃剑，企业家和所有者在筹集企业发展所需资金的时候，不得不考虑它们之间的结构问题，也就是资本结构问题，我们将在下面给出有关这一问题的更详细的介绍。

（三）表决控制权的分析

企业需要资金时，企业经理是选择负债筹资还是选择权益筹资，还必须考虑的一个问题是拥有控制权的多少。这一问题对中小企业所有者来说似乎更加重要，因为他们大多是靠一个人的力量，在近乎白手起家的情况下把企业发展起来的，企业的每一步发展都凝结着他们的脑力与体力的辛勤劳动，所以大多数中小企业所有者反对将控制权拱手让给外人。

以 A 楼梯公司为例，通过增加权益来筹集资金意味着该公司经理不得不放弃 10%的控制权，即他不再持有公司100%的股份。尽管这一比例不高，却是他难以接受的，对于广大的中小企业所有者来说也是如此，许多中小企业所有者甚至不愿让出企业的哪怕一股股票。他们不想对少数权益所有者承担任何责任，更不用说失去对企业的控制了。因此，许多中小企业所有者往往选择负债筹资而不选择权益筹资，即使负债的利率很高，风险增加，但他们仍要坚持拥有 100%的控制权，纵使企业经营失败也是自己的事，总比经营良好却让别人坐享共成、指手画脚要舒服一些。

（四）权益筹资和负债筹资的优缺点分析

为了有效地做好筹资管理工作，我们来讨论权益筹资和负债筹资的优缺点。

1. 权益筹资的优缺点分析

权益筹资也就是普通筹资，与其他融资方式相比，权益筹资有其优缺点。

（1）权益筹资的优点：①权益筹资所筹集的资本具有永久性，没有到期日的要求，且不需要企业归还，有利于保证企业对资本的最低需要和维持企业长期稳定的发展。②权益筹资没有固定的股利负担，企业是否支付股利以及支付多少，可以根据企业的经营和赢利情况，以及企业进一步发展的需要来确定。由于权益筹资没有固定的还本付息的压力，所以筹资风险较小。③权益资本是企业最基本的资金来源，它既反映了公司实力的大小，又是其他筹资方式的基础，增强企业负债的能力。④权益筹资容易吸收资金，尤其是在通货膨胀时期，因为在通货膨胀期间，普通股的价值随价格的上升而上升，可在一定程度上抵消通货膨胀的影响。

（2）权益筹资的缺点。事物都有其两面性，权益筹资也不例外，其缺点主要有：①成本较高。首先，从投资者的角度来讲，普通股的风险较高，因此就要求较高的投资报酬率；其次，从筹资企业来讲，普通股的股利不能抵税，因为股利要从税后利润中支付。②普通股的发行费也高于负债筹资所需的筹资费用。③转移了企业的控制权。采用权益筹资就意味着增加新的股东，必然导致企业控制权从中小企业主手里转移出一部分，这往往是中小企业家所不愿看到的。

2. 长期负债筹资的优缺点分析

负债筹资可分为：短期负债筹资，一般是指使用期限在 1 年以下的资金；长期负债筹资，指使用期限在 1 年以上的。这里首先介绍长期负债筹资的优点。

(1) 长期负债筹资的优点：①可以满足企业长期发展资金的不足，如满足对固定资产的需要。②还债压力小，因而风险相对较小。由于长期负债筹资的归还期长，企业完全可以对债务的归还做出长期的安排。

(2) 长期负债筹资的缺点：①成本较高，即长期负债的利率一般会高于短期负债筹资的利率。②限制较多。债权人往往会向债务人提出一些限制性条件以保证能够及时、足额偿还债务本金和利息，如规定债务人必须定期向债权人提供财务报表并接受债权人的质询等。

3. 短期负债筹资的优缺点分析

(1) 短期负债筹资的优点。相较长期负债筹资，短期负债筹资的优点主要为：①资金到位快，容易获得。长期负债的债权人往往要对债务人进行全面的财务调查以保护其自身的利益，因而所需时间一般较长且不易获得；而短期负债在短时间内就可以归还，债权人顾虑相对较少，容易获得。②筹资富有弹性。短期负债筹资的限制相对宽松，因而使筹资企业的资金使用较为灵活、富有弹性。③成本较低。通常情况下，短期负债的利率要低于长期负债，短期负债筹资的成本也就比较低。

(2) 短期负债筹资的缺点。短期负债需要在短期内偿还，这就要求筹资企业在短期内能够拿出足够的资金偿还到期债务，如果企业资金安排不当，届时就可能会陷入财务危机，因而短期负债筹资的风险相对较高。

三、中小企业筹资渠道的管理

加强中小企业筹资渠道的管理，是为了有效地选择筹资渠道。鉴于中小企业本身的特点和我国的实际情况，股票筹资、债券筹资、融资租赁、利用外资、项目筹资等方式，对于多数中小企业来说是不太适用的。因此本节主要讨论银行贷款、商业信用和政府资助，以便加强筹资的管理，顺利得到资金。

在讨论这三种资金来源之前，我们必然会提到，中小企业创业之初的资金往往是个人资金，这些个人资金主要来源于个人积蓄、亲朋好友资助和其他个人投资者。在这三种来源中，个人积蓄为权益投资；亲朋好友资助和其他个人投资者的资金既可以是负债筹资也可以是权益筹资。

(一) 银行贷款的分析

由于很多银行等金融机构受传统观念的影响，以及缺乏专门为中小企业贷款服务的金融中介机构和贷款担保机构，中小企业从金融机构借款较困难，银行即使同意向中小企业贷款，也因高风险而提高贷款利率，从而增加了中小企业融资成本。但是这并不是说讨论银行贷款对中小企业的发展就没有意义，我国已经充分注意到了广大中小企业对发展经济、对建设社会主义市场经济的重要性，贷款政策也在逐步制定和实施。为此，了解一些银行贷款的知识对其正确选择与管理是十分必要的。

1. 银行贷款的种类

银行贷款可以根据不同的标准，从不同的角度来划分。

(1) 按贷款期限的长短把银行贷款分为短期贷款和中长期贷款；

(2)按贷款用途把贷款分为流动资金贷款、固定资金贷款、科技开发贷款;

(3)按贷款有无担保分为信用贷款、担保贷款和票据贴现等。

2. 中小企业常用银行贷款方式的分析

中小企业的情况千差万别，因此，不同的企业应该根据自身的实际情况选择需要的贷款种类，下面介绍几种中小企业经常遇到的银行贷款种类。

(1)流动资金贷款的分析。流动资金贷款的目的主要是满足中小企业日常生产经营的需要，一般都属于短期贷款。流动资金是企业流动资产价值的一种货币体现，是企业进行生产经营活动不可或缺的重要条件。

中小企业可以从银行获得的流动资金贷款主要有流动基金贷款、生产周转贷款和临时贷款。流动基金贷款是中小企业因自有流动资金达不到规定的比例，而从银行获得的款项；生产周转贷款是中小企业为了满足其生产经营的需要，而从银行获得的款项；临时贷款是中小企业为了解决季节性或突发性原因导致的流动资金不足，而从银行获得的款项。

企业的发展，尤其是中小企业的发展必须保持一定的流动性，这就是说中小企业的发展需要流动资金的支持，但也不能无限制地向银行借入流动资金贷款，必须要考虑自身发展的需要和流动比率、速动比率，通常把流动比率控制在 2，速动比率控制在 1 是比较好的，也是银行希望看到的。

(2)固定资金贷款的分析。任何企业的生产经营都需要一定的固定资产，尽管中小企业对固定资产的需要远远小于大企业，但也是中小企业必要的经营要素和基础。

中小企业可向银行申请的固定资金贷款包括：大修理贷款，它是指为满足中小企业进行固定资产大修理对资金的需要而向银行取得的贷款。技术改造贷款，它是中小企业为解决对原有固定资产进行技术改造，而向银行申请的款项。重置贷款，它是指为满足中小企业原有固定资产报废或技术过时，而引进先进技术进行设备更新等所导致的资金需求，而向银行申请的贷款。

与企业保持流动性的要求一样，要进行固定资金贷款也必须达到一定的要求。因为固定资金贷款往往属于长期贷款，所以中小企业的资产负债率、产权比率、有形净值负债率和利息周转倍数等指标，需要在银行要求的标准范围之内。

(3)抵押贷款的分析。抵押贷款是指需要中小企业提供一定的抵押担保，作为还款的保证而从银行获得的贷款。中小企业提供的抵押品必须具有一定的价值，并且易于保管和变现、不易腐烂变质。

一般而言，中小企业可以用作抵押品的财产主要有：其一，不动产，包括土地、厂房、住宅等；其二，有形动产，包括交通运输工具、库存商品和机器设备等；其三，无形资产，包括版权、专利权等；其四，有价证券，包括国库券、定期存单、人寿保险单以及各类债券等。

中小企业要申请抵押贷款也必须考虑自身情况，如果经济情况与预期的有差异，企业没有取得预期的现金流量，从而导致无法偿还到期抵押贷款，银行有权将抵押品予以拍卖，以抵补其贷款损失。

(4)票据贴现的分析。票据贴现是指票据持有人(这里指中小企业)在票据到期前将票据转让给银行，银行在扣除贴现利息后，把票据余额支付给票据持有人。凡持有商业承兑汇票和银行承兑汇票的企业，都可以向银行申请办理贴现。

票据贴现也是中小企业获取资金以满足临时资金需要的一种重要方法，但应该权衡票据贴现所支付贴现利息与利用该资金所取得的收益，收益大于利息才可到银行办理贴现。

3. 选择合适的银行

由于银行提供多种多样的服务，因而选择银行就成了中小企业的一个重要决策，如能选择一家适合的银行，中小企业就能获得更大的利益。中小企业为选择到适宜的银行，应遵循下述原则。

(1)根据银行的业务特点选择。虽然现在银行的发展趋势趋同，各个银行间的差别越来越小，但是不同的银行还是有其自己的特点的。尤其是在我国，各个银行的创设目的不同，其发展过程各异，这就决定了它们之间的业务特点还是有一定差别的。因此，在选择银行时，要深入了解各银行的特点，根据企业发展的实际需要予以选择。

(2)根据银行对客户的需求予以选择。中小企业一般实力较弱，业务量也比较小，这些决定了中小企业很难成为大银行的高端客户，因而得到的服务也就是有限的，因此，选择实力相对较弱的银行不失为明智之举。宁可做较小银行的一流客户，不当大银行的三流客户，这样更实惠。当然，如果大银行在支持中小企业方面成绩卓著，就应当选择。

(3)根据银行经理的能力进行选择。对于中小企业来说，选择银行，实际上也是选择银行经理。经验丰富的银行经理除了能在资金方面给中小企业提供帮助，还能够给中小企业的发展提供其他方面的帮助，如管理咨询服务，特别是财务问题咨询。另外，有能力的经理在总行的影响力也大，当银根紧时，有可能设法为客户争取到企业发展所必需的资金。

(4)地点因素会限制银行的范围。为方便存贷款和其他业务，银行会将地址选在与企业接近的地方。所有银行都对其驻地周围的机构团体感兴趣，对当地企业的需求也相当热情。如果企业所在地有两家以上银行，企业应比较之，并选择其一。

(二)商业信用分析

1. 商业信用的概念

商业信用是中小企业流动资金的一个主要来源，批发商和设备制造商等供应商往往就是这种信用的提供者，在特定情况下，中小企业产品的买方也能够提供部分商业信用。

所谓商业信用，通常是指供货商(卖方)将商品卖给购货企业，买方开立一个应付账款账户记录应付金额，一定期限后再付款。商业信用允许中小企业延期付款，就等于向中小企业提供了流动资金，而且商业信用是不用支付利息的。如果企业的发展比较平稳，中小企业就可以无偿地长期占用这一部分资金，有利于中小企业的经营与发展。

供货商提供的延期信用对于中小企业非常重要。事实上，商业信用是中小企业短期资金的最主要和最广泛的来源。供货商提供的延期期限较短，一般为30天，但也有60天和90天的，这要视中小企业的类型、供货商对企业的信任程度以及中小企业与供应商之间的关系等情况而定。

2. 中小企业可获得的商业信用的常见类型

(1)应付账款。应付账款是卖方通过赊销而提供给买方的一种商业信用，是买方的一种短期资金来源。售货企业在把商品转移给买方时，并不需要买方立即支付货款，而是根据其交易条件或货物条件向买方开出发票，根据事先确定好的商业信用条件，在一段时期后买方付清全部货款。这可以说是一种双赢的售货方式，买方获得了短期资金信用，扩大了资金的来源，而卖方则扩大了产品销售。应付账款是最常见的一种商业信用，在实践中运用得也最多。

(2)商业票据。商业票据是买卖双方在赊购赊销活动中，所开具的反映债务关系并凭此办理清偿的证明。为了增强货款收回的可能性，卖方一般更愿意采用商业票据这种更加科学和完善的商业信用形式。商业票据和应付账款有异曲同工之妙，区别就是商业票据对卖方的保障程度更大一些。

就具体形式来看，商业票据一般有两种形式：商业本票和商业汇票。这两种票据的本质是相同的，区别就是商业本票是由债务人向债权人开具的，而商业汇票则是由债权人的向债务人开具的。

(3)预收账款。它是指买方在发货之前，向卖方预先支付的全部或部分货款。预收账款也是一种商业信用，但它与前述两种商业信用是有区别的，预收账款是由买方向卖方提供的，是卖方的短期资金来源。

这种形式的商业信用见之不多，通常应用于供不应求的商品，生产周期较长且投入较大的房地产业和重型机器及船舶制造业，报纸杂志的征订等情况。

(三)政府资助的分析

长期以来，资金不足一直困扰着中小企业的发展。但是，随着经济的不断发展，中小企业对国民经济发展和社会稳定所起的作用日益突显。2015 年，中国中小企业创造的价值占国内生产总值的 65%，商品进出口额占 70%，上交税收占 55%，提供了 80%以上的就业岗位、90%以上的城镇新增就业。截至 2016 年末，全国规模以上中小工业企业 37.0 万家，比 2015 年末增加 0.5 万家企业。到 2017 年 7 月底，我国小微企业名录的中小微企业已达到 7328.1 万家。广大中小企业是促进就业、改善民生、稳定社会、发展经济、推动创新的基础力量，是市场经济主体中数量最大、最具活力的企业群体。① 我国政府也注意到了这一点，为支持中小企业发展，我国政府出台了一系列政策和措施，并不断完善这些政策和措施，更好地支持广大中小企业的发展。我国政府出台的政策和措施包括：

1. 设立支持科技型中小企业技术创新的政府专项基金

为了扶持、促进科技型中小企业的技术创新，1999 年经国务院批准，设立了用于支持科技型中小企业技术创新项目的政府专项基金。为了加强对该基金的管理，提高基金的使用效益，科学技术部和财政部还专门出台了关于科技型中小企业技术创新基金的暂行规定。

2. 设立财政专项资金

为了支持中小企业发展，国务院各部门先后设立中小企业发展专项资金、中欧中小企业节能减排科研合作资金、中小企业国际市场开拓资金、地方特色产业中小企业发展资金、中小企业信用担保资金、中小企业信用担保业务补助资金、中小企业服务体系专项补助资金等。

---

① 资料来源：任兴磊、李献平、杲传勇主编：《分析与展望：中国中小微企业生存发展报告(2017—2018)》，中国经济出版社 2018 年版。

3. 建立中小企业信用担保体系

1999 年我国政府就开始着手建立中小企业信用担保体系的试点工作，为中小企业解决融资难的问题。为此，当时的国家经贸委中小企业司，在合同法和担保法的基础上发布了《关于建立中小企业信用担保体系试点的指导意见》。九届全国人大常委会第二十八次会议通过的《中华人民共和国中小企业促进法》第 20 条明确规定，国家鼓励各种担保机构为中小企业提供信用担保。2006 年，中国人民银行出台《关于中小企业信用担保体系建设相关金融服务工作的指导意见》。2010 年，财政部、工业和信息化部出台《中小企业信用担保资金管理暂行办法》。

随着经济的不断发展和情况的不断变化，我国政府还会继续出台更多的鼓励和扶持中小企业发展的政策措施，在这些政策措施的鼓励和指导下，我国中小企业的发展会蒸蒸日上，为经济发展做出新的贡献。

四、中小企业新筹资渠道的开辟

由于制度和历史的原因，中小企业筹资还很困难。对于中小企业来讲，最为重要的是开辟新的筹资渠道。

(一)境内外上市

中小企业筹资应该紧紧把握《证券法》及当前加大资本市场建设的机遇，扩大上市额度。中小企业可以针对企业产权结构单一的实际情况，尽快入主、兼并、控股一家经营 3 年以上的定募公司，将中小企业部分优质资产转入定募公司，以定募公司申请上市。这对中小企业来说可能是最廉价最简捷的一种借壳上市方式，其中，最可行的就是到中国香港和加拿大上市，其模式主要有两种。

1. 买壳上市

具体的办法就是在海外的某个免税岛注册一家投资公司，通过它收购交易所的上市公司，再通过该上市公司反过来收购国内企业的股权，把国内公司的财务报表合并到这家上市公司去，但控制权还在国内公司手里。香港、多伦多和温哥华的交易所，相当一部分上市公司是中小型的。在多伦多交易所，一二百万加币就可以控制一家上市公司，折合成人民币也就 1000 万元左右，企业是能够承受得起的。在加拿大操作上市，由于公司较小，买壳成本较低，从购买到进行初步的整合，大约需 1200 万元人民币费用；加拿大市场化程度较高，受非市场因素的影响很小，时期很短，一般 2~3 个月就足够了。

2. 合并

对国内的中小企业来说，买壳上市成本还是高了些，也比较麻烦。还有一种更好的方法：合并。这也是先在一个免税岛成立一家投资公司，使它拥有国内一些企业的控股权，由选定的一家目标上市公司增发新股，把国内企业的资产合并到该公司里去，但要保证我们处于控股地位。这样，不用出一笔现金去收购它的股权，也不用把原来的大股东转换出去，而是把他和你拴在一起，在后面的经营中他就会和你很好地配合，从而也避免了收购中的很多陷阱。而对他来说，增加了一笔新的优良资产，也是愿意的。

这两种办法，加拿大的交易所和证券监管部门都是欢迎的。比较麻烦的是文化上的差异。我们的企业家如何在经营管理过程中，去适应对方的文化和法律条例，往往决定了收购的真正成败，这一步整合完成了，并购才算成功。温哥华交易所为了鼓励风险投资，在1998年9月还推出了一种新的交易方式：不论是本国人还是外国人，拿出几十万加币就可以注册一家风险投资方面的上市公司，也可以直接收购一家已经注册好的同类公司。在18个月内，你可以用这些钱筛选评估一些优良的资产或项目进行投资，把它并购进来。18个月内找不到合适的收购目标的话，就会让你暂时停牌；3年之内还没有进展的话，公司就不能继续存在了。这笔钱实际上是用来作为正式收购的前期费用的，几十万加币去收购一家公司肯定不够，这时，你还可以再筹资，增发新股。这种方式就是给你一个壳，让你据此去扩张、收购。最大的好处是非常方便，不论是收购还是自己注册都很容易，而且不用担心出现不良资产等瑕疵。唯一的风险就是你能否找到合适的收购项目。

境外上市并无额度限制。只要符合当地公司法及证交所条件即可上市。从这方面说，境外上市更易操作。但境外上市条件亦往往要严格得多。境外上市的境内法律问题主要是：当中小企业将其境内企业的股权转让给境外公司时，必须符合外商投资产业政策。因此只有国家允许外商投资的产业内的企业方能考虑境外上市这一途径。

(二)改组为外商投资信用国际商业贷款

外商投资企业借用国际商业贷款无须国家外汇管理局批准，只需向其作外债登记。而内资企业一般不允许借用国际商业贷款。因此，中小企业可以考虑改组为外商投资企业，如将部分股权转让给自己境外注册的公司，从而谋求国际商业贷款。

(三)向国际金融公司申请筹资

国际金融公司是世界银行集团成员之一，主要为各国中小企业提供筹资。有希望得到国际金融公司筹资的中小企业应有优良的业绩，且项目投资额在1000万美元以上，国际金融机构可提供直接投资，也可提供贷款。

综上所述，如果中小企业能够战略性地利用国际资本，就会发现和开辟新的筹资渠道。对于我国中小企业来说，对外筹资的难点是对企业的信息披露和财务制度要求严格。所以，我国中小企业应加强内部管理，特别是财务管理，以最严肃的态度将自己的企业培育成一个信誉良好、作风稳健、财务清晰、业主稳定、管理严谨的企业。

【练习题】

一、思考题

1. 中小企业财务管理概念和目标是什么？
2. 中小企业财务管理的基本方法有哪些？
3. 试分析中小企业的主要财务报表的含义及作用，以及它们间的联系、区别。
4. 试述中小企业流动资产运营的含义与特点。
5. 中小企业现金运营的实质是什么？现金管理的内容有哪些？
6. 试述应收账款运营管理。
7. 试用净现值法分析中小企业固定资产投资方案。
8. 试述中小企业财务控制管理的基本程序。
9. 试述中小企业定期报表控制管理。

10. 中小企业财务评价的含义是什么？有哪些评价方法？
11. 中小企业评价的基本指标有哪些？并分析之。
12. 试分析中小企业资产管理能力和盈利能力。
13. 试分析中小企业的潜在盈利能力和筹资风险。
14. 负债筹资和权益筹资的优缺点有哪些？
15. 试述我国中小企业的筹资渠道。

二、案例分析题

S电梯公司财务成本控制

S电梯公司从产品性质和经营模式判断，属于开发产品科技含量高，以与其他厂家或者商家签订购买合同、合作合同为主要经营手段。S电梯公司的财务风险控制和成本控制管理措施的要点如下：一是从S电梯公司的生产模式和产品功能性来看，公司的生产规模和营销规模是控制在一定合理范围和程度内，具有受限性的；二是从S电梯公司的经营管理机制来看，公司企业实行集中统一管理的运营生产模式；三是从S电梯公司的产品科技含量来看，一方面要节约公司企业的生产投入支出，另一方面要加强产品中的科技含量和技术工艺水平，有效控制费用与投入支出，并且将部分产品零件工作交给其他专业公司代为生产，实现产品生产的集约化和市场化；四是为了节约原材料费用的支出，并且减少产生财务的不当支出，S电梯公司采取措施缩减多余的生产过程，针对部分组装和加工环节进行分阶段财务核算的方式，实现公司企业的财务成本控制与管理，其财务成本控制和管理措施中的弊端与缺陷分析如下。

1. 财务成本控制管理措施没有结合现实实践情况

S电梯公司在融资合并与经营转型的过程中，没有将自己的现实发展情况与财务成本控制与管理措施结合起来。一方面公司在转型、合并的过程中，接受了其他公司和企业的文化；另一方面，公司企业没有调整、更新自身的财务管理和成本控制机制，使得财务成本控制管理工作与实现情况出现分离和脱节。S电梯公司在企业转型过程中的管理文化差异不断拉大，逐渐与世界先进公司文化接轨，但是其财务工作中没有发生转变和融合，与现实生产情况、经营情况的差距进一步拉大。

2. 财务成本控制管理措施中缺失财务风险有效控制

S电梯公司的财务管理预算计划在执行过程中存在漏洞，财务管理预算计划的执行需要严格、明确、不能任意变更，因此需要S电梯公司在财务管理工作中，既能够建立管理严格的财务成本控制与管理机制，也需要S电梯公司建立起财务风险预警机制，通过财务成本控制与管理措施的风险预告作用，分析经济市场的变化动向、分析行业的发展动态和投资条件，分析公司的产生、经营和管理工作是否存在财务风险隐患。

3. 财务成本控制管理措施中数据分析、数据核算存在问题

S电梯公司的财务控制管理过程中，部分财务管理工作人员为了将提高自己的工作效绩，减少自己财务管理工作中的失误，不严格处理财务成本统计数据，普遍存在财务成本控制管理和公司运营目标脱节、差距过大，但是也没有及时采取有效财务调控措施的情况。而相反的是，部分财务管理工作人员为了将成本支出控制在数据限额之内，限制公司的产品科研项目、人才技能培训项目，影响了公司企业产品科技水平的提高，限制了公司

企业的进一步发展，从长远利益看，也不利于S电梯公司生产规模的发展和经营模式的优化。

问题：

1. 如何解决S电梯公司的财务困境？

2. 你从S电梯公司财务成本控制案例中，得到什么启示？

资料来源：崔琰：《浅析企业成本控制》，载《商场现代化》2015年第3期，第95页。

第九章　中小企业人力资源管理

【学习目的】

通过本章的学习，了解中小企业人力资源管理的理论基础；掌握中小企业员工的招聘、甄选、解聘、培训及人力资源开发的趋势；熟知中小企业员工绩效考评与薪酬的管理；知晓中小企业人力资源管理面临的新问题。

【案例导入】

海底捞"以人为本"的管理实践

海底捞的成功与其人力资源管理体系息息相关。目前，海底捞在人力资源管理的实践与创新包括以下一系列典型做法：

1. 选人与育人

以"低学历"的农村打工者为主体，主要采用员工推荐制(70%~80%是员工介绍的亲戚或朋友)，看重诚实、勤奋等品格；主要采取"师傅带徒弟"方式培养员工和后备干部，员工可以选择管理、技术、后勤三通道职业生涯发展道路，分别包括6~10级不等的上升阶梯。

2. 用人与评估

海底捞非常信任员工，并给各层级的员工和干部充分的授权，如店长有30万元以下开支的签字权、一线员工也可以给顾客打折或免单；以顾客满意度和员工满意度来考核店长；内部晋升制；设立"员工奖励基金"，鼓励员工提出创新点子等。

海底捞对其内部关键职位店长的绩效考核就非常有创新性，它以"顾客满意度"和"员工满意度"作为评估指标，这与行业内通常考察单店利润或销售额的做法迥然不同，但由于海底捞有一系列配套措施，考核这些间接的(前驱性)指标并不减弱反而会强化海底捞的单店盈利能力。

3. 留人与安置

海底捞给员工的薪水属于行业中等偏上；给员工提供工作场所附近的较好条件的住所并有专人服务；工作1年以上员工按月享受所在店利润2%~3%的奖金分红；给大堂经理、店长以上干部、优秀员工的父母每个月发几百元的工资，相当于养老保险；在四川简阳建了一所寄宿学校，让员工孩子免费上学；公司设立了专项基金，用于资助员工及直系亲属的重大疾病治疗；店长以上干部到副总经理离开海底捞可以获得8万~800万元不等的"嫁妆"或"补偿"。

这些选、育、用、评、留、置政策之间有较强的互补性，例如，海底捞以农村打工者为主体的员工招聘和大量的、有针对性的激励措施之间就有很好的匹配性；同时，这些人力资源政策对海底捞以员工为支撑的服务差异化竞争与稳健增长战略形成了支持；另外，人力资源政策已经被普遍制度化，即变成了企业的正式制度/规则或者已成为象征性符号、员工信念或惯例。比如，店长和工会干部要定期对员工进行家访，员工生病时一定要看望等。

海底捞的这些人力资源管理做法类似于一个没有血缘关系的“家族”企业，其效果是在企业和员工之间建立起了支持性“心理契约”，使海底捞的企业文化进一步深入员工心里。因而，即使海底捞的绝大多数员工学历不高、家庭条件有限，但却能在海底捞获得成长和成就感，长期的勤奋工作、发自内心的真诚服务和符合实际的各种小创新也就成为海底捞各级员工的普遍现象。

资料来源：武亚军、张莹莹：《迈向“以人为本”的可持续型企业——海底捞模式及其理论启示》，载《管理案例研究与评论》2015 年第 8 期，第 1~19 页；案例经过整理加工。

第一节　中小企业人力资源管理的理论基础

【知识阅读】

青岛啤酒的人力资源改革

2002 年 9 月，青岛啤酒股份有限公司(以下简称“青啤”)人力资源总部正式成立，并开始进行全面的人力资源管理改革。在这之前，青啤负责人力资源管理职能的部门称为“政治工作部”，在业务上，以传统的人事管理、工资发放、保险缴纳、员工培训、干部考察、评议等为主；人才引进每年一次，采取批量引进，基于人头配置；采用灌输式培训，培训与实际需求相脱节；绩效管理采用定性、模糊的评价；薪酬管理基于员工身份(职务、职称)；员工岗位变动采取调配制，主动的岗位转换很少。

基于如此的人力资源管理基础，青啤人力资源总部开始由人事管理向人力资源管理转变。首先，从制度建设入手，本着“在建制中规范管理，在规范中不断创新，夯实人力资源基础”的理念，形成了一套激活公司人力资源管理的制度体系，包括人力资源规划、员工招聘、培训与开发、绩效管理、薪酬福利与劳动关系等方面的 23 个主流程，建立了标准化的范本。其次，以机制激活，营造和谐发展氛围，逐步形成了“上岗有竞争，任职有评价，在位有考核，晋升靠业绩、淘汰没商量”的灵活用人机制。最后，通过引进 e-HR 系统、OJT 在岗培训模式等管理技术，结合青岛啤酒管理实际进行创新与转化。

管理学之父泰勒的科学管理早在多年前就已经为我们证明：科学的方法就是找出标准，制定标准，然后按标准办事。青啤通过 2002 年的人力资源改革，快速建立了各项人力资源管理标准，从招聘、培训到考核，都有一套完备的流程，通过流程进行规范管理，有力保障了人才的质量。

资料来源：余一凡、王建光、张世贤编著：《中国企业人力资源管理案例》，经济管理出版社 2014 年版。

一方面，中小企业人力资源管理的本质就是人本管理，以人为本的管理就应重视“人性”，把人视为管理的最主要的因素和企业最重要的资源，充分发挥人的潜能，所以，关于“人性”的理论是中小企业人力资源管理的理论基础。另一方面，中小企业人力资源管理也应是以开发为导向的管理，人力资源开发投资形成人力资本，因此，人力资本理论也是中小企业人力资源管理的理论基础。

一、人性假设理论

中小企业人力资源管理是对中小企业从招聘、甄选、培训、考评、薪酬、解聘等全过程的管理。中小企业人力资源管理理论就是研究这个管理全过程的规律和方法的理论，是人力资源理论的一个重要组成部分。它揭示了如何调动、使用、开发人力资源，充分利用人力资源，以此来推动社会与经济的发展。中小企业人力资源管理理论来自于近代管理理论。其中，西方的人性假设理论对中小企业人力资源管理有许多有益的启发。

西方企业管理在其历史发展中，曾提出了四种与管理有关的人性假设，即“经济人”、“社会人”、“自我实现人”和“复杂人”的人性假设。由于依据的人性假设的不同，便产生了相应的各种不同的管理理论。

（一）“经济人”假设

1. “经济人”假设的基本概念

“经济人”假设认为：人的行为是在于追求本身的最大利益，人工作的动机就是为了获得经济报酬。

2. “经济人”假设的主要观点

（1）一般人天生不喜欢工作，他们都想尽量逃避工作。

（2）一般人都没有雄心壮志，安于现状，不愿负任何责任。

（3）多数人工作以满足其生存需要和安全需要。

（4）缺乏理性，不能自我约束和自我控制。

（5）通过经济激励和强制手段，迫使他们为实现组织目标而努力。

美国麻省理工学院教授麦格雷戈（D. M-Mcgreor）在 1960 年出版的《企业中的人性面》一书中，把基于这种人性假设的理论称为 X 理论。所谓 X 理论就是上述对“经济人”假设的概括和总结。

3. “经济人”假设相应的管理对策

基于“经济人”的假设（X 理论），所采取的相应管理对策可概括归纳为以下几个方面。

（1）管理工作重点就是完成生产任务、提高劳动生产率。实行以任务为中心的管理方式，而不关心人的心理因素。

（2）制定严格的管理制度和工作规范。

（3）由于这个理论认为人是自私自利的，人的工作动机就是为了获得经济报酬，所以在奖励方面主要采取用金钱来刺激工人的劳动积极性，同时对消极怠工者施以严厉的惩罚措施。

19 世纪末“科学管理”的代表人物泰勒就是“经济人”观点的典型代表。以“经济人”的假设为基础的泰勒制提倡的“时间—动作”分析，虽有科学的一方面，但他的基本点只是考虑如何提高生产率，而对工人的思想感情和心理需要漠不关心。

随着生产和科学技术的发展，现在一些发达的西方国家一般都认为 X 理论已经过时，用“经济人”的观点来管理企业已经为数不多了。但是，这并不意味着对“经济人”的假设及泰勒制的科学管理原则的全部否定。在我国经济体制改革中，“经济人”的假设及其相应的管理方法，对于我们提高劳动生产率、科学地组织劳动、实行物质奖励与精神奖励相结合的原则和建立各种责任制，都有着某种参考价值。

（二）“社会人”假设

1.“社会人”假设的基本概念

“社会人”概念是美国哈佛大学教授梅奥在霍桑试验之后提出的。这种假设认为：调动人的生产积极性的因素不是人们在工作中得到的经济报酬，而是良好的人际关系。与良好的人际关系相比，物质刺激只具有次要意义。

2.“社会人”的主要特征

（1）工人是“社会人”，不是单纯的“经济人”，还追求人与人之间的友情、安全感、归属感等社会的和心理欲望的满足。

（2）组织中存在非正式组织群体，对组织成员行为产生很大影响。

（3）管理者的领导风格与领导作风对激励组织成员有着不可忽视的影响。

由此可见，“社会人”假设与“经济人”假设大不相同。“社会人”假设认为人与人之间的关系在调动人的积极性上起决定性作用。正是从这个观点出发，梅奥提出了他的“人群关系”理论，形成了人群关系学派。

3.“社会人”假设的相应管理对策

（1）管理人员不仅要关注完成任务，更应该注意关心员工，满足其社会性需要。

（2）管理人员不能仅仅注意生产过程中的计划、组织、指挥、协调和控制，而更应该重视员工之间的关系，培养员工对企业的归属感和集体感。

（3）着重提倡集体奖励。

（4）协调正式组织与非正式组织的关系。

（5）营造和谐的组织氛围和融洽的人际关系。

从“经济人”以工作为中心的管理方式到“社会人”以员工为中心的管理方式，无疑是管理思想的一大进步。从“社会人”的观点出发实行的参与管理，满足了工人的一些心理需要，因此，在一定程度上缓和了劳资双方的矛盾。

“社会人”假设主张，良好的人与人之间的关系，对于激发人们的行为动机、调动职工的积极性是比物质奖励更为重要的因素。这一点对企业制定奖励制度有着一定参考意义。

（三）“自我实现人”假设

1.“自我实现人”假设的基本概念

“自我实现人”概念是美国著名心理学家马斯洛提出来的。马斯洛认为，人有生理、安全、社交、尊重和自我实现五种需要，自我实现是人的需要的最高层次。“自我实现”就是人都需要发挥自己的潜力，表现自己的才能，只有人的潜力和才能充分发挥出来，人们才能感到最大的满足。马斯洛主张人只有通过“生长”才能达到完美的人性的实现。只有充分实现个人的全部价值，才能成为自由的、健康的、无畏的人，才能在社会中充分发挥作用。

麦格雷戈总结了马斯洛和其他人的人性观点，结合管理问题提出了Y理论。实际上，Y理论是“自我实现人”假设的概括，它与X理论是对立的。麦格雷戈本人是反对X理论而主张Y理论的。

2. 自动人(Y理论)的基本观点

(1)一般人都是勤奋的，工作自主而愉快的。

(2)人能够自我管理、自我控制。

(3)一般人能够主动承担责任。

(4)大多数人具有相当程度的想象力、创造力及其他方面的智慧力。

3. “自我实现人”假设的相应管理对策

根据“自我实现人”的人假设所形成的管理思想和管理方法，与“经济人”和“社会人”的人性假设基础上形成的管理思想和方法相比较，有很大的不同。其具体特点有以下几方面：

(1)创造适宜的工作环境，充分发挥人的潜能。

(2)根据不同人的不同需求，分配其富有意义和挑战性的工作。

(3)主张从人的内在动机的激发上，来调动人的积极性，让人们在工作中获得知识，增长才干，充分发挥自己的潜能，以满足人的尊重和自我实现的需要。

(4)建立能够满足员工自我实现需要的管理制度。

随着生产过程的机械化，生产日益专业化，生产的分工越来越细，工人几乎整日被束缚在一个狭小的工作范围之内，做着重复、单调、简单的动作，看不到自己的工作与整个组织任务的联系。因此工人们士气很低，影响了产品的数量和质量。正是在这种情况下，提出了Y理论和“自我实现人”的假设，并采取了相应的管理对策，这在某种程度上，促进了生产的发展。

但是，“自我实现人”的假设，从理论基础上看是错误的。其一，人既不是天性懒惰的，也不是天性勤奋的。人的勤奋与懒惰都是受后天环境的影响，特别是社会关系影响的结果。其二，人的自身发展也不是自然成熟的过程，而是在积极能动地改造客观世界中发展起来的。因此，把不能达到“自我实现”的原因完全归结为缺乏必要的客观条件是机械主义的观点。

当然，“自我实现人”的假设对我们也有某些启发。例如，在可能的条件下，尽量为职工的学习、深造和工作创造适宜的客观条件，以利于充分发挥个人的才能；从外在奖励与内在奖励方式中吸取对我们有用的奖励形式；相信职工的智慧和能力，相信职工的独立性、创造性，能充分发挥他们的作用等。

(四)“复杂人”假设

1. “复杂人”假设的基本概念

“复杂人”是在20世纪60年代末70年代初提出来的一种人性假设。这种假设认为，人既不是单纯的“经济人”，也不是完全的“社会人”，更不是纯粹的“自我自实现人”，而应该是因时、因地、因各种情况而采取适当反应的“复杂人”。深入研究发现，人类的需要动机并非单一，而是非常复杂的。人的需要在不同情况下和不同的年龄阶段，其具体表现形式是不一样的。每个人的需要和潜力，将随着环境的改变、年龄的增长、知识的积累、地位的改变以及人际关系的改变而不断变化。“复杂人”的假设，正是在这样的事实基础上提出来以求合理说明人的工作动机的理论。

2.“复杂人”假设的基本观点

(1)人的需要和动机是复杂的。

(2)人具有对各种复杂管理模式的适应性。

根据复杂人的假设，摩尔斯(J. Malse)和赖斯克(J. W. Larsch)提出了既区别于 X 理论，又区别于 Y 理论的一种新的管理理论，但因它是在 Y 理论上的发展，所以称这为超 Y 理论，又叫权变理论。

3.“复杂人”假设的相应管理对策

权变理论认为，由于每个人的需求和能力不同，并能对不同的管理方式作出不同的反应，因此，管理者应根据工作性质、个人特点、外界环境三者合理结合，因人而异，因事而异，灵活地采取不同的管理方法和措施，才能获得高效率。一成不变的、普遍适用的最佳的管理原则和方法是不存在的。因此，作为一个管理者不仅必须具备洞察员工个别差异的能力，还要具备应变能力，能够随时采取必要行动进行弹性管理。其相应的管理对策如下：

(1)采用权变的管理方式。

(2)选择权变的组织设计。

(3)运用权变的领导方式。

权变理论是一种新的管理理论，已广泛地应用到西方企业的管理实践中。但是，这种理论只强调人的个别差异，在某种程度忽视了人的共性。个性与共性是辩证的统一，个性之中有共性，共性寓于个性之中并通过个性而存在。因此，不能只看个性而忽视共性，也不能只讲共性而不讲个性。

总之，西方对人性的看法，经过了一个演变和发展的过程。从“经济人”的假设，提出了 X 理论；从“社会人”的假设，提出了“人际关系”理论；从“自我实现人”的假设，提出了 Y 理论；从“复杂人”的假设，提出了权变理论。

二、人力资本理论

从 20 世纪 50 年代末到 60 年代，西方的人力资本理论开始形成，并获得了较大的发展。

人力资本理论的形成，确立了人力资源在现代经济发展中的地位和作用，为开发人力资源提供了理论依据，也成为中小企业人力资源管理的理论基础。

从 20 世纪 50 年代末到 60 年代，出现了许多著名的人力资本理论学者。但人们通常认为人力资本理论的创始人是美国两位著名经济学家舒尔茨和贝克尔。

(一)舒尔茨的人力资本理论

1. 人力资本理论创立

西奥多 · W. 舒尔茨(Theodore Schultz)是美国芝加哥大学的教授，早年从事美国农业经济研究，是一个农业专家，他研究美国农业发展50年，发现了一个问题，即在美国农业的发展中，人的投资起着更大的效应。他认为，人不仅是一种资源，而且是一种资本，即“人力资本”，并形成了人力资本学说。他在1960年出任美国经济学会会长时，发表的就职演说《人力资本投资》，给学术界留下了极为深刻的印象，并为推动这一领域的研究作出了重大贡献，以致使他成为西方公认的“人力资本理论”之父，并因此获得了1979年的诺贝尔经济学奖。

舒尔茨是从探索经济增长和社会丰裕的秘密而逐步走向人力资本道路的。舒尔茨认为，自然资源、物质资本以及原始的劳动对于发展较高的经济来说，是永远不够的。舒尔茨指出，人力是社会进步的决定性原因。但是，人力的取得不是无代价的。人力的取得需要消耗稀缺性资源，即需要消耗资本投资。人力，包括人的知识和人的技能的形成是投资的结果。只有通过一定方式的投资，掌握了知识和技能的人力资源才是一切生产资源中最重要的资源。因此，人力、人的知识和技能，是资本的一种形态，我们把它称之为人力资本。

2. 舒尔茨的人力资本理论，概括起来有以下四个要点。

(1)人力资本体现在人的身上，表现为人的知识、技能、经验和熟练程度，即表现为人的体力、智力、能力等素质的总和。

(2)人力资本通常用人的数量、质量以及有效的劳动时间来计算。

(3)人力资本投资收益率高于物质资本投资收益率，但存在风险。

(4)教育投资是人力资本投资的主要部分，教育投资应当以市场供求关系为依据，以人力价格的浮动为衡量标准。

人力资本概念向经济学引进，使资本理论呈现出新面貌。在此之前，人们通常认为投资于物力资源其收益最高。但在此以后，人们开始转变观念，认为对人的投资收益最大。这个观念改变了世人对投资看法。

(二)贝克尔的人力资本理论

加里·贝克尔(Gary S. Beeker)被认为是现代经济学领域最有创见的学者之一。舒尔茨曾称“贝克尔的人力资本理论是一个里程碑”。贝克尔和舒尔茨同在芝加哥大学执教，并成为著名的芝加哥学派的主要代表人物之一。芝加哥学派坚持认为，关于“经济人”的假设是经济学最基本的标准假设，追求利益最大化是作为最小理性单位的个人的必然选择。从这一点出发，不但能够解释人类的经济行为，而且能够解释人类的一切行为。

贝克尔对人力资源理论的贡献，突出地表现在人力资源的微观经济分析上。他通过对家庭生育行为的经济决策和成本效用分析而提出生育、培养孩子的直接成本和间接成本的概念。家庭时间价值和时间配置的概念，家庭中市场活动和非市场活动的概念，都令人耳目一新。他在人力资本形成方面，在教育、培训和其他人力资本投资过程的研究方面，都做出了重要贡献。

总之，人力资本理论的产生与形成，说明学界认识到了人力要素在国民经济发展中的重要作用。他们高度重视人力资源，力图通过人力投资来取得更大的收益，维持其经济的增长。人力资本管理也是中小企业人力资源管理的理论源头。

第二节　中小企业员工的招聘、甄选与解聘

【知识阅读】

N公司一线员工的招聘策略

农化行业近年来发展势头较好，但却面临着一个突出的问题：很多年轻人出于对安全等问题的担心，不愿从事一线操作性岗位，致使农化企业一线操作岗位招聘日益艰难且离职率较高，甚至出现“员工荒”现象。为此，从事农药等精细化工产品的研发、生产和销售的N公司采取了多种积极、有效措施，提高了一线岗位员工招聘的效果，稳定了一线岗位员工队伍。

(一)改善工作环境，关注员工健康

1. 加强工作场所安全防护。一是在一线工作场所安装了专门针对农药的安全防护设施；二是为一线操作岗位员工配备专业的防护服装；三是安装安全预警监测装置；四是组织巡查人员定期对安全设施进行检修。

2. 强化安全培训，防患于未然。公司规定所有一线员工在上岗前必须经过安全知识的培训，让一线新员工掌握工作安全的基本知识，增强防范意识。新员工必须通过安全培训考核，才能进入一线岗位工作。

3. 关注员工健康，定期体检。N公司的体检除了常规项目外，还针对企业特点及一线岗位员工的工作实际需要，增加了专门项目的体检。

4. 提升健康保障水平，减少员工后顾之忧。N公司向一线岗位员工提供多种其他形式的健康补贴，并发放健康劳保用品，为维护员工的身体健康提供更多、更高水平的保障。

(二)调整招聘标准

N公司决定调整人力资源招聘策略，不再把大专院校作为唯一目标，而是适当放宽学历及专业限制。一些职业高中毕业生和普通高中毕业的进城务工人员被吸引到企业的人力资源队伍中，经过一阶段的专业技能培训，这些新员工绝大多数能适应一线操作岗位的工作。由于这些员工本身学历不高，因而，企业的人力(薪酬)成本也相对降低。此外，这些层次稍低的新员工普遍求职愿望强烈，工作积极性高，离职率较低。

(三)深化企校合作

N公司创造性地推出了“企校深度合作”计划，其主要内容是通过与一些中西部地区的中专、职业高中、职业技术学院等学校开展深入合作，设立企业定向班，以吸引毕业生进入该公司。这种合作(定向班)主要有两种形式：第一，针对在校生。一般在一年级下学期企业进入学校向学生宣讲企业发展状况及开设定向班的基本政策。有意向的学生签订协议后，从二年级正式进入定向班学习。第二，针对入学新生。学生从入学开始就签订协议，进入定向班级。企业不仅参与学生的录取面试过程，而且参与后期部分课程的设置。同时，企业向学生提供直接针对企业的一线操作岗位的实习机会。这种有针对性的实习使学生有机会熟悉公司的业务和操作流程，从而节省了

入职培训的时间。

(四)关注一线员工职业生涯发展

首先，公司着力拓宽一线员工职业发展通道。N公司将原来狭窄的职业发展通道扩宽为三个方向：其一是技术通道。针对普通一线技术型职工提供“操作工—技术员—工程师”的职业路线。其二是项目管理通道。主要向那些学历相对较高的技术型员工提供“技术工人—项目工程师—项目经理”的职业发展通道。其三是管理通道。针对既熟练掌握操作技能又具有一定管理潜质的一线员工，设立“操作工人—班组长—生产主管”职业通道，使得部分一线员工可以进入企业的管理层。其次，公司为绩效较好的一线员工提供更多职业发展机会：其一是增加职级晋升机会。N公司普通员工的职级评定每年一次，但上年度绩效表现较好的员工可以有两次申请职级评定的机会。其二是管理岗位的招聘向一线优秀员工重点倾斜。公司在基层管理岗位的竞聘过程中，对那些满足一定条件(学历和年限)，表现较好的一线员工优先考虑。其三是工作轮换。对于那些具有一定管理潜质的一线员工，公司将为他们提供工作轮换的机会。

资料来源：王玉峰、杨多：《农化企业如何突破一线岗位的招聘瓶颈——来自一家农药企业的案例研究》，载《中国人力资源开发》2015年第2期，第75~80页；案例经过整理加工。

一、招聘

(一)招聘过程

中小企业在招聘员工时既要与大企业竞争，又要与其他中小企业竞争。招聘的竞争性使得中小企业必须在寻找及安置人员方面采取主动，以保证足够的应征者供它们作出明智的选择。

招聘是在一定的时间内吸引足够数量和具有合适资格的人选，并且鼓励他们申请组织的工作的过程。当人力资源规划显示出对员工的需求时，考虑到招聘选择成本及选择决策可能带来风险，组织在从事招聘之前应认真拟定招聘的备选方案。一般招聘备选方案包括加班、分包、应急工和员工租赁等。当各种备选方案都能满足需求时，招聘过程便开始了。

首先，设计人员需求表，明确人员需求量，确定招聘的岗位、岗位的性质及要求。其次，确定招聘来源和招聘方法，要决定合格的员工是来自本企业(内部资源)，还是必须从外部资源，如学院、大学和其他企业中招聘。对企业而言，招聘过程直接影响企业在人力资源配置方面的成本效益，直接影响人员甄选录用工作的难度、工作量及成效。为了实现招聘效果的最大化，企业需要选择利用最有效的招聘方法，招聘到企业所需的合适人选，满足企业的用人目标。最后，还须对招聘效果进行总体评估。

(二)职务潜在候选人的来源渠道

雇用合适的员工并激励他们的工作热情，是任何公司发挥潜力的基本因素。雇用的员工质量决定了企业能否成功及取得多大的成功。中小企业在创业初期常常受人情关系的影响，尤其在家族企业中表现更甚，往往是“任人唯亲”，以至于在企业需要进一步扩大规模的阶段依然主要通过非正规渠道招聘员工，例如利用亲情网络或依靠推荐。

为使招聘更有效率地进行，中小企业管理者必须知道在哪里以及怎样才能找到高级人才。人才的来源是很广的，由于工作需要的多样性以及职位的要求不同，对于人才的判定就不能一概而论。中小企业管理者可能通过多种渠道找到拟聘用的潜在候选人。具体来说有以下渠道。

1. 内部招聘

管理部门应能够识别在现有资格的员工中谁有能力填补职位的空缺。对于内部招聘，有用的手段包括管理人才和技能的储备、工作公告和投标程序。

内部招聘的优势是企业对自己员工的优缺点比较了解，员工也熟知自己所在的企业概况。通过企业内部的提升或减少员工的解聘压力，可以增强员工的士气和动力，激励员工更好地工作，提高企业对人力资源的投资回报。内部招聘也有不足之处。与内部提升有关的一种危险是内部提升引起的明争暗斗会异常激烈，并对员工的士气和未被提升员工的工作表现产生消极的影响。另一个明显的缺陷是思想的近亲繁殖。对那些希望通过引进外部力量，使企业改变风格或经营目标的企业来说，内部招聘起到的更多是阻碍作用。

2. 广告应征

通过互联网、报纸作广告征招合适员工。广告应征的优势是辐射面较广，可以有目的地针对某一特定群体；广告应征的劣势是产生许多不合格的应聘者来应聘。

3. 校园招聘

职业技术学校及大学是雇员的一些理想来源，特别是那些不需要具有特殊经验的职位。一些职业技术学校的学生在一些公司有过一段时期的工作实习经验。这些实习会使他们获得一些实践经验。职业技术学校给他们提供的教育内容有限，但却很实用。大学毕业生可应征管理或研发岗位。校园招聘的优势是集中了大量的候选人，劣势是仅限于初入者级别的职位。

4. 员工推荐

在公司内有一些表现良好的员工，可能会给公司推荐一些合适的人选，通常情况下，若不确信他们所推荐的人才的能力，他们是不会推荐的。很多小公司的经理们说他们的大部分人才来源都是靠这种方法解决的，一部分公司还会对成功推荐人才的职员给予物质奖励。

员工推荐一般会产生更好的候选人。其原因在于两个方面：首先，现职员工推荐的候选人已事先经过了这些员工的筛选。因为推荐者对于职务和所推荐人选都较为了解，他们自然倾向于推荐更适合该项职务的候选人。其次，现有员工通常觉得他们在企业中的声望和所作的推荐质量不无关系，因此，只有当他们自信该项推荐不会影响自己的名声时才会主动推荐其他人。员工推荐的优势是可通过现有员工提供对企业的认识，基于推荐者的认真推荐可能产生高素质的候选人，员工推荐的劣势是可能不会增加员工的类别和结构。

5. 公共就业服务机构

各地公共就业服务机构是人才就业服务的分支机构，中小企业可以在这些机构找到需要的人员。

公共就业服务机构的优势是享受免费服务或正常费用，劣势是往往只能征得非熟练或受过很少训练的候选人。

6. 私立人才代理机构

私立人才代理机构和公共就业服务机构一样，也提供人才服务。有时，公司可得到免费服务，因为应征者已向代理机构付款了。但是，如果想要招到高级人才，大多数公司都要向代理机构付款。代理机构通常会把人才按特殊技能分类，如会计、电脑程序员或经理等。

对于一些非常重要的职位，一些中小企业向猎头公司求助。例如，一家彩色玻璃纤维塑料的生产商，就成功地通过猎头找到了担当首席执行官的人才，使其替代了原来的经理。猎头公司先花了45个小时与高级主管及高级职员会谈，熟悉了公司的情况，了解了公司在管理方面的需求，然后才对具有各种专长的优秀人才进行猎寻。猎头公司是由招聘人才的公司付费的。

私立人才代理机构的优势是广泛接触，仔细甄别，通常给予短期的担保；其劣势是费用高。

二、甄选

员工甄选，是在招聘的基础上，在具有资格的求职者中挑选最适合某一特定工作职位的人员的过程。绝大多数管理者认为，员工甄选是最困难，也是最重要的决策之一。企业的绩效是由员工实现的，合格的员工是企业获得成功的保证，因此，员工甄选工作意义重大。

(一)甄选的要义

1. 甄选的含义

甄选是一种预测行为，它要设法预测哪一位申请者更适合职位的要求。员工甄选是一个连续的过程。甄选过程包括的步骤和程序，不仅随行业的类别和企业性质的差异而不同，而且还与企业需要填补的工作岗位的种类和层次密切相关。甄选的具体过程通常包括以下五个步骤：申请者资格审查，初步面试、测试、追踪面试，材料核实，选择决策，体检及录用等。

许多中小企业员工招聘缺乏科学、规范的甄选测评体系，员工的选聘过于草率。选聘员工时仅凭应聘人的应聘材料和面试时的简单交谈就决定是否录用。其实，一个完整的甄选过程是非常复杂的，有效的甄选活动需要投入大量的时间和精力，科学的甄选过程有助于企业提高甄选的有效性。因此，企业在考虑甄选过程的实施之前，必须从自身的实力和工作的具体要求出发，慎重考虑并设计符合需要的甄选活动，完成甄选过程的决策。

2. 甄选标准

甄选员工常用的两个标准是测试的信度和效度。

(1)信度是指测试所得分数在不同的时间和采用不同的方法时应取得一致的结果。信度的评价方法很多，高信度的测试工具应该不受测试时间、测试地点和测试人员的影响而具有一致性。但是在现实操作中，由于各种主客观因素的影响，信度的评价肯定会出现一定程度的误差，而其中有的误差并不是由测试工具本身所能控制和影响的，测试的情境和意外因素也会影响测试者和受试者的心理状况，进而影响信度的真实性。为保证测试者在不同情境下测试的公正与客观性，企业必须对测试的人员进行严格的培训，让他们根据测试工具来评价受试者而不是依据自己的主观意愿。当然，要保证测试工具本身的客观可靠性，也是避免测试者出现发挥主观评价空间的重要方面。

(2)效度是用来评价测试的准确性，即甄选测试绩效与实际工作表现的相关程度。效度包括效标效度和内容效度。效标效度，是指通过测试分数与实际工作绩效之间的经验联系，来证明测试是否有效的一种效度类型。它要证明那些在甄选测试中表现好的被测者，在实际工作中也一样能够表现出色，相反在测试中表现不好的在工作中也表现不好。通过这种相关性的测试，能够让企业相信自己选拔员工的工作是卓有成效的。内容效度，是指要证明测试中设计的项目、提出的问题或设置的难题等测试内容，在多大程度上能够代表实际的工作绩效，或者是确实反映实际工作存在的典型问题。由于内容效度测试的内容与实际的工作内容十分相似，企业可以借助这些测试，在求职者中找到符合或更符合工作的人员。相比之下，效度比信度重要。

(二)甄选手段

1. 申请表

中小企业可要求应聘者填写一份申请表。表中大体包括应聘者姓名、地址、个人学历、工作经历等内容。一般情况下人力资源部门的工作人员审核申请表提供的信息，以确定申请者的资格与目前空缺职位的要求是否一致。

2. 笔试

典型的笔试包括有关智商、悟性、知识结构、能力和兴趣等方面的内容，对知识结构、部分能力(如写作、阅读)的考查有一定效度，但智商及其他测试指标可能在一定程度上与工作实际业绩没什么关系，因而效度降低。

3. 工作抽样

工作抽样(work sampling)就是让申请者完成职务的岗位要求的一种或多种核心任务。申请者通过实际执行这些任务，将展示他们是否拥有必有的技巧和能力。这一方法适用于常规的职务，如财会人员对账务的处理，编程人员完成某项程序设计等。

4. 情境模拟

给应聘者设计一定的管理情境，让他们面对实际工作中可能面对的一些现实问题，从应聘者的反应和处理活动中，评价其管理能力。甄选适合于管理岗位的员工。

5. 面试

面试可使雇主了解应征者言谈举止的表现、工作经历、智力及个人情况。这些对选择正确的人选是非常重要的，尽管面试是挑选过程中的重要一环，但绝不是仅有的一步。在面试时一定要注意，就像在设计申请表时一样，要避免受到职位应聘者的法律起诉。

面试的效果取决于面试人的技巧及方法。所以面试人可以通过以下常用的几种方法来提高自己的面试水平。

(1)在面试前确定要问的与工作有关的问题。

(2)在安静平和的气氛中进行面试。

(3)不要争论。

(4)使面谈保持在对应征者比较适宜的程度上。

(5)注意倾听。

(6)密切观察应征者的言谈举止及与工作相关的一些特点。

面试应被看作是双向选择的过程：应征者对公司进行评价；公司也对应征者做出评价。为了便于应征者作出决定，他们需要对工作性质有明确的认识并需给他们提供提问的机会。

6. 申请资料核实

许多企业认识到证明材料和背景材料的重要性，在申请表中留出空白，以便列示这些材料。大多数企业通过与申请者本人、学校或其过去的工作单位取得联系，以此核实申请者的证明材料和背景材料。

三、解聘

随着企业的演变和市场的波动，中小企业对员工的需求也有增有减。如果中小企业中存在超员情形，人力资源管理部门就要通过一定的解聘手段，减少企业中的劳动力供应。解聘的方式有：一是自然减员。通过正常退休或自愿辞职裁减人员。二是提前退休。让接近退休的人员提早退离岗位。三是压缩工作时间。给员工放假，以减少工作时间。四是解雇。一次性地非自愿地终止合同。

第三节　中小企业员工的培训及人力资源开发的趋势

【知识阅读】

链家的员工培训发展体系

北京链家房地产经纪有限公司(以下简称“链家”)成立于2001年，是一家集房产交易服务、资产管理服务为一体以数据驱动的价值链房产服务平台，业务覆盖二手房交易、新房交易、租赁、装修服务等。除了钻研“产品”，链家更加重视每个“人”的价值：链家通过搭建房产服务者生态平台，从经纪人招聘到培训，从服务标准制定到内部品质监控，都有严格的标准。

首先，在员工培训体系上，链家设置专业学院，按平台业务分设产品技术学院、产品运营学院、品质学院、市场营销学院、财务法务学院、人力行政学院职业学院等九大院系，形成多维度培养体系，并开展丰富的交流与课程。以产品技术培训为例，链家设有“天天向上“计划，打造中高端技术人员的技术交流和分享平台，利用十大技术栈，107门课程，横向打通学习渠道，提升产品技术线乐于分享，勤奋好学的技术氛围。其次，链家集团内部成立了TC-Brand，定期开展技术比拼和科技交流，如烧脑48小时的黑客马拉松大赛刺激内部创新。再次，链家集团与DataFun、美团、大众点评等企业携手举办技术沙龙，探讨实践经验。最后，链家集团会定期组织“大咖说”，邀请内部技术高管与员工面对面交流分享经验，帮助员工成长。对于管理人才供应链打造，链家则设有SVP培养、星锐计划、链习生培养计划等覆盖员工全职业周期发展的培训体系。对于刚进入链家的新鲜血液，链家则设有全面的平台融入计划帮助新员工融入，并设置“乘风计划”培养校招生，以技术序列公众基础课，专业能力培训课程，通用能力培训，三大方向，85门课程，为校招生提供更加清晰、快速的成长路线，为产品技术线培养一支有潜能、有领导力的后备精英队伍。

资料来源：《链家荣获“2017中国互联网年度领先雇主”大奖》，载36氪网，http：//36kr.com/p/5110133.html，2017年12月27日访问；案例经过整理和加工。

一、中小企业员工培训的目的

中小企业员工培训最直接的目的是使一名新员工做好自己的本职工作。很少有职位是不需要培训的，如果一位雇主不能提供培训，新雇员就只能通过不断的失误进行摸索，而这些失误就意味着时间、原材料和金钱的浪费。

提高知识与技能的培训不仅限于新雇员，公司已有员工的工作效率也可以通过不断的培训来提高。在当今世界的商业领域内，产品、技术、政策、程序不断地发生变化。只有通过培训，员工们才能适应这些变化，获得当前的知识与技能。而且，员工培训有利于学习型组织的创建。具体而言，中小企业员工培训有以下几个方面的目的。

（一）引导新员工适应工作岗位的要求

每个员工的发展都是从工作的第一天开始的，面对新的工作安排，不同的同事、上级、工作时间、工作程序或人事政策的变化，新员工难免会感到失落、迷惑。新员工会根据以前的工作经验，对他们预料不到的事情做出解释，而这种解释通常都会使他们产生失落感。

新员工是非常敏感的，雇主们可通过适宜的定位达到良好的效果。可采取几个步骤帮助新员工调整和减少在新环境中的不自在感。不仅要介绍工作职责及主管上级，更要尽可能详细地向新员工介绍公司的政策及工作程序。应对工作标准及如何评价员工的工作表现组织讨论，应鼓励新员工提问，并给出详细答案，公司可以以员工手册的形式介绍公司工作程序及简化定位过程。这本手册可以包括工作时间、付薪日期、休息时间、午餐时间、旷工、假期、领导简介、员工福利等内容。由于新员工刚入职时接受的信息太多，最好在一两周后再进行一次定位工作。

新员工导向培训将为刚招聘到单位、对内外情况生疏的员工指明方向，使之对新的工作环境、条件、人员关系、应尽职责、工作内容、规章制度和企业的期望有所了解，使其尽快安下心来，融合到企业整体中去，进入职位角色，并创造优良绩效。

（二）培训员工，提升劳动效率

200多年前，亚当·斯密在《国富论》中就曾经指出：一个工人技能的提高，如同一部机器或一种工具的改进一样，可以节约劳动，提高效率。贝克尔认为，工人在生产中不断地接受培训，可以使其自身人力资本存量增加，从而提高劳动生产率。实践证明，接受过培训的员工会增加新的知识和技能，工作的熟练程度会提高，从而其劳动效率也会相应的提高。因此，中小企业进行员工培训，能开发员工的潜能，给企业带来持久收益。

（三）员工培训有利于将企业塑造成一个学习型组织

1990年，著名管理学家彼得·圣吉提出了学习型组织的自我超越、改善心智模式、建立共同愿望和远景，团队学习和系统思考等五项修炼。

中小企业员工培训的许多方面涉及上述五项修炼。彼得·圣吉提出的每一项修炼都可以视为企业员工培训的一个具体目标。员工培训的重要目的是使企业成为“学习型组织”。“学习型组织”把学习看成是一个终身的过程，因此，企业员工培训最终目的，应当是促进企业向更高层次的组织模式发展。

二、员工培训的内容和形式

(一)员工培训的内容

培训学习不仅是为了提高员工的知识水平和操作技能，而且还包括观念的转变和态度的改善，整个培训学习的主要内容可细分为以下三个方面。

1. 知识培训

知识的培训是为了满足企业日常生产经营的需要，全面提高员工素质以满足企业长期发展需要就要对员工进行知识培训。这些包括对一些因果关系、基本概念、信息及思想的理解和认知等。而且，通过培训，还要让员工了解企业经营的基本情况，如企业的发展战略、目标、经营方针、经营状况和企业的各项规章制度等，并积极鼓励员工参与企业活动，增强员工的主人翁精神。

2. 技能培训

通过技能培训，使员工掌握完成本职工作所必须具备的各项技能，如操作技能、处理人际关系的技能、处理突发事件的技能等，通过这些技能的学习和培养来开发员工的潜能。

3. 态度培训

态度包括热情、冷淡、喜欢、讨厌、忧虑、渴望、气愤、感激等一些情绪，员工的态度如何，对员工的士气及企业的绩效影响很大。必须通过培训，建立起企业与员工之间的相互信任，培养员工对企业的忠诚。

上述三个方面的内容经常是紧密相连、相互交织在一起的，中小企业可以根据工作的需要，选择单独进行培训和综合培训。

(二)员工培训的形式

1. 试用或工作中培训的含义

中小企业培训员工最常见的方法是试用或工作中培训，即员工在业主、管理者、有经验的员工指点下，直接从事实际工作。在学习期间，新员工跟普通员工一样参加工作、生产产品或者参与企业的销售服务活动。试用或工作中培训时常发生。使用这一方法时，培训者要做以下的工作：一是告诉试用员工需要做什么；二是告诉他们如何做；三是向他们演示如何完成工作；四是让他们在指导下工作；五是让他们重复工作步骤，直到掌握为止。

试用或工作中培训的主要优点是培训成本低和培训期间生产的连贯性。另外，不存在从教室学习到实际生产的转换过程。研究和实践已经反复证明，试用或工作中培训是一个低成本并且可行的正规培训方案，它同时起到了教育和激励员工的作用。

而试用或工作中培训的缺点在于，由于大多数试用或工作中培训都是由业主和管理者安排的，而他们的精力主要放在企业经营上，所以他们不会安排最有能力的人做这一项工作。基于这一原因，如果可能的话，可以另外安排一个有能力的员工或者甚至可以外聘一位培训员负责这项工作。

2. 试用或工作中培训的主要形式

(1)试用培训。试用培训是使被培训者在试用实践中学习，进而提高技术水平的一种培训方法。如果可以通过工作的实际体验很好地掌握工作，就应该使用这一种培训方法。这一培训一般需要持续6个月至1年。对于那些已经具备一定理论知识而缺乏实际技能的人，试用培训可以将他们培养成一个合格的员工。

(2)助理培训。助理培训是很多中小企业中都采用的一种培训方法。助理培训设置了一些岗位，为中小企业培养并储备了后备人才。这种培训不仅花费较少，而且能促进员工不断学习，以提升自己的综合素质。

(3)轮岗培训。由于缺乏熟练的员工，有些中小企业采用轮岗来使得他们的员工掌握更多的技能，并使得他们有更大的满足感。随着专业化培训的增强，这一种培训方式也可用来减少员工的厌恶感和疲倦感。通过轮岗，可以使得员工适应更多类型的工作，从而使得员工对工作更感兴趣，减少返工。为企业培养了多面手，增加了企业的柔性。

3. 其他培训形式

(1)全脱产培训。员工在一定时间内完全脱离工作岗位到各类学校或培训班学习。它的优点是学习时间有保证，精力集中，过程连贯，对系统知识学习效果较好。采用这种形式的首要条件是员工能在一定时期内完全脱离工作岗位，这就要根据具体情况统筹安排。

(2)半脱产培训。员工不完全脱离工作岗位，每天或每周抽出部分工作时间学习，这是较为灵活的培训形式。员工每次学习的时间可长可短，学习课程可各科齐进，也可单科独进，学一门考一门，分期完成应学的课程，一切依学员、工作和教学条件而定。员工参加成教、自学考试等都属于这种培训形式。

(3)不脱产业余时间培训。员工不占用工作时间，利用业余时间参加各种类型的夜校、业余学校学习。

三、中小企业人力资源开发的趋势

(一)中小企业人力资源开发的手段不断创新

随着信息技术的迅猛发展，越来越多的现代培训方法被各种组织广泛运用，其中主要有网络培训、虚拟现实培训等。

1. 网络培训

网络培训主要有两种形式，即互联网培训和局域网络培训。通过互联网或局域网对受训者展开培训，它能够使培训不受时间的限制，节约培训成本，还可以实现自我导向和自定进度的培训指导。

2. 虚拟现实培训

虚拟现实培训主要是通过可视界面，让受训者观看计算机上的虚拟模型，以使受训者感受模拟环境，并和虚拟的要素进行沟通。它一般适用于工作任务复杂或危险的情况，或真实模拟耗费成本巨大的情况。

（二）中小企业人力资源开发的内容不断更新

为了适应全球化发展和知识经济发展的需要，人力资源开发的内容必须及时调整，不断更新，其中要特别注重开发以下内容。

1. 树立全球开发观念

它是指全球性地考虑企业经营活动，全球性地开展企业的研究与开发活动以及全球性地进行商务活动，企业通过采用全球知识数据库，利用全球电子通信系统，召开全球会议，来培养具有全球观的企业文化。跨文化培训将比以往任何时候都重要。

2. 培养团队与协作精神

通过团队合作，协作机制就能逐步形成，这不仅需要在协作技能方面进行持续的培训，还需要在员工激励机制中更多地强调团队合作。

3. 培养组织系统的学习观

学习型组织是21世纪最具竞争力和适应能力的组织形态，学习型组织的人力资源管理部门必须组织员工持续有效地学习，培养系统学习观，使企业中的所有员工成为学习型员工。

（三）中小企业知识型员工的开发与管理更值得关注

随着知识经济时代的到来，企业中的人力资源发生了重大变化，企业中的人才成为决定企业市场价值的关键因素，在全球范围内获得企业所需的知识员工，并对他们进行有效的开发与管理，已变得尤为重要。企业将会通过充分公开与高效的信息沟通，公正平等的全球招聘政策，深入全面的跨文化培训，合理且有吸引力的报酬与福利，开放的知识分享和民主决策体系，以及持续有效的系统激励模式等一系列先进的人力资源管理手段，实现对知识型员工的开发与管理。

第四节　中小企业员工绩效考评与薪酬管理

【知识阅读】

奥克斯多元化的薪酬体系设计

奥克斯根据企业经营状况和经济实力，确立了符合本企业发展战略的薪酬设计原则：一是岗位重要度原则，即根据岗位本身在公司战略体系中的价值、地位、岗位所需技能的复杂程度和可替代程度，制定不同的岗位薪酬标准；二是社会认同原则，即根据员工自身素质与能力的状况以及社会的认同程度确定技能工资标准；三是原薪水比较原则，即人才市场价值定薪原则，奥克斯认同并尊重人才的市场价值，对于稀缺人才，奥克斯一般采用更具竞争性的薪酬标准来确定其市场工资标准；四是创造价值原则，即基于人才绩效的定薪原则，也就是根据员工工作的努力程度、创造价值的大小来确定考核工资。

此外，奥克斯还有自己的一套福利政策，包括购房资助、购车资助、通信补贴、住房补贴等。奥克斯一直推行颇具特色的“三奖”制度。第一项是“伯乐奖”。奥克斯规定，只要发现、培养人才，并主动向公司推荐，在被推荐者试用合格后，“伯乐”就可以获得公司的高调表彰和重金奖励。举荐人以口头方式推荐的，可以得到被推荐者1个月的薪水作为奖励；举荐人以书面方式推荐的，可以得到被推荐者2个月的薪水作为奖励。第二项是“合理化建议奖”。公司每年拿出500万元的奖金来奖励公司的合理化建议。为使这项制度有据可依，奥克斯专门制定了《合理化建议奖励条例》。近三年来，奥克斯共计采纳合理化建议4493条，产生直接经济效益2亿余元。第三项是“爱心奖”，这是奥克斯为了吸引和留住企业的管理骨干和技术骨干而设立的。爱心奖以一定金额的企业期权证明书的形式由企业总裁赠予员工，员工每年可以提取该金额的10%用于自己的购车、购房等消费，但不能领取现金，而且员工跳槽之后的剩余部分则视为自动放弃，由企业收回。

资料来源：胡孝德主编：《人力资源管理案例集》，浙江大学出版社2014年版。

一、员工绩效考评

中小企业员工工作绩效，是指他们那些经过企业考评的工作行为和工作结果。中小企业绩效考评是人力资源管理中的一项重要内容，它既是检验其人力资源管理活动的手段，又是人事决策的依据。

（一）员工绩效考评的含义和目的

中小企业有必要对其员工工作绩效进行经常性的考评。所谓绩效考评就是对员工的品德、能力、态度及其工作的绩效等进行有组织的、实事求是的客观评价。员工绩效考评不同于招收录用前的测验考察，它是在员工工作一段时期以后进行的，因而能更全面准确地反映员工的实际能力及其对某类工作的适应能力。

员工绩效考评的具体目的主要有四个方面：

1. 诊断和促进本企业的人力资源管理工作

对员工定期考评，可检查发现本企业在员工的招聘、培训等方面存在的问题，总结经验，吸取教训，以便今后改进。

2. 促进员工改善工作绩效

通过考核，可以为员工提供反馈信息，帮助员工认识自己的优势和不足，发现自己的潜能并在实际工作中充分发挥这种能力，提高工作业绩，促进员工今后的职业发展。

3. 为决定员工的晋升和薪酬提供依据

在决定员工的晋升和薪酬标准时，考核结果是重要依据。

4. 确定人员培训和人力资本投资的需求

通过对员工的考评，能揭示出企业人员状况及其对各项工作的适应性，便于管理者对员工培训和人力资本的投资作出正确的决策。

（二）员工绩效考评的内容

员工绩效考评的对象、目的和范围复杂多样，因此，考评内容也各有侧重。但就其基本方面而言，主要是工作行为和工作结果。具体包括品德、能力、态度及业绩四个方面。

1. 品德的考评

品德是指人的思想素质、道德素质和心理素质。品德是一个人的灵魂。它决定了一个人的行为方向——为什么样的人生目的而奋斗；决定了行为的强弱——为达到目的所付出努力的程度；决定了行为的方式——采取什么手段达到目的。

对品德的考评，始终是员工绩效考评因素中的首要内容。一位资深的人力资源管理者认为，在创业时期，只求其才，不顾其德，只能是权宜之计；守业阶段，是要靠“德”来巩固业绩，人才必须德才兼备。对员工不进行品德方面的考评，往往会使企业受到意想不到的损害。

在日常工作中，员工做事的风格，例如，是否尊重别人，与其他同事合作；是否注重事实，知错必改；是否遵纪守法，维护公共利益；是否能保守公司的商业秘密；言行是否一致；能否公正对待下属；是否两袖清风，洁身自好。这些都是员工品德的具体表现，都是员工品德考评的内容。

2. 能力的考评

能力指的是在工作中运用所学知识解决实际问题的能力。能力不能抽象地、孤立地存在。因此，对能力的考评应以能力素质为基础，通过个人在工作中的种种具体表现来判断。一般来讲，能力包括一个人的动手操作能力、认知能力、思维能力、研究能力、创新能力、表达能力、决策能力、组织指挥能力、协调能力，以及业务知识水平和实际工作经验等。对不同的职位，其能力的要求应有不同的侧重。通过能力考评，有利于把有能力的人提到重要的岗位上，把能力偏低的人调离其现职，这无疑有利于企业的发展。

那么怎样对员工的能力进行考评呢？可以把员工的“能力”分解成具体的、可以测量的外在内容。具体讲，能力可分解为知识结构、技能和技巧、工作经验、体力四个部分。对员工能力的考评可分别对这四部分的内容做出评价。例如，对开数控机床的技工的考评，首先要考评他关于数控机床方面的专业知识，其次要考评他操作数控机床的技能和技巧，可用模拟操作进行考评；再次可对他操作机床的经验进行考评，可以其加工的零件数和零件精度为依据进行考评；最后，可通过医院的体检结果来考评其体力。

3. 态度的考评

一般来讲，员工的能力越强，其工作业绩应越好。但是，如果员工出工不出力，工作态度不端正，仍不会有好的业绩。所以工作态度的考评是不可缺少的。

工作态度体现在员工的出勤率、纪律性、干劲、责任心和主动性等方面。工作态度决定人的能力发挥程度，只有好的工作态度和能力相结合才能创造出好的工作业绩。

工作态度是工作能力向工作业绩转化的“中介”，在这一转换的过程中，除了个人努力因素之外，还有其他一些起作用的因素，如企业内部的劳动分工是否合理、人际关系是否融洽，指挥是否正确、工作场地是否良好，设备是否先进等；此外，企业的外部条件，如宏观经济环境、国家的法律政策、原料供应等都影响着能力向业绩的转换，因此，在对工作态度进行考评时，要剔除那些内部和外部条件，仅仅对员工是否努力工作，是否有干劲，是否有工作热情等个人的态度因素进行考评。

4. 业绩的考评

业绩的考评就是对员工的工作效率和效果的考评。效率指的是投入与产出的关系，如果一个人在同样的投入下能获得多于他人的产出，则效率就高，或者说，对于同样的产出，投入的比别人少，其效率就比别人高。

除了考评效率外，还要考评效果。所谓效果就是最终有效成果。比如甲和乙两人同时设计和制作一件衣服，花费的时间和成本完全相同，其效率是一样的。但若甲的设计款式做工比乙更好，在市场上卖了200元，而乙只卖了100元，相比之下，显然甲的效果好。

由此可见，效率涉及工作的方式，而效果则涉及工作的结果。任何一个企业都应朝着"高效率+高效果"这一方向努力，因此员工的考评不能缺少这一内容。

(三)员工绩效考评的程序

科学的工作程序，是做好工作的保证。员工绩效考评工作涉及多个过程。它既是一个观察和判断的过程，又是一个反馈过程，同时还是一个组织参入的过程。它是一个度量过程，同时还是一个很容易渗进感情色彩的过程。员工绩效考评说来容易，做来难。不按科学的程序进行，这项工作是做不好的。员工绩效考评的基本程序如下：

1. 制定员工考评标准

员工绩效考评标准，就是按照各个职位的业务和工作要求，依据工作说明书与工作规范而制定的标准。制定员工绩效考评标准是避免考评的随意性，减少乃至消除人为感情因素，保证考评结论客观、公正的关键。

制定员工绩效考评标准的主要目的是为了使员工明确：应该做什么，做到何种程度。因此，所定标准要合理、明确和具体。合理是指所定标准要从实际出发，既要有利于实现企业目标，又要能为大多数职工所接受。明确是指所定标准既要有利于企业分出绩效高的职工与绩效低的职工，又要有利于职工本人对照标准，肯定成绩，找出自身存在的问题，明确改进的方向。如在考评职工工作某一方面的表现或对职工进行总体评价时，一般可分为三个等级或五个等级。三个等级即好、中、差，五个等级为优、良、中、及格、差。在以三个等级为标准进行评价时，容易产生集中的趋势，即大多数评为中。相比较而言，以五个等级为标准进行评价时，对员工工作绩效的考评会更准确一些，容易区分职工之间工作绩效的差距。因此，如果条件具备，我们应该采用五个等级的评价标准。具体是指所定标准要尽可能做到可度量，尽量做到可转化为具体行动。例如，在制定评价员工工作态度标准时，把标准定为"工作热情高"就不易度量，若定为"工作认真，不闲聊，不使设备停机或空转"就具体了。此外，在制定标准的过程中，要依靠企业员工，认真听取他们的意见，这不仅有利于我们制定标准，还有利于取得员工对所定标准的认同。

2. 制订员工考评计划

首先明确考评的目的和对象，再根据目的和对象选择重点考评的内容、考评时间和方法。不同的考评目的和对象，考评的内容是有所区别的。例如，为发放奖金，应以考评绩效为主，因为发放奖金的管理意图，是为了奖励和激励员工提高工作业绩，因此应着眼于当前的实际表现。而提升职务的考核，则既要考评成绩，更要注意其品德和能力，要着眼于其发展的潜力。

考评的目的、对象和内容不同，考评的时间也就不一样。例如，思想觉悟及工作能力是不会迅速改变的，因此考核的期限可长一些，一般是一年一次；工作态度及绩效则变化较快，间隔期应短一些，以便随时调整管理措施。不同的考评对象，其考评时间也是有区别的，生产、销售人员的业绩可按月考评，而专业技术人员、管理人员的工作短期内不易见效，考评过于频繁，不但无实际意义，反而容易助长短期行为，因此以一年一次，至多半年一次为好。

3. 收集资料信息

员工的考评结果常常关系到一个人在企业中的地位和前途。所以，要求作为考评基础的信息必须真实、可靠和有效。收集考评所需的信息，通常可采用以下方法：

(1)工作记录法。即对生产、销售、运输等工作按规定填写原始记录和统计资料。

(2)定期抽样法。即定期抽查生产、加工、服务的数量和质量，以代表整个期间的工作情况，由专职人员填写。

(3)考勤记录法。即对出勤、缺勤及原因一一记录。

(4)项目评定法。采用问卷调查形式，指定专人对员工进行逐项评定。

4. 分析评估

通常而言，了解被考评员工的情况，可以先由被考评员工对照考评标准的要求和自己工作实际表现与工作结果进行书面的自我评价。然后，由考评人员在听取有关人员意见的基础上，对被考评员工的自我评价进行审定，以确定被考评员工自评的客观性。在西方企业组织中，对一般职员的工作进行考评时，一般不公开听取被考评员工所在组内或同类员工的意见，而只是由其直接上司对个人自评提出意见，最后由考评人员审定。

5. 考评结果的运用

考评不是目的，应特别注意考评结果的运用，考评结果可提供大量有用信息，主要用处有：

(1)利用考评结果，帮助员工提高绩效，提出其不足和努力方向。

(2)为人事部门决策，如任用、晋级、提薪、奖励提供依据。

(3)检查企业管理的各项措施的合理性，如人员配置、员工培训方面做得是否正确有效，如何改进和完善等。

6. 反馈考评结论

考评结论(可采用表格形式)应反馈给被考评员工，被考评员工对考评结论可以写上“同意”，亦可提出具体的不同意见，并签上自己的名字。若意见分歧比较大，则应提交专门的机构进行处理。将考评结论反馈给被考评员工，使其了解组织对自己工作的看法和评价，从而发扬优点，克服缺点。同时，还需针对考评中发现的问题采取纠正措施。因为绩效是员工主客观因素的综合结果，所以纠正不仅是针对被考评的员工，也应针对环境条件进行相应调整。

由上述六个环节组成的考评过程是一个不断循环的过程，考评获得阶段性结果后，在总结的基础上，便应准备下一阶段的考评，以便环环相扣，使绩效获得不断的监控与改进。需要说明的是，上述程序仅是一个基本的程序。具体到一个企业，乃至不同层级的人员，绩效考评的具体步骤会有所不同。如对管理人员，特别是企业管理者进行考评，就要听取下属工作人员的意见。但就一般情况而言，考评应按以上六个步骤进行。

(四)员工绩效考评的方法

绩效考核的方法多种多样，企业最常用的方法有书面描述法、关键事件法、评分表法、行为定位评分法、目标管理法等。

1. 书面描述法

书面描述法要求评价人员以文字叙述的形式描述员工的绩效，通常包括员工的优缺点、过去的绩效和潜能等，并提出予以改进和提高的建议。这种方法适用于评价员工工作中的突出行为，而不是日常的业绩。书面描述不需要采取某种复杂的格式，也不需要经过多少培训就能完成，是一种简单的评价方法。但是，这种评价方法的主要缺点，在于因评价人员的写作技能不同，可能会造成对员工评价的极大差异。

2. 关键事件法

关键事件法要求评价人员对员工所做的、对部门或企业效益特别有效果的或无效果的重大事件做出书面记录。在绩效考核期间，记录的事件成为评价绩效和向员工提供反馈的基础。这种方法的主要缺点是要求评价人员定期记录关键事件，这种记录工作往往负担重、耗时多。

3. 评分表法

评分表法是一种被广泛采用的绩效评估方法，它根据所限定的一系列绩效因素对员工进行考核评分。评价所选择的因素有两种典型类型：

(1) 与工作有关的因素，如工作的数量与质量、职务知识、出勤率等；

(2) 与个人特征相关的因素，如适应能力、忠诚度、诚实度和合作精神等。

虽然评分表法不像书面描述法和关键事件法那样可以提供详细的信息，但其设计和执行的总时间耗费较少，简单快速，而且便于作定量分析和比较。

4. 行为定位评分法

行为定位评分法是近年来日益受到重视的一种绩效评估方法。这种方法综合了传统的评分表法和关键事件法的主要要素，即考评人员按某一序数值尺度对各项指标打分，但评分指标不是一般的个人特质描述，而是员工从事某项职务的具体工作行为事例。它将职务的关键要素分解为若干绩效因素，然后对每一个绩效因素中有效或无效的工作行为进行更客观的描述。行为定位评分法的特点是需要大量的员工共同参与制定，并可为某一员工的工作绩效提供具体反馈。

5. 目标管理法

目标管理法是对管理人员和专业人员进行绩效评估的首选方法。在目标管理系统中，企业吸纳员工参与制定企业整体战略目标，并从上而下转化为个人目标实现的承诺，员工的绩效水平就是根据个人目标的实现程度而评定的。这实际上是企业对员工的授权，是实现企业和员工互动的一种形式，最终体现为企业和个人目标的统一，员工通过实现个人目标再自下而上推动式地实现部门目标以至企业目标。成功的目标管理系统必须满足以下几个方面的要求：

(1) 目标明确、具体和可衡量。

(2) 目标要具有一定的挑战性，但又是可以达到的。

(3) 目标是有期限规定的。

(五) 员工绩效考评结果的可控制性

绩效考评是一个过程，要给予被考评员工合理而公正的考评结论，不仅需要选择适当的方法，按科学的程序进行考评，还必须做好对绩效考评过程的管理工作。过程管理的目的，就是控制影响绩效考评的因素，分析产生误差的原因，以保证绩效考评做到恰如其分和公平合理，使这项工作的作用得以充分发挥。

1. 考评过程的控制

(1)科学地选择考评人员。由于绩效考评的目的很具体，由谁来进行考评是很重要的。因此，必须慎重挑选考评人员。合格的考评人员应当满足的理想条件是：熟悉被考评职务的性质、工作内容、考评标准与有关政策；了解被考评员工的工作表现，尤其是在考评周期内的表现，最好有直接、近距离观察其工作表现的机会；能坚持原则、办事公道。

(2)正确地选择考评时间。考评时间选择的好否也会影响到考评结果的准确性。考评时间的选择要保证考评工作能连续不断地进行。因为考评工作一旦被其他事情打断，重新回来考评时，过去在脑子里建立起来的考评标准、宽紧度就可能发生偏差，从而影响到考评结果的公正性。

(3)公开考评标准。在考评过程中，将考评标准公布于众是非常重要的。这样做，不仅可以使员工清楚地知道企业希望他们怎么做；还能增加考评的透明度，使员对考评工作持信任和合作的态度，对考评结果抱有理解和接受的姿态。

2. 考评过程的偏差分析

考评过程中的偏差，指的是考评人员对被考评员工的考评结果，与被考评员工的实际情况之间存在的差距。造成考评偏差的原因很多，其中有客观原因，也有主观原因，归纳起来，主要有以下几个方面：

(1)居中倾向。即对员工的考评分为优中差几个等级时，考评人员容易出现避开两极取其中的心理倾向。居中倾向会模糊考核人员的视线，使之看不清员工的差别，简单地把员工评定在“中”档这一层次上。这种居中倾向使考评结果变得扭曲，这样的考评结果对员工的晋升、薪酬的确定和奖励都没有多大价值。因此，居中倾向是考评工作中应当防范的。

(2)偏松或偏紧倾向。有些考评人员倾向于对员工作出较高的评价，有的却倾向于对员工作出较低的评价，这就像有些老师从来就喜欢给学生高分，而有些老师从来就喜欢给学生低分一样。如果由不同的考评人员对不同的员工作同样的考评，这种偏松偏紧现象就会影响到对员工的公正评价。

(3)个人偏见。被考评员工之间的个人差异，如年龄、性别等也可能会影响他们的考评结果。比如有的考评人员在潜意识中可能认为妇女都是感情脆弱、目光短浅，心胸狭窄、对家务比对事业更重视等；有的可能认为受过高等教育的年青人总是自视过高、不切实际、怕下基层、说多做少等。考评人员的这些个人偏见会影响他们对员工的正确考评。

二、薪酬管理

薪酬及物质激励对所有员工都是非常重要的。中小企业必须认识到工资和其他物质上的回报，对激励员工的重要作用。哈佛大学威廉·詹姆斯教授研究表明，在缺乏激励的环境中，员工的潜能只发挥20%~30%，但在良好的绩效评估和激励环境中，同样的人员可发挥出其潜能的80%~90%。

(一)薪酬的要义

薪酬是工资、奖金和员工福利的总称。它的实质是对员工为企业所付出劳动的一种物质回报。这种回报实际上是对员工为企业所作贡献的一种肯定。

薪酬的内容十分广泛。一般而言主要由工资、奖金和员工福利三部分构成。

1. 工资

它是以货币的方式，依据每个员工对企业所贡献的劳动数量的多少，分给个人的劳动报酬。它是企业劳动报酬的基本形式。工资是员工收入的主要来源，是满足员工生存、安全等需要的主要渠道。它的主要性质是维持员工基本生活水准。相对而言，工资对激励员工努力工作与提高绩效所起的刺激作用有限，但较为稳定。

2. 奖金

它是对员工超额劳动的报酬，是工资分配的一种补充形式。它带有更直接的物质激励性质。与工资不同，它的支付是以阶段性考评结果为基础的，以反映员工近期阶段性贡献和绩效。奖金形式多种多样，发放对象既可以是个人，也可以是集体。

3. 员工福利

它是企业通过改善集体生活设施和建立补贴制度等方式，为员工提供生活方便、解决员工难以解决的生活困难、改善员工生活条件、提高员工生活水平的一种社会福利事业。它是员工劳动报酬的一种辅助分配形式。

一些中小企业正在实行员工持股计划，通过这种方式，他们给予员工一定的企业股票购买权。这一计划实施的方法很多，例如，可允许员工用年终分红来购买公司股票，以获取员工对公司的信任，并激励员工勤恳工作。

(二)薪酬制度建立的原则

做好薪酬管理，关键是建立合理的薪酬制度。薪酬制度是指，根据国家法律和政策制定的与薪酬决定及薪酬分配有关的一系列准则、标准、规定和方法的总和。从企业角度讲，主要包括工资制度、奖金制度和福利制度。合理的奖酬制度，必须有利于激发员工良好的工作动机，鼓励他们创造良好绩效的热情，使员工的积极性和创造性得以充分发挥。薪酬制度的建立应遵循以下原则：

1. 吸引力原则

在社会人力资源市场中，企业的薪酬标准要有吸引力才能战胜竞争对手，引进所需人员。企业给员工何种薪酬标准，要根据企业的薪酬策略、财务状况等具体条件而决定，但一定要有吸引力。

2. 公平性原则

满足员工对薪酬分配的公平感是建立薪酬制度的第一要求。员工对薪酬发放是否公平的判断与认识，将直接影响到他们工作积极性。因此，合理的薪酬制度必须满足公平原则。具体讲，一是外部公平，即同一行业、规模和地区企业的同类工种或职务的薪酬应有可比性；二是内部公平，即同一企业中不同职位或职务所获薪酬应与贡献成正比，这才是公平的。

(三)影响薪酬决策的因素

影响中小企业薪酬决策的因素有很多，大致可分为两大类：

1. 中小企业外部因素

影响企业报酬的外部因素主要有：经济发展水平和劳动生产率、劳动力市场的供需状况、物价变动等。

(1)经济发展水平和劳动生产率。经济发展水平和劳动生产率是中小企业薪酬决策的重要决定因素。一般来说，对一个国家或地区而言，经济发展处于较高水平，其劳动生产率高时，中小企业员工的报酬会较高；反之，中小企业员工的报酬会较低。发展中国家和发达国家之间薪酬水平的差距，主要是因为发展水平和劳动生产率不同。在我国，目前经济发达地区与经济不发达地区之间存在较大差距。我国的劳动力价格在不同地区有所不同，这主要是由于各地的经济发展水平、消费水平、劳动生产率等因素不同引起的。

(2)劳动力市场的供需状况。劳动力市场上供需状况的变化，决定中小企业对员工成本的投入，从而影响中小企业员工薪酬水平的变化。简而言之，劳动力供求对薪酬水平的影响，可归纳为：如果市场上可供中小企业使用的劳动力大于企业需求时，中小企业的薪酬水平相应会降低；反之，中小企业的薪酬水平相应会提高。

(3)物价变动。由于薪酬体系与员工的生活息息相关，物价变动会直接影响员工生活消费品价格的变动，从而直接影响员工的薪酬水平。在货币薪酬水平不变，或变动幅度小于价格上涨的情况下，会导致员工实际薪酬水平的下降。一般来说，在生活必需品的价格普遍上涨的情况下，企业必须增加薪酬，以保证员工的基本生活需要，使企业的生产经营不受影响。

2. 中小企业内部因素

影响薪酬决策的内部因素主要有中小企业的支付能力、工作价值、员工的相关价值及企业经营管理理念等。

(1)中小企业的支付能力。薪酬是劳动力价格和价值的表现形式，它和其他劳动要素成本价格一样，随着企业效益而变动。企业经济效益的好坏直接决定着企业对员工薪酬的支付能力。企业经济效益好，员工的薪酬会随之增加；如果企业经济效益不好，劳动生产率下降，员工个人也就失去了增加的基础。

(2)工作的价值。工作的价值是中小企业在设计不同工作之间薪酬差异时必须考虑的客观因素。包括工作要求、工作责任、工作条件和工作类别在内的工作价值的差异，会不同程度地影响薪酬的总体水平和具体薪酬的构成。工作价值大，薪酬水平相应较高；反之，薪酬水平较低。

(3)员工的相关价值。员工的相关价值直接决定了各个不同员工的薪酬水平和薪酬结构。这些个人因素主要有：

①教育程度。一般来说，教育程度的不同决定了员工从事工作的不同，在相同工作岗位上存在不同学历的员工，学历较高的员工薪酬水平往往会相对较高。

②资历因素。资历被中小企业看成是忠诚、经验丰富、贡献大等的代名词，高资历的员工薪酬和福利都会比较高。

③发展潜力。对于中小企业认可的有较大发展潜力的员工，中小企业更乐于为他们提供优厚的薪酬，尤其是非货币薪酬，如提供晋升机会等。

④特定人力资源的稀缺性。中小企业考虑到稀缺性人力资源的雇用难度和流动损失，以及他们对中小企业的重要性，中小企业更乐于为其提供更高和更丰富的薪酬。

(四)工资构成

员工的工资一般由固定工资和变动工资两部分构成。

1. 固定工资

这是员工的基本收入，其特点是相对固定不变，与劳动者的现实职务没有直接关系。固定工资包括基础工资和年功工资两部分。

(1)基础工资。这是劳动保障工资，用于劳动者维持劳动力简单再生产的生存消费，是劳动者最基本的劳动报酬。凡在业人员并参加规定劳动的员工，均可得到基础工资的数额。基础工资的数额根据一定时期个人消费物资总量和物价水平来确定。

(2)年功工资。这是劳动积累工资，是对基础工资的补充。它随员工工龄的增加而增长，其职能是保证员工生活水平逐年有所提高，从而起到保护老员工利益的作用。

2. 变动工资

这部分工资具有很大的灵活性，是随劳动者实际劳动量的变化而变化的，体现了劳动报酬与企业经营好坏和个人贡献大小的直接联系。变动工资由技能工资、岗位或职务工资、超额工资构成。

(1)技能工资。这是劳动素质工资。它是根据员工的专业技术水平和工作能力来确定的。不论工龄年龄多长，只要达到了某一技术能力标准的要求，就可领取相应等级的技能工资。因此，技能工资能够起到促进员工努力学习文化、学技术的积极作用。

(2)岗位或职务工资。这是劳动调节工资。对于工人来说，这是岗位工资，根据工人从事劳动岗位的难易程度、责任大小、劳动条件的优劣来划分等级和确定各等级的工资标准。对于干部(包括工程技术人员和管理人员)来说，这是职务工资，根据干部所担任的职务或职称、工作责任的大小等来划分等级和确定各等级的工资标准。岗位或职务工资随着岗位或职务的变动而变动，即干什么活拿什么工资。这样做有利于鼓励员工勇挑重担，到条件艰苦、工作责任重大的岗位去工作。

(3)超额工资。这是超额劳动的报酬，相当于原来的奖金和加班工资。超额工资是根据企业经营的好坏和效益的高低，按照员工超额劳动的多少来支付的，多超多得，少超少得，不超不得。因此，它能起到鼓励员工多作贡献的作用。

(五)奖金和福利

1. 奖金

奖金是工资的一种必要的辅助形式，是超额劳动的报酬，它应从超额劳动所创造的价值中提取。个人劳动是企业生产劳动的组成部分，一般来说，个人的超额劳动只有在整个企业的劳动得到社会的承认后，才是有效的超额劳动。因此，奖金不能仅以工人的超额劳动来提取，而应该首先按照整个企业的超额劳动来提取，把奖金同企业的经营成果联系起来。从理论上讲，把自然条件影响的因素排除开，在产品价格比较合理的情况下，利润是企业生产经营成果的综合表现。因此，奖金应从企业的利润中提出。这样做，可以促使员工更全面地关心企业的经营成果，因为它使企业经营的成果与员工的物质利益直接联系起来了。

奖金形式多种多样，要根据企业的需要及具体条件选用。常用的形式大体可以归纳为以下两类。

(1)综合类，是以员工全面完成各项技术经济指标为获得奖励的条件，其中有的指标为主要条件，其他指标作为辅助条件的一种奖金形式。有的企业是把各项指标折合成百分比，总分是100分，对关键性指标给以较高的分数，然后根据各项指标的执行情况记分，再拿奖金总额折合成分值给奖。

(2)单项奖，是以员工完成某一项指标为获得奖励的条件，并以完成其他有关的指标作为得奖的前提。例如，质量奖是以产品质量指标作为得奖的条件，以保证产量、节约原材料作为得奖的前提。超额奖是以超额完成产品生产作为得奖的条件，以保证产品质量和安全生产为得奖前提。

除了上述的奖金形式外，还有以完成某项任务或以所作的贡献为依据进行奖励。这些奖金形式有一共同特点，就是把奖金与工作责任以及所作贡献紧密联系在一起。

选用何种形式，应从工作需要和工作特点出发。

2. 福利

中小企业员工福利，是中小企业通过改善集体生活设施和建立补贴制度等方式来为员工提供生产方便，解决员工个人难以解决的生活困难，改善员工生活条件，提高员工生活水平的一种社会福利事业。

(1)员工福利的主要内容。中小企业员工福利虽然涉及的问题比较多，但主要解决的问题有两个：一是从中小企业实际出发，确定本企业员工福利的内容；二是福利基金的提取和使用。

福利的意义在于它属于工资以外的措施，其存在的目的在于维护劳动者的健康，安定员工生活。因此，福利从分类角度讲有以下三种：

①为减轻员工生活负担和家务劳动，向员工提供多种便利条件的集体生活福利措施；

②为丰富员工文化生活建立的各种文化福利设施；

③为解决员工及其家属的生活困难，而建立的补助制度和其他补贴制度。

员工福利的内容，即福利项目及其享受的范围，在不同时期是不同的，而且同一时期各个单位也不会完全一致。其范围的大小和项目的多少，由中小企业依据有关政策从实际需要与可能两个方面进行权衡后决定。通常包括：员工食堂、宿舍、托儿所、幼儿园、浴室、理发室、图书馆、俱乐部、体育场等设施，生活困难补助、探亲路费、房租补贴、水电费补贴等补贴。

(2)福利基金的提取和使用。正确地提取和使用福利基金，是做好员工福利工作的关键。福利基金的来源主要有两方面，一是按结余的一定比例提取的职工福利基金；二是按人员定额从事业支出或经营支出中列支提取的工作人员福利费，二者都在专用基金中核算。

员工福利基金的使用应有计划性的针对性，当前应着重用来解决满足员工基本需要的问题。今后，随着社会生产的发展和人民生活水平的提高，将逐步增加用于满足员工享受需要和发展需要的项目。

第五节　中小企业人力资源管理的新问题

【知识阅读】

“罗辑思维”的“节操币”

随着新生代员工逐步成长为企业里的生力军，一方面为企业带来了活力与创新，另一方面他们叛逆不羁、缺乏耐心的一面也使管理者面临诸多困惑与挑战。为了在一定程度上缓解这一问题，“罗辑思维”公司面向新生代员工采取了游戏化的管理实践，创新了人力资源和激励体系设计。其中最为典型的就是公司内部一种名为“节操币”的制度。节操币其实是“罗辑思维”在公司内设计的一种内部货币，每张面值100元，对应的实际价值为20元人民币。包括公司总裁在内的每位员工，每个月都会领到一定数额的节操币，然而收到之后不能直接使用，而是必须转赠给同事、由同事花费使用。“罗辑思维”所创立的“节操币”制度，其核心特征包含三个维度：反馈维度、奖励维度和游戏维度。

1. 反馈维度：即时性反馈机制

“罗辑思维”能够提供即时反馈信号的重要原因在于“去中心化的评价体系”——通过把发放节操币的权力下放给每一个员工，从而把评价一个员工行为好坏的部分权力交到其他的同事手中。人力资源部门不必建立一套固定的指标并对每个人进行考核，而是制定基本的发放节操币的原则，剩下的都交由同事之间相互转赠和评价。公司规定了一些转赠的原则，比如这位同事帮了自己一个大忙，或者那位同事出色地完成了我交给他的工作等。在进行转赠时，转赠人需要在节操币上写明赠送原因。由于同事之间对于彼此的表现有着更加全面、深入的了解，尤其对于一些态度层面的软性指标，其评价效果要好于人力资源部门的结果导向的量化考核。

2. 奖励维度：与物质激励挂钩

在“罗辑思维”公司内部，员工之间转赠节操币时，需要拿到公司指定位置审核盖章，盖章之后的节操币即可生效使用。节操币可以在公司周边的很多合作餐厅内抵现金使用，“罗辑思维”会定期与这些合作餐厅进行统一结算。对于未赠出而留在手中的节操币，公司会每月进行无条件回收。此外，公司还会统计每位员工收到节操币的数量，评选季度或者年度“节操王”，而被评为“节操王”的员工会享受到价值不菲的奖金或其他形式的物质奖励。由于节操币具有上述实实在在的物质回报价值，节操币的数量不再是一个简单的荣誉符号，而是承担了外生激励手段的信号认可作用。

3. 游戏维度：随机性和趣味性

虽然随着员工积累更多的节操币，就有更大的可能获得“节操王”的称号、拿到价值不菲的奖金。但是在这一奖项揭晓之前，多数员工并不知道自己能否得到最终的高额奖金。对于多数员工而言，他们所积累的节操币并无法通过奖金形式变现，因此就使得节操币数额与最终的物质收益之间具有很强的随机性和不确定性，保持了虚拟激励工具的游戏化属性。因此，节操币这一工具，更能够像电子游戏中各种充满不确定性的“宝箱”一样，唤起新生代员工参与游戏、挑战不确定性的愉悦感。

资料来源：耿天成、李朋波、梁晗：《内生与外生动机视角下新生代员工的游戏化管理——以罗辑思维公司为例》，载《中国人力资源开发》2017年第6期，第108~115页。

一、中小企业人力资源管理的道德困境

随着文化的多元化趋势和价值冲突与对立的频繁加剧，中小企业知识管理和全球网络化经营需要不同文化、不同价值的整合与共享，因此，中小企业精神价值的整合作用、中小企业道德操守的激励与约束作用会被越来越多的企业所重视。而中小企业人力资源管理的重要任务，就是正确地揭示中小企业价值的内涵并有力地促成其传播，尊重员工个人价值，并有效整合于企业伦理价值之中。随着中小企业人力资源管理面临的问题在数量和复杂性方面的增加，在实际工作中，道德规范方面的压力和挑战也随之增加。道德规范方面引起的根本问题是有关公平、公正、诚实和社会责任等问题。如何解决中小企业资源管理中的道德问题，已经成为人力资源必须加以研究的重要领域。

二、员工队伍多样性管理的问题

随着经济全球化，中小企业员工队伍的日益多样性也成为一种必然。员工队伍的多样性将带来一些具体的挑战，如沟通问题等。但更多的多样性也带来新的机会。通常情况下，多样性有利于创造更开阔的企业文化，同时也产生多样化的顾客群体。总体而言，学习有效地管理多样化的员工，应该被视为对未来的一种投资。因此企业必须摆脱使员工适应一种单一共同模式的传统，制定新的人力资源政策，明确地承认单个员工的独特需要，并对之作出反应。

三、中小企业人力资源管理的外包

人力资源外包作为管理外包的一种，是指公司委托第三方人力资源管理外包服务机构代为处理公司部分人力资源工作。麦肯锡的调查研究表明，全球财富500强企业通过人力资源外包而使其劳工成本削减了25%~30%。在美国，出现了各种各样的“临时雇员”公司和专业的PEO(Professional Employer Organization)公司，这些公司为客户公司承担有关工资、福利、员工档案、招聘、录用、培训等管理工作并提供相关报告等，是为企业提供人力资源方面服务的专门机构。英法等国的快速人员服务公司，也是专为企业提供人力资源外包服务的。我国人力资源外包业务也在蓬勃发展，它作为企业人力资源管理职能转变的方向得到较为迅速的发展。相当多的跨国公司、本土公司，以及有关机构已经对其表现出浓厚的兴趣和关注度，可以说人力资源外包在中国具有广阔的市场前景。随着我国工资制度改革的深入，迫切需要灵活用人方式的中小企业也越来越钟情于人力资源外包服务。

中小企业人力资源管理的外包趋势对企业来说有许多益处，如通过具有专业知识的外包公司的设计与有效管理，使中小企业能够维持较为通用的系统和程序，并使中小企业变得更为灵活，以提高中小企业的适应能力。但是，中小企业人力资源管理外包活动也有一

些不利之处。外包最大的风险在于，外包的成功依靠外包公司的能力，一旦选择了一个不能提供好的服务和成果的外部管理者，会对中小企业的人力资源管理产生负面影响。此外，在外部管理者对内部因素的多样性不清楚的情况下，外包极有可能会花费更多的成本。因此，中小企业在实行外包以前，中小企业人力资源部门应该仔细地进行分析，并定期地加以评估。

四、员工租赁

员工租赁在国外已经不是什么新鲜话题了，那它在我国的发展如何呢？中小企业是否可以在经营发展过程中租赁所需要的员工呢？

众所周知，企业生产经营所需要的机器设备、厂房等都可以租赁，很多中小企业在其创业之初，就是采用筹资租赁的方式减少现金支出，缓解资金压力的，而且很多公司还取得了成功。

租赁员工，听起来就让人觉得很奇怪，员工又不是物品，怎么可以租赁呢？向来都是通过招聘雇用员工的。其实不必觉得奇怪，想一想企业经营发展中所聘用的兼职工作人员和钟点工的例子，他们的工作关系并不在企业，但却为企业服务并能给企业带来效益，这就是租赁。所不同的就是，兼职员工和钟点工是自发的，他们没有组织；而租赁的员工隶属于专门提供此类服务的公司。

租赁员工可以让企业管理者把精力完全放在生产经营上，专心做自己擅长的事情，从而节省用在招聘上的时间和招聘员工的费用。随着经济的发展，我国已出现很多员工租赁公司，中小企业可根据自身的情况向不同的公司租赁适合自身发展需要的员工。

此外，在知识经济时代，随着竞争的不断加剧和变革的日益频繁，人力资源管理如何推动企业的组织与管理变革，以及如何应对变革中的裁员、人才流动等由变革所带来的社会问题，都将是人力资源管理工作应当重视的问题。

【练习题】

一、思考题

1. 人性假设理论包括哪几种假设？
2. “社会人”假设与“自我实现人”假设的区别是什么？
3. 舒尔茨的人力资本理论有哪些论点？
4. 简述招聘过程。
5. 内部招聘有哪些优势？哪些劣势？
6. 试述甄选的含义。甄选的手段有哪些？
7. 员工培训的内容有哪些？
8. 试述绩效考评的含义和目的。
9. 试述考评的程序。
10. 试述薪酬的要义。
11. 试述中小企业人力资源外包。

二、案例分析题

永辉超市创新型“合伙人”制度

最初，永辉超市一线员工只有每个月2000多元的收入，仅仅能满足生存需求，每天上班只是“当一天和尚撞一天钟”，员工的满意度和积极性都不高。然而，由于永辉超市经营的灵活性、岗位设置的细致度以及营运环节的精细化管理，使得永辉对一线员工工作的质量非常依赖。永辉超市必须要稳定与一线员工的雇佣关系，进一步激发基层员工的积极性和满意度，提高员工的行为绩效。要想激励一线员工，形成员工激励契合，必须将企业业绩跟个人建立起一种“直接关系”，于是永辉超市顺势引入了新式“合伙人”制度。

(一)一线员工利润分享

永辉超市的“合伙人”制度指的是总部和门店合伙人代表，根据历史数据和销售预测制定一个业绩标准，一旦实际经营业绩超过了设立标准，增量部分的利润按照既定比例在总部和合伙人之间进行分配。首先，这是一种分红制度。永辉超市一线员工合伙人并不享有公司股权、股票，而只有分红权，相当于总部和小团体增量利润的再分配。一般情况下，合伙人是以门店为单位与总部来商谈，永辉超市以总预期的毛利额作为业绩标准。在将来的门店经营过程中，超过这一业绩标准的增量部分利润就会被拿来分红。店长拿到这笔分红之后就会根据其门店岗位的贡献度进行二次分配，最终使得分红机制照顾到每一位一线员工。其次，这又是一种激励机制，永辉超市“合伙人”制度有别于常规的绩效考核制度，借助阿米巴经营思维“人人都是经营者”，名为分红，重在激励，充分调动员工积极性。在超市里，瓜果生鲜通常都摆放在一进门的位置，主要是通过其颜色、品相等来吸引消费者进店，引发消费者的“非计划购买欲”，进而提升消费者的客单价。这种营销手段的假设是，店内的生鲜水果必须新鲜，卖相足够吸引消费者。如果一线员工的工作态度不够积极，在他们码水果时出现不经意丢、砸等现象，抱着卖多少、损失多少都和我没有关系的心态，那么，受到撞击的果蔬通常卖相不好，无法吸引消费者购买，从而对超市营业额造成影响。对一线员工实行“合伙人”制度，将部分经营业绩直接和员工联系在一起，增加了员工的薪酬，调整了员工的工作态度，带来的是果蔬损耗成本的节约以及消费者更多的购买。

(二)专业买手股权

在企业的基层员工中还有一些专才买手，对于永辉超市的特色生鲜经营来说尤为重要。永辉超市对这些专才买手们进行了更大的利益分享——股权激励。买手就是永辉超市在供应链底端的代理人，由于他们熟悉村镇的情况，又十分了解各种生鲜特征，这使他们能够很好胜任采购这项工作，但同时这也易于导致买手们被其他企业所觊觎，以更高的薪水挖走，因此，永辉超市必须保证买手团队的稳定性。这里，永辉超市使“合伙人”制度跨上了一个新台阶，也可以看作是一种更高级的“合伙制”，向买手们发放股权激励，通过这样既使他们留在组织内又让他们干劲十足。

问题：

1. 请简要评价一下永辉超市的合伙人模式。
2. 试述永辉超市合伙人模式的应用边界。

资料来源：陈维、张越、吴小勇：《零售企业如何有效激励一线员工？——基于永辉超市的案例研究》，载《中国人力资源开发》2017年第7期，第110~122页。

第十章 中小企业经营风险与危机的管理及控制

【学习目的】

隐藏的风险和产生的危机，都将对中小企业的生产经营带来危险和损失，甚至导致破产。为此，我们应理解其概念、类型及成因，掌握其判断的方法及防范的举措，熟练并灵活地对其进行管理。

【案例导入】

随着LED电源行业竞争愈加激烈，产品利润呈快速下滑趋势，市场需求量增速也不断放缓。再加之产品价格大幅下滑，很多厂商都举步维艰。LED产业步入拼低价、拼规模的时代，企业一旦在资金的某个节点稍有阻滞，就会陷入危险的境地。倒闭与跑路则是2016年LED产业的主旋律之一。曝出品一、中宙光电、中山同济照明破产清算和德力普光电又陷三角债漩涡已暂停营业消息后、随后又曝出曾是华为通信电源最大供应商的瑞谷科技(深圳)有限公司在7月22日发布公告称，由于经营困难公司面临破产。综上几家企业倒闭的原因，大多是资金链断裂。在大企业近乎“疯狂”的市场掠夺下，中小企业只能在夹缝中榨取剩余价值，生存处境也越来越艰难。尤其是中小企业，没有良好的资金储备和经营策略，更容易遭遇倒闭的风险。大企业可以通过规模化降低成本，加上品牌效应，兼容并购拓展产业布局，占领市场获取利润。但中小企业如果不能立足产品本身，把握质量，建立起自己的核心价值，就很容易被市场淘汰。

资料来源：《LED洗牌时期 中小企业难逃倒闭危机》，载OFweek半导体照明网，2016年7月28日。

第一节 中小企业生产经营的风险及管理

【知识阅读】

长虹的巨额坏账案

长虹创立于1958年，目前已发展成为集电视、空调、冰箱、IT、通信、网络及新型平板显示器件等产业研发、生产、销售、服务为一体的多元化、综合型跨国企业集团。但是，跟许多其他企业一样，长虹的发展也不是一帆风顺的，而是经历了各种各样的风险，在2004年时，由于应收账款风险引发了巨额亏损。Apex公司是一家经营Apex品牌DVD的美国经销商，擅长以赊账方式与供应商做交易。当时长虹急于开拓海外市场，选择Apex公司作为进入美国市场的代理商，结果Apex公司拖欠长虹大量货款。截至2004年12月25日，长虹公司应收Apex公司账款余额46750万美元，这直接导致长虹2004年的巨额亏损。其实，长虹与Apex公司的应收账款风险是有征兆的，因为Apex公司在中国境内的信誉很差，加上前期一直拖欠长虹的货款本身就是一个信号，但是没有引起长虹注意，在没有采取相应的风险管理措施的情况下，应收账款越来越大，进而给长虹带来生存危机。

资料来源：谢科范、袁明彭、彭华涛编著：《企业风险管理(第2版)》，武汉理工大学出版社2014年版；引用时略有删改。

一、中小企业生产经营的风险的概念及因素

(一)中小企业生产经营风险的概念

1. 中小企业生产经营风险的含义

风险是指决策后由于未来结果的变化性而可能发生危险。就中小企业而言，风险是指生产经营决策后由于未来结果的变化性而可能发生的损失。即未来生产经营的结果可能相异于生产经营决策的预期，预期对未来结果可能出现偏差，这时风险就存在了。一般的，当生产经营的结果低于预期结果时将产生损失，而管理这种未来可能的不利结果恰是风险管理的本质内容。

2. 中小企业在不同条件下决策的风险

管理决策是在不同的风险环境下进行的。首先，如果是在确定条件下做决策(decision making under certainty)，与决策相关的所有信息都是已知的。通过相应量化分析得出的解，是能使企业利润最大的唯一的解，即决策的结果只有一个。其次，如果是在不确定条件下做决策(decision making under uncertainty)，决策的结果就有几个，但不知道每一结果的发生概率。此时分配于各种后果的概率是一种主观方式，称之为主观概率。主观概率主要基于预感、直觉和个人偏好，而非科学的数据。此情况产生的风险，谓之广义风险。例如，企业正在考虑生产一种全新的产品。由于消费者没有用过这种产品，就无法估计将来对它的需求。市场营销部门可以进行各种市场调查来估计会有多少人来购买这种产品，但它的可信度是不高的。它只能是对需求的一种粗略的猜测。最后，如果决策的所有结果及发生概率已知，谓之狭隘风险。这种决策就是在有风险条件下做决策(decision making under risk)。给其结果确定概率的过程不涉及相当复杂的分析，其分析基于决策者丰富的经验和有关数据，这样确定的概率称之客观概率。例如，在已完成的80口油井中，有15口井每天产油3000~4000桶，25口井每天产油5000~10000桶，40口井每天产油10000~15000桶。这一历史记录就为决策者估计新井的成功概率提供了一定根据。

(二)风险的因素

风险因素是指隐藏在生产经营损失之中的，增加损失的可能性和损失程度的条件。其条件不同，产生的风险后果也不一致。风险因素可分为以下两种：

1. 有形风险因素

有形风险因素是指物质形态的、影响损失频率和程度的条件，例如物体的位置、构造、火灾、水患、地震、所需物资供应地和产品销售地与中小企业所在地的距离等。具体来说，在物体构造上，如果一件产品设计和制造了许多顾客不需要的功能，给主要功能使用造成障碍，给操作和维修带来困难，价格也高，则较之强化几项主要功能的同类产品的市场风险更大；在距离上，一个靠近所需物资供应地和产品销售市场的中小企业，相较于地处偏远的企业，运营的风险小得多。

2. 无形风险因素

无形风险因素是指法规、政策、观念、道德和文化等非物质形态的，将影响损失发生的可能性和程度的条件，例如：员工因不良企图而产生了欺诈、泄露机密等行为造成公司严重损失。

(三)中小企业决策者的风险偏好

在中小企业经营中，对运营的项目，有的决策者为了降低风险而牺牲期望回报，称之为厌恶型；有的决策者为了获得更多的期望回报而承担更大的风险，称之为寻求型；有的决策者既不愿牺牲期望回报，又不愿承担风险，称之为中立型。通过度量决策者对期望回报的不同满足程度可了解这三种风险偏好。虽然满足程度无法度量，但仍假定满足程度是可以度量的，经济学界用了“效用”来度量其满足程度。即用效用期望值与期望货币值之间的相互关系(如图 10-1 所示)来说明满足程度。

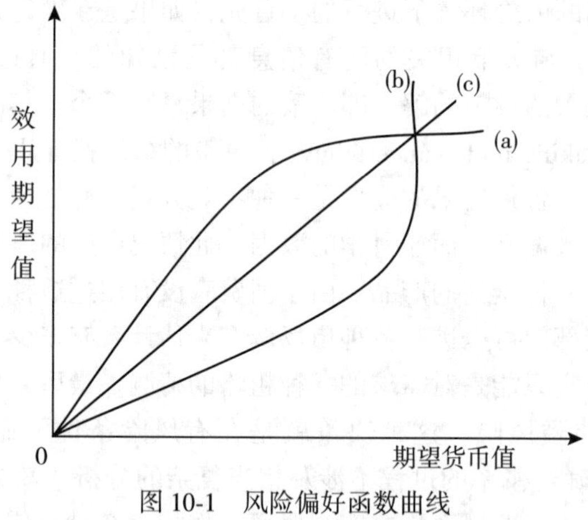

图 10-1　风险偏好函数曲线

说明：

1. 图 10-1(a)，表示了效用期望值随期望货币值的增加而增加，但效用期望值的增加速度是递减的。因此，这一函数曲线凹向水平轴一面。这种凹形效用函数就是风险厌恶型。

2. 图 10-1(b)，表示了效用函数的斜率是递增的，其函数曲线凸向水平轴一面，这种凸形效用函数就是风险寻求型。

3. 图 10-1(c)，表示了效用函数的斜率为常数，其函数是一条斜率为常数的直线，这种效用函数就是风险中立型。

二、中小企业生产经营的风险类型

中小企业现在面临激烈竞争的国际市场和国内市场，由于市场的不确定性显著增强，经营活动和经营效益都存在很大的风险。中小企业从创立到成熟的过程中会面对各种风险。因为中小企业经营规模小、抵御风险的能力弱，所以风险对中小企业造成的损失往往超过大企业。研究中小企业面对的风险以及如何有效防范，具有重大现实意义。中小企业的风险归纳起来主要有经营风险、财务风险和投资风险。

（一）中小企业经营风险

中小企业经营风险主要是指中小企业的生产经营因受到企业内部、外部因素的干扰，给中小企业带来不确定性而产生的风险。主要有以下几种形式：

1. 中小企业价格风险

国内外市场价格的波动造成中小企业的经营成本波动，可能会使中小企业蒙受损失。当市场价格上升时，会导致中小企业原材料采购成本增加，从而造成中小企业经营成本上升，使企业可能面临利润下滑的风险；当市场价格下降时，行业的企业可能展开价格战，产品价格可能会下降很多，企业同样面临盈利减少的风险。

2. 产品品种与质量风险

企业产品的品种、功能、质量，不符合市场消费群体的需求时，会产生风险。

3. 中小企业技术风险

当代企业竞争是“创新”能力的竞争。企业为了巩固并扩大市场份额以及保持其核心竞争力，必须不断进行创新。创新的一个非常重要的方面就是技术创新，技术创新需要成本，如果成本投入过多，而技术创新难继或成果很难市场化，就面临着非常大的风险。特别是中小企业，资金本来就难融，如果对创新的范围和深度把握不当，会产生极大的风险，其后果难负。

4. 中小企业销售风险

中小企业选择的细分市场不当、对消费者的偏好了解不全、销售决策失误、营销能力不足都会使企业面临着较大的销售风险。

5. 中小企业政策风险

国际经贸环境的变化、国家的产业政策、财税政策和金融政策的调整，都会影响中小企业的经营，造成风险。

（二）中小企业财务风险

财务风险是指中小企业利用财务杠杆进行负债投资而面临的风险。中小企业举债经营可以生产经营某种新品种或扩大经营规模。在经营状况良好时，还可以提高自有资金的盈利能力。当中小企业息税前的资金利润率高于贷款利率时，中小企业的自有资金利润率提高；反之，中小企业则可能亏损，严重者就会破产。

(三) 中小企业投资风险

中小企业在生产经营过程中将沉淀一部分资金，一般会采取在金融市场上进行投资以实现资金的保值或者增值，例如进行证券投资，而这必然会承担一定的风险。具体表现为以下几种风险：

1. 违约风险

证券发行人违约无法按时支付利息或偿还本金将使中小企业蒙受损失。一般来说，政府发行的证券违约风险小，金融机构发行的证券次之，工商企业发行的证券风险较大。

2. 利率风险

利率变动引起证券价格波动，使投资人受损。一般而言，银行利率下降，则证券价格上升；利率上升，则证券价格下跌。不同期限的证券，风险不一样，期限越长，风险越大。

3. 中小企业的购买力风险

由于通货膨胀而使证券到期时获得的货币实际购买力下降，使中小企业遭受损失。

4. 中小企业的流动性风险

中小企业为了获得现金购买生产资料而想出售有价证券获得现金时，不能立即出售带来流动性风险。一种资产如果能在较短时间内按市值出售，则其流动性较高，流动性风险较小；反之则流动性风险较大。

三、中小企业生产经营的主要滞障

美国经济学家布鲁斯·菲利普斯认为组建中小企业并不像人们所想象的那样经常失败。他在研究中发现，10 个新企业中有 4 个至少生存 6 年。大部分中小企业的关闭并非生产经营不善，而是由于某些原因导致中小企业的所有者自愿终止，例如企业主想进入一个利润更高的企业。

新的中小企业为什么会破产？尽管人们常常不知道具体原因，但迈诺塔公司早期的一个针对 703 家员工少于 500 人的企业的调查发现，主要原因包括：缺乏资金(48%)、没有企业知识(23%)、缺乏管理(19%)、计划不详细(15%)、缺乏经验(15%)。

(一) 中小企业资金不足

资金短缺是中小企业面临的最大问题，没有足够的资金，企业不可能买到设备并维护设备，不可能雇佣到有能力的员工，不能生产并销售产品或做其他管理企业所必须做的事。由 CERA 经济学咨询公司所作的一项研究发现，大部分企业启动失败的原因正是由于缺乏资金。

(二) 中小企业管理水平不高

中小企业面对的第二个问题是企业的知识储备有限、缺乏管理、管理水平低、缺乏计划和经验。许多企业主趋向于依赖本人亲自管理，而且好像不愿意改变这种管理模式。他们固执地保护着自己的职位，而且不太愿意选拔能干的员工，或不给予员工进行管理所需的全部权力和责任。许多中小企业的组建是由于某些人擅长于某些特殊活动或贸易，而不是由于其具有管理能力。

此外，我国中小企业面临的问题还有：产销率、设备利用率较低，产品销售渠道不畅；技术水平偏低，大多数企业缺乏与国外市场的交易渠道；企业间相互拖欠债务现象仍比较严重，企业信用秩序不好；大部分中小企业受技术和经营水平限制，竞争力较弱，其竞争手段偏重于价格竞争。

四、中小企业预防风险的措施

美国中小企业对风险的防范，随着行业的不同而不同。中小企业的董事会在招聘经理时，除了考核其对企业前景目标的规划外，还看重他对企业风险的认识及对风险防范的反应能力，同时也把风险分析列为企业年度报告的重要内容，力求企业在风险经营中能成功。对于我国的中小企业，也要从观念上转变对风险的态度，倡导风险决策，鼓励挑战风险，但又不能盲目追求风险收益，从思想和决策上提高风险的承受能力。

(一) 中小企业风险的预测和识别

中小企业在运营过程中，应掌握各方面的信息并根据外部经济环境可能出现的变化趋势，提前做出风险预测，以便随时调整企业的运营方案，做到“居安思危”。中小企业风险预测和识别是预防风险的第一步，也是风险管理最为基础的工作。只有正确识别了风险的种类及其原因，才能对风险的大小做出准确的评估，然后才可能采取可行的对策和措施。风险识别要求企业对生产和经营过程中面临的特殊风险有明确的了解，提高对风险可预见性的认识，掌握风险管理的主动权。

(二) 中小企业风险的规避

规避风险是在预测可能发生的风险出现之前或已有出现苗头之时，采取应急措施来减少或消除风险侵害以避免损失。风险规避可以从三个层面展开：战略风险规避、项目性风险规避和方案风险规避。过多消极地规避风险，会使企业安于现状，丧失争取发展的主动权。中小企业一方面要积极进取，增强企业的竞争实力，另一方面又因为风险承受能力差，必须避免过大的风险给自己造成沉重打击，如何处理好这两者的关系，对中小企业决策者是一个考验。

(三) 中小企业风险的转移

转移风险是风险防范中最经常运用的但也是运作最复杂的措施。企业以一定代价(如保险费、赢利机会、担保费和利息)采取某种方式(如参加保险、信用担保、租赁经营、套期交易、票据贴现等)，将风险部分或全部转嫁给他人承担，以避免给企业带来灾难性损失。首先是向专业性保险公司投保。企业只需定期交纳一定数额的保险费即可在巨额风险损失发生时获得保险公司的补偿。其次是风险共担，如实行合资、联营、增发新股、发行债券、联合开发等。最后是风险主体转移。即把风险全部转给另一主体。如通过技术转让、特许经营、战略联盟、租赁经营和业务外包转让经营风险；通过委托开发、购买专利来转移技术风险。由于风险转移必然带来利益的流失，因此，企业应当在识别风险的类型和大小以及权衡得失后，选择恰当的方式转移。对中小企业而言，现代保险制度是转移风险的最理想方式，例如自然风险就宜用投保转移风险。中小企业应增强保险意识，加大在财产、医疗等方面的保险力度，把可能存在的风险损失转移给保险公司。此外，中小企业还可以在对自身风险进行充分识别与评估的基础上，把那些较大的风险通过合同条款转移给对方承担。

(四)中小企业风险的分散

如果说转移风险是从外部减少风险的话，分散风险则是从内部减少风险。常用的分散风险方法主要有产品多样化组合，经营门路多样化组合，资产运作多样化，投资(如股票种类、基金种类、债券、项目等)多样化，从而使其风险在不同的领域里分散。具体可考虑如下因素：一是高风险项目与低风险项目适当搭配，以便在高风险项目遭受损失时，能从低风险项目的获利中弥补；二是所选项目数适当；三是要根据企业的核心能力给定一个风险承受的临界点，以此作为风险组合的标准。当然，对于中小企业而言由于多种原因所形成的产品单一性和趋同性，尚不具备开展多种经营的条件，因而一般中小企业应慎用该策略，即使选用这种策略，也必须围绕自己的优势，结合企业资源条件来进行，不违背自身的经营战略。

五、中小企业的风险管理

中小企业在生产经营过程中，不可避免地面临着各种风险。无论企业经营者的风险态度是厌恶、中立还是寻求，都必须科学地进行风险管理，才能够使企业生产经营获得收益，走向成功。

(一)中小企业应建立健全风险防范机制

中小企业应该建立事前、事中和事后控制的风险防范机制。事前应该根据风险发生的可能性和性质，进行合理的量化和分析。事中应该运用定性和定量方法，对风险发生状况进行度量、分析和监督，及时调整决策，将风险减小到可控范围内的最小程度。事后应该以发生的风险资料为依据，进行总结、建立风险管理档案，为今后的风险管理和防范提供有益的经验数据。

(二)中小企业应寻求有效途径，努力降低风险

中小企业可以通过各种方式来降低风险，如采取现金折扣方式销售产品，降低应收账款的回收风险；通过降低产品成本、提高产品质量来增强市场竞争力，从而降低销售风险；通过企业联盟，实现利益共享、风险分担；从事多元化经营，进行优势互补，减少因为单一经营而造成的风险；通过向保险公司缴纳保险费，建立保险基金等。

(三)中小企业应加强财务管理和证券投资管理

按照会计稳健原则，通过建立各种风险基金，如坏账准备金、存货跌价损失准备、短

期投资跌价准备、长期投资减值准备、偿债基金等来加强会计监督工作。同时，企业应该加强财务风险管理，确定合理的资金结构，发挥财务杠杆的正面效应。企业还应该重视投资风险和收益的分析，做好证券投资决策。采取证券投资组合策略，通过持有证券的多样化，选择稳健型策略，有效分散和降低投资风险；加强有效防范金融市场、证券市场价格波动的能力。

第二节　中小企业生产经营风险的控制

【知识阅读】

多元化经营控风险

辽宁成大股份有限公司(简称辽宁成大)于1993年8月在辽宁省针棉毛织品进出口公司的基础上改组创立，其后公司在1999年进入金融服务领域，在2002年风险投资生物制药，在2004年增持广东发展银行股份，在2007年涉足能源开发，在2010年投资新疆宝明矿业。通过上述业务结构的调整，辽宁成大从一个名不见经传的传统进出口贸易商成功转型为现代流通商，建立起现代流通、生物制药、金融投资三大模块的业务格局。

在流通主业地位突出的前提下，多种经营，通过三大模块的相互补充形成协同效应并分散风险，这正是辽宁成大控制风险的一大法宝。公司涉足资本市场有助于实现商业资本与金融资产、产业资本的融合，而广发证券的人才资源、市场资源以及拥有的外汇管理经营权等对辽宁成大的各项业务拓展具有极大的互补作用；成大生物更大的作用是，通过人用狂犬疫苗的上市为集团公司带来了稳定的、持续的现金回流；在集团对广发证券、成大生物等投资实现初步回笼的情况下，开始介入油页岩项目，虽然开发周期较长，但为集团长远发展提供了新的利润增长点，支撑了辽宁成大的可持续发展。四个跨行业多元化项目的选择，将投资期限与现金流回收期进行了精准的配比与设计，有助于分散风险，为企业创造稳定的财务环境、经营环境和再投资环境。

资料来源：邱闯、李延喜、张晓红、李艺玮：《辽宁成大多元化战略决策因素研究》，载《管理案例研究与评论》2013年第12期；引用时略有修订。

一、中小企业风险控制的概念与度量

(一)中小企业风险控制的概念

中小企业风险控制是指在营运中，为了化解企业的风险因素而采取的各种措施，以减少损失、扩大收益、降低损失频率为目标。比如：中小企业决定投资经营跨行业的项目时采取的市场调查分析和专家论证评估。因为中小企业类型、规模相异，相同的风险控制措施的有效性也不同。新兴高科技企业与一般企业，采取同样管理风险控制举措，前者风险损失大，但效益也高，而后者风险损失小，效益也小。对于中小企业，风险控制能保障其资源免遭损失并维持生产力。

(二) 中小企业风险的度量

为了对风险进行控制，必须要度量风险。下面对其予以描述。

1. 风险具体的度量方法

中小企业为了管理控制风险，需要对可能产生的结果，以及每种结果有多大可能发生有所掌握。这种掌握通常建立在一定的理论和以往的资料上，用其来评估和计算每一事件未来发生的可能性。所有可能结果及其可能性构成了概率分布(见表 10-1)。对于风险管理控制者而言，最重要的概率是那些关于风险损失发生的频率和风险损失程度的概率。事件发生的次数用频率来度量，如在某一时期，某一企业发生损害事件的次数。通常，风险管理控制者会将事件发生次数与基数联系起来，如计算平均频率，企业损害事件发生次数可能与平均的雇员人数有关。风险损失程度用于度量每件损害事件造成的损失。

表 10-1　　　　**风险损失概率**

观测值	损失值	损失类型	观测值个数	概率
1	100	100	3	3/8 = 0.375
2	100	500	2	2/8 = 0.250
3	100	1000	3	3/8 = 0.375
4	500			
5	500			
6	1000			
7	1000			
8	1000			
合计	4300		8	8/8 = 1.000

(1)平均值。概率分布既可度量未来预期结果的变化，也可度量那些预期结果。我们对未来的最优推测通常用平均值表示。样本平均值等于所有观测结果总和除以观测数。有些情况下平均值被定义为每种可能结果与其概率之积的总和。平均值用数学公式表示为：

$$样本平均值 = \sum_{i=1}^{n} X_i / n$$

式中，X_i为第 i 个观测值的值，n 为观测值的个数。

$$或：平均值 = \sum_{j=1}^{m} X_j P(X_j)$$

式中，X_j为第 j 类可能事件的值，m 为类型的个数，$P(X_j)$为第 j 类事件发生概率(相对频率)。

可以利用表 10-1 来说明公式。平均值通过以上公式来计算：

$$4300/8=537.50$$

$$或(100\times0.375)+(500\times0.250)+(1000\times0.375)=537.50$$

(2)结果的变化性，即风险，可以通过诸多方法来度量。一个常用方法是用“极差”来度量结果的变化性，即度量风险。极差等于可能结果的最大值与最小值之差。在表 10-1 中，极差等于 1000 减 100，即 900。需说明：在大多数情况下，零也是一个可能结果。另一常用方法是用“方差”度量结果的变化性，即度量风险。一个概率分布的方差等于每个观测值与其平均值之差的平方的平均值。样本方差用数学公式表示为：

$$方差=\sum_{i=1}^{n}(X_i-\bar{X})^2/n$$

式中，X_i为第 i 个观测值的值，$\bar{X}$ 为分布的平均数，n 为观测值的个数。

$$或：方差=\sum_{j=1}^{m}(X_j-\bar{X})^2\cdot P(X_j)$$

式中，X_j为第 j 类可能事件的值，m 为类型的个数，$P(X_j)$为第 j 类事件发生概率(相对频率)。

方差可以用来度量将均值作为估算可能结果的适用性。就平均而论，若观测值偏离平均值很远，这样估计的结果就不太可靠。方差的计算可避免正负差值相互抵消。这样有助于我们知道结果的变化性。

但方差的数值常常较大，不易理解。为了更好地度量风险，一般使用方差的平方根。方差的平方根可以与最初预期结果进行比较。因为方差是差的平方，所以将方差开平方的根，就可以将其还原为初始的度量单位，我们称方差的平方根为标准差。根据表 10-1 的数据，利用方差公式开方，求得方差平方根，即标准差为 390.31。就平均而言，每个观测值偏离均值(537.50)有 390.31 个单位。在均值相等的条件下，比较标准差，标准差较大的概率分布，风险也大。因此，在其他条件相同的情况下，标准差越大，代表的风险越大。不过概率分布很少出现相等的均值。

如果比较两个均值相异的概率分布，此时需要考虑“离散系数”，它等于标准差除以均值。“离散系数”给出了一个风险的相对值。在表 10-1 的例子中，离散系数为 0.73 (390.31÷537.50)。离散系数越小，损失分布的相对风险就越小。

风险管理控制者可运用上述度量结果变化性的工具，更好地进行决策。但是，人们通常缺乏计算概率分布的资料。而且需要考虑的事件或决策的事项，多为新出现的或较为少见的，使其收集资料很困难。如一个中小企业遭受一种平均 5 年才发生一次的特殊风险损失。但该企业可能在某一年发生三次风险损失，而在接着的 15 年中不发生任何风险损失。在此情况下，即使是最先进的资料分析方法也难以达到目的。

2. 运用大数定律控制风险

(1)大数定律的含义。在只能获得少量过去的资料或得不到资料时，就难以有效地估算结果变化性。大数定律可以弥补其不足。大数定律描述了使用大量观测值的重要性，它是成功进行风险控制的重要统计定律。

大数定律认为，随着观测值样本的增加，对均值的相对偏差就会减少。其要点是，样本数量越大，估计的结果就将越可靠。

(2)大数定律例证分析。为了进行计划，一个风险控制者常常运用大数定律来估计未来的结果。如果其他方面相同，那么样本数量越大，相对风险就越低。因此，人们很希望能获取大量观测样本。下面举例来描述大数定律。

假定中小企业风险控制者考虑产品生产的两组风险。一组包括2000个样本，另一组包括8000个样本。在某一特定时期内，如一年内，每组都将遭受10%的损失。因此，第一组将发生200件损失，第二组将发生800件损失。这个例子属于二项分布，即只存在两种可能结果，风险损失或者没有风险损失。二项分布的均值等于样本容量乘以损失的概率。并且使用以下符号：

n=样本容量

P=损失的概率

$q=1-P$

np=均值

那么，对于第一组，均值为200

$$2000\times10\%=200$$

对于第二组，均值为800

$$8000\times10\%=800$$

概率分布的标准差度量风险即离散程度。对于二项分布，标准差为：

$$\sqrt{npq}$$

在例子中，第一组和第二组的标准差分别是13.4和26.8。

第一组：$\sqrt{2000\times0.1\times0.9}=13.4$

第二组：$\sqrt{8000\times0.1\times0.9}=26.8$

因此，虽然随着样本容量扩大到原来的4倍，均值，即损失的预期数量也扩大到原来的4倍，但标准差只扩大到原来的2倍。通过这个例子可知，随着样本数量的扩大，对预期结果偏离的比例是相对下降的。即相对的离散程度是降低的。离散系数(标准差除以均值)是度量风险的一个相对指标。在上例中，第一组的离散系数为0.067(13.4÷200)，第二组的离散系数为0.0335(26.8÷800)，这意味着后者较之前者风险降低了。即取样多的第二组的风险小于取样少的第一组。

为了进一步说明取样本的多少对损失结果的评估计算的准确性具有影响，这里假设该企业风险控制仅取一个样本($n=1$)，试图自留风险损失。那么该企业要么不遭受风险损失，要么遭受风险损失，尽管风险损失的概率只有10%，该企业怎么知道自己是否将有10%的风险损失呢？运用二项分布，该企业的标准差(风险)为0.3($\sqrt{1\times0.1\times0.9}$)，离散系数为3(0.3÷0.1)，相对于取8000个样本而言，风险损失增加了89.55倍(3÷0.0335)。说明试图自留风险损失很大，即取样越少，风险损失越大。

二、中小企业风险控制的方法

企业决策者一般通过以下几种方法控制风险：通过多种经营来控制风险；通过在金融市场上购买各种合同进行套头市场；运用调整贴现率控制风险；购买保险以防因自然灾

害、火灾、被盗和其他意外事件引起的风险损失。下面分别予以介绍。

(一)中小企业运用多种经营控制风险

1. 多种经营控制风险的含义

中小企业可以通过资产的多种经营来控制风险。即它可以投资于多种不同的业务，这样，一项业务领域的衰退对企业造成的损失就有可能被另一项业务的扩展收益所抵消。

2. 多种经营控制风险例证

通过多种经营控制风险的原理，可以用企业生产两种不同的产品 A 和 B 的情况来说明。这两种产品的期望回报率相同，即 $\gamma_A = \gamma_B = 0.10$；风险也相同，即 $\sigma_A = \sigma_B = 0.20$。假定投资组合的 50%投于产品 A，即 $w_A = 0.50$；另 50%投于产品 B，即 $w_B = 0.50$。这样，投资组合的加权平均回报为：

$$\gamma_\sigma = w_A \cdot \gamma_A + w_B \cdot \gamma_B$$
$$= 0.5 \times 0.10 + 0.5 \times 0.10 = 0.10 \text{ 或 } 10\%$$

投资于两种产品，其期望回报与只选择其中一种产品并无区别。多种经营的好处在于，它可以控制风险而不减少期望回报率。上述 A 和 B 的风险为 0.20。由两种产品组成的投资组合的风险可用下面的公式来计算：

$$\sigma_p = \sqrt{w_A^2\sigma_A^2 + w_B^2\sigma^2 + 2w_Aw_B\sigma_{AB}\sigma_A\sigma_B}$$

式中，σ_{AB}为两种投资回报之间的相关性(即两种回报一起变动的程度)，如果回报是完全相关的，$\sigma_{AB} = 1.0$，投资组合的风险就等于：

$$\sigma_p = \sqrt{(0.5)^2 \times (0.2)^2 + (0.5)^2 \times (0.2)^2 + 2 \times 0.5 \times 0.5 \times 1.0 \times 0.2 \times 0.2} = 0.2$$

注意：如果只与投资一种产品所面临的风险相比较，这里的风险水平并没有降低。

但如果相关性是不完全的，那么，风险就会减少，为了减少风险，两种产品的回报必须小于完全相关。

不管 σ_{AB} 为何值，这一投资组合的风险为：

$$\sigma_P = \sqrt{0.02 + 0.02\sigma_{AB}}$$

现在，如果两种回报之间是完全负相关，就能最大限度地控制风险，减少损失。就是说，当 $\sigma_{AB} = -1.0$ 时，这一投资组合的风险为零：

$$\sigma_P = \sqrt{0.02 + 0.02 \times (-1.0)} = 0$$

这里，风险被完全消除了。

当 σ_{AB} 为其他值时，投资组合的风险如下：

$\sigma_{AB} = +0.50$	$\sigma_p = 0.17$
$\sigma_{AB} = +0.25$	$\sigma_p = 0.16$
$\sigma_{AB} = 0$	$\sigma_p = 0.14$
$\sigma_{AB} = -0.25$	$\sigma_p = 0.12$
$\sigma_{AB} = -0.50$	$\sigma_p = 0.10$

这是一个重要的研究成果：通过建立一个高效率的资产投资组合，就可以在给定的回报水平上，减少其风险。在给定的风险水平上，与低效率的投资(不是多种经营的)相比，

可以增加其回报。

因此，中小企业控制风险，减少损失的方法之一就是实行资产的多种经营。企业可以把资金投于几种不同的产品线上，或者在国内或世界上的不同地方设厂开店。只要资产的投资组合是正确的，就可以在不减少其期望回报的条件下，控制风险，增加收益。

(二)中小企业可运用套头交易控制风险

企业还可利用期货合同进行套头交易，来控制因价格的不利波动产生的风险，免受损失。这里期货合同是指与人签订合同，规定将来可以按既定的价格，买或卖一定数量和质量合格的物品。

例如，某中小型农业企业必须在小麦收割前的若干个月就播种小麦，然而，几个月的时间里充满变数，可能因一些市场原因导致售价降低。而该企业可以在早期签订期货合同，规定在未来某个时间按照既定的价格出售一定数量的小麦，以此减少或者避免损失。

同时，期货合同本身在市场中也可以买卖，且这种买卖可以不断进行。期货合同价值的高低与产品的价格呈相反关系，即产品的价格上涨，按一定价格出售的权利就会贬值；产品价格下跌，出售的权利就会增值。中小企业最终得按现行价格出售产品，但如果这一价格下跌，中小企业就能在期货合同上赚钱，从而抵消因价格下跌导致的部分或者全部亏损，风险得到控制。如果价格上涨，期货合同的价格就会减少，这样，因按较高价格出售而得到的利润增加，就会被期货合同价格的减少而部分或者全部抵消，风险得到控制。所以，如果运作得当，中小企业的所有价格风险被控制，损失就可以基本上被消除。

(三)中小企业可运用调整贴现率控制风险

该方法是使用风险调整过的贴现率来确定投资产生的未来利润的现值来控制风险。如果已知将来的利润流 π_t， 基本的评价公式为：

$$PV = \sum_{t=1}^{n} \frac{\pi_t}{(1-r)^t}$$

式中的 r 为适宜的经过风险调整过的贴现率或利率。多数企业决策者只有在将来有可能得到较大的利润回报时，才愿意接受风险较大的方案。例如，当银行存款的回报率是年利率的 10%时，只有当高科技产业每年的期望回报大大高于 10%，人们才会投资这个风险较高的事业。

图 10-2 中，曲线 R 代表一位假设的中小企业决策者认为是没有区别的全部风险和回报的组合，表示该决策者在风险和回报之间进行权衡的意愿。显然，这一函数的形状因决策投资者而异，取决于其对风险的偏好。一个十分厌恶风险的决策投资者的权衡函数可能很像虚线 R_1——风险的任何增加要求回报也有较大的增加；相反，另一中小企业决策投资者的权衡函数则像曲线 R_2，这里，风险的较大增加只要求回报率有少量增加。

假定无风险投资的回报率为 10%，且无风险产品投资方案的标准差为零。对权衡函数为 R 的投资者来说，如果风险增加到 $\sigma=0.1$，就要求有 15%的回报率。这 15%的回报率与无风险回报率 10%之间的差额称为风险补偿率。如果 $\sigma=0.2$，权衡函数 R 指出，此者要求的回报率为 30%。因此，风险补偿率为 20%。在评价产品投资方案时，应使用这

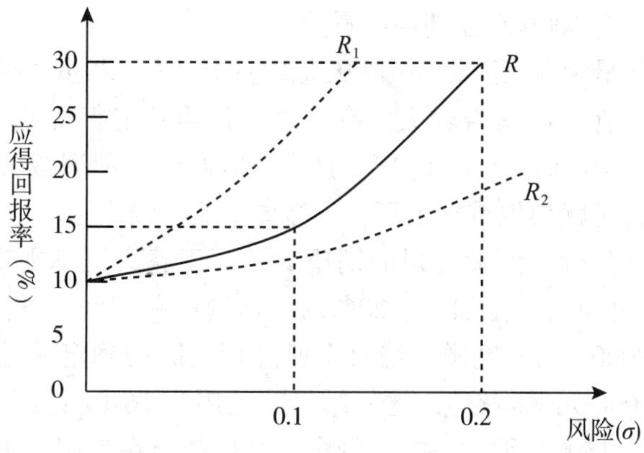

图 10-2　假设的决策投资者对风险回报的权衡

些有差别的贴现率，来评价将来产品利润的现值。就是说，高风险的产品投资方案的净现金流量，与低风险的产品投资方案相比，应该用较高的贴现率来进行折现。

这里应着重指出：没有相应的数学式或表格可用来说明风险和贴现率之间的关系。但两者之间的关系是正相关，这种关系必须由每个决策投资者的判断来确定。

（四）中小企业可运用保险控制风险

企业购买保险来补偿因各种风险（如火灾、盗窃、洪水、地震和死亡）而带来的经济损失。保险市场的存在是因为人们厌恶风险。假定有一位经理，他知道其焰火生产企业每年能净赚利润 1000000 元，但工厂着火的概率为 0.50，假定工厂被烧毁，重建的成本为 800000 元。现在有两种可能的结果：（1）工厂被烧毁，净回报为 1000000 元减去 800000 元，即为 200000 元。（2）工厂没有发生火灾，净回报为 1000000 元。每一结果发生的概率为 0.5。期望的货币价值 μ 为 600000 元，见表 10-2。实际上，经理面临的是一种冒险。

表 10-2　**净利润的概率分布和期望值**

事件	结果（元）	概率	结果×概率（元）
着火	200000	0.5	100000
不着火	1000000	0.5	500000
			μ = 600000

假定经理的效用函数与图 10-3 相似。A 点对应于工厂被烧毁的结果（即收益 200000 元和效用为 1000），B 点对应于“未着火”的结果（收益为 1000000 元和效用为 2000）。因此，这一不确定前景的期望效用为 1500，即：

$$P = 0.5 \times 1000 + 0.5 \times 2000 = 1500$$

现在，确定性等价为 400000 元（即确定性的 400000 元能产生效用 1500，见图 10-3 中的C点)。因此，决策者对下面两种选择认为是没有区别的，一种是有400000元收入的确定性前景，另一种是有600000元期望的冒险。

这意味着谋求利润最大化(但属于风险厌恶型)的经理最多愿意付出600000元为工厂购买火灾保险，因为不管工厂是否着火，有了这一保险就能保证确定性收入400000元，即经理知道企业净获利400000元是有把握的(即1000000元利润减去600000元保险费)。如果企业着火，保险公司就为他重建工厂，不需要企业花钱。

从保险公司的角度分析：保险公司的期望支出等于着火概率乘货币损失，即400000(0.5×800000)(元)。再加上，比如说，20%的经营费用和利润，保险公司就可以把火灾保险单的价格定为480000元。这样，焰火企业经理实际的确定性结果为净利520000元(1000000元利润-480000元保险费)。这一结果的效用为1620(见图10-3中的D点)，优于不确定性前景的效用1500。因此，在此例中，经理就能在效用为1620的确定性前景和效用为1500的不确定性前景之间做出选择。显然，理性的经理会选择购买保险这一确定性前景。

以上描述了确定条件下的风险控制，涉及不确定性的论述甚少，待以后需要再学习。

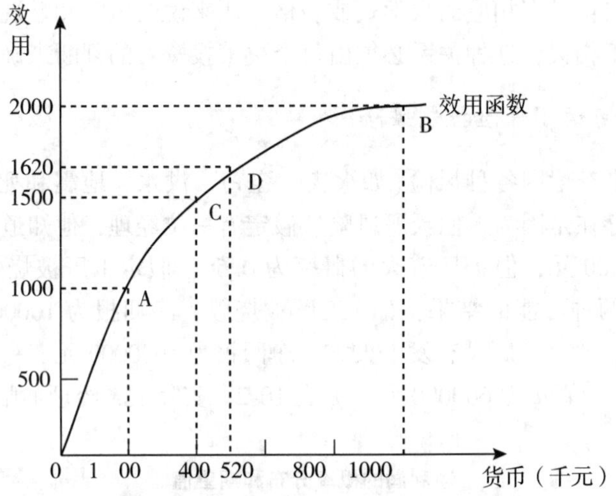

图10-3　风险厌恶型经理的效用—货币函数

第三节　中小企业经营危机的管理

【知识阅读】

康芝应如何管理危机？

2010年11月，我国儿童药业的龙头企业——康芝被指其儿童退烧药中含有“尼美舒利”(一种抗炎、镇痛、解热的药)，这种药物成分用于儿童退烧时很有可能损害孩子的中枢神经及肝脏。一时之间，大众媒体纷纷指责康芝违规滥用限制类药品。而康芝在这次危机中的处理措施也让媒体和公众大失所望，消息一传出，康芝的第一反应是将矛头指向强生公司，直指对方“不正当竞争”；针对社会公众的质疑，康芝以“国内外用药标准不一”为由推卸责任。而实际上，作为消费者——产品的使用者来说，如何解决药品的安全问题才是最重要的。康芝不采取切实有效的措施解决问题，反而打起口水战，这种做法忽视了与公众的情感对话，导致错过了挽回声誉的最佳时机。

纵观康芝的经营之路，其战略倾向可以总结为“重终端拓展，轻品牌建设”。虽然康芝拥有1000多个代理商和30000多个终端销售网点，在渠道方面的优势非常明显，但却忽略了品牌建设，造成极大的损失。由于本身品牌基础就薄弱，再加上危机的冲击，康芝的品牌形象轰然倒塌。这场危机也迅速蔓延到整个儿童药品行业，给国内许多企业造成了较大的冲击。

资料来源：夏洪胜、张世贤主编：《企业危机管理》，经济管理出版社2014年版；引用时略有删改。

一、中小企业危机管理概述

(一)中小企业危机的含义

随着中小企业面临的外部环境和企业内部条件的变化，中小企业与外部环境之间、中小企业内部个体之间、中小企业与其内部个体之间时常会产生某种利益冲突。当这些冲突发展到一定程度并对中小企业声誉、经营活动和内部管理造成严重冲击时，就演变成了中小企业危机。

(二)中小企业危机的特点

中小企业危机不论何种诱因、何种类型都具有如下特点：

1. 危机的突发性

中小企业危机的发生往往出乎人们的意料之外，又来势迅猛。尽管有些危机有很长的潜伏期，却因管理者未能及时排除隐患，一旦爆发仍是管理者所料不及的。

2. 危机的破坏性

尽管危机的性质、等级和强度可能不同，但都有一个相同的结果，就是严重地削弱了企业的运行能力，破坏了企业最为宝贵的财富——声誉和品牌形象，使企业蒙受巨大损失。这一特点决定了企业处理危机时必须遵循预防的原则，将危机消除在萌芽状态。

3. 危机的不确定性

危机发生具有很大的不确定性。人们很难判断危机是否会发生以及何时发生，也很难测算危机发生的概率，人们只能根据以往经验作出预测，而预测结果常常是不准确的。这一特点要求企业处理危机时必须密切关注危机的进展。

4. 危机的连锁反应

每一种危机都有一定的连锁效应，一种危机的产生、存在常常会引发其他危机。危机一旦发生，有祸不单行、雪上加霜的特点。

5. 危机的放大效应

中小企业危机可能因危机间的互动、人际传播、媒体炒作、管理者和员工的紧张心理等因素而放大。危机的这种放大效应，使危机蔓延速度加快，常常还会节外生枝，对危机的后果产生乘数效应。

基于中小企业危机的上述特点，危机管理就具有不确定性、应急性和预防性三大特征。正是因为中小企业危机的上述特点，危机一旦爆发，会影响企业目标的实现，严重时会令企业陷入瘫痪状态，威胁到企业的生存。因此，中小企业必须重视和加强危机管理。中小企业危机管理是指中小企业通过对危机的监测、防范、决策和对危机的处理，达到减少和避免危机产生的危害，甚至将危机转化为机会的管理过程。从上述定义中可以看出，"危机管理"的对象是危机，因此，我们将研究危机的类别、危机产生的原因及危机来临时的应对方略。

二、中小企业危机的类型及成因

中小企业危机按不同的标准有不同的分类，例如常见的有以下几种危机分类：

(一)突发性危机

突发性危机是指中小企业外部宏观环境、行业状况或企业内部突然发生的一些事件，给企业造成重大的经济损失和对形象的损害，企业处理不当甚至会导致企业倒闭。如2000年3月17日位于美国的飞利浦公司第22号芯片厂的一个车间着火，导致灾难性后果；爱立信对突发危机反应迟缓，没有及早寻找新供应商及调整经营策略，结果2000年由于零件短缺，直接损失4亿美元的销售额，爱立信手机全球市场亏损约18亿元。这些著名公司尚且会遭遇危机带来的损失，中小企业就更要防范危机带来的灾难。

(二)供应危机

在市场竞争日益激烈的今天，供应链上企业之间的联系是很紧密的，供应链上的任何一个企业发生危机都可能引发相关企业的危机，企业如果没有很强的危机管理能力，很可能因为供应链上相关企业的危机而陷入困境。2015年，东莞一家专门为海外厂商代工生产手机的代工厂兆信通讯，其董事长高民因经营压力自杀。在和供应链管理公司五洲通的合作中，兆信通讯已经抵押了产品，加上资金链早就显露出不堪重负的迹象，兆信通讯也不可能再获得银行贷款。兆信通讯至少拖欠了供应商4000万元以上资金，倒闭的风波将在产业链持续发酵，可能形成"多米诺骨牌"，导致供应商破产。此外，过高的手机库存还在继续威胁着和兆信通讯相似的代工企业，手机整机企业的价格战也没有消退迹象，无利润生产的"兆信模式"，已经越来越撑不下去了。①

---

① 资料来源：袁野：《疯狂价格战加速手机行业洗牌　小厂商成"炮灰"》，载中国新闻网，http：//www.chinanews.com/it/2015/10-16/7572075.shtml，2015年10月16日。

(三)品牌危机

企业被指控侵害他人名誉权或知识产权，面临巨额赔偿；或者企业商标被对手抢注，从而严重影响了企业的经营。这一类型的典型案例是美国微软公司起诉亚都公司软件侵权案，使亚都面临近千万的赔偿。

(四)产品质量危机

产品质量危机是指企业在产品质量或功能上和消费者产生纠纷甚至造成消费者重大损失，进而被提出巨额赔偿甚至被责令停产的事件，是各种“危机”中最为常见的一种，比如人们所熟知的“三鹿奶粉事件”、“丰田汽车召回事件”等都属于这一类危机。

(五)战略危机

由于企业选择了不适合的战略或虽然战略选择合适，但实施不当而给企业造成的危机属于战略危机。企业在战略选择方面通常出现的错误情况是：没掌握核心技术或没有优势资源，盲目进行多元化投资、实施多元化经营。如表 10-3 中的“宝利来”、“万家乐”等公司。

(六)组织危机

组织危机是指企业规模过大、效率低下、管理体制不完善、企业文化落后等导致的危机。最常见的是机构臃肿、管理层次过多，致使企业管理成本过高，部门间横向沟通少、冲突多、协调难、组织效率下降；官僚主义盛行，大量文书性计划、多级程序的报告和经常性会议，使下层经理、员工的积极性和创造性受挫，决策及制度得不到有效贯彻和执行。如表 10-3 中的“施乐”、“IBM”、“松下”和“三株”等公司。

(七)职能危机

职能危机是指企业各职能管理与企业的业务和变化了的环境不相适应而产生的危机。这种危机主要有：财务危机、营销危机、技术及产品创新危机、生产危机、人才危机等。例如财务危机是企业债务难以偿还，银行一时拒绝贷款，导致企业资金链断裂，生产瘫痪，巨人公司、爱多公司就曾经历财务危机。人才危机是由于部分高级主管或主要技术人员出走或解职带来的困难，或企业原技术开发人员将企业持有的知识产权、产品带走卖给他人导致诉讼所造成的企业经营困难或声誉急剧下降，“小霸王”、“亚细亚”等公司就遭遇过人才危机。

总之，划分危机类型的标准有很多种，但不论是什么危机，都会给企业发展带来重大损失，因此，了解危机产生的原因，从而有效防范危机，是每一个企业求得发展所不可或缺的一项战略内容。

表 10-3 列出了中外 26 家企业曾经经历的危机类型，其中营销危机有 17 家，战略危机有 15 家，发生频率最高，表明市场变化快而复杂，竞争激烈，疏于防范，难以应对；生产危机 4 家，突发危机 5 家，发生家数较少，表明防范较好，或变数较稳定。在表的备

注栏里进行了简明的分析。

表 10-3　　　　　　　　　　**中外 26 家企业危机类型分析**

类型 公司	突发性危机	组织危机	职能危机					战略危机	备　注
			财务	营销	技术	生产	人才		
长虹		+		+				+	机构庞大、管理层次多、营销手段落后
科龙				+			+		中间商多、营销成本高、高层经理频繁更换
夏华			+	+		+	+	+	资金短缺、产品结构不合理、营销策略不当、生产成本高、人员流失、规模不经济
爱多	+	+	+	+					负面新闻、产权结构致使权利争夺、资本结构不当、营销策略失误
实达		+						+	组织结构调整不当、多元化策略失败
瀛海威			+	+				+	筹资结构不当、商业模式模糊
小霸王							+	+	缺乏企业家和职业经理人
巨人	+		+		+			+	负面新闻、资本结构不当、多元化经营不利
万燕				+		+			营销模式落后、生产管理不当
万家乐				+		+		+	市场响应不足、需求预测错误、产品成本高、多元化策略失败
水仙电器			+	+	+		+	+	应收账款多、负债高、运营资金不足、营销手段、新产品开发不利、人才培养不足
猴王集团			+					+	过度负债、多元化经营不利
广信			+					+	过度负债
亚细亚							+	+	缺乏人才、连锁经营盲目
飞龙		+		+	+		+	+	管理体制混乱、技术创新不足、人才培养落后、结构单一
三株	+	+		+	+				机械臃肿、营销手段落后、顾客满意度不够、创新不足
太阳神				+	+			+	营销模式落后、创新不足、多元化投资失败
秦池	+			+			+		负面新闻、广告投入过度、缺乏人才
松下		+			+				机构臃肿、组织老化、技术创新不足
八佰伴			+	+			+	+	资本结构不当、目标市场模糊、规模过大
爱立信	+			+					应对危机不及时、产品组合不当

续表

类型 公司	突发性危机	组织危机	职能危机					战略危机	备　注
			财务	营销	技术	生产	人才		
惠普		+			+	+			组织机构不当、激励不足、研发不足、成本高
王安				+			+		产品结构不适应市场需求、领导不力
宝利来					+			+	创新不足、战略转型慢
施乐		+		+	+				官僚体制、创新不足、市场响应缓慢
IBM		+		+			+		机构臃肿，组织结构无效率，组织文化封闭，营销理念上以“技术至上”而非“客户至上”，营销策略不当，领导无方，执行不力
各类危机次数	5	9	8	17	9	4	10	15	

资料来源：吴晓巍主编：《小企业管理》，中央广播电视大学出版社 2004 年版。

三、中小企业危机产生的原因

危机种类繁多，有中小企业内部和外部变化引起的危机，又含潜在和现实的危机。危机种类不同，成因相异；即使同类危机，成因也千差万别。如既有经济体制问题、国际金融问题等外部因素，又有企业决策失误、管理不善等内部因素。因而，对不同企业所产生的不同性质的危机，必须具体分析。企业危机产生的原因一般有下述几点。

1. 中小企业决策失误

中小企业决策失误是导致企业经营危机的最主要、最直接的原因。造成决策失误的原因主要有：信息收集不全，信息不对称，经理根据错误的市场信号或信息进行决策；经理以主观经验决策，未能按照现代市场经营的客观需要和科学决策程序进行决策；经理简单或盲目模仿别人的成功模式决策，脱离了企业实际和变化的市场环境；决策者对决策的可行性分析不够，对决策方案审查不严；企业领导经验不足、水平不高，或情况不明、判断失误、决策失当。由于市场风云变幻莫测，决策失误是难免的。成功的企业往往是能够在决策实施过程中及时发现失误并及时纠正。

2. 中小企业素质低

企业素质决定着生产经营能力。企业素质低则难以适应市场变化，经营常处于无序盲动状态，危机很难规避。企业素质由企业管理者素质、员工素质、企业技术水平及装备状况等因素构成。其中最主要的是管理者及员工素质。现代企业间的竞争从本质上讲是人才竞争，哪家企业人员的素质高，就会赢得竞争的主动权和优势，否则就陷入危机。

3. 中小企业经营管理不善

经理忽视管理或管理不善，以至于生产经营秩序混乱，员工人心涣散，积极性不高，企业难免发生危机。一个管理效率低、管理方法不科学、管理基础薄弱的企业，运营中必然漏洞百出，危机四伏。目前，我国许多企业存在忽视管理的倾向，管理中的随意性和偏差较为严重，距离管理科学化相当遥远。

4. 中小企业公关失误

企业发生危机，特别是发生信誉危机、发生企业形象危机和经营危机时，常常伴随着企业公关不力的诱因。信誉危机首先表现在企业与客户关系紧张，企业因故未能及时履约，又没有与客户进行坦诚的沟通，信誉危机便随之发生。

5. 中小企业经营机制不健全

企业经营机制决定着企业的运行状况和长远发展。企业危机往往与激励机制和约束机制不健全相关。一些企业强调对职工的约束，忽略对管理者的约束，也有一些企业重视约束，忽略激励。企业内部矛盾加深，职工积极性受挫。总之，企业缺乏制衡机制，激励约束不对称，或者只有利益激励，会导致企业运转失常，发生企业危机。

6. 体制变革和政策调整

国家的经济管理体制变革和经济政策调整属于中小企业外部不可控的变化因素，会对企业生产经营与发展产生重大影响。如果企业不能适应体制变革及政策变动的环境，生产经营中就会遇到更多困难。如当经济发展过热，国家实行紧缩政策时，企业却选择房地产开发作为新投资项目，往往造成投资短期无法回收，经营困难；当对外进一步开放成为发展经济的必然选择时，企业却寄希望于政府保护来排斥外商投资企业，不研究转变经营机制和增强竞争力，则不可避免地陷入危机困境。

四、中小企业危机管理的程序

危机事件一般可划分潜伏期、爆发期、发展期和控制恢复期四个时期，据此，危机管理可分为六个程序，即按危机的规避、危机的预防、危机的确认、危机的控制和危机的化解和受益的程序进行管理。

1. 规避危机

危机的规避就是在危机潜伏期之前要做的工作。要将所有可能会对生产经营活动造成危害的事件一一列举出来，分析其可能的后果，并且估计预防所需的经费。严格保密对于防范某些经营危机至关重要，例如在敏感的谈判中由于泄密而引起的危机。

2. 预防危机

预防危机管理工作的要点是细致、敏锐和持之以恒，一定要观察和发现异常，捕捉潜伏的危机事件的征兆。因此，中小企业必须建立预警系统，使决策层和员工在危机发生时，能够更快、更准确地作出反应，以应对危机的发生。例如，希望集团的成功管理经验之一就是在制定企业战略时，始终坚持“企业安全第一、企业发展第二”的原则，因此，希望集团的决策者在管理过程中，注意防微杜渐，将小问题当作大问题对待；希望集团员工心中形成了“制度和纪律是一条不能触摸的高压线”的观念，消除了隐患，保证了公司高效运作。又如大多数航空公司都有准备就绪的危机处理队伍，设有专用的无线电通信设备以及详细的应急方案。今天，几乎所有的公司都有备用的计算机系统，以防自然或其他灾害打乱他们的首要系统。

3. 确认危机

确认危机及其程度，考验着企业决策层的危机反应能力，一旦危机发生，企业决策层的判断正确与否，决定了其应对危机事件的举措是否正确有效。这一阶段危机管理的工作特点是准确和快捷。2017 年，李文星通过 BOSS 直聘求职，却遭遇“李鬼”公司，被骗进天津某传销组织，7 月 14 日最终被发现死亡。BOSS 直聘被推上风口浪尖，成为网友们口诛笔伐的目标。BOSS 直聘不是不知道问题所在，而是知道问题但从来没想过去改进，从一开始就存在大问题。此次事件发生后，一直到 8 月 10 日，BOSS 直聘才正式发布道歉信，算是中规中矩。虽然技术无罪，但是 BOSS 直聘最终背上了第二个百度的名声。①

4. 控制危机

危机控制管理，就是面临危机爆发时，能迅速控制危机事件的发展和蔓延。在此危难关头，企业一方面必须控制危机事件本身，减少企业物质资源的损失；另一方面必须关注企业形象，加强对危机事件相关信息的管理，积极与媒体合作，争取客观公正的报道。此阶段的工作特点是行动迅速和协调统一。企业要想取得长远利益，在控制危机时应更多地关注消费者的利益而不仅仅是公司的短期利益。对危机的具体控制策略要在下面的第四节中专门阐述。

5. 化解危机

化解危机需要有专业的能力和灵活的应对举措。例如，当手机产生的电磁辐射会引起脑瘤的指控出现时，手机制造商们迅速请独立专家直接向公众解释实际情况，公众的担心才得到较快的消除。当百事可乐的软饮料罐中发现了注射器时，公司采取了类似的策略，使公众的喧闹很快便平息了。

6. 危机受益

企业的危机得到控制后，紧迫的工作就是要使局势恢复到危机事件发生前的状态。如果一个公司在危机管理的前五个程序处理得当，第六个程序就可以提供一个至少能弥补部分损失和纠正混乱的机会。例如，4 月 23 日晚，一篇名为《黄老师，黄小厨方案的钱我们不要了》的文章在朋友圈刷屏，一家名为 A&A Communication 的公关公司，控诉黄小厨于北京举办的 noob 市集现场所呈现的现场方案与他们为黄小厨提案的方案重合度极高。第二天早上，黄小厨品牌创始人黄磊发布个人声明，响应十分迅速，回应也做到了态度端正，保证严查到底。这次危机发生后，黄磊及时站出来表明态度，大众的舆论好感度也较高，并没有让事件的影响进一步扩大和恶化。②

---

① 王倩：《以生命为代价能否换来平台的改变？BOSS 直聘管理“黑洞”起底》，载《商学院》2017 年第 9 期，第 47~49 页。

② 骏小宝：《2017 上半年危机公关盘点：5 个成功案例+5 个失败案例》，载搜狐网，http://www.sohu.com/a/151155468_363248，2017 年 7 月 20 日访问。

第四节　中小企业危机管理控制的策略

【知识阅读】

海底捞，餐饮界的标杆，视顾客为上帝的服务模范，其服务的深度和广度在业界内是神话般的存在。2017年8月，一段关于海底捞后厨视频的曝光，将海底捞拉下了神坛。在视频中，可以看见海底捞厨房内老鼠钻食品柜、火锅漏勺掏下水道、员工将扫帚簸箕抹布与餐具一池清洗、洗碗机内部积累一层厚厚的油污……在网络舆论中引起了轩然大波。事件曝光后，海底捞的危机公关的处理速度快得让人反应不过来，在危机爆发后的4个小时内，海底捞就发布了道歉声明。在发布声明后的不到3个小时内，就告知于众其确定的处理方案，完全抓住了危机公关管理的"黄金时间"，控制了舆情的蔓延趋势，把控了舆论的话语权。这次后厨问题的危机并没有让海底捞处于风口浪尖，股票反而上涨2.45个百分点。海底捞在第一时间内就承认了媒体所曝光的都是事实，主动承认错误，切实地考虑消费者的利益，从而赢得了消费者认可。

资料来源：张运来、范姝君：《海底捞"后厨事件"危机公关触动了消费者的哪根弦?》，载《公关世界》2017年第19期，第56~59页。

中小企业是在外部环境中生产经营的，外部环境和内部条件的变化可能给其造成危机，所以危机管理控制是中小企业管理的重要组成部分。中小企业危机管理应坚持防备结合，以防为主，有备无患的原则。但尽管企业采取多种防范措施，也难以绝对避免企业危机的发生。一些学者在总结国内外企业危机管理经验教训的基础上，提出了危机处理的7种基本策略：果断中止策略、隔离策略、紧急补救策略、逆向操作策略、顺势改革策略、分散风险策略、避重就轻策略等。然而，每一个企业的外部环境和内部条件差异很大，每次危机的成因和具体情况迥然不同，因此在参考7种基本策略时，还应根据中小企业危机发生的具体情况，采取不同的管理控制策略。

一、中小企业财务危机的管理控制策略

（一）中小企业财务危机的预防控制

一个有危机意识的企业家应在工作中表现出对危机问题的重视，在防范财务危机的过程中，除了自身要有过硬的素质外，还应做到以下几点：

1. 树立正确的理财观念

财务管理有四项主要工作：其一是日常性、例行性的运营资金管理，其内容为现金、应收账款、存货、流动负债等管理，使资金的周转与调度顺畅，呆账大量减少；其二是中长期资金之筹措，即所谓的筹资决策，其目的是为健全财务结构，维持资金来源的连续性，降低资金成本；其三是投资管理，选择最佳的投资方案，提升企业产品的竞争力，创造企业价值，使其能连续经营；其四是前瞻性的财务规划与控制，使财务管理的工作能够正常运行，财务危机发生的可能性大为降低。

2. 企业各部门在技术、人事、管理等方面协调配合

企业各种危机，在财务上体现为财务危机。要规避这些危机应由各部门共同努力，财务经理要力求使各部门的风险整合，做好风险管理的宣传和准备工作，最终能实现财务报告中风险损失额的减少。

3. 拓宽企业筹资渠道

企业筹措资金的渠道主要有：商业信用、银行贷款、发行公司债券、发行股票等。在选择时，要根据企业发展的不同时期，充分考虑经营杠杆、财务杠杆、盈利能力及金融市场状况，实现综合成本最低的筹资组合，使财务风险降到最低水平。

4. 实施弹性财务控制

企业弹性预算是针对经营活动中经常出现的不确定性，在作预算时就给可能发生的情况留有了余地。预算是针对一定范围的预测量，实施起来有伸缩的空间，可以对一定范围内的不确定性给予预测和防范。

5. 加强财务监督

设置财务监督部门和一套财务监督体系，可以防止企业经理利用股东资本去冒高风险或不重视防范危机给投资者带来损失。监督是一种有效的防范危机的机制，在设置财务监督体制时，最重要的是保持监督和经营的相对性。一般来说，财务监督应直属于股东大会，与董事会平行。只有这样才能保持监督的力度和效果。

(二) 中小企业财务危机管理控制策略

中小企业经营中一旦发生财务危机，应首先争取时间查明现状，尽快评估出资产与负债的数额，搞清楚债权人、股东与供应商等有关方面的损失，要尽快确定短期行动方案。

1. 处理不良债权

企业应迅速与银行、税务及其他债权人联系沟通，向他们说清企业所面临的困境及财务重整计划，取得理解和支持。查清收回欠款，与债务人交涉，加速收回账款。财务危机发生之时，可临时从外部适当拆借资金，在万不得已时切忌大量增加借款。

2. 处理存货

中小企业的存货包括制成品、零部件和原料。财务危机发生时要减少库存的数量，降低存货项目占用的资金。

3. 处理闲置资产

将企业的闲置资产出租或出售，降低劳务收费价格等，将资产以售出再租回的方式筹资，收回对外投资，变现有价证券，贴现应收票据。

4. 节制营业费用的开支

关闭无效率的生产线，节省支出，压缩或暂停有关开支。

5. 及时采用其他能节省支出、增加现金的方案

如增加销售提成比例来扩大市场销售量，以增加收入。

6. 及时与债权人商洽

与债权人商洽筹资的维持或延期、暂缓支付利息、资产所有权的转让及短期借款转为长期等。

7. 积极筹资

企业应争取供应商继续信用筹资，以销货的某一百分比偿还应付账款，或以退货抵消部分应付账款。

8. 与股东商洽

与股东商洽增资的可能性，共渡难关。

9. 缩减策略

企业应妥善裁减员工、裁并损失部门、裁撤不利的产品、处理闲置资产等。

10. 重整策略

企业可采取调整组织结构、更换负责人或高级管理团队、重建企业文化、实施员工激励计划、改进生产程序、改善营销方式等一个或者多个策略调整方案。

11. 成长策略

企业可以推出新品或者开发新市场，采用新设备或新工艺，实施新的促销方式抑或开拓新的营销渠道。

二、中小企业营销危机的管理控制策略

企业发生营销危机，要根据不同情况采取针对性的举措。具体而言，可以采取以下处理策略。

(一) 中小企业引导性管理控制危机的策略

危机与机遇是并存的。在危机面前，也有很多有益的机遇可以把握。危机一旦发生就会成为公众关注的焦点。固然危机可能导致损失，但是处理得恰当，引导得好，不仅可以化险为夷，还可以化危机为契机，使企业市场份额得到进一步巩固和提高；相反，如果处理不当，则有可能使企业退出市场。

杭州未来食品有限公司就曾恰当运用引导性管理控制危机的策略，转危为安，并且借此使企业的发展更进一步。四川省内江市有一婴儿因中毒身亡，此前该婴儿曾食用过 4 个厂家生产的婴儿食品。杭州未来食品有限公司的未来牌营养米粉就在这 4 种食品之列。婴儿父母怀疑其死因与这些食品有关，于是向内江市卫生防疫站投诉。当时未来公司的产品有近一半在四川销售，此事若处理不好，四川市场便可能因中毒事件而丧失殆尽。时任总经理马上指示该公司在内江的推销商把产品送交内江市卫生防疫站检验，并代他向死者家属表示慰问。随后，总经理又以最快的速度飞至内江出事地点，亲自处理这场突如其来的危机。并在产品检验结果尚未出来的情况下主动表示：婴儿父母购买了公司产品就是对公司的信任，无论检验结果如何，公司都有责任帮助他们。总经理的言行不仅使失去婴儿的父母深受感动，还打动了内江市民的心。未来公司的知名度、信誉度在当地大幅度提升。检验结果表明 4 家企业的产品均无质量问题，婴儿死亡与之无关。总经理却敏锐地意识到这是一次实现公司早已希望在内江投资设厂宿愿的良机。公司决定向内江市捐赠 10 万元以赞助精神文明事业，“杭州未来食品有限公司”的大名在内江市家喻户晓，其产品销售量也在当地直线上升。与此同时，未来公司将希望在内江投资建厂的信息传递给了内江市的有关部门。这一次公司受到了热情的欢迎，顺利地实现了投资设厂的愿望，而且当地工

商部门、税务部门和公安部门等还纷纷表示要为该公司尽可能提供便利。

在这场婴儿中毒事件中，杭州未来食品有限公司不但没受到任何损害，相反它还在危机事件中树立起了闪光的形象，变危机为契机，进一步赢得市场。

(二)中小企业收缩性管理控制危机的策略

当企业在一定的范围内陷入危机，与其步履蹒跚挣扎，不如及时果断退出。考虑到企业抵御危机的能力，将企业的营销范围和规模缩小，尽可能保存技术实力和能力很强的员工，全力维持几个继续赢利的产品项目，逐渐积累资本，以期渡过难关，图谋再起，也不失为明智之举。这样一方面避免了不必要的企业财力、物力、人力的过大损失；另一方面，通过收缩后的资源调整，实现优化配置，从而能使企业较快的进入新的具有竞争力的领域。

(三)中小企业转移性管理控制危机的策略

由于营销环境发生变化或企业市场定位失误，使企业的产品在市场上遭受严重威胁，企业可考虑实施转移性策略。主要形式如下：

1. 产品用途转移

寻找产品的新用途，通过转移或扩大产品功能为顾客提供焕然一新的产品。日本东京有家专卖手帕的“夫妻店”，多年来生意一直不错。不料附近新建了超级市场，那里的手帕品种多、花色全，小“夫妻店”不是超级市场的竞争对手。店主忽然来了灵感：近些年，来日本旅游者渐渐增多，他们很需要地图导游，在本地卖出的手帕上如果印些导游地图或许能打开销路。于是，他直接向厂家订购了一批印有当地交通地图及有关风景区导游图的手帕，并广为宣传。不少外国旅游者闻讯后，纷纷前来购买他们店里的手帕。这家“夫妻店”的生意又兴旺了起来。天津毛纺厂生产一种呢料，因原料成分不同，常常出现白点，销售始终打不开局面，后来设计人员灵机一动，反常态地改消除白点为扩大白点，制作出一种“雪花呢”新产品。投入市场后，这种“独此一店”的呢料大受消费者欢迎，立即掀起一股“销售旋风”。

2. 市场转移

市场转移是指通过市场重新定位，使产品转入一个安全领域或全新领域。这种市场转移可以是从普通市场转移到特殊市场，从主要市场转移到次要市场。当国内家电市场的竞争日趋激烈，大中城市的市场日益饱和之时，海尔公司将目光投向了逐步扩大的农村家电市场。当时中国的大半人口在农村且农村的支付能力逐渐提高，但农村的家电占有率却很低，表明农村家电市场极具潜力。

3. 资源转移

资源转移是指将企业的资源转移到生产其他产品的行业或部门。如某服装厂在西服等高档衣料方面竞争力不强，若仍维持原来高档服装的生产，势必出现产品滞销，企业失掉市场的局面。该厂经过认真分析与总结，运用市场细分策略，利用本厂在服装设计上的优势，选择中档、低档衣料，设计出许多新颖的款式，很快打开了销路，占领了中低端服装市场。

(四)中小企业联合性管理控制危机的策略

企业寻找经营状况良好的伙伴，与其合资、合作，或组建策略联盟，或实施合并，以利用其他公司的资源，往往能提高企业的生存能力或增加发展的机会，从而达到摆脱危机的目的。

建立策略联盟对我国企业在经济全球化中提高市场竞争力，具有十分重要的现实意义。外资的进入，这给我国企业造成巨大的冲击，国内企业只有联合起来，才能提高竞争力。影碟行业的联盟就是一个成功的例子。当时飞利浦、松下等品牌在中国DVD市场上占据了大半个江山，而国内的影碟机企业开始以联盟作为反击策略，先是新科和爱多联合推广DVD，接着又是新科、爱多、熊猫、上广电四家企业结成“高品质DVD联盟”，并把其DVD价格普遍下降200~500元，这种策略，不仅可减少重复建设，避免恶性价格竞争，而且可共享技术、市场资源，有利于推广产品。这一策略在那个时候帮助本土企业突出重围，大幅度地提高了国产品牌机的市场份额。通过企业间分工协作，优势互补，形成大的虚拟组织模式，可以提高抵抗外资企业和经济波动冲击的能力。

兼并策略并不局限于企业的合并，企业之间在资源、经验、管理等方面的共享也属于兼并策略的范围。例如相关的产品联合起来共同促销，则有利于将产品推向市场，提高企业市场份额，达到“双赢”。宝洁公司与“小天鹅”洗衣机厂的联合促销让当时的两家企业都获益匪浅。“小天鹅”洗衣机厂的公关部经理在电视台的黄金时段向消费者推荐“碧浪”和“汰渍”洗衣粉；宝洁公司与“小天鹅”洗衣机厂还合作组建了“小天鹅碧浪洗衣房”，在复旦大学、南开大学等相继推开。这就在激烈的市场竞争中达到了“双赢”。

当然，并非所有企业都能结盟成功，只有那些在科研、生产、管理、营销、服务等方面拥有自己核心优势的企业，才能成为共生对象，有效实现优势互补，分工协作，如果企业在上述方面都无优势可言，即使暂时找到共生伙伴，也必然因缺乏独立性而使共生状态的稳定性和成效难以保证。

三、中小企业创新危机的管理控制策略

当企业面临技术与产品创新出现危机时，往往需要一些立竿见影的措施来缓解危机的影响，以使得企业经营能够继续下去，来赢得调整企业经营战略的时间。

(一)中小企业技术组合控制危机的策略

技术组合既不着眼于新技术或新产品这样的创新，也不必对现有技术进行深入的研究开发，只是按一种新的技术目的，遵循一种技术原理、一种工艺过程，把现有成熟的两项或多项技术或产品有机地、系统地综合起来，通过扬长避短、优势联合，进而取得一种新的技术或新的产品。技术组合的实质是发挥技术的渗透和交叉优势，不必经历基础研究、应用研究和开发研究的完整过程，不用设立固定、独立的研究机构和配备专门的研发人才。技术组合对企业而言要相对容易得多，可以依靠生产第一线的技术人员和熟练工人的积极参与来实现，企业的资金投入相对就少得多。

(二)中小企业发掘产品市场控制危机的策略

技术与产品不能适应市场要求容易导致企业的现有产品大量积压，而存货增加对于企业来说是一个非常危险的信号，因此企业的当务之急就是尽快地把存货销售出去。聪明的管理人员应该研究一下企业的现有产品，看能不能发现原来没有发现的卖点，比如说新功能、新用法、新售货方式等。如果能够找到，就以此为基础，加大营销力度，力求扩大销售量。

在日本，录音机是索尼先制造出来的，当时盛田昭夫用大卡车拉着录音机到各地表演，把观众录进来的声音播放出去，引起大家浓厚的兴趣。可表演完进行推销，却没有一个人购买，产品开始积压。盛田昭夫明白了必须寻找产品潜在需求和引导现实需求。后来，他们发现日本战后打官司的人很多，他们到法院去推销，建议用录音机代替速记员，法院非常感兴趣，录音机大量地销了出去。日本战后出现英语热，他们又录了英语磁带到各学校去卖，学校也十分欢迎。由此，索尼公司迅速发展起来。

(三)中小企业细分现有市场控制危机的策略

当企业面临创新不力的危机时，可以对自己产品的市场重新进行细分，确定自己产品的细分市场，并在新的细分市场上加强营销。在一个需求层次差异较大的市场上，这种策略往往会取得比较好的效果。当彩色电视机在国内普及的时候，一时间城市里黑白电视机成了落后产品，纷纷滞销。而部分厂商经过对国内市场的研究发现，当时的农村收入水平较低，农民普遍无力购买彩色电视机。这样，这些厂商就把价格低廉的黑白电视机推向农村市场，缓解了企业的危机。

(四)中小企业巧改产品外观与用途控制危机的策略

当中小企业已经面临技术与产品创新不力的危机时，想在短时间内对产品和技术进行大规模的革新，是不现实的。在这个时候，如果能够针对市场销售，对现有产品作一些小改进，将有利于提高产品销售量从而缓解危机。

1. 产品外观的改变

在当今的消费观念趋于个性化、时尚化的情况下，同一种产品，如果外观不一样，可能销售效果也会大不相同。比如在20世纪末的国内家电市场上，电视机都以大屏幕、多功能为潮流，小屏幕的电视机几乎无人问津。当时的康佳集团另辟蹊径，针对当代青年求新求异的消费心理，推出了“七彩小画仙”小屏幕电视系列，深得青年学生和单身贵族的青睐，取得了不错的销售效果。

2. 产品添加新功能

也就是在现有的主体产品上附加上一些新的功能，或将现有产品融合到其他产品中作为其附加功能。比利时一名地毯商聪明地将扁平的指南针嵌入伊斯兰教徒祈祷所用的地毯中，这种特殊的指南针不是指南或指北，而是直指圣域麦加。这样，伊斯兰教徒不管走到哪里，只要把地毯往地上一铺，麦加方向就可准确找到。这种地毯一推出，在穆斯林居住地区立即成了抢手货。

3. 产品增加新用途

现有的产品，可以经过稍微改造，而产生新的用途，适应新的细分市场。大家都知道洗衣机是用来洗衣服的，但是海尔集团在洗衣机的排水口上加了一个普通的泥沙过滤器，使这种洗衣机能够用来洗土豆、红薯等食物，结果诞生了畅销中国农村的“大地瓜”。

四、中小企业人事危机的管理控制策略

随着企业内外部环境的变化，中小企业存在的企业产权构成不合理等隐患将可能引发人事危机。

(一)中小企业调整产权结构控制危机的策略

产权清晰是合理决策和科学管理的基础，也是企业内部人事关系和谐的前提。目前国际上企业的产权制度改变了过去的谁出资谁拥有企业产权的原理，即实物资本和人力资本共同构成企业产权，人力资本作为一种资本必然与实物享有同样的权利。但由于产权不清，个人利益不仅与所有者利益关联，还与其在企业的权力地位有关。企业为了更好地运营，要视个人能力进行人事调整，这样高层的人事竞争变动就会频频发生，因为没有共同的利益基础，发生冲突分裂而产生危机。随着经济全球化的发展，高级管理人才和技术人才在企业之间、地区之间、国家之间的流动越发频繁，面对高薪和实现个人价值等诱惑，将会有一些骨干从中小企业中出走受聘于大公司或者其他中小企业，这可能给原企业造成人事危机。

(二)中小企业经理注重人才控制危机的策略

在许多情况下，企业经理的人格及其人才观是企业能够凝聚人才的关键力量，有助于共同克服危机。例如：沈阳飞龙集团在遭遇危机处于极端困难的情况下，并没有骨干力量离开。有记者采访总裁，他坦然说，这是总裁的人格魅力使然。

(三)中小企业完善用人制度控制危机的策略

企业完善的用人制度，良好的激励机制可以避免发生人事危机，即使发生危机也不至于造成企业大面积人事变动，从而可以渡过危机。

1. 中小企业应知人善用

知人善用，为员工提供好的成长环境，搭建人才施展才能的舞台，让人才找到自己的“位置”，将员工的个人事业和企业事业统一起来，这是企业留住人才的根本之道。

2. 中小企业要礼遇人才

齐恒公问管仲怎样才能招致天下豪杰、干才、良工，管仲说：“假而礼之，厚而勿欺，则天下之士至矣。”可见中小企业应尊重员工，给予相应的物质待遇并关心他们的生活。

3. 中小企业上市要利用期权留人

留住人才在一定程度上对高科技企业发展起着决定性的作用，股票期权是留住人才最现实的办法。美国纳斯达克上市的企业中，90%以上的公司都实行了股票期权计划。我国

中小企业特别是科技型中小企业上市，应该适时运用股票期权策略。

4. 中小企业要留住知识

企业的发展有赖于知识的推动，而知识掌握在人才的手中，这些人在企业工作一天，就能为企业带来效益，一旦离开，相应地企业也就失去了这些资源和知识。因此，企业只有将个人所拥有的知识与资源管理起来，使之企业化，不仅能有效规避人才资源危机，还能巩固企业可持续发展的基础，提高其核心竞争力，真正实现持续经营。

中小企业危机管理控制的策略并不局限于上述的策略，但在此不再一一赘述。危机的普遍存在和隐蔽性决定了中小企业必须具有居安思危、未雨绸缪的危机意识，必须充分考虑和重视企业的危机管理问题，从企业文化、组织建设、管理技巧、战略结构、激励机制等多方面系统搭建危机管理平台，预见、防范和处理危机事件的发生。

第五节 中小企业退出经营市场的管理

【知识阅读】

从要收购 LV 到裁员至 300 人

“我希望将来能把 LV 收购了。”这是 2011 年 3 月凡客创始人陈年接受记者采访时说出的一句当时让整个行业震惊的话。

凡客(VANCL)是一家拥有自己产品和品牌的电子商务企业，创建于中国电商大爆发的 2007 年，通过“凡客体”的爆红为凡客服饰树立了“平民时尚，追求个性”的品牌形象。其后的两三年内公司业绩连年翻番，尤其是凡客衬衫的销量居高不下，到了 2010 年，凡客一年总销售额突破了 20 亿元。由此，凡客开始了疯狂扩张，大幅度扩张人员、底盘，不断增加库存单品量来进行市场份额的扩张，还推出 V+电商平台试图打造一个网上商城，从而吸引大量品牌入驻。在鼎盛时期，凡客的员工总数一度超过 1.1 万人，拥有 30 多条产品线，不仅仅有服装，还有家电、数码、百货，甚至还有拖把和菜刀。同时，凡客运用激烈的价格战、自建如风达物流系统等手段与淘宝、京东等进行平台之争。疯狂扩张使得凡客很快被生产线、资金链紧绷、巨额库存积压这“三座大山”压得喘不过气，至 2011 年末，公司总亏损近 6 亿元，库存达到 14.45 亿元。凡客的创始人陈年痛定思痛，开始大幅整改，退出电商平台之争，撤掉众多无效益的产品线，清甩库存，削减员工，将重整业务后的资源投入到核心产品线上。“重装上阵”的凡客以白衬衫为突破点，从产品设计、上游供应链、下游制造商等各个环节去做好产品。尽管 2015 年 3 月凡客只剩下不到 300 人，做衬衫的核心团队只有 7 个人，但业务运转得很顺畅。

资料来源：李瀛寰：《凡客四年：激进到蛰伏》，载《经济导报》2015 年 4 月 8 日；引用时略有修订。

中小企业尽管在生产经营中充满风险与危险，但在整个社会经济中，中小企业的贡献是巨大的，是大企业不能替代的，因此其潜力是巨大的。中小企业要在生产经营中追求卓越获得成功，必须认真思考，明确市场目标，获得资金、人才及信息，并在市场竞争中求得发展。但是，很多中小企业在生产经营过程中由于准备不足或应对不当而造成沉重的债务，面临极大的困难，此时如何制定合理的退出战略就显得异常重要。

一、中小企业面临的挑战

正在发生的许多变化将影响产业和企业的未来，这些变化能够使增长缓慢的产业加速发展，也能够降低产业的发展速度。例如，研究发现产业的专业技术人才或其他“知识员工”越多，它创造新工作的可能性就越大。另外，一个产业或企业的变化可能会威胁到其他产业或企业。例如，数码照相机的发明和广泛使用，就影响了机械照相机及照相胶卷行业。表 10-4 中所列的是产业和企业生产经营的影响因素。

前文已经论述了中小企业经营过程中可能面临的风险和出现的危机。事实上，除了管理不善、资金短缺等因素限制了它们的经营外，还有两个比较重要的因素：缺乏长远规划与管理控制能力、破产的威胁。

表 10-4　　**产业和企业生产经营的影响因素**

序号	因素类别	所含具体影响因素
1	经济	国民生产总值，利率，通胀率，经济周期，就业水平，企业和非营利组织的规模和特点以及世界市场
2	技术	人工智能，激光，新能源，研究和发展投资，专利申请和保护
3	生活方式	职业选择，消费行为，保健意识，对更高教育水平和社会地位的追求，对心理服务的需要
4	政治和法律	反托拉斯法，环境保护法，对外贸易管制，税制，移民法，儿童保护法，社会和政府的态度
5	人口	人口增长率，年龄和地区变化，种族迁移和寿命，产业中企业的数量和分布、市场规模
6	市场	产业中企业的数量和分布、市场规模

（一）中小企业缺乏长远规划和管理能力

1. 缺乏长远规划

中小企业的内生障碍是缺乏长远规划。恰当的长远规划有助于中小企业不断发展获得成功。不少中小企业高层管理人员存在管理能力不高、管理效率低下或者缺乏进取心等问题，而这些都将可能导致企业缺乏长远规划。若企业没有长远规划，则企业很可能停滞不前，失去已取得的成绩，甚至陷入困境而最终破产。

2. 经理管理能力不强

大多中小企业的经理由其创始人担任，而这些创始人可能是创造性的企业家，能想出好主意并创建企业，但却可能缺乏相应的管理企业运作的能力。随着企业的发展，企业主为了壮大企业往往引入外部资金，降低了其对公司的控制权。若原企业主缺乏管理能力，无法赢得员工、顾客、公众等的信任，将对企业发展产生阻力，同时企业主也将面对失去控制权的威胁。

苹果公司的创始人之一史蒂夫·乔布斯凭借着自身的技术敏锐度和对创新的追求让1976年创立的苹果计算机企业迅速获得成功。然而，当时年轻气盛的乔布斯热衷于技术，对公司的管理并不精通，常常做出一些违背商业规律的决策，且独断专行，利用其神化了的地位大力推行自己的决策，导致市场失利。公司发布的Macintosh经历了上市的短期辉煌后，迅速低迷，次年苹果公司开始了亏损局面。而后董事会解除了乔布斯的一切行政职务。这次打击让乔布斯开始正视自己经营管理企业能力上的不足。1997年乔布斯重回苹果公司，此时的乔布斯不仅具备了高瞻远瞩的战略目光，且打磨出了成熟的企业经营管理能力，带领苹果公司走出连年的亏损并获得了巨大的成功。

(二)中小企业受破产的威胁

1. 破产的类型

破产是指企业已经无法经营。破产有两种类型：一是正式破产，由法律宣告破产，债权人将遭受损失；二是自愿(非正式)破产，因入不敷出而由所有者自己提出破产。自愿破产企业的数量远大于正式破产企业的数量。投资者把资金、时间和精力投入到企业，却只看到资金不断流失，尽管所有者可以承受损失，但债权人常常不能忍受。

2. 破产的原因

对在中小企业任职人员的研究表明，中小企业终止营业或破产是因为以下的一种或多种问题导致的：经营时过于依赖运气；依靠预感和直觉决策；缺乏对危机的敏感度；没有认识到或者没有准备好作为一名优秀企业经营者所需要的能力和精力；没有估计或低估了所需资金。

二、中小企业的退出

在现代意义的市场竞争中，中小企业经营与发展并不是一个直线上升的过程，而是一个螺旋上升的过程。中小企业经营与发展所要解决的根本问题是如何在有限资源和有限市场的双重约束下优化中小企业资源结构。市场竞争要求中小企业有进有退，能屈能伸，进退结合，伸缩有度，这样才能赢得企业的持续发展。

(一)中小企业退出的内涵

1. 中小企业发展的进入和退出

中小企业发展战略应包括市场进入与市场退出两大部分。市场进入与市场退出是辩证统一的关系，即从某些经营范围和局部的适度退出是为了更有利的进入，或降低损失。从实际情况看，从市场退出而进入另外行业难度更大，但对于特定时空来说，这种市场退出与进入更具有现实意义。这里讨论的市场退出专指企业退出，企业退出有两种，一种是产业转移，是将生产经营活动从一种产业向另一种产业转移；另一种是破产，即企业由于资不抵债而宣告解散。这里只讨论第一类形式。

2. 企业市场退出的收缩战略

市场退出转移是为了实施某种市场战略，而暂时或永久地退出某一区域或产业，并结束市场活动的过程。广义的市场退出是指企业的一种收缩行为(downsizing)，包括调整、规模收缩(down scaling)和范围收缩(down scoping)。其中范围收缩是公司的一种业务重组，其目的是减少企业的多元化和战略性地发展核心业务。它包括两种形式，一种是通过删除生产线、顾客收缩和市场收缩等手段所进行的横向收缩；另一种是指通过后向非一体化和前向非一体化所进行纵向收缩。范围收缩改变了企业的经营方向，即企业从一定的区域市场退出再转移到其他区域市场继续经营，求得发展。

3. 企业退出的方式

企业退出的方式分为两种。一种是被动退出。由于市场发生变化或者市场机制和企业自身的原因，迫使某些企业缩减自己的市场份额和生产能力，以适应需求结构或资源结构变动的要求。这一类可理解为市场的被动退出。另一种是主动退出。它是指企业自身为了优化产品结构，根据市场演变的趋势，主动地将一些正处于需求萎缩中的产品退出原有领域或区域，以便集中精力开拓某一新的市场，或让新产品“顶替”进入，以促进该种产品市场扩大的一种经济活动。

(二)企业退出的障碍及资源流动

1. 企业退出的障碍

企业退出存在着一定的障碍。一种是物质障碍，由于企业的物质资产和人力资源有一定的专用性，有其专业范围，要求资产资源配置在相应领域，如果转移该类资产，则必须付出“转移成本”，这可能是企业无法负担得起的。另一种是心理障碍，从某种意义上来说，企业退出就意味着对现有业务的“否定”，对于企业经营者来说从感情上可能难以接受。还有一个就是制度障碍，在市场经济条件下由于存在着结构性壁垒，企业进入和退出都有一定的难度。

2. 企业退出后的资源流动与配置

对于大多数企业而言，企业退出并不意味着资源的永久性“失业”，这些退出的资源通过流动、转移，很可能会寻找到更加有利的投资领域。除了一小部分资源可能在退出过程中出现流失和泄露外，其余大部分资源还会重新进入新的领域。同样，企业进入新的业务领域后也不是永久性地固定、沉淀下来，而是随着企业的成长，又必须考虑资源的新的战略性转移。为了在多元化企业中取得最优的绩效，企业管理者就必须有效地进行资源配置，将资源从低机遇的领域转移到高机遇的领域中去。然而这需要有畅通的资产交易市场和发达的信息网络。

三、企业退出的价值评估

(一)企业退出时其价值评估的重要性

企业在决定退出时，必须对经营资源进行评估，明确企业需要何种资源，哪些资源将是闲置的，这对促进企业内部资源的有效转移至关重要。许多成功的企业采取把资源集中于能够成为市场领先者的产业中，放弃或清算那些很难成为市场领导者行业的资源配置战略。例如美国通用企业(GE)的战略和资源配置的目标就是把它的各项业务放到全球或美国第一第二的位置上，我国的海尔集团也采用了类似的资源配置战略，是很值得其他一些企业借鉴的。

(二)企业退出的评价方法

许多成功企业已发展了一套评价目标市场的方法，用以评价或测度企业是否应从某市场上退出。这是成熟企业的特征之一，说明企业已形成了良好的产品更替制度，从而使企业不断保持旺盛的创新力和活力。测度企业是否应退出某市场的一般方法是成本法，即全面衡量企业退出市场可能带来的损失和影响，并和维持市场所能带来的收益相比较，若成本明显大于收益，则企业就应该从该产品市场上退出。企业在市场上退出其部分产品或业务是有成本的，它可能丧失部分市场份额和利润，可能对自己的品牌造成某些不良的影响，使得退出成本(诸如重新开发新产品的支出、人员培训支出、企业业务整合支出等等)大量增加。评价企业是否退出，应该从市场退出的预期收益与市场退出的机会成本两者比较的结果来分析退出时机恰当与否。

市场退出的预期收益=(拟进入市场的预期经营收益-沉淀成本)×进入成功率

市场退出的机会成本=原有市场预期收益

比较企业从市场退出的预期收益和机会成本的大小，当收益大于成本时，退出是正确的；若收益小于成本，则可能还没有到最佳的退出时机。

除以上方法之外，对收购企业价值的评估方法也可以在判断中小企业是否退出市场时予以应用。

【练习题】

一、思考题

1. 试述中小企业主对待风险的偏好。
2. 试述财务风险和人事风险。
3. 试述我国中小企业的潜在风险及主要风险。
4. 中小企业危机主要有哪些类型?
5. 试述中小企业危机管理程序。
6. 结合危机类型阐述怎样防范和管理控制危机事件。
7. 试比较我国中小企业和美国中小企业退出过程中的制度障碍。

二、案例分析题

雀巢、肯德基、亨氏在华危机公关得失比较

雀巢、肯德基、亨氏三大品牌在华的危机，都属于突发性危机，三大品牌在对待危机的态度上，表现各异。

一、面对危机的态度：雀巢傲慢，肯德基诚实，亨氏“亡羊补牢”

1. 雀巢：漠不关心，傲慢无比

在“问题奶粉”危机事件中，雀巢在新闻公关上的初始表现十分消极，甚至迟钝，雀巢在接到“中消协”通知的15天时间里，居然没有任何媒体公关动作。终于，“纸包不住火”，在事件被媒体以互联网速度广泛而深入地曝光后，雀巢对来自媒体的种种责问，依然没有丝毫新闻公关行动，仍然是沉默、回避、漠不关心、得过且过。傲慢的雀巢遭到了中国媒体铺天盖地的批判，媒体动用了要闻、经济新闻、食品健康行业新闻、评论等核心版面，从不同角度，对“雀巢事件”进行了各种言之有理的批评。

2. 肯德基：自暴家丑，诚信以对

“苏丹红事件”中的肯德基就聪明多了，肯德基作出了一个令所有人震惊的动作，即主动向媒体发表声明，“……但是非常遗憾，昨天在肯德基新奥尔良烤翅和新奥尔良烤鸡腿堡调料中还是发现了苏丹红(1号)成分”，肯德基的这份声明主动、诚恳，表现出对消费者健康的重视。迅速在各大报纸头版头条，甚至是社论上出现。肯德基自暴家丑，主动向消费者致歉，肯德基不掩盖、不逃避的真诚态度，在第一时间赢得了媒体的关注和支持。从新闻公关角度上看，无疑是最明智之举。

3. 亨氏：避嫌在先，辩解在后

亨氏在事件初始作出不含“苏丹红1号”的声明后，没几天就在北京被查出亨氏美味源含有“苏丹红1号”，这个事实对于亨氏来说无疑是自家打自家嘴巴。对于媒体、消费者来说，一个跨国企业如此表观，着实有些轻率。亨氏的诚信令人怀疑，这种避嫌在先，辩解在后的做法，自然受到外界的抨击，尽管亨氏接下来展开了强大的危机公关，但其品牌形象已经无法恢复到事件前的状态了，但至少，亨氏比雀巢表现要好些，知道“亡羊补牢”。

二、危机处理行动：雀巢“无为”，肯德基“积极”，亨氏“先消极后积极”

1. 雀巢：无为被动

岌岌可危之时，雀巢依旧没有任何动作，没有与媒体联系说明事件的发展态势，即使在《经济半小时》这样的全国性媒体面前，也是一味回避沉默，甚至做出几次中断央视采访的极不礼貌的事情，这样就给媒体和消费者留下很多想象猜测的空间，因为，回避是新闻公关的大忌。随着时间推移，雀巢危机由原先的在浙江地区扩展到全国范围内，涉及范围更广，危机更加深化，全国媒体似乎统一口径，一片批判声像潮水般，指向沉默的雀巢。据《广州日报》2005年5月31日报道，雀巢高级公关关系主任的手机自5月27日起就一直处于关机状态，办公室电话也无人接听，其代理公关公司与记者的联系也仅仅限于“一旦有雀巢要发布的信息即刻通知媒体，但不接受记者们的提问”。雀巢就以这样的敷衍口吻来回避媒体。雀巢公司始终没有与媒体进行有效的沟通，任凭媒体猜测，也没有通过任何形式来发布只言片语，只是一味地沉默，导致危机越来越大，朝着不可预知的方向发展。这样，每天各媒体的重要版面都有大篇幅关于雀巢的深度报道，无一例外全是负面新闻，媒体的批判由原先的问题奶粉，上升到了对整个雀巢公司运营体系，甚至牵扯到商业道德、双重标准和歧视性经营等重大问题。

2. 肯德基：积极主动

在肯德基发表新奥尔良烤翅和新奥尔良烤鸡腿汉堡调料中含有苏丹红成分声明后，第二天报道此事的媒体、报道内容的数量和级别都比亨氏好，媒体对肯德基的自报家丑的动作，褒多贬少。据不完全统计，在广州地区，《南方都市报》、《广州日报》都在头版头条，大篇幅刊登了有利于肯德基的相关报道，这两份报纸还在各自的社论中对肯德基作了进一步的分析和评论。而在其他地区，各主流媒体都在对肯德基的主动和诚信表示肯定；新华网、新浪网、人民网、搜狐网等几大权威网站也在进行大量的跟踪报道，“肯德基自查出苏丹红1号”、“愿承担法律责任”、“肯德基道歉”等几百条标题醒目的报道成为了肯德基危机公关的一股强大的力量。在对问题产品的解释上，肯德基在其声明中将“苏丹红”的根源指向了供应商——大型食品调味料生产企业基快富食品(中国)有限公司，而该供应商则表示，含有“苏丹红”成分原料是上游原料供应商宏芳香料昆山有限公司提供的两批红辣椒粉，肯德基的问题产品是由于使用了上游供应商提供的原料。这与亨氏转移危机焦点的解释一样，把问题推给了供应商，尽管这种做法有些不妥，但在处理危机事件中，这种控制危机态势，避免事情进一步恶化的思路，值得肯定。当危机渐逝后，肯德基进行了新一轮新闻公关活动，如召开新闻发布会证明食品的安全性，进行促销活动，推出新产品，做广告，重新树立大品牌形象。

3. 亨氏：先消极后积极

在发现“美味源”含“苏丹红”后，亨氏不能再保持其“真诚”的态度，再称产品安全。此刻，它意识到危机已经发生，此刻要做的就是对其进行控制。于是，开始主动出击，主动坦陈错误，并把媒体的注意力转移到其供应商身上，尽最大努力来纠正错误，如积极配合工商部门的检测、主动对消费者承诺退货等，主动联系媒体汇报最新情况、举行新闻发布会等。亨氏(中国)在事发地广州举行新闻发布会，亨氏中国区的总裁齐松在新闻发布会“表态”积极配合政府，并采取一系列措施降低事件产生的影响，以此来降低信誉危机。从3月6日到8日，亨氏也在各大媒体上展开了强大的公关攻势，据不完全统计，新华网、北京青年报、新浪、搜狐、《广州日报》、《南方都市报》、《洛阳日报》等网络、报纸媒体纷纷以“退款”、“回收产品”等醒目标题进行报道，一时间有关亨氏“回收产品、退款”的报道聚焦了所有关注者的眼球，亨氏的负面影响有所下降。而在这个过程中，亨氏主动、快速地发布重要信息，使媒体第一时间了解了事件发展的情况，在报道内容上转移关注焦点，避免遭受媒体攻击。虽说亨氏开始时也手忙脚乱过，但是终究是镇定下来对事情进行了处理，虽说处理得不尽如人意，但是随着视线的转移，苏丹红事件影响的趋弱，还是比较安全地经过了这场风波。在危机慢慢远离后，亨氏还在各大媒体上做广告，告知消费者亨氏对待此次危机的真诚态度、亨氏的最新状况等，此举与肯德基做法，有异曲同工之处。

问题：

1. 从对危机的处理上，对雀巢、肯德基、亨氏三大跨国品牌在华的危机公关得失，做一比较分析。

2. 在危机管理体系中，成功的新闻公关和失败的新闻公关的区别是什么？它们将会给企业带来什么样的后果？

资料来源：周忠：《雀巢、肯德基、亨氏在华危机公关得失比较分析》，载《市场报》2005年6月6日。

参考文献

[1]吴晓巍等. 小企业管理[M]. 北京：中央广播电视大学出版社，2004.
[2][美]杰斯汀·G. 隆内克等. 小企业管理[M]. 大连：东北财经大学出版社，2000.
[3][美]William L. Megginson 等. 小企业管理(企业家指南)[M]. 李刚，等译. 北京：电子工业出版社，2002.
[4]姜少敏，丁跃进. 中小企业经营管理(精华读本)[M]. 合肥：安徽人民出版社，2002.
[5]孔淑红. 中小企业创新管理[M]. 合肥：安徽人民出版社，2002.
[6]杨伟文. 中小企业的制度设计与经营谋略[M]. 北京：经济科学出版社，2003.
[7]魏国辰. 中小企业管理提升[M]. 北京：中国物资出版社，2002.
[8]魏国辰，李文龙等. 中小企业改革和发展问答[M]. 北京：经济科学出版社，1999.
[9]罗锐契. 哈佛管理全集[M]. 北京：企业管理出版社，1997.
[10]周晖著. 中国中小企业发展战略研究[M]. 北京：中国财政经济出版社，2001.
[11][美]格里高利·G. 戴斯等. 战略管理(创建竞争优势)[M]. 邱琼，译. 北京：中国财政经济出版社，2004.
[12]窦月功等. 人力资源管理与开发[M]. 北京：清华大学出版社，2005.
[13][美]艾伦·鲁滨逊等. 企业创新力[M]. 国防，译. 北京：新华出版社，2005.
[14]郭跃进. 管理学[M]. 北京：经济管理出版社，2005.
[15]张中华，张新国，李绍和等. 管理学通论[M]. 北京：北京大学出版社，2005.
[16]刘大明，胡川. 运作管理[M]. 武汉：武汉大学出版社，2005.
[17]胡川. 产业组织演进与产权制度变迁的关联研究[M]. 武汉：武汉大学出版社，2007.
[18][英]菲利普·韦布，桑德拉·韦布. 小企业基业长青[M]. 北京：中信出版社，2005.
[19]潘晓时. 中小企业成败案例[M]. 北京：经济管理出版社，2005.
[20][美]吉姆·谢尔. 小企业管理圣经[M]. 北京：中信出版社，2004.
[21]林汉川. 中小企业运营与控制[M]. 北京：对外经济贸易大学出版社，2006.
[22]胡立君. 管理学[M]. 北京：中国财政经济出版社，2005.
[23][英]格里·约翰逊等. 战略管理(第6版)[M]. 王军，译. 北京：人民邮电出版社，2004.
[24][美]约翰·A. 皮尔斯二世等. 战略管理——制定、实施和控制(第8版)[M]. 王丹，等译. 北京：中国人民大学出版社，2005.
[25]王忠明. 中小企业创业[M]. 北京：经济科学出版社，2000.
[26]陈凤杰. 中小企业创新[M]. 大连：东北财经大学出版社，2002.

[27]傅家骥. 技术创新学[M]. 北京：清华大学出版社，1998.
[28]耿锡润. 中小企业营销管理[M]. 大连：东北财经大学出版社，2002.
[29]沈玉良等. 中小企业产业选择[M]. 上海：上海财经大学出版社，2001.
[30]林汉川等. 中小企业存在与发展[M]. 上海：上海财经大学出版社，2001.
[31]易国庆. 中小企业政府管理与政策支持体系研究[M]. 北京：企业管理出版社，2001.
[32][美]詹姆斯·R. 麦圭根等. 管理经济学(原书第8版)[M]. 李国津，等译. 北京：机械出版社，2000.
[33][美]威廉·J. 史蒂文森著. 生产与运作管理(原书第6版)[M]. 张群，等译. 北京：机械工业出版社，2000.
[34][英]科林·巴罗. 小型企业[M]. 北京：中信出版社，1998.
[35]胡川. 马克思的竞争理论：产权制度变迁规律及其现实政策思考[J]. 马克思主义与现实，2007(4).
[36]卿向阳. 国家投资企业退出市场的有效途径——CWPTS[J]. 统计与决策，2003(2).
[37]唐菊裳. 小企业的风险及防范对策[J]. 中国中小企业，2000(6).
[38]穆炳生. 企业风险及其规避浅析[J]. 山东经济战略研究，2001(4).
[39]孙彩. 企业危机的防范及处理对策[J]. 科技与管理，2003(2).
[40][英]科林·巴罗. 小型企业[M]. 北京：中信出版社，1998.
[41]杨洛新，高燕，张国华等. 财务管理：理论与实践[M]. 北京：清华大学出版社，2014.
[42]杨忠智，戴娟萍. 财务管理案例研究[M]. 厦门：厦门大学出版社，2012.
[43]孔德兰. 财务管理：原理、实务、案例、实训[M]. 大连：东北财经大学出版社，2011.
[44]静然. 算得有多巧，融资就有多快中小企业融资操作36式与精品案例解析[M]. 南昌：江西人民出版社，2015.
[45]余一凡，王建光，张世贤. 中国企业人力资源管理案例[M]. 北京：经济管理出版社，2014.
[46]张继辰，文丽颜. 华为的人力资源管理[M]. 深圳：海天出版社，2012.
[47]马宏勇. 你所不知道的华为HR：任正非与华为的人力资源管理哲学[M]. 北京：人民邮电出版社，2015.
[48]瞿晓理，姚乐. 人力资源管理案例汇编[M]. 北京：经济科学出版社，2012.

后　记

本书是中南财经政法大学2018年中央高校教育教学改革专项项目(资源共享下经管类拔尖创新人才培养模式的探讨与推广)的阶段性成果。

随着世界经济全球化及国内经济体制改革的深入，中小企业的发展逐渐成为21世纪经济发展的主体。我国中小企业在国民经济中占有重要地位，是推动全国经济发展的重要力量。如今，经济新常态下中小企业也面临新的挑战。在发展过程中出现了人才匮乏、资金缺乏、过度竞争和管理落后等问题。为了适应国际国内经济发展新环境，中小企业必须大力改善企业管理，提高经济效益。

本书以中小企业的管理模式为研究对象，对中小企业存在和发展、经营与营销管理、竞争优势及创新管理等问题进行深入系统的论述；同时围绕着中小企业的特点，全面反映中小企业管理现状，总结中小企业管理经验，指导中小企业管理者进行科学管理，对新常态下我国中小企业管理模式优化和管理水平提高以及发展壮大有一定理论指导意义和实践应用价值。

此外，本书将企业的实际问题与案例结合分析，内容新颖充实，具有一定的实效性；详细阐述国内外广泛运用的管理方法及操作步骤，具有很强的可操作性；相关理论深入浅出，既可以作为中小企业的管理教材，还可以作为中小企业管理爱好者与咨询者的参考读物。

在书稿整理过程中，要感谢胡荣编辑提出的建设性修改意见。同时，也要感谢刘美娟、林婵娟、韦院英、潘思、刘梦琴、刘晓萌、郑诗琦、张子璇、陈玥、朱本勃、范梦娟、马婧斓、王琼等同学在资料收集及整理中提供的帮助。

笔者们虽然对中小企业管理进行了系统论述，但由于资料、时间等方面的制约，本书肯定难免挂一漏万。在此，我们恳请读者指正。

编者

2018年6月